해방 전 일본도항 및 일본거주 한인에 대한 일제의 통제

일제침탈사연구총서
사회
30

해방 전 일본도항 및
일본거주 한인에 대한 일제의 통제

동북아역사재단 일제침탈사 편찬위원회 기획
김광열·김인덕 지음

동북아역사재단
NORTHEAST ASIAN HISTORY FOUNDATION

| 발간사 |

　일본이 한국을 침탈한 지 100년이 지나고 한국이 일본의 지배로부터 벗어난 지 70년이 넘었건만, 식민 지배에 대한 청산은 이루어지지 못하고 있다. 일본의 독도영유권 주장은 도를 넘어섰다. 일본은 일본군 '위안부', 강제동원 등 인적 수탈의 강제성도 인정하지 않고 있다. 일본군 '위안부'와 강제동원의 피해를 해결하는 방안을 놓고 한·일 간의 갈등은 최고조에 이르고 있다. 역사문제를 벗어나 무역분쟁, 안보위기 등 현실문제가 위기국면을 맞고 있다.
　한·일 간의 갈등은 식민 지배의 역사를 어떻게 볼 것인가 하는 역사인식에서 기인한다. 역사는 현재와 과거의 대화이며 이를 기반으로 미래로 나아갈 수 있다. 과거 침략의 역사를 미화하면서 평화로운 미래를 말하는 것은 불가능하다. 식민 지배와 전쟁발발의 책임을 인정하지 않고 반성하지 않으면 다시 군국주의가 부활할 수 있고 전쟁이 일어날 위험성도 배제할 수 없다. 미래지향적 한일관계를 형성하고 나아가 동아시아의 평화와 번영의 기틀을 조성하기 위해 일본은 식민 지배의 책임을 인정하고 그 청산을 위해 노력해야 할 것이다.
　식민 지배의 역사를 청산하기 위해서는 식민 지배는 어떻게 이루어졌는지 그 실상을 명확하게 규명하는 일이 긴요하다. 그동안 일본제국주의에 맞서 조국의 독립을 위해 헌신한 독립운동가들의 활동을 찾아내고

역사적으로 평가하는 일에는 상당한 성과를 거두었다. 반면 일제 식민침탈의 구체적인 실상을 규명하는 일에는 충분한 노력을 기울이지 못했다. 제국주의가 식민지를 침탈했다는 것은 너무나 당연한 사실로 여겨졌기 때문에, 굳이 식민 지배에서 비롯된 수탈과 억압, 인권유린을 낱낱이 확인할 필요가 없었는지도 모른다. 그러는 사이 일본은 식민 지배가 오히려 한국에 은혜를 베푼 것이라고 미화하고, 참혹한 인권유린을 부인하는 역사부정의 인식을 보이는 데까지 이르고 있다. 일제의 통치와 침탈, 그리고 그 피해를 종합적으로 조사하고 편찬할 필요성이 여기에 있다.

일제침탈사를 체계적으로 정리하는 일은 개인이 감당하기 어렵다. 이에 우리 재단은 한국학계의 힘을 모아 일제침탈사 편찬위원회를 꾸렸다. 편찬위원회가 중심이 되어 일제의 식민지 침탈사를 정치·경제·사회·문화 모든 방면에 걸쳐 체계적으로 집대성하기로 했다. 일제 식민침탈의 실체를 파악하기 위해 2020년부터 세 가지 방면으로 사업을 추진하고 있다. 하나는 일제침탈의 실상을 구체적이고 생생한 자료를 통해서 제공하는 일로서 〈일제침탈사 자료총서〉로 편찬한다. 다른 하나는 이들 자료들을 바탕으로 연구한 결과물을 〈일제침탈사 연구총서〉로 간행한다. 그리고 연구의 결과를 대중들이 이해하기 쉽게 〈일제침탈사 교양총서〉를 바로알기 시리즈로 간행한다. 자료총서 100권, 연구총서 50권,

교양총서 70권을 기본 목표로 삼아 진행하고 있다.

〈일제침탈사 연구총서〉는 일제침탈의 실태를 정치·경제·사회·문화 분야로 대별한 뒤 50여 개 세부 주제로 구성했다. 국내외 학계 전문가들이 현재까지 축적된 연구 성과를 반영하면서 풍부한 자료를 활용하여 집필했다. 연구자뿐만 아니라 교육 현장에서도 활용되고 일반 독자들도 이해할 수 있도록 집필하기 위해 노력했다. 연구총서 시리즈가 일제침탈의 역사적 실상을 규명하고 은폐된 역사적 사실을 기억하고 왜곡된 과거사에 대한 인식을 바로 잡음으로써 역사인식의 차이로 인한 논란과 갈등을 극복하는데 기여하는 디딤돌이 되기를 바란다.

2022년
동북아역사재단 이사장

| 편찬사 |

    1945년 한국이 일제 지배로부터 해방된 지 77년의 세월이 지났다. 그럼에도 불구하고 일본 사회 일각에서는 여전히 일제의 한국 지배를 합리화하고 미화하는 주장이 나오고 있으며, 최근에는 한국 사회 일각에서도 일제 지배를 왜곡하고 옹호하는 주장이 나오고 있다. 이는 한국과 일본 사회, 한일 관계와 동아시아 국제관계의 미래를 위해서도 결코 바람직하지 않은 일이다.

    이에 동북아역사재단은 일제의 한국 침략과 식민 지배에 대한 학계의 연구 성과를 총정리한 〈일제침탈사 연구총서〉를 발간하기로 하였다. 이에 따라 2019년 9월 학계의 전문가를 중심으로 편찬위원회를 구성하였으며, 편찬위원회는 학계의 연구 성과를 토대로 정치·경제·사회·문화 부문에서 일제의 침탈이 어떻게 이루어졌는지 정리하여 연구총서 50권을 발간하기로 하였다.

    주지하듯이 1905년 일제는 러일전쟁에서 승리한 뒤, 한국에 군대를 주둔시키면서 한국의 외교권을 빼앗고 통감부를 두어 내정에 간섭하였다. 1910년 일제는 군사력으로 한국 정부를 강압하여 마침내 한국을 강제 병합하였다. 이후 35년간 한국은 일제의 식민 통치를 받았다.

    일제는 한국의 영토와 주권을 침탈하였을 뿐만 아니라, 군사력과 경찰력으로 한국을 지배하면서, 정치·경제·사회·문화의 모든 부문에서 한국인의 권리와 자유, 기회와 이익을 박탈하거나 제한하였다. 정치적으로는 군사력과 경찰력, 각종 악법을 동원하여 독립운동을 탄압하고, 한국인의 정치활동을 억압하고 참정권을 박탈하였으며, 집회와 결사의 자유를 억압하였다. 경제적으로는 일본자본이 경제의 주도권을 장악하고, 일본인 위주의 경제정책을 수행했으며, 식량과 공업원료, 지하자원 등을 헐값으로 빼앗아 갔고, 농민과 노동자 등 대다수 한국인의 경제생활을 어렵게 하였다. 사회적으로는 한국인들을 차별적으로 대우하고, 한국인의 교육의 기회를 제한하고, 한국인으로서의 정체성을 박탈하여 결국은 일본의 2등 국민으로 만들고자 하였다. 문화적으로는 표현과 창작의 자유, 종교와 사상의 자유를 억압하고, 한글 대신 일본어를 주로 가르치고, 언론과 대중문화를 통제하였다. 중일전쟁, 아시아태평양전쟁을 도발한 뒤에는 인적·물적 자원을 전쟁에 강제동원하고, 많은 이들을 전장에 징집하여 생명까지 희생시켰다.

〈일제침탈사 연구총서〉는 침탈, 억압, 차별, 동화, 수탈, 통제, 동원 등의 단어로 요약되는 일제의 침략과 식민 지배의 실상과 그 기제를 명확히 밝히고자 하였다. 이를 통해 일제의 강제 병합을 정당화하거나 식민 지배를 미화하는 논리들을 비판 극복하고, 더 나아가 일제 식민 지배의 특성이 무엇이었는지, 식민 통치의 부정적 유산이 해방 이후에 어떤 영향을 미쳤는지를 밝히고자 하였다.

편찬위원회는 연구총서와 함께 침탈사와 관련된 중요한 주제들에 관하여 각종 법령과 신문·잡지 기사 등 자료들을 정리하여 〈일제침탈사 자료총서〉도 발간하기로 하였다. 아울러 일반인과 학생들이 보다 쉽게 읽을 수 있는 〈일제침탈사 교양총서〉를 바로알기 시리즈로 발간하기로 하였다.

일제의 한국 침략과 식민 지배의 역사는 광복 후 서둘러 정리해냈어야 했지만, 학계의 연구가 미흡하여 엄두를 내기 어려웠다. 이제 학계의 연구가 어느 정도 축적되어 광복 80주년을 맞기 전에 이와 같은 작업을 할 수 있게 된 것을 다행으로 생각한다. 한일 양국 국민이 과거사에 대한 올바른 역사인식을 갖고 성찰을 통해 미래를 향해 함께 나아갈 수 있기를 기대하면서 삼가 이 책들을 펴낸다.

2022년
동북아역사재단 일제침탈사 편찬위원회

차례

발간사 4
편찬사 7

총론
   1. 집필 목적   16
   2. 검토 주제별 기존 연구 상황   17

제1장 **해방 전 한반도에서 발생한 대규모 도일 현상의 배경**
   1. 식민지기 한인의 도일 개황   32
   2. 대규모 도일자가 발생한 내부 요인   38
   3. 소결   61

제2장 **식민지기 한인의 일본도항에 대한 일제 치안 당국의 통제**
   1. 1910년대의 도일 규제: 여행증명서 제도   64
   2. 1920년대의 도일 규제   66
   3. 일본의 중국 침략(1930~1937년)에 즈음한 도일 규제 강화   84
   4. 1938년 이후 총동원체제하의 도일 규제   98
   5. 개인적 수단의 '비정규' 형태 도일   110
   6. 소결   116

제3장 일본거주 한인의 지역별·직업별 인구 분포와 변화

    1. 1920년경: 일본 내에 한인 집중 거주지 출현   **120**
    2. 1920년대 전반: 대도시 주변부에 거주자 증가   **123**
    3. 1920년대 후반: 대도시에 집중된 한인 인구   **127**
    4. 1930년대 전반: 정착화 현상의 시작   **130**
    5. 1930년대 후반 이후: 확산된 정착 경향   **135**
    6. 소결   **139**

제4장 일본거주 한인의 주거, 노동 및 생활 양상

    1. 주거 환경   **142**
    2. 노동 환경 및 생활 상황   **153**
    3. 일본의 실업구제 토목사업과 한인 실업자   **164**
    4. 도일 후 비정착 귀환자들의 상황   **175**
    5. 소결   **181**

제5장 1923년 관동대지진과 한인 학살

    1. 관동대지진 시 유언비어와 한인 학살   **184**
    2. 한인 학살 사건의 실태   **191**
    3. 한인 학살 사건에 대한 대응   **203**
    4. 1923년 관동대지진 한인 학살 사건의 역사적 함의   **233**
    5. 소결   **246**

| 제6장 | 일본거주 한인의 통제조직 협화회의 본질과 한계 |

1. 협화회 창설과 통제　　　　　　　　　　252
2. 중앙협화회의 설립과 활동　　　　　　　275
3. 한인 동화를 위한 협화사업　　　　　　　294
4. 협화회에 의한 일제의 통제　　　　　　　312
5. 협화체제의 다양한 모습과 해체　　　　　324
6. 일본 경찰의 통제와 한계　　　　　　　　335
7. 소결　　　　　　　　　　　　　　　　　343

참고문헌 345
찾아보기 359

총론

20세기 전반 세계는 제국주의 열강에 의한 침략전쟁과 식민지 지배가 횡행하였다. 일본제국주의(이하 '일제')의 한반도에 대한 식민지 강점도 청일전쟁, 러일전쟁 등의 침략전쟁이 선행된 결과라고 할 수 있다.

1910년 8월 이후 일제의 식민지로 강점된 한반도는 35년간 정치, 경제, 사회, 문화 모든 면에서 식민지 통치기구인 조선총독부의 정책을 강요당했다. 1920~1934년에는 쌀을 대량 생산하여 일본열도에 안정적으로 공급하게 하는 식민지 농업정책인 '산미증식계획'이 추진되었다. 그 결과 조선의 인구 최대 집중지인 농촌에서 토지 합병이 격렬하게 일어났고, 그 과정에서 방대한 수의 농민들이 토지나 경작권을 잃고 몰락했다. 몰락한 농민들 중 농업을 계속하고자 한 사람들은 압록강과 두만강을 건너서 중국 동북부의 간도(間島)로 이주했고, 임금 노동을 목적으로 한 사람들은 식민 통치 당사국인 일본으로 도항하였다.

통계에 의하면, 1945년 8월 조국이 식민지 압제에서 해방되었을 당시, 일본에 거주하던 한인 인구는 약 210만 명이었다.[1] 일본 패전 직후, 귀환용 선박이 극도로 부족한 상황에서도 그들 중 다수는 해방된 조국으로 돌아갔으나, 고향에 생활할 수 있는 근거조차 없는 60여 만 명은 일본에 잔류하였다. 그들 당사자와 후손들이 현재 일본에서 '특별영주' 자격[2]으로 거주하고 있는 '재일 한인'이다. 즉 재일 한인이란 존재는 일제

---

1   朴在一, 1957, 『在日朝鮮人に関する総合調査研究』, 新紀元社.
2   일본의 '특별영주' 제도는 과거 일본제국의 식민지 출신자와 그 직계 후손에게 일본 정부가 영주 자격을 주는 것으로 세계에서 보기 드문 영주제도다. 1945년 8월 15일 일본 패전으로 한반도는 식민지에서 해방이 되었지만 일본에 거주하던 한인들의 국적은 이전과 변함이 없었다. 패전 후 GHQ 통치 시기, 일본의 새로운 헌법이 시행되기 하루 전 1947년 5월 2일에 공포된 「외국인등록령」에 따라 그해 12월 말까지 외국인 등록을 마친 한반도 출신자는 598,507명이었다(姜在彦·金東勳, 1992, 『在日韓

의 한반도에 대한 식민 지배가 없었다면 형성되지 않았다고 할 수 있다.

세계 각지의 구(舊) 제국주의 국가에도 과거 그들의 식민지 출신자들이 다수 거주하는 사례를 볼 수 있다. 그러나 재일 한인처럼 1945년 8월 이전에 제국주의 본국에 이주했던 식민지 출신자들이 식민지 해방 이후에도 '영주 외국인' 집단으로 체재하는 사례는 매우 드물다. 그것은 프랑스 내에 존재하는 과거 식민지였던 알제리 출신자들과 비교해 보면 판별이 된다. 아프리카의 알제리는 과거 프랑스로부터 132년간 식민지 통치를 받았으며, 1954년에 알제리 독립전쟁이 시작되기 전에 이미 다수의 알제리인들이 생계 해결을 위해 식민지 종주국인 프랑스로 이주했다. 이주 시 그들의 국적은 프랑스였다. 알제리인의 프랑스 이주는 1962년 알제리가 프랑스로부터 독립한 이후에도 지속되었다. 그 배경은 제2차 세계대전 종결 이후 프랑스 정부가 부흥사업을 추진하면서 노동력 확보를 위해 외국인 노동자의 이주를 적극 수용했기 때문이다. 그 과정에서 프랑스는 속지주의에 의거하여 외국인 노동자들의 프랑스 국적 취득을 막지 않았다. 그러나 프랑스도 1970년대에 세계 경제를 강타한 두 차례의 오일쇼크 이후 경제 불황이 지속되었고, 결국 1993년에는 국적

國·朝鮮人歷史と展望』, 勞働經濟社). 그 후 일본 정부는 1965년 6월 22일에 대한민국 정부와 1조약 4협정을 체결하면서 외교관계를 수립하였는데, 그중 '일본국에 거주하는 대한민국 국민의 법적 지위 및 대우에 관한 대한민국과 일본국 간의 협정'에 의거해 일본 정부는 한국 국적을 선택한 신청자에 한해서 2세까지 영주 자격을 부여했다. 한국 국적을 선택하지 않은 사람들은 무국적 상태가 되었고 3세 이하의 영주 자격은 보장되지 않았으므로, 그 해결을 위해 한국과 일본의 정부 당국은 1990년까지 수차례 회담을 개최했다. 그 결과 1991년 4월 26일 일본 국회에서 한국 국적자 및 무국적 한인의 신청을 전제로 3세 이하에게도 영주 자격을 부여한다는 '일본국의 평화조약에 근거하여 일본 국적을 이탈한 자 등의 출입국관리에 관한 특례법'이 성립되었다. 그 특례법에 의해 새로이 실시된 제도가 이른바 '특별영주' 제도다.

법을 개정하여 이민자의 프랑스 국적 취득을 제한하기 시작했다. 종래의 속지주의 원칙을 수정한 것인데, 경제적 이유 외에도 아프리카계 무슬림 이주자들이 예상외로 증가한 현실에 대한 문화적 배타주의가 배경에 있었다.[3]

이상의 상황을 비추어 보면, 일본에서 '특별영주' 자격의 외국인 집단으로 거주하는 재일 한인은 그 법적 지위의 측면에서 세계사적으로 특수한 존재라고 할 수 있다. 하지만 비록 법적 지위의 측면에서는 상이할지라도, 구 제국주의 국가에 식민지 지배의 산물로서 구 식민지 출신자 집단이 형성되어 있는 것에는 유사성이 있다고 할 수 있다.

1. 집필 목적

이 책의 집필 목적은 다음과 같다. 현재 일본에 영주 외국인 집단으로 재일 한인이 존재하는 이유는 한반도가 식민지 강점을 당했던 시기에 그들의 1세가 경제적 이유로 대거 이주했기 때문이다. 재일 한인의 형성은 바로 일제에 의한 식민지 지배의 결과라고 판단되므로, 그들의 1세가 한반도에서 이주한 과정에 관한 역사를 일본 현지에서의 일상생

---

[3] 박단, 2017, 「탈식민화와 '새로운 프랑스국민'-알제리전쟁 전후 알제리인의 프랑스 유입과 국적법 변화-」, 『중앙사론』 46호, 463쪽. 프랑스의 대다수는 기독교 문화를 바탕으로 한 켈트, 게르만, 노르만 등 혼합 인종인데 비해, 알제리 출신자들은 대개 이슬람 문화를 바탕으로 한 아프리카계 흑인이었으므로, 전자의 후자에 대한 문화적 괴리감이 고조되어 결국 프랑스 국적 취득을 제한하는 제도가 만들어졌다고 한다.

활과 관련하여 동태적, 유기적으로 밝혀 재일 한인이 형성된 역사를 입체적으로 묘사할 필요가 있다.

그를 위해 이 책에서는 식민지기 한반도에서 일본으로 이동했던 한인들의 도항 상황, 일제 치안 당국이 한인의 일본도항을 통제하기 위해 실시한 각종 정책, 일본거주 한인의 거주 및 생활 양태에 주목하고자 한다. 또한 일본거주 한인의 대표적인 수난 사례인 1923년 관동대지진(간토대지진) 직후에 발생한 한인 대학살 사건을 검토하고, 그와 더불어 1930년대 말에 일본거주 한인들을 감시 및 통제하기 위해 설립된 협화회를 그 역할과 함께 조명하고자 한다. 이 책의 집필은 제1장부터 제4장까지는 김광열이, 제5장부터 제6장은 김인덕이 분담하였다. 아래의 기존 연구 상황에 관한 정리도 그에 따라 분담하였다.

2. 검토 주제별 기존 연구 상황

1) 식민지기 한인의 대규모 도일과 그 원인

해방 전 한인의 일본도항에 관한 역사는 박경식, 강재언 등이 시작한 운동사 및 경제사의 연구에서 부분적으로 다루어졌다.[4] 이민사적인 측면

---

4 姜在彦, 1957, 『在日朝鮮人渡航史』, 朝鮮研究所; 朴在一, 1957, 앞의 책; 朴慶植, 1979, 『在日朝鮮人運動史-8·15解放前』, 三一書房; 杉原薰·玉井金五 編, 1986, 『大正·大阪·スラム』, 新評論; 西成田豊, 1997, 『在日朝鮮人の「世界」と「帝國」日本』, 東京大學出版會.

에서 한인의 일본 이주를 다룬 연구로는 김상현, 현규환, 고승제, 이광규 등의 저서가 있다.[5] 그 후에 재일 한인 1세대의 형성 및 생활의 역사에 대해 하명생, 도노무라 마사루(外村大), 김광열 등의 연구가 이루어졌다.[6] 이상의 연구는 대체적으로 정책사의 성격을 띠고 있는데, 김광열의 연구는 이주사의 시각에 입각한 것이었다. 다만 재일 한인의 형성 과정과 존재 양태를 파악하는 한편 그에 내포된 '식민지성'에 주목하는 접근이 필요하다.

어느 시대, 어느 지역이든지 한곳에 정착해 있던 사람들이 외지로 이주하는 경우를 볼 수 있다. 이처럼 장기 거주하던 인구가 외부로 유출되는 이유는 일반적으로 두 가지를 생각할 수 있다. 하나는 당해 지역의 인구를 내부에서 밀어내는 '푸쉬(push) 요인'과 외부에서 끌어내는 '풀(pull) 요인'이다. 이 주제에 관한 기존의 연구에서는 한인 도일(渡日)의 요인을 주로 당시 조선과 일본 간의 임금 격차, 즉 임금 수준이 높은 일본 산업 측에서 한반도의 노동력을 끌어내는 힘이 강했기 때문이라고 정리하는 경향이 있었다.[7] 그러나 임금 격차라는 외부적 요인만으로는 식민지기 한반도에서 발생한 대규모의 도일 현상을 설명할 수 없다. 왜

---

5 金相賢, 1969, 『在日韓國人』, 語文閣; 高承济, 1973, 『韓国移民史研究』, 章文閣; 玄圭煥, 1976, 『韓國流移民史』, 語文閣; 李光奎, 1983, 『在日韓國人』, 一潮閣.

6 河明生, 1997, 『韓人日本移民社會經濟史-戰前編-』, 明石書店; 外村大, 2004, 『在日朝鮮人社會の歷史學的硏究-形成·構造·變容-』, 綠陰書房; 김광열, 2010, 『한인의 일본이주사 연구-1910~1940년대』, 논형.

7 松村高夫, 1967.3, 「日本帝國主義下における植民地勞働者-在日朝鮮人·中國人勞働者を中心に-」, 『經濟學年報』 제10호; 堀和生, 1986, 「日本帝國主義の植民地支配史試論-朝鮮に於ける本源的蓄積の一側面-」, 『日本史研究』 第281号; 杉原薰·玉井金五 編, 1986, 『大正·大阪·スラム』, 新評論; 西成田豊, 1997, 『在日朝鮮人の「世界」と「帝國」日本』, 東京大學出版會.

냐하면 한 지역에서 오랫동안 정착했던 사람들이 외부로 유출되었다는 것은 외부에서의 유인 조건도 있겠지만, 그 이전에 먼저 기존에 대대로 거주하던 지역에서 더 이상 살 수 없게 된 내부적 요인이 1차적으로 있었다고 생각되기 때문이다. 즉 식민지기 한반도에서 한인들이 일본으로 대거 도항 및 이주했던 현상이 일어난 것은 당시 한반도 내부에서 인구를 외부로 밀어내는 '푸쉬 요인'이 있었다고 판단되므로, 이 책에서는 그 내부적 요인을 전반적으로 검토하고자 한다.

2) 한인 도일에 대한 일본 치안 당국의 통제

일제 치안 당국은 식민지 출신자의 일본 상륙을 엄하게 규제하고 있었는데, 그중에서도 가장 중점을 두고 있었던 것이 한반도에서 도항하는 한인에 대한 규제였다. 그들의 한인에 대한 도일 규제는 당시 식민지 종주국 일본 내의 노동력 공급 및 치안 문제와도 연결되었으며, 일본 내에서 한인 정주자가 형성된 상황과도 관련이 있다. 일제의 경찰 업무를 총괄했던 내무성(內務省) 경보국(警保局)은 표면상으로는 한인에 대한 '도항 저지의 수속은 정책적인 문제로서 하등 법적 근거에 기인한 절대적인 것이 아니다'[8]라고 하였다. 하지만 그러한 견해는 어디까지나 일본제국의 조선에 대한 식민지 통치를 위해 한인을 일본 국적자로 간주해야 하는 표면적 명분에 지나지 않았다.[9]

---

8 內務省警保局, 『社会運動の状況』 1930년판 이후의 「在留朝鮮人の運動」 편 「渡航阻止の現況」에는 같은 취지가 명기되어 있다.

9 淸宮四郎, 1994, 『外地法序説』, 有斐閣, 39-40쪽에 따르면, '외지(外地)'인 조선에는 국적법이 적용되지는 않았지만, 「한국병합조약」 체결에 관한 메이지(明治) 천황의

이 주제와 관련이 있는 기존의 연구는 1910년대 후반의 제1차 세계 대전기에 호황을 맞은 일본 기업이 한반도에서 노동자 모집 경쟁을 벌인 것에 대해 총독부 당국이 단속하는 상황이라든지, 1930년대에 급증한 한인 도일을 억제하고자 조선 측에서 산업을 육성하는 구상이 존재한 것을 밝혔다.[10] 다만 1940년대 초까지 한반도에서 도일한 한인 수의 변화 및 일본거주 한인 수의 증가 등이 일제 치안 당국의 통제정책 변화에 어떤 관계가 있는지를 밝히고 있다고는 할 수 없다. 이 책에서는 그러한 과제에 조금이라도 접근하기 위해 1945년 8월 이전 일제 치안 당국이 어떠한 정책구상에서 도일 한인들을 통제하였는지 살펴보고자 한다.

3) 일본 내 한인의 지역별·직업별 분포, 노동 및 생활 양태, 일본 생활에 대한 인식

해방 전에 생계 해결을 위해 일본으로 도항한 한인들이 주로 일본의 어느 지역에서 어떤 직업을 갖고 살았는지, 생활 양태 및 생활에 대한 인식 등을 파악하는 것은 그들의 존재 실태를 파악하기 위한 기본적인 작업이다.

칙서 중에서 "民衆ハ直接朕ガ綏撫ノ下ニ立チ(민중은 직접 짐이 정성스럽게 안심시키고)"라는 구절에 근거하여, 한인을 일본 국적자로 간주하고 있었다. 또 1919년 3·1운동 이후에 실시된 조선총독부 관제 개혁 시 다이쇼(大正) 천황 칙서에 "一視同仁朕力臣民として秋毫差違あることなく(일시 동인하여 짐이 신민으로서 추호의 차이가 없게 하고)"라고 언급한 것을 근거로 한인도 '천황의 신민'이라는 해석이 적용되었다.

10 1910년대 조선에서 실시된 도일 규제에 관해서는 水野直樹, 1992.9, 「朝鮮総督府の内地渡航管理政策-1910年代の労働者募集取締-」, 『在日朝鮮人史研究』 第22号; 水野直樹, 1999, 「朝鮮人の国外移住と日本帝国」, 『世界歴史』 19 참조.

박재일은 최초로 해방 전 일본거주 한인의 생활 전반에 대해 과학적인 방식을 구사하여 조사한 연구서를 간행했다.[11] 하지만 시기에 따라 일본거주 한인의 직업과 인구 변화를 포함한 생활 상황의 변화, 그들의 주요 직업의 변화라든지 생활 상태를 밝히는 작업에 더 천착할 필요가 있다. 이 책에서는 일본 내 한인들의 거주 양태의 변화를 보기 위해, 시기별, 지역별, 직업별 변화를 파악하고자 한다. 일본거주 한인의 인구 변화에 대해서는 국세조사 통계를 활용한 다무라 노리유키(田村紀之)의 일련의 연구[12]가 있다. 다무라는 경보국의 조사와 1920년, 1930년, 1940년에 실시된 국세조사에서 파악된 한인 인구를 대조해서 전자가 후자에 비해 많을 때는 25%, 적을 때는 4% 정도의 탈루가 있어 신뢰도가 낮으므로, 후자의 3회분 국세조사 수치를 바탕으로 통계학적 방법을 구사하여 매년의 인구를 역추산하였다.

종래 해방 전 일본거주 한인의 양태에 관한 연구에서 다무라의 연구 결과를 인용하는 경향이 많았다. 그러나 해방 이전에는 매년 수많은 도일자와 귀국자가 존재하였으며, 사적인 방식으로 밀항하는 사람들도 적지 않았고, 계절 노동력의 이동도 적지 않아, 일본거주 한인의 인구는 일본인 인구와는 달리 매우 유동적이었다. 그리고 경보국 조사 시기(1930년까지는 6월 말 기준, 이후는 12월 말 기준)와 국세조사 시기(5년마다 10월 1일)는 서로 다르므로 차이가 발생하는 것은 당연하다. 따라서 경보국 조사치에 '탈루'의 가능성이 있지만, 확정치도 아닌 국세조사 결과를

---

11 朴在一, 1957, 앞의 책.
12 田村紀之, 1981.2~1982.7, 「內務省警保局調査による朝鮮人人口」Ⅰ~Ⅴ, 東京都立大學經濟學部, 『經濟と經濟學』 46号~50号.

기준으로 매년의 인구를 추산한 것도 정확하지 않기는 마찬가지라고 할 수 있다.

즉 일본제국 경찰의 최고기구로서 한인을 통제 및 감시했던 내무성 경보국의 조사를 무시하는 것은 문제가 있다고 할 수 있다. 당시 경보국은 항시 일본 전국의 경찰조직을 가동하여 각지에 거주하는 한인의 지역별·직업별 인구, 도일자 수와 귀국자 수, 그리고 생활 상태 및 각종 활동을 예의 감시하고 있었다. 따라서 일본거주 한인의 존재 상태를 분석하는 자료로 활용할 수 있다고 판단된다.

4) 대표적인 수난사: 1923년 관동대지진 시 한인 대학살 사건

이 주제에 대한 연구는 한인 학살 사건 발생 40주기인 1963년에 본격적으로 시작되었는데, 강덕상, 금병동 등에 의한 선구적인 업적이 있으며 야마다 쇼지(山田昭次), 다나카 마사타카(田中正敬) 등에 의한 후속 연구도 주목할 만하다.[13] 1923년 관동대지진 시의 한인 학살 관련 연구

---

[13] 姜德相, 1963.7,「関東大震災に於ける朝鮮人虐殺の実態-特に40周年を記念して」,『歴史学研究』278; 姜德相·琴秉洞 編, 1963,『現代史資料6: 関東大震災と朝鮮人』, みすず書房; 姜德相, 1975,『関東大震災』(中公新書), 中央公論社; 山田昭次, 2011,『関東大震災時の朝鮮人虐殺とその後-虐殺の国家責任と民衆責任』, 創史社; 山田昭次, 2014,『関東大震災時の朝鮮人迫害-全国各地での流言と朝鮮人虐待』, 創史社; 姜德相, 2003,『關東大震災·虐殺の記憶』, 靑丘文化社; 田中正敬, 2004,「近の関東大震災史研究の動向と課題-現在までの10間を対象に」, 関東大震災80周記念行事実行委員会編,『世界史としての関東大震災-アジア·国家·民衆』, 日本経済評論社; 専修大学関東大震災史研究会編, 2012,『地域に学ぶ関東大震災-千葉県における朝鮮人虐殺その解明·追悼はいかになされたか』, 日本経済評論社; 田中正敬, 2013,「関東大震災時の朝鮮人虐殺をめぐる論点」,『歴史地理教育』809.

는 크게 다음과 같이 정리할 수 있다.

첫째, 1923년 관동대지진 한인 학살의 진상과 개념에 대한 연구다. 연구자로는 강덕상, 야마다 쇼지, 다나카 마사타카 등을 들 수 있다. 이 분야 연구의 선구자인 강덕상은 근년에 국내에서 저서 번역본이나, 국제 학술회의 성과를 공저로 간행하였다.[14] 그와 함께 1923년 관동대지진 한인 학살의 진실 규명을 함께 한 야마다 쇼지는 1970년 중반부터 한국, 중국 문제에 관심을 가지면서 이후 꾸준하게 관동대지진 당시 한인 학살 문제를 다루어 오고 있다. 야마다 쇼지는 한인 학살 문제를 식민지 지배 청산, 전후보상 문제 등과 함께 일본 학계와 일본 사회에 알려서 반성과 참회를 하도록 노력해 왔다.[15] 다나카 마사타카는 최근에 1923년 관동대지진 한인 학살에 관한 연구과 운동의 측면에서 주목받고 있다.

다나카는 1923년 관동대지진 한인 학살 연구의 질적 수준 제고와 함께 중국인 및 일본인 학살이 갖고 있는 보편적 의미에도 주목한다. 그리고 일본 정부의 학살 과정에 대한 대처를 사실적, 비판적으로 서술하고 있다.[16] 제노사이드와 제국의 통치라는 축을 통해 1923년 관동대지진 한인 학살을 보는 연구 경향도 있다. 소냐 량(Sonia Ryang)은 근대국가 출현과 제노사이드 사건의 상관관계를 보는 관점에 입각하여, 1923년 일본에서 일어난 한인 학살 사건을 논하였다.[17] 또한 이진희는 1923년 한인

---

14 강덕상 지음, 김동수·박수철 옮김, 2005, 『학살의 기억, 관동대지진』, 역사비평사; 강덕상 외, 2013, 『관동대지진과 조선인 학살』, 동북아역사재단.

15 야마다 쇼지(山田昭次) 지음, 이진희 옮김, 2008, 『관동대지진 한인 학살에 대한 일본 국가와 민중의 책임』, 논형.

16 田中正敬, 2008.3, 「関東大震災はいかに伝えられたか」, 『歴史地理教育』 657; 야마다 쇼지, 2008, 위의 책.

17 ソニア・リヤン 著, 中西恭子 譯, 2005, 『コリアン・ディアスポラ:在日朝鮮人とアイデン

학살 사건을 일본제국의 정치적 문제라는 차원에서 정리하였다. 즉 관동대지진 한인 학살의 문제를, 제국 통치의 일환으로 조작된 폭력이 한인을 희생 대상으로 삼고 실행에 옮긴 것으로 규정하고 있다.[18] 또한 사회사라든지 일본 문화 연구자들에 의한 연구 성과도 확인된다.[19] 한편 북한에서는 관동대지진 한인 학살에 대해 식민지 지배 정책사에서 이루어진 연구가 있다.[20]

둘째, 1923년 관동대지진 한인 학살의 원인에 관한 연구다. 이 주제 연구자로는 역시 전술한 강덕상을 들 수 있다. 강덕상은 1923년 관동대지진 관련 연구사의 가장 주목되는 쟁점 중 하나인 재일 한인에 대한 유언비어 발생 원인을 구체적으로 분석하였다. 이 쟁점은 강덕상과 금병동이 간행한 자료집 『관동대진재와 조선인』에서 시작되었다고 할 수 있다.

ティティー』, 明石書店.

18 JIN-HEE LEE, 2004, "Instability of Empire: Earthquake, Rumor, and the Massacre of Koreans in Japanese Empire," University of Illinois Ph.D.Dissertation; 이진희, 2008.3, 「관동대지진을 추도함-일본제국의 '불령선인'과 추도의 정치학-」, 『아세아연구』 131.

19 이지형, 2004, 「마사무네 하쿠초(正宗白鳥) '살인을 저질렀지만'(人を殺したが)의 풍경-살인의 추억 그리고 관동대지진」, 『일본문화연구』 10집; 이지형, 2005, 「관동대지진과 시마자키 도손(島崎藤村)-'아들에게 보내는 편지'(子に送る手紙)를 중심으로」, 『일본문화연구』 13집; 성해준, 2007, 「日帝期 한국 신문을 통해 본 大杉榮」, 『일본문화연구』 24집; 조경숙, 2008, 「아쿠타카와 류노스케와 관동대지진」, 『한국일본학연합회 제6회 학술대회 발표문집』; 김흥식, 2009, 「관동대지진과 한국문학」, 『한국현대문학연구』 29호; 김지연, 2011, 「다케히사 유메지와 관동대지진 그리고 조선-회화와 사상성」, 『아시아문화연구』 21집; 도미야마 이치로(富山一郎), 2012, 「계엄령에 대하여-관동대지진을 상기한다는 것」, 『일본비평』 7호; 황호덕, 2012, 「재난과 이웃, 관동대지진에서 후쿠시마까지-식민지와 수용소, 김동환의 서사시 '국경의 밤'과 '승천하는 청춘'을 단서로」, 『일본비평』 7호

20 대표적인 것으로서 리종현, 1983, 「관동대지진 때 일본군국주의자들이 감행한 조선사람들에 대한 야수적 학살만행」, 『력사과학』이 있다.

강덕상은 이 자료집 해제에서 한인 학살의 원인은 '유언비어'였고, 그것은 일본의 정부기관으로부터 시작되었다고 한다.[21] 이에 대해 마쓰오 다카요시(松尾尊兌)는 유언비어가 민간인들 사이에서 자연적으로 발생했다고 반론을 폈으나,[22] 어불성설이다. 따라서 강덕상은 관동대지진 한인 학살의 결정적인 단서로서 일본 정부기관에 의한 의도된 날조를 구체적으로 규명하고자 했다. 1923년 관동대지진 당시 한인 학살 사건을 일종의 '불법 테러'의 하나로 보는 연구도 있다. 이런 연구들은 논쟁을 일으켰고, 관동대지진 40주기인 1963년에 시작되었다. 시오타 쇼베에(塩田庄兵衛), 이마이 세이이치(今井清一)는 1923년 관동대지진 한인 학살을 '가메이도 사건',[23] '아마카스 사건'[24]과 함께 나열하면서 '불법 탄압 사건'으로 보고자 했다.[25] 강덕상은 이에 대해 전면적으로 문제 제기를 하면서 한인 학살 사건과 두 사건을 동일 선상에 두는 것은 사건의 본질을 왜곡하는 것이라고 비판했다.

셋째, 1923년 관동대지진 한인 학살 사건에 대해 당시 한반도 내에

21　姜德相·琴秉洞 編, 1963, 앞의 책.
22　松尾尊兌, 1964, 「關東大震災下の朝鮮人暴動流言に関する二·三の問題」, 『朝鮮研究』 33.
23　'가메이도 사건(亀戸事件)'은 1923년 관동대지진 당시 사설 무장 단체 자경단(自警團)이 도쿄의 가메이도 경찰서에 보호 중이던 일본인 노동운동가와 사회주의자들을 학살한 사건이다.
24　'아마카스 사건(甘粕事件)'은 관동대지진 당시 1923년 9월 16일, 헌병대(憲兵隊)에게 아나키스트인 오스기 사카에(大杉栄)와 그 부인인 이토 노에(伊藤野枝)와 조카 다치바나 무네카즈(橘宗一) 등 3명이 헌병대사령부(憲兵隊司令部)로 연행되어 헌병대위 아마카스 마사히코(甘粕正彦) 등에 의해 살해된 사건이다.
25　塩田庄兵衛, 1963, 「関東大震災と亀戸事件」, 『歴史評論』 158; 今井清一, 1963, 「大震災下の諸事件の位置づけ」, 『勞働運動史研究』 37.

서는 어떤 동향이 있었는지에 대한 연구도 있다. 그와 관련한 연구로는 성주현을 비롯해, 김강산, 니시무라 나오토(西村直登) 등의 연구가 있다.[26] 해외 한인의 대응에 관해서는 홍선표가 미국의 한인 단체와 독일 한인 유학생의 활동, 김인덕이 일본에서의 사회운동 세력과 재일 한인 운동단체를 중심으로 추적하였다.[27] 그리고 관동대지진 당시 친일단체 상애회(相愛會)의 활동을 분석한 구라모치 준이치(倉持順一)의 연구도 있다.[28]

넷째, 1923년 관동대지진 시 한인 학살의 지역별 상황에 대한 연구도 진행되었다. 도쿄(東京)도, 지바(千葉)현, 사이타마(埼玉)현, 이바라키(茨城)현, 도치기(栃木)현, 군마(群馬)현, 가나가와(神奈川)현을 대상으로 한 연구를 확인할 수 있다. 아울러 요코하마(橫浜) 지역에 대한 이마이 세이이치의 연구,[29] 지바현의 후나바시(船橋) 지역에 대한 히라가타 치에코(平形千惠子)의 연구[30] 등도 흥미롭다. 실제로 1923년 관동대지진 한인 학살 관련 주요 현장으로 주목되는 공간은, 도쿄의 요쓰기교(四ッ木橋),

---

26 성주현, 2015, 「식민지 조선에서 관동대지진의 기억과 전승」, 『동북아역사논총』 48; 김강산, 2017, 「관동대학살에 대한 한인들의 인식과 대응-사건 이후 조선에서 결성된 단체를 중심으로-」, 『사림』 60; 西村直登, 2017, 「関東大震災下における朝鮮人の帰還」, 『社会科学』 47(1); 청암대학교 재일코리안연구소 편, 2018, 「관동대지진 직후 재일 한인 정책: 식민지 조선 언론을 중심으로」, 『재일코리안에 대한 인식과 담론』, 선인; 성주현, 2020, 『관동대지진과 식민지 조선』, 선인.

27 홍선표, 2014, 「관동대지진 때 한인 학살에 대한 歐美 한인세력의 대응」, 『동북아역사논총』 43; 김인덕, 2015, 「관동대지진 한인 학살과 일본 내 운동세력의 동향-1920년대 재일 한인 운동세력과 일본 사회운동세력을 중심으로-」, 『동북아역사논총』 49.

28 倉持順一, 2004, 「相愛會の活動と在日朝鮮人管理」, 『法政大學大學院紀要』 53.

29 今井淸一, 2007, 『橫濱の關東大震災』, 有隣堂.

30 平形千惠子, 2013.8.2~4, 「船橋における關東大震災時の朝鮮人虐殺事件」, 『歷史教育者協議會 第65回 大阪分會』 참조.

혼조(本庄) 구 경찰서(舊警察署), 지바현의 후나바시 호텐(法典)역 앞, 나라시노(習志野), 나기노하라(なぎの原), 군마현의 구마가야(熊ヶ谷) 사찰 등을 들 수 있다. 하지만 일본 민중과 군대 및 경찰에 의해 자행된 한인과 중국인에 대한 학살은 아직도 명확히 규명되었다고 볼 수 없다. 최근에는 다나카 마사타카에 의해 관동 지방 일대의 한인 학살 현장에 대한 조사와 사료 조사가 진행되고 있다.[31]

다섯째, 1923년 관동대지진 시 한인 학살에 대해서 최근에는 다양한 지형에서 연구가 진행되고 있다. 먼저 한인과 중국인에 대한 학살의 사후 처리 양상을 비교하고 학살범의 사법 처리 결과를 검토하여, 전자의 피해가 가지는 비참함을 부각시킨 김광열의 연구가 있다.[32] 또한 문학 분야에서 1923년 관동대지진과 한인 학살 문제를 다룬 연구가 진행된 것에도 주목할 필요가 있다. 일본문학 연구[33]는 물론 한국문학 연구[34]에서

31　田中正敬, 2003, 앞의 글.

32　김광열, 2015, 「1923년 일본 관동대지진 시 학살된 한인과 중국인에 대한 사후조치」, 『동북아역사논총』 48.

33　대표적인 예를 들면 다음과 같다. 이나가키 다쓰로(稲垣達郎), 1964.10, 「관동대지진과 문단(関東大震災と文壇)」, 『國文學』; 오다기리 스스무(小田切進), 1965, 「관동대지진과 문학(関東大震災と文学)」, 『昭和文学の成立』, 勁草書房을 들 수 있다. 관동대지진을 제재로 한 소설은 오가와 미메이(小川未明), 1923.11, 「꾀하지 않은 일(計らざること)」, 『改造』, 한편, 관동대지진 시의 한인 학살을 구체적인 제재로 한 작품은 에구치 간(江口渙)의 「차 안에서 생긴 일(車中の出来事)」; 도쿠다 슈세이(徳田秋声), 1923.11, 「파이어건(ファイヤガン)」, 『中央公論』; 엣츄타니 리이치(越中谷利一), 1927.9, 「한 병졸의 지진수기(一兵卒の震災手記)」, 『解放』; 후지모리 세이키치(藤森成吉), 1928.9, 「구사마 중위(草間中尉)」, 『戦旗』; 마에다코 히로이치로(前田河広一郎), 1924, 『최후에 웃는 자(最後に笑ふ者)』, 越山堂; 아키타 우자쿠(秋田雨雀), 1924.4, 「해골의 무도(骸骨の舞踏)」, 『演劇新潮』 등이 있다. 강소영, 2012, 「관동대지진과 한인 학살을 향한 시선-에구치 간(江口渙) 『차 안에서 생긴 일(車中の出来事)』의 대화혼-」, 『일어일문학연구』 83, 287쪽 참조.

도 다수 확인된다. 그리고 1923년 이후 관동대지진 한인 학살을 어떻게 기억하는지에 주목하고, 기타 학살 사건과 비교하는 연구가 나오고 있다.[35] 그 외에도 일본국가의 책임에 관련된 연구도 진행되고 있다.[36]

그러나 1923년 관동대지진 한인 학살의 문제는 아직도 학살의 규모와 법적 문제, 관련 사후 조치, 그리고 역사적 사실의 사후 영향 등에 대해서는 규명되지 않고 있다. 따라서 1923년 관동대지진 한인 학살을 법적 근거에 기초한 제도사적인 차원에서 유언비어의 문제, 학살의 역사성 등을 동시에 추적할 필요성이 있다.

5) 협화회: 일본거주 한인에 대한 통제조직

일본거주 한인 감시를 위해 1930년대 말 일본 전국에서 조직된 협화

---

34 대표적인 예를 들면 다음과 같다. 김흥식, 2009, 「관동대진재와 한국문학」, 『한국현대문학연구』 29; 김도경, 2015, 「관동대지진의 기억과 서사」, 『어문학』 125; 황호덕, 2012, 앞의 글; 이행선, 2013, 「북풍회원(北風會員)이 바라본 관동대진재(關東大震災)-정우홍의 「震災前後」를 중심으로-」, 『민족문학사연구』 52권; 가게모토 츠요시, 2015, 「'부흥'과 불안-염상섭 「숙박기」(1928) 읽기」, 『국제어문』 65집; 이미경, 2017, 「관동대지진 직후 한인에 대한 표현양상-9월부터 11월까지 기록을 중심으로-」, 『일본연구』 72; 오혜진, 2018, 「관동대지진 이후 조선 지식인들의 일본에서의 삶-유진오의 「귀향」과 염상섭의 「숙박기」를 중심으로-」, 『우리문학연구』 58; 황익구, 2020.10, 「해방 후 관동대학살의 기억과 문학 담론-책임을 둘러싼 서사를 중심으로-」, 『2020년 한일민족문제학회 창립20주년 기념 학술대회 자료집』.

35 金靜美, 1988, 「三重県木本における朝鮮人襲擊・虐殺について(一九二六年一月)」, 『在日朝鮮人史研究』 18; 裵姶美, 2010, 「一九二二年、中津川朝鮮人勞働者虐殺事件」, 『在日朝鮮人史研究』 40; 배영미, 2020, 「1920년대 두 번의 한인 학살-'나카츠카와 사건, 기모토 사건'-의 실태와 관동대지진 때 학살과의 비교 분석」, 『한일관계사연구』 67.

36 야마다 쇼지, 2008, 앞의 책.

회에 대해서는 히구치 유이치(樋口雄一)의 선구적인 연구들이 있다.[37] 히구치는 그 연구를 통해 일제 정부가 식민지 출신 한인들을 어떻게 감시했는지에 대한 시스템에 주목했다. 그는 중앙협화회(中央協和會)의 설립은 1939년이지만, 실질적인 한인 대책은 1923년 관동대지진 때 자행된 한인 학살을 계기로 시작되었다고 하면서, 이후 중일전쟁의 확대에 따른 파시즘 체제의 강화와 함께 한인 통제를 조직적으로 실시하게 되었다고 말하고 있다. 한편 기무라 겐지(木村健二)는 종래에 간행된 협화회 관련 연구들을 종합 검토하여 그 흐름과 의미를 정리했다.[38] 그는 협화회 전사(前史), 협화회체제에 이르는 경위, 협화회 조직과 이념, 협화회 활동, 흥생회(興生會)로의 이행이라는 단계마다 연구사 정리를 하였다.

다만 재일 한인에 대한 통제조직으로서 협화회에 주목하고 일본거주 한인의 일상 모습을 유기적으로 보여 주는 데 제한성이 있다. 따라서 협화회가 일본 내에서 한인들의 일상생활을 어떻게 통제했고 어떻게 총동원체제에 이용하고 있었는지를 살펴볼 필요가 있다. 또한 최근에 일본제국의 빈민구호 조직인 방면위원회에 대한 연구가 진전을 보이고 있는데,[39] 일본 내에서 전술한 협화회와 방면위원회의 관련성을 주목하여 일

---

37 樋口雄一, 1986, 『協和会』, 社會評論社; 樋口雄一, 1995, 『協和会関係資料集』 全5卷, 綠陰書房.
38 기무라 겐지, 2018, 「협화회 연구의 성과와 과제」, 『한일민족문제연구』 34 참조.
39 허광무, 2011, 『일본제국주의 구빈정책사 연구-조선인 보호·구제를 중심으로』, 선인; 岩本華子, 2009, 「大正期における大阪府方面委員の醫療問題への對應:援助關係および處遇理念に着目して」, 『社會問題研究』 58; 허광무, 2006, 「전후 일본공적부조체제의 재편과 재일 한인: 「'생활보호법'-민생위원」 체제의 성립을 중심으로」, 『패전 전후 일본의 마이너리티와 냉전』, 제이앤씨; 愼英弘, 1984, 『近代朝鮮社會事業史研究-京城における方面委員制度の歴史的展開-』, 綠蔭書房; 遠藤興, 1989~1994, 「植民地支配期の朝鮮社會事業」 (1)~(5), 『明治学院論叢(社会学·社会福祉学研究)』 82,

본거주 한인이 처한 실상을 검토할 필요가 있다.

즉 이 책은 피식민지 시기의 한반도에서 방대한 수의 한인들이 일본으로 도항한 원인, 한인들의 도항을 통제하는 일본 치안 당국의 정책, 일본거주 한인의 지역별·직업별 분포의 변화로 본 거주 상황, 일본거주 한인의 생활 양태를 통해 본 특징, 대표적인 수난사인 관동대지진 시 한인 대학살 사건, 일본 내 한인 감시체제인 협화회 등에 대해 검토하고자 한다. 식민지기 조선에서 방대한 수의 한인들이 생활난을 해결하고자 일본도항을 선택했으나, 그 과정에서 한인들은 일제 치안 당국에 의해 본국 사회를 우선시하는 각종 규제를 적용받았으며, 대부분이 일본 사회의 하층에 편입되어 생활하였다. 그들은 일본 경찰에게 항상 감시받는 상태에 있었으며, 주거나 노동 등의 일상적인 생활 속에서 민족 차별에 처해 있었다. 1923년 관동대지진 직후에 근거 없는 유언비어에 의해 일어난 대학살 사건은 한인에 대한 민족 차별을 상징하는 사실이다. 또한 1930년대 후반 중일전쟁 발발 이후, 식민지 본국의 전쟁 수행을 위해 협화회라는 전국 규모의 감시체제가 수립되었고, 그를 통해 일본거주 한인들도 일본의 전쟁을 위해 노동력 또는 군사력으로 동원당했다. 이 책에서는 일제의 조선에 대한 식민지 지배의 결과로서 존재했던 일본거주 한인들의 존재 상태를 다각적으로 검토하고자 한다.

89, 93, 94, 95; 尹晟郁, 1996,『植民地朝鮮における社会事業政策研究』, 大阪経済法科大学出版部; 大友昌子, 2007,『帝国日本の植民地社会事業政策研究-台湾·朝鮮-』, ミネルヴァ書房; 永岡正巳, 1999,「植民地社会事業史研究の意義と課題」, 近代資料刊行会編,『植民地社会事業関係資料集: 朝鮮編別冊-解説』, 近現代資料刊行会.

제1장
해방 전 한반도에서 발생한
대규모 도일 현상의 배경

1. 식민지기 한인의 도일 개황

먼저 한반도가 일본제국의 식민지로 강점된 1910년부터 일본의 패전으로 해방이 되는 1945년까지 한반도에서 일본으로 도항한 한인 수와 일본거주 한인 인구수는 어떠한 변화를 보이는지 개관해 보도록 하자. 다음 〈표 1-1〉을 통해 그에 관한 전모를 알 수 있다. 이 표는 해방 전에 경성(京城)제국대학 역사학과를 졸업한 후 조선총독부의 관리로 근무했고, 일본 패전 이후에는 법무성 법무사무관을 거쳐 외무성의 대신관방처에서 한일 양국관계의 자료를 정리 분석했던 모리타 요시오(森田芳夫)가 1945년 이전 일본거주 한인의 인구 상황을 일본 내무성 경보국 및 조선총독부 경무국(警務局)의 통계를 바탕으로 만든 것을 재인용한 것이다.[1] 이를 통해, 1945년 8월 이전 일본 경찰의 최고기구인 내무성 경보국은 1911년부터 해마다 일본 내의 한인 인구를 파악하고 있었으며, 1916년 이후에는 식민지 경찰인 조선총독부 경무국과 함께 일본도항자 수와 일본에서 귀환한 한인 수도 매년 산출하고 있었다는 것을 알 수 있다.

〈표 1-1〉에서 매년 일본으로 도항한 인원에서 귀환자 수를 뺀 수치가 거주 인구의 증가분과 일치하지 않다는 것을 알 수 있다. 오히려 후자가 훨씬 많았는데, 그것은 자연 증가분과 '비정규' 형태의 도항자(밀선 도항) 및 일시적 귀환자 등이 있었기 때문이라고 생각된다. 또한 한반도가

---

1 모리타 요시오(森田芳夫), 「数字から見た在日朝鮮人」, 「戦前における在日朝鮮人の人口統計」(金英達編, 1996, 『数字が語る在日韓国・朝鮮人の歴史』, 明石書店 수록). 모리타 요시오의 경력은 인터넷 사전 『20世紀日本人名事典』(日外アソシエーツ, 2004)을 참조.

〈표 1-1〉 해방 전 한반도와 일본열도 간의 한인 이동 상황 (단위: 명)

연도	도일자	귀환자	일본거주 한인 인구
1910			
1911			2,527
1912			3,171
1913			1,635
1914			3,514
1915			3,917
1916		3,927	5,624
1917	14,012	9,305	14,502
1918	17,910	12,947	22,411
1919	20,968	20,536	26,605
1920	27,497	25,536	30,189
1921	38,118	46,326	38,651
1922	70,462	89,745	59,722
1923	97,395	75,430	80,415
1924	122,215	112,471	118,152
1925	131,273	83,709	129,870
1926	91,082	93,991	143,798
1927	138,016	117,522	165,280
1928	166,286	98,275	238,102
1929	153,570	141,860	275,206
1930	127,776	107,420	298,091
1931	140,179	103,452	311,247
1932	149,597	103,218	390,543
1933	198,637	113,218	456,217
1934	175,301	117,665	537,695
1935	121,141	105,946	625,678
1936	115,866	113,162	690,501
1937	118,912	115,588	735,689
1938	161,222	140,789	799,878
1939	316,424	195,430	961,591
1940	385,522	256,037	1,190,444
1941	368,416	289,838	1,469,230
1942	381,673	268,672	1,625,054
1943	401,059	272,770	1,882,456
1944	403,737	249,888	1,936,843
1945	?	?	2,100,000

출처: 모리타 요시오(森田芳夫), 「数字から見た在日朝鮮人」, 「戦前における在日朝鮮人の人口統計」(金英達編, 1996, 『数字が語る在日韓国・朝鮮人の歴史』, 明石書店 수록)에서 수정 인용함. 원래 출전은 内務省 警保局 및 朝鮮総督府 警務局의 통계. 1945년분은 朴在一, 1957, 『在日朝鮮人に関する綜合調査研究』, 新紀元社에 의한 추계를 인용. 김광열, 2010, 『한인의 일본이주사 연구-1910~1940년대』, 논형, 제3장의 부표를 재인용함.

일본의 식민지로 병합이 된 이후에 도일자 수와 귀환자 수 그리고 일본 거주 한인 인구는 점차 증가하였다는 것, 특히 중일전쟁 발발 이후에 급격하게 증가했다는 것을 알 수 있다. 즉 1910년 이후의 일본거주 한인 인구는 1911년 2,527명, 1920년 30,189명, 1930년 298,091명이었으나, 1940년에는 1,190,444명, 1945년에는 210만 명에 달해 있었다. 1945년 시점에는 당시 한반도 총인구의 약 10분의 1정도에 육박해 있었는데, 1911년을 기준으로 보면 1945년 일본거주 한인의 인구는 1,000배에 달할 정도로 폭발적인 증가를 보였다는 것을 알 수 있다.

이하에서는 1910~1945년까지 10년 단위로 나눠서 한반도에서 일본으로 도항한 한인 수와 일본거주 인구의 변화를 개괄적으로 살펴보고자 한다.

1) 1910년대

1910년대 한인들의 일본도항은 제1차 세계대전 시기에 집중되어 있었다. 제1차 세계대전 발발 직후인 1914년 8월, 일제는 영일동맹을 명분으로 내세워서 독일제국에 선전포고를 하였다. 참전의 목적은 독일이 중국 산둥(山東)반도와 남태평양에 보유한 권익을 탈취하기 위함이었다. 다만 유럽의 육상전에는 참가하지 않았으므로, 기회주의적인 형태의 참전이었다고 할 수 있다. 그러나 그로 인해 일본 경제는 당시 영국, 미국 등의 연합국으로부터 군수품을 대거 수주한 덕에 호황을 맞이했다. 특히 면방직 공업, 해운업 등을 중심으로 전시 호황을 누린 기업들이 노동력 부족으로 인해 식민지 출신의 염가 노동력에 주목했다. 일본 기업들의 파견원들이 식민지 조선에서 노동자를 모집하는 경쟁을 하였고, 그 결과 수많은 한인들이 임금 노동을 목적으로 일본행 연락선을 탔다.

따라서 1913년까지 줄고 있던 일본 내 한인 인구는 일본이 세계대전에 참전한 1914년 후반부터 증가하기 시작했고, 1917년에는 전년 인원보다 3배 정도 증가, 1918년에는 전년 인원보다 2배 정도 증가하였다. 그 결과, 1919년 말 일본에 거주한 한인의 인구는 26,605명으로 확인된다.

2) 1920년대

1920년대 일본의 경제 상황은 이전에 비해 악화되었다. 1920년대 초에는 제1차 세계대전 종결에 의한 전후 불황이 닥쳐와 노동자들의 대량 해고와 그에 대항하는 노조의 단체 행동이 빈번하게 발생했다. 하지만 1920년대 전반에 도일한 한인 수는 한층 증가했다. 한인 구직자들이 조선보다 일본 쪽에 임금 노동의 기회가 더 많다고 판단했기 때문이다. 1921년부터 서서히 늘고 있던 도일자 수는 1922년에 전년의 2배나 증가했다. 그러나 1923년 9월 1일 일본의 수도권인 간토(關東, 관동)지방에 전대미문의 대지진이 발생하여 수도 도쿄와 그 주변 지역에서 다수의 인명 피해가 발생했고 사회 기반시설들이 대거 파괴되었다. 더불어 이민족 배외주의 유언비어가 확산되어 수천 명의 한인들이 학살당하는 사건이 일어났다. 그 직후 내무성과 조선총독부는 일시적으로 한인들의 일본 도항을 금지하였으나, 그 이듬해부터 1920년대 중반까지 도일자 수는 매년 증가하였다.

1920년대 중반에 한인의 도일이 증가한 것은 도쿄를 중심으로 한 간토 지방에서 대지진의 피해를 복구하고자 하는 토목사업이 대규모로 전개되었기 때문이며,[2] 오사카(大阪)를 중심으로 한 한신(阪神) 지방의 산업에서 하급 노동력 수요가 발생함에 따라 제주-오사카 직항이 개설된 것도 배경에 있다고 추측된다. 그 결과 1925년 말에는 일본거주 한인 인구가 13만 명에 육박하였다. 10년 전인 1915년에 재일 한인이 약 4천 명에 지나지 않았던 것을 감안하면 10년 동안 한인의 일본도항이 얼마나 증가했는지를 알 수 있다. 1920년대 후반에는 도일 한인 수가 더욱 증가하여 매년 평균 14만 명 정도의 한인이 도일하였다.

그 결과 1930년 말 일본에 거주하던 한인의 인구 총수는 29만 8천여 명이었다. 5년 동안에 일본거주 인구가 2배 이상으로 증가하였다.

3) 1930년대

1929년 말 미국 뉴욕의 증시 폭락으로 시작된 대공황은 대미 수출 의존도가 높은 제사 및 방직 공업을 주력 산업으로 하는 일본 경제에도 악영향을 미쳤다. 1930년대 들면서 견직물을 대표로 하는 일본의 대미수출이 막혀 견사 가격이 폭락하였고 원료 공급지인 다수의 농가들은 위기 상황에 빠졌다. 악화 일로에 있던 일본과 더불어, 식민지 조선도 대공황의 여파를 받아 농산물 가격이 폭락하였다. 따라서 조선 농촌에서 이농자들이 대거 발생했는데, 그들 중에는 만주로 이주하여 농업을 계속하는 사람들도 있었지만, 임금 노동시장에 진출하여 조선 내의 도시 지역으로 떠나거나 일본으로 도항하는 사람들도 적지 않았다.

---

[2] 김광열, 2016.12, 「관동대지진 이후 일본의 제도(帝都)부흥사업과 한인 노동자」, 『한일민족문제연구』 제31호.

특히 후자를 선택한 사람들은 일본이 조선보다 임금 수준이 낮다고 판단하여 먼저 도일한 지인의 소개를 통해 일본으로 도항하는 경우가 많았다.

1930년에 도일한 한인 수는 역시 전년보다 급감한 12만 8천 명 정도였다. 그러나 이듬해부터 다시 도일자 수는 증가했고 그 추세는 이후 1934년까지 지속되었다. 특히 1933년에는 거의 20만 명에 육박하는 도일자 수를 기록했다. 그만큼 조선의 농촌에서 이농자가 대거 발생하였고 그들 중에서 일본으로 도항한 사람들이 증가한 것이다.

그러나 1935년부터 도일 한인 수는 급감했는데 그것은 일본 정부에 의한 일본거주 한인 인구의 감소정책이 본격적으로 전개되었기 때문이다. 그에 대한 구체적인 검토는 후속 장에서 하도록 하겠다. 하지만 중일전쟁이 발발하여 전면적인 전시체제로 돌입한 1938년부터 한인 도일자 수는 다시 증가하기 시작하였다.

4) 1940년대 전반

이 시기에는 일제가 도발한 전쟁이 중국대륙에서 중남부 태평양 지역으로 확대되었으므로 일본군에 대한 병력 등의 군사동원은 물론, 일본열도 및 한반도의 군수 산업현장에 한인 노동력의 동원이 증가하였다. 따라서 1940년대 전반의 한인 도일자 수는 1930년대 후반에 비해 2배 이상 증가하였다. 이 시기는 매년 귀환자 수도 20만 명 이상을 기록하였으나, 1940~1944년까지 매년 말에 조사된 일본거주 한인의 인구를 보면 매년 20만 명 전후의 증가를 보이고 있었다. 그것은 일본 내 기거주자 가족의 자연증가에 의한 것일 수도 있으며, 부산 – 시모노세키(下關)

로 대표되는 일본행 정기 항로 이외에도 비정규 루트(밀항)를 통해 도일하는 사람들도 포함되어 있었다고 추측된다.

2. 대규모 도일자가 발생한 내부 요인[3]

식민지기 한반도에서 방대한 수의 한인들이 일본도항을 선택했던 원인은 당시 조선 내부에서 노동력을 외부로 밀어내는 푸쉬(push) 요인이 있었다고 판단된다. 따라서 당시 조선의 대다수 인구가 거주하는 농촌에서 경제적 피폐로 인해 발생한 이농 현상을 먼저 검토하기로 한다. 또한 방대한 이농 그룹 중에서 결코 적지 않은 사람들이 조선 내의 도시가 아니라 일본도항을 선택한 이유는 무엇인지 검토해 보고자 한다.

1) 농촌 중간층의 몰락

1910년대에서 1920년대까지 일제의 대조선 식민지 정책은 주 식량인 미곡을 안정적으로 생산하도록 하는 역할, 즉 조선을 일본열도에 대한 미곡 공급기지로 만든다는 것이었다. 일제는 그를 실천하기 위해 1910년 강제병합 직후부터 1918년까지 '토지조사사업'을 실시했고, 그를 바탕으로 '근대적인 토지소유권 확립'이라는 명분에 입각하여 일본인

---

3 이 책 제1장 제2절의 서술은 김광열, 2010, 『한인의 일본이주사 연구-1910~1940년대』, 논형, 제1장 내용을 수정 및 재정리한 것임을 밝혀 둔다.

자본이 조선에서 대규모의 농지를 매입할 수 있게 하였다. 그리고 조선총독부는 1920년부터 조선에서 대규모 미곡 생산을 하도록 하는 '산미증식(産米增殖) 계획'을 실시하였다. 이 계획이 실시되면서 조선 각지에서 농업의 상업화를 추구하는 일본 자본들을 중심으로 조선 농민이 소유한 농지를 매수하여 합병하는 사례가 많이 발생했다. 그 결과 자작 및 자·소작으로 영농을 하던 중소규모 농가들 중에서 어쩔 수 없이 농지를 팔고 소작농이 되거나, 이농하는 경우가 적지 않았다. 즉 조선 농촌의 중간층이 몰락하는 현상이 일어난 것이다.

당시 조선 농촌의 중간층 몰락 상황은 전체 농가의 영농 형태별 비율 변화로도 파악이 된다. 1915년의 조선 농촌의 영농 형태별 비율은 자작농이 21.7%, 자소작농이 40.8%, 소작농이 36%였으나, 1929년에는 자작농 18%, 자소작농 31.5%, 소작농 45.6%의 비율로 변했으며, 그 5년 후인 1934년에는 자작농 17%, 자소작농 24%, 소작농 51.9%로 변했다.[4] 즉 1915년부터 약 20년 동안에 자기 농지가 있는 자작농이 4.7% 감소, 자작과 소작을 겸하는 농가는 16.8% 감소한 반면, 타인의 농지를 빌려서 영농을 하는 소작농은 15.9%나 증가한 것이 확인된다. 다시 말하면, 이 기간 동안에 자작 및 자소작 농가들이 소작농으로 몰락했다는 것을 나타낸다.

1910년대 후반부터 1930년대 전반까지 조선 농촌에서는 소작농, 즉 영세농이 전체 농가의 반 이상으로 대폭 증가하였다. 조선총독부가 실시한 '산미증식계획'은 세계 공황의 영향으로 농산물 가격이 폭락하자

---

4 宮嶋博史, 1993, 「朝鮮における植民地地主制の展開」, 『近代日本と植民地』 3, 岩波書店.

1933년에 중지되었으나, 조선 농촌에서는 이미 상기한 바와 같이 중간층이 몰락하여 계층 하향 현상이 확산되어 있었다.

2) 농가의 영농 수지 악화

당시 조선 농가의 영농 수지는 전반적으로 악화 일로에 있었다. 변화를 알기 위해 '산미증식계획'이 실시되기 전인 1910년대 말과 실시 이후인 1920년대 이후의 조선 농가의 영농 수지를 비교 검토하고자 한다. 먼저 1918년에 조선 각지의 금융조합이 실시한 농가의 연간 영농 수지 조사 결과를 보면, 상층(자작농)이 1,061엔, 중층(자소작농)이 101엔, 하층(소작농)이 5엔이었다.[5] 영농 규모가 큰 농가는 투자 대비 순익을 꽤 내고 있었으나, 그 이하 규모의 농가는 순익이 점차 줄었고, 하층 농가(소작농)의 경우는 미미한 정도의 이익을 내고 있었다.

다음은 조선총독부가 말단 행정기관에서 조사한 결과를 통해 '산미증식계획'이 시작된 후인 1925년의 조선 농가의 영농 형태별 수지에 대해 보도록 하자. 그를 보면, 자작농의 평균은 87엔, 자소작농의 평균은 25엔, 소작농 평균은 4엔이었다.[6] 즉 1925년에는 대체적으로 농가의 평균 영농 수익이 1918년에 비해 상당히 줄어 있었다. 그럼 1930년대 전반에는 농가의 영농 상황이 개선되었을까. 조선총독부의 산하 기관인 조선농회가 1930년부터 1932년에 걸쳐 경기도, 전라남도, 경상남도, 평안

---

5   朝鮮經濟協會, 1918, 『金融と經濟』 제6호.
6   朝鮮總督府, 1925, 『朝鮮の小作慣習』. 영농 규모의 구분에서 '대'는 3정보 이상, '중'은 1~3정보, '소'는 1정보 미만의 농지를 소유한 농가를 의미함.

남도, 함경남도 등의 5개 도에서 샘플 조사한 농가의 영농 상태를 보면, 농가의 연간 적자 평균액이 자작농 60엔대, 자소작농 10엔대, 소작농 30엔대였다.[7] 이 조사 결과를 통해, 1930년대 전반에도 조선의 농업 분야에서는 영농 형태를 불문하고 대부분의 농가가 적자를 보고 있었다는 것이 확인된다. 이 조사는 조선의 대표적인 곡창 지방을 대상으로 하였고 북부 지방도 포함한 것이므로, 당시 조선 농민의 일반적인 상황이었다고 추측된다. 이 시기에 자작농의 적자 폭이 가장 컸던 이유는 세계 공황의 영향으로 1930년에 농산물의 가격이 폭락했기 때문에 투자 대비 수입이 급감했기 때문이라고 생각된다. 특히 주요 환금성 작물이었던 쌀(미곡)의 시가 변동을 도쿄의 미곡시장에서 거래된 조선산 미곡(10말 기준) 가격으로 보면, 1925년에 39.5엔이었던 것이 1927년에는 28엔, 1932년에는 20.4엔으로 폭락했다.[8] 따라서 기타 농산물의 시장 가격도 추측할 수 있다.

이상에서 보았듯이, 1930년대 전반의 조선 농가는 1925년에 비하면 영농 수지의 악화로 인해 적자 상황에 처해 있었다. 농가들은 농업을 계속하기 위해 빚을 내서라도 영농자금을 마련해야 했다. 당시 조선농회의 조사를 통해서도 그와 같은 조선 농민의 곤란 상황을 알 수 있다.

1930~1932년에 조선농회가 실시한 '농가경제조사'를 참고하면, 조선 남부에서 조사 대상이었던 경기도, 전라남도, 경상남도에 소재하는 조선 농가들은 영농 형태를 막론하고 다방면에 걸쳐 많은 부채를 지고

7　朝鮮農會,『農家經濟調査』1930년판의 경기도 및 전라남도 조사, 동『農家經濟調査』1931년판의 경상남도 및 평안남도 조사, 동『農家経済調査』1932년판의 함경남도 조사.

8　東畑精一·大川一司, 1935,『朝鮮米穀経済論』, 岩波書店, 133쪽.

있었다. 부채가 많은 순을 보면 3개 지역 중에서 경상남도의 자작농이 농업용 및 기타 목적의 지출로 인해 무려 1,066엔으로 가장 많았으며, 그 다음이 같은 도의 소작농, 경기도의 자소작농의 순이었다. 부채의 용도를 보면 자작농과 자소작농은 다음 해의 농사를 위해 '농업용'에 재투자하는 경향이 있었던 반면, 소작농은 농업 이외의 '기타' 부문에 많이 사용하였다.[9] 즉 경제적 여유가 상대적으로 적은 소작농은 부채상환이라든지 당장 해결해야 할 것들이 있으므로 미래를 위해 재투자하는 비율이 낮았다.

이상에서 봤듯이, 당시 조선 농가들은 대개가 심각한 영농 상황에 처해 있었다는 것을 알 수 있다. 그런 상황에서 한발이나 홍수 같은 자연재해가 발생한 해에는 졸지에 최하층민으로 전락하는 세대가 속출했을 것이다. 따라서 조선 농가들 중에는 영농 규모를 불문하고 봄의 보리 수확 이전에 식량 부족 현상(춘궁)에 처한 집들이 적지 않았다. 1920년대 말에 조선총독부가 농민의 곤궁 상황을 조사한 결과를 봐도, 자작농의 18%, 자소작농의 37%, 소작농의 67%가 봄이 되면 식량 부족 현상에 처해 겨우 연명하고 있었다.[10]

---

9 朝鮮農会, 1930~1932, 『農家経済調査』.
10 朝鮮總督府, 1930, 「農村窮民の事情と農村救済対策案参考資料」(友邦協会 복각판) 참조.

3) 식민지기 조선 2, 3차 산업에서의 한인 취업 환경

(1) 직업 구성의 변화로 본 조선의 취업

일반적으로 일국의 농업, 수산업, 임업 등의 1차 산업에서 유출된 인구는 일단 국내에서 임금 노동직을 희망하여 2, 3차 산업에서의 취업 기회가 많다고 알려진 도시 지역으로 이동한다. 그런데 식민지 조선의 농촌에서 구직차 도일한 사람들은 왜 조선 내 도시에서 구직하기보다 바로 일본행을 택했을까. 그것은 당사자들의 개인 사정이 있을 수도 있지만, 당시는 일반적으로 한반도 내에서 취업하는 것이 힘들다는 인식이 있었다고 생각된다.

그와 관련하여 여기에서는 식민지기 한반도에서 2, 3차 산업의 취업 환경은 어떠했는지 살펴보고자 한다. 이를 위해 『조선총독부통계연보(朝鮮總督府統計年報)』를 바탕으로 1918~1942년까지 한반도에 거주했던 한인 세대의 직종별 구성비와 그 변화를 나타낸 〈표 1-2〉를 검토하도록 하자. 매년 정기적으로 실시한 통계 자료를 바탕으로 장기간에 걸쳐 분석을 해야 당시 조선의 1차 산업, 즉 농업, 수산업, 임업에서 유출된 인구가 2, 3차 산업의 어떤 직종에 어느 정도 취업을 하였는지 파악할 수 있기 때문이다.

먼저 〈표 1-2〉를 통해 식민지기 한반도에서는 농림업, 수산업 등의 1차 산업에 종사하는 세대가 압도적으로 많았다는 것을 알 수 있다. 그 중에서도 특히 농림업이 많았는데, 농촌에 인구가 집중되어 있었던 것이다. 다만, 통계 초기인 1918년에는 '농림업'이 83.9%, '광공업' 2%였으나, 말기인 1942년의 상황은 '농림업' 64.9%, '광공업' 7.2%였다. 즉 시간이 흘러갈수록 1차 산업에 종사하는 세대 비율은 서서히 감소한 반

〈표 1-2〉 식민지기 한반도 거주 한인 세대의 직업구성 변화

(단위: 1,000세대)

연도	농림업 (A)	수산업	광공업 (B)	상업, 교통업	공무, 자유업	기타 유업자(C)	무직 (D)	합계 (E)	A/E (%)	B/E (%)	C/E (%)	D/E (%)
1918	2,635	41	64	200	52	102	44	3,138	83.9	2.0	3.2	1.4
1920	2,720	37	67	208	63	63	34	3,191	85.2	2.1	2.0	1.1
1922	2,711	41	77	215	72	87	40	3,242	83.6	2.4	2.7	1.2
1924	2,718	43	80	224	82	112	49	3,309	82.1	2.4	3.4	1.5
1926	2,823	49	83	241	89	143	56	3,484	81.0	2.4	4.1	1.6
1928	2,781	54	80	247	93	173	62	3,489	79.7	2.3	5.0	1.8
1930	2,879	60	90	256	108	213	74	3,679	78.3	2.4	5.8	2.0
1932	2,864	50	80	229	127	341	81	3,772	75.9	2.1	9.0	2.1
1934	2,895	55	101	281	132	299	93	3,857	75.1	2.6	7.8	2.4
1936	2,953	62	122	299	133	344	100	4,012	73.6	3.0	8.6	2.5
1938	2,951	63	173	333	173	348	99	4,102	71.9	4.2	8.5	2.4
1940	2,963	63	213	349	142	393	103	4,232	70.0	5.0	9.3	2.4
1942	2,976	93	329	383	329	477	136	4,587	64.9	7.2	10.4	3.0

출처: 『朝鮮總督府統計年報』, 각 연도판 참조 작성. 김광열, 2010, 『한인의 일본이주사 연구-1910~1940년대』, 논형, 제1장에서 재인용.

면, 2, 3차 산업에 종사하는 세대 비율은 점차 증가했음을 알 수 있다. 하지만, 이 통계를 통해서 식민지기 한반도 거주 한인들 중 농림업에서 이탈한 인구가 증가하였으나, 그렇다고 그 인구가 모두 2, 3차 산업으로 이동한 것이 아니었다는 것을 알 수 있다. 광공업 인구의 증가 상황이 소폭에 지나지 않았기 때문이다.

그뿐 아니라, 1940년대 초에는 각종 잡업으로 분류되는 '기타 유업자'가 약 48만 세대로 가장 많았으며, '무직'으로 분류된 세대도 14만 세대를 육박하고 있었다는 것도 유의해서 볼 필요가 있다. 이상을 통해, 해당 시기에 한반도 내에서 거주하던 한인들의 취업 환경은 전반적으로 열악했다고 판단된다.

(2) 조선총독부 산하 직업소개 기관의 역할

이번에는 식민지기 한반도에서 조선총독부 산하의 직업소개 기관이 실업자 및 구직자의 취업에서 어떠한 역할을 했는지 살펴보고자 한다.

1938년에 조선총독부가 발간한 자료[11]를 통해 당시 조선에 존재하던 직업소개 기관의 존립 상황을 개관해 보도록 한다. 식민지기 조선에서 최초로 설립된 직업소개 시설은 1913년에 설립된 경성구호회였다. 그 후 1920년대에 들면서 경성부, 평양부, 부산부, 대구부, 신의주부의 순으로 주요 도시에 직업소개소가 설립되었다. 1930년대에는 함흥부, 인천부, 군산부, 목포부의 차례로 직업소개 시설이 설립된 것을 확인할 수 있다.

그와 관련된 조선총독부의 정책을 당시의 신문 기사로 엿보면 다음과 같다. 1926년 11월 총독부 내무국 사회과는 직업소개 및 도일 희망자 저지를 위한 전문 기관을 총독부 내에 설치하고자 이듬해 예산에 관련 경비 20만 엔을 계상하였으나, 결국 4만 엔으로 대폭 삭감되어 직업소개소를 증설하는 형태로 수정하였다.[12]

한편 1927년에 일본 금융업계에서는 관동대지진 이후 복구 목적으로 발행된 어음들이 불량채권이 된 탓에 도쿄와타나베(東京渡辺)은행, 타이완(台湾)은행을 비롯하여 도산하는 은행이 속출했다. 따라서 그해 8월 일본 측에서는 금융업 도산으로 인해 증가한 실업자들이 오히려 식민지 조선으로 역류하는 기이한 현상이 일어났다. 아래 기사는 당시 그와 같은 현상에 직면한 부산의 상황을 전한 것이다.

11　朝鮮總督府, 1938, 『時局對策調査會諮問案參考書』(勞務調整に関する件).
12　『동아일보』, 1926.11.5.

일본에 비해 조선은 호경기인줄 알고 근래 일본인의 내항이 매우 증가하였다. 특히 조일 간의 관문인 부산에 상륙하여 … 직업을 구하며 이리저리 방황하다가 결국 부산 관영직업소개소에 의뢰하는 자가 현저하게 증가했다. 특히 동소에 몰려든 일인이 약 2백명이라더라 … 부산의 경기도 좋다고 할 수 없어서 조선사람은 여전히 고용자가 적고 구직 군이 날로 격증한다더라 … [13]

즉 일본인 실업자들이 구직차 부산으로 몰려왔다가 결국은 부산의 직업소개소에서 구직을 의뢰한 탓에, 정작 한인들의 구직 가능성이 줄어들면서 실업률이 한층 증가했던 것이다.

또한 1920년대 말경부터 조선총독부의 직업소개 정책은 조선 내부의 실업 완화에만 집중한 것이 아니라, 한인의 도일을 방지하여 식민지 본국의 실업 완화에도 기여하는 것을 시야에 두었다. 아래 1928년 3월의 신문 보도를 통해서도 그것을 확인할 수 있다.

… 총독부에서는 부산 수상경찰서에 권리를 주어 소위 만연(漫然)도항을 금지하고, 금지당한 사람은 내무국 출장원이 권유하여 조선 내에 적당한 직업처로 돌려보내 왔는데, 이와 같이 경찰의 힘으로 일본 가는 것을 금지함은 불가하다는 여론이 높아지므로 장차 각 부면에서 직업소개 전임자를 두어 부산에 가기 전에 도일을 중지 시키고 적당한 직업처를 소개하여 준다고 한다.[14]

---

13 「일본 실업군 부산에 습래」, 『동아일보』, 1927.8.9.
14 「도일 방지차 직업계를 설치」, 『동아일보』, 1928.3.30. 하지만 같은 해 5월 1일 자

즉 종래에는 부산 수상경찰서에 직원을 파견하여 도일 희망자들에 대해 조선 내에서 취업하도록 권유하는 작업을 전개하였으나, 1928년 3월 이후에는 각 부, 읍, 면에 직업소개 담당자를 두어 도일 희망자들에게 조선 내에서 취업할 것을 권유한다는 것이었다. 즉 '두 마리의 토끼를 잡겠다'는 의도에서 나온 시도인데, 식민지 조선 내부의 실업문제를 완화하는 결과를 초래했는지는 다음에 제시한 1920년대 말부터 1930년대 말까지 조선 내 공영 직업소개소의 운영 실적을 보면 알 수 있다.

조선총독부는 1920년대 말에 전국적으로 직업소개 시설을 확충하였다. 1928년 6월 초, 총독부 당국은 도지사 회의를 개최하여 조선 내 실업문제를 해결하는 일환으로 서울과 부산, 평양, 대구, 인천, 청진, 원산 등 조선의 각 주요 도시에 직업소개 시설을 증설하기로 하고, 1928년도 이내에 해당 직업소개소에 14,000엔씩 보조한다고 결정했다.[15] 조선 내의 주요 도시에 직업소개소를 증설하고, 관련 예산을 증액한다는 조치를 취한 것은 조선 내부에서 유휴 노동력을 적절하게 활용하는 한편, 다수의 한인들이 일본으로 구직차 도항하는 경향을 억제하고자 한 정책의 일환이라고 판단이 된다.

그러면 상기한 바와 같이 조선총독부가 조선 각지에 설치 및 운영하였던 직업소개 시설의 실적은 어떠했을까. 식민지 조선에서 직업소개에 관한 통계는 1927년부터 실시되었기 때문에, 그 이전의 상황에 대해서는 신문 자료를 통해 단편적이나마 파악할 수 있다. 1924년 1년 동안 부

『동아일보』는 「일본행 노동자 매일 격증(激增), 임시 선편을 이용하여」라는 기사를 통해, 일본도항을 희망하는 한인들로 부산항 부두가 한층 혼잡해진 상황을 전하였다.

15 『동아일보』, 1928.6.3.

산의 직업소개소는 1,682건의 구직 신청이 있었으나, 취업 소개는 532건에 지나지 않아 소개율이 32%밖에 되지 않았다.[16] 더욱이 일반적으로 학력이 좋으면 취업 시에 유리한 조건이 된다고 알려졌으나, 1920년대 전반의 조선에서는 고학력자도 취업하기가 쉽지 않았다. 1925년 당시 조선의 최상위 고등교육 기관이었던 전문학교 8개교는 한인 졸업생 223명을 배출했는데, 그중에서 취직이 결정된 사람은 138명[17]이었다. 취업률로 보면 62%에 지나지 않았던 것이다. 당시 조선에서는 고학력자의 취업이 이러한 상황이었으니, 기타 학력의 구직자들의 취업률은 한층 낮았을 것이라고 추측된다.

이번에는 조선총독부 산하 직업소개 시설에 관한 통계가 공표된 1927년 이후의 상황을 보도록 하자. 〈표 1-3〉은 1920년대 말부터 1930년대 말까지 조선에서 운영되었던 직업소개소의 운영 실적을 나타낸 것이다. 이를 보면 해당 기간에 이루어진 '일반직'과 '일용직'의 취업 상황을 알 수 있다.

먼저 1927년부터 11년 동안 연차별로 구직 대비 구인의 인원수를 보면, 대체적으로 구직자 수가 구인 수보다 많았다. 그리고 그러한 현상은 일용 노동직보다 비교적 안정적인 직업이 많은 일반 노동직 쪽에서 더 심했던 것을 알 수 있다. 즉 조선의 노동시장에서 발생한 노동력 수요가 일용직 쪽에서 상대적으로 많이 발생했기 때문이다. 한편, 일반직의 취직률은 1932년까지 감소했으나 1933년부터 조금씩 증가했다. 일반직의 취직률이 가장 높았던 것은 1938년의 56%였는데, 중일전쟁 발발로

---

16 『동아일보』, 1925.6.5.

17 『동아일보』, 1925.5.1.

<표 1-3> 식민지기 조선의 직업소개소 운영 실적

(단위: 명)

연도	일반직				일용직			
	구인	구직자	취직자	취직률(%)	구인	구직자	취직자	취직률(%)
1927	8,224	15,356	5,449	35	6,080	8,012	4,362	54
1928	10,026	17,091	5,100	30	9,272	5,815	4,963	85
1929	11,329	20,973	6,330	30	13,768	13,180	11,587	88
1930	16,326	28,816	9,239	32	7,511	8,353	6,652	80
1931	18,140	36,002	11,353	32	49,553	53,901	49,376	92
1932	22,129	43,103	14,085	33	186,757	194,737	186,314	96
1933	27,339	46,037	16,938	37	325,447	328,478	324,166	99
1934	33,503	47,754	19,341	41	177,668	180,493	177,581	98
1935	30,364	41,834	18,797	45	22,096	23,043	21,689	94
1936	33,130	44,771	19,170	43	15,483	16,628	15,316	92
1937	40,397	54,430	24,984	46	21,433	22,142	20,660	93
1938	45,301	48,407	27,104	56	110,235	111,350	110,175	99

출처: 朝鮮總督府, 『統計年報』 1931년판, 1938년판에서 인용 작성. 김광열, 2010, 『한인의 일본이주사 연구-1910~1940년대』, 논형, 제1장에서 재인용.

전시체제가 시작된 해다. 한편 일용직의 취직률은 1928년부터 80%를 초과하고 있었는데, 구인이나 취직자 수에 변화가 많았다.

특이한 점은 1931~1933년까지 일용직의 구인과 구직이 급격하게 증가했다가 1934년부터 감소하였다는 것이다. 그 이유로 조선에 자연재해 및 세계 공황의 여파가 겹쳤던 1931~1933년에 조선총독부가 '궁민구제' 명목의 토목사업을 실시했다는 것을 생각할 수 있다. 총독부는 '궁민구제 토목사업'에 관련된 구인 및 구직 행위를 도시부는 직업소개소를 통해, 농촌은 지역 행정기관을 통해서 하도록 하였다. 그러나 실제 그 토목사업의 현장에서는 중층적인 하청이 이루어졌기 때문에, 취로 당사자는 저렴한 임금과 장시간 노동에 처했으므로 취로를 기피하는 사람들도 적지 않았다.[18]

위에서 1920~1930년대에 조선총독부가 설치한 공영 직업소개소가 조선 내부의 실업문제에서 어떠한 역할을 하였는지 검토해 보았다. 1927년 이후 조선의 각 도시지역에 직업소개소가 설치되어 실업자의 구직을 도왔으나, 실상은 안정적인 일반직에서 매우 경쟁이 심했고, 불안정한 일용직에서는 비교적 구직이 용이한 편이었다. 한편 당시 조선 농촌에서는 해마다 수많은 이농자가 발생하고 있었고, 그들은 사실상 외국에 해당하는 일본에서 구직하는 것보다 이왕이면 조선 내의 도시에서 임금 노동직을 찾고자 했을 것이다. 그러나 이상에서 봤듯이, 일용직이라 할지라도 이농자들이 조선의 직업소개소를 통해 취업할 수 있는 기회는 사실상 협소하였다고 할 수 있다.

4) 조선에 진출한 중국인 노동자

(1) 조선거주 중국인의 이주 경위와 직업

이 항에서는 식민지기 조선의 노동시장에 진출해 있던 중국인 노동자에 대해 살펴보고자 한다.

조선에 중국인이 거주하게 된 최초의 법적 근거는 임오군란 직후 1882년에 조선과 청국 사이에 체결된 불평등조약 '조청상민수륙무역장정(朝淸商民水陸貿易章程)'이었다. 그 장정의 제4조에서 "내지 채판과 유력(遊歷: 돌아다니는 일)이 필요할 경우 지방관의 허가서를 받아야 한다"

---

18 조선총독부는 이 토목사업을 실시하기 위해 대장성 예금부(大藏省預金部)로부터 예산 지원을 받았다. 그 구체적인 운용 내용에 대해서는 김광열, 1999, 「1920~30년대 조선에서 실시된 일본의 '궁민구제' 토목사업」, 『근현대 한일관계와 재일동포』, 서울대학교출판부를 참조.

고 정하고 있듯이, 지방관의 허락을 받으면 양국 상인은 내지 통행을 할 수 있었다. 하지만 해당 무역장정의 서두에 청 정부가 조선을 속국이라고 명문화했던 것을 보더라도 조선의 상인들이 청 내부에서 상행위를 하기 위해 그 항목을 만들었을 확률은 매우 낮다. 그 후 1899년에는 「한청통상조약(韓淸通商條約)」으로 개정 체결되어, 중국인은 부산, 인천, 원산, 목포, 진남포, 군산 등의 개항지에서 합법적으로 거주할 수 있게 되었다.

그렇다면 대한제국이 일본에게 강제병합된 이후에는 조선거주 중국인의 법적 지위는 어떻게 되었을까. 1910년 8월 29일, 병합조약을 공포함과 동시에 한국통감부는 통감부령 제52호 「거주 자유가 없는 외국인의 건」을 고시하여, 외국인이 지방행정관의 허가를 받지 않고 개항지 이외에서 거주하거나 상업하는 것을 금지하고 이를 위반하면 100엔 이하의 벌금형에 처한다고 하였다.[19] 당시 일본은 이미 1899년에 국내 거주 외국인 노동자를 통제하는 「조약 또는 관행에 의한 거주의 자유가 없는 외국인의 거주 및 영업에 관한 건」(칙령 제352호)[20]을 시행하고 있었으므로, 1910년에 통감부가 고시한 통감부령 제52호는 그것을 모방한 것이라고 할 수 있다.

그런데 역시 상기 통감부령 제52호의 목적은 조선 내에서 가장 인구가 많은 외국인이면서 기존에 통제받지 않았던 중국인의 거주 및 상행위를 제한하고자 하는 것이었다. 하지만 그 후에도 조선거주 중국인의

---

19   통감부령 제52호 「居住の自由を有せざる外國人の件」의 내용은 南滿洲鐵道株式會社, 1933, 『朝鮮人勞働者一般事情』, 23-24쪽 참조.

20   이 일본에서의 칙령 제352호에 관해서는 金英達, 1991.9, 「在日朝鮮人社會の形成と1899年勅令第352號について」, 『在日朝鮮人史研究』 제21호를 참조.

인구는 증가했고 그들의 상행위 및 노동 행위는 계속되었다.

그러면 먼저 당시 조선에 거주하던 중국인 인구의 변화를 개관해 보도록 하자. 〈표 1-4〉는 조선총독부의 통계 자료를 바탕으로 식민지기 조선에 거주한 중국인의 인구 변화를 나타낸 것이다. 이 표에 의하면 조선거주 중국인의 인구는 한일병합 직후에 약 12,000명이었으며, 그 후 일시적으로 감소한 적이 있으나 전체적으로 점차 증가하였다는 것을 알 수 있다.

조선 내 중국인의 인구 변동을 좀 더 자세히 보면 1930년에 약 68,000명으로 가장 많았고, 그 후 1931년에 급감하였다가 다시 1936년까지 서서히 증가하였다. 1937년에 감소하였다가, 그 후 다시 점차 증가

〈표 1-4〉 식민지기 조선거주 중국인의 인구 변화 (단위: 명)

연도	인구	연도	인구
1911	11,837	1926	45,291
1912	15,517	1927	50,056
1913	16,222	1928	52,054
1914	16,884	1929	56,672
1915	15,968	1930	67,794
1916	16,904	1931	36,778
1917	17,967	1932	37,732
1918	21,894	1933	41,266
1919	18,588	1934	49,334
1920	23,989	1935	57,639
1921	24,695	1936	63,981
1922	30,826	1937	41,909
1923	33,654	1938	48,533
1924	35,661	1939	51,014
1925	46,196	1940	63,976

출처: 朝鮮總督府, 1940, 『統計年報』에서 인용. 김광열, 2010, 『한인의 일본이주사 연구-1910~1940년대』, 논형, 제1장에서 재인용.

하고 있었다. 1931년에 조선거주 중국인 수가 급감한 원인은 1931년 7월에 장춘(長春) 교외에서 한인 농민과 중국인의 집단 충돌 사건('만보산 사건')이 발생한 이후, 조선 전체에서 중국인 배척 운동이 일어났기 때문이다. 1937년의 감소는 중일전쟁의 발발로 인해 조선거주 중국인의 일부가 신변의 위험을 걱정하여 귀국하였기 때문이라고 추측된다.

그런데 이 항에서 조선거주 중국인들을 언급하는 이유는, 그들이 식민지 조선의 임금 노동시장에서 한인 노동자와 서로 경합하였기 때문이다. 그 배경에는 재조 중국인들의 주된 직업이 한인 노동자와 중복되었으며, 임금 수준이 상대적으로 낮았기 때문이다.

조선총독부가 1916년과 1922년에 조선거주 중국인에 대해 조사한 『조선에서의 중국인』이란 인쇄물을 보면, 당시 조선 내에서 중국인들이 주로 어떠한 직종에 취업하고 있었는지 알 수 있다. 종사 인구가 많은 순으로 하면 상업 및 교통업이 가장 많았고, 다음으로 농림업, 광공업, 기타 유업자, 공무, 자유업 등의 순이었다.[21] 상업과 공무를 제외한 나머지는 대부분이 노동자였던 것이다.

또한, 1930년대 초기의 자료를 통해서 조선거주 중국인들의 직업과 출신, 집주 지역 등에 대해 한층 자세하게 알 수 있다. 당시 중국인들의 주된 거주지는 평안남북도와 함경남북도, 경기도 등이었으며, 직업은 잡무인 '기타'가 가장 많았고, 그 다음이 '농업', '토공', '목공', '제조업', '석공', '운반부' 등의 순으로 많았다.[22] 재조 중국인 대부분이 비숙련 단순직 노동자였다는 것을 확인할 수 있다.

---

21 朝鮮總督府, 1924, 『朝鮮における支那人』.
22 南滿洲鐵道株式會社, 1933, 앞의 책, 27-28쪽.

〈표 1-5〉 식민지기 조선 내 토건업의 민족별 임금 비교 (단위: 엔)

민족별	취업 형태	일급	하루 생계비	하루 실수입
한인	비숙련직	0.99	0.85	0.15
	숙련직	2.05	1.27	0.78
	감독직	1.28	1.01	0.27
일본인	비숙련직	2.70	1.49	1.21
	숙련직	3.49	1.84	1.65
	감독직	2.26	1.52	0.74
중국인	비숙련직	0.88	0.54	0.34
	숙련직	1.93	0.86	1.07
	감독직	1.00	0.77	0.23

출처: 朝鮮土木建築協會, 1929, 『朝鮮工事用各種勞動者實狀調』, 김광열, 2010, 『한인의 일본이주사 연구-1910~1940년대』, 논형, 제1장에서 재인용.

〈표 1-5〉는 1920년대 말 조선 토목건축 분야의 노동자 임금을 민족별로 나타낸 것이다. 이를 보면 중국인 노동자의 임금은 한인이나 일본인의 임금과 많은 차이가 있었다는 것을 알 수 있다.

일급이 가장 높았던 숙련직의 경우는 일본인 3.49엔, 한인 2.05엔, 중국인 1.93엔이었고, 가장 낮았던 비숙련직의 경우는 일본인 2.7엔, 한인 0.99엔, 중국인 0.88엔이었다. 즉 직급을 막론하고 중국인의 임금이 가장 낮았던 것이다. 이것이 중국인 노동자들이 조선에 진출할 수 있었던 요인이다. 따라서 조선 내의 각종 토목건축 작업장에서는 임금이 저렴한 중국인을 고용하는 경우가 많았다.

위 표의 출전에 따르면, 1928년 7월에서 9월까지 조선 내 27개소 토목 사업장에서 일하던 노동자의 민족별 비율은 한인 74.6%, 중국인 21.5%, 일본인 3.9% 등이었다. 즉 당시 조선의 토목공사 분야에서는 중국인 노동자의 점유 비율이 전체의 20%를 상회하였다는 것을 알 수 있다.

(2) 조선거주 중국인 노동자에 대한 조선총독부의 대책

1910년에 시행된 '통감부령 제52호' 이후 조선거주 중국인의 인구가 계속 증가했지만, 조선총독부는 그에 대해 별다른 대책을 세우지 않았다. 조선총독부의 중국인 노동자 대책은 1917년 5월 정무총감이 각 도지사 앞으로 보낸 통첩 「관영사업에서 지나인 노동자 사용에 관한 건」[23]이 처음이라 할 수 있다. 그 내용은 총독부가 직영하는 각종 사업장은 고용하는 중국인 노동자의 상황을 항상 관할 관청에 보고하라는 것인데, 일단 관영 사업장의 중국인 노동자 고용 상황부터 파악하고자 한 조치였다.

이듬해 1918년 2월에 조선총독부는 부령 제14호 「외국인 도래에 관한 건」을 공시하였다. 이 부령은 외국인이 조선에 입국할 시에 본인 확인을 위해서 여권과 사증을 반드시 소지해야 한다고 규정하는 내용이었다.[24] 보통 국제사회에서 그러하듯이, 신분이 명확한 외국인만 입국을 허락한다고 하는 매우 일반적인 조치였다. 하지만 앞에서 본 〈표 1-4〉를 통해서도 알 수 있듯이, 1918년 부령은 중국인 노동자들의 조선 유입과는 아무런 관련이 없는 것이었다.

총독부가 그와 같이 중국인 노동자에 대해 애매모호한 대처를 하는 동안에 조선 노동시장에서는 한인과 중국인 간의 갈등이 점차 심화되고 있었다. 예를 들면, 1923년 4월과 5월 충청남도 대전에서는 한인 노동자들이 임금이 저렴한 중국인 노동자들을 고용하는 대신에 자신들을 해

---

23 이 정무총감 통첩 「官營事業に支那人勞働者使用に関する件」의 내용은 南滿洲鐵道株式會社, 1933, 위의 책, 35쪽 참조.

24 이 조선총독부령 제14호 「外國人渡來に関する件」의 전문은 南滿洲鐵道株式會社, 1933, 위의 책, 17-18쪽에 수록.

고하였다고 고용주에게 항의하는 데모를 일으켰다.²⁵ 또한 중국인이 상대적으로 많이 거주했던 평안도 지방에서는 중국인 노동자를 배척하는 운동이 일어났다. 1925년 4월의 평안남도 평양부에서 한인 양말 공장 직공 1,000여 명이 '중국인 직공 침입 방지, 임금 절하 반대'라는 슬로건을 걸고 동맹 파업을 벌였고, 1926년 7월 평안북도 선천에서는 한인 노동자들이 중국인 노동자 유입 방지를 요구하면서 데모 행진한 사실이 확인된다.²⁶ 한인 노동자들은 중국인 노동자의 진출에 대해 불만을 표출하고 있었다.

아래는 1920년대 후반에 조선거주 중국인 인구가 급증하던 상황의 일례로서 『동아일보』 1927년 6월의 기사다.

> 조선으로 건너오는 중국인은 재작년에 남자 21711명, 여자 831명, 합계 22541명 이었던 것이, 작년에는 매우 줄어 남자 19249명, 여자 778명으로 합계 20227명 이었다. 금년에는 그 나라의 동란이 큰 원인 되어 지난 4월 1달에만 5천명이 건너왔으며, 그 후에도 더욱 많이 들어오는 경향이 있다는데, 이러한 관계로 경찰 당국에서는 그들의 대부분이 노동자 인만큼 조선 노동계에 혼란을 일으키리라 하여 각 도 경찰부에서는 그 대책을 강구중이라 한다.²⁷

---

25 「충남 대전 조선인노동자 시위」, 『동아일보』, 1923.4.3; 「중국인 노동자 고용에 항의」, 『동아일보』, 1923.5.3.
26 「직공 천명 5개조 결의, 중국인 방지, 임금감액 반대」, 『동아일보』, 1925.4.11; 「평북 선천 조선인노동자 시위행진」, 『동아일보』, 1926.7.14.
27 「4월 1개월에 5천명 입경 / 축일 증가하는 중국인. 노동계에 절대 위협」, 『동아일보』, 1927.6.2.

이 보도 또한 역시 불안한 시선으로 중국인의 도래 상황을 전하고 있다. 이 기사에서 언급한 중국 내의 "동란"이란 1927년 장제스(蔣介石)가 주도하는 국민당 군대가 통일된 중국 정부를 수립한다는 명분하에 베이징(北京)의 군벌 정부와 일전을 벌인 이른바 '북벌'이라는 전란을 의미한다.

한인 노동자들은 중국인 노동자들이 조선에 다수 유입한 상황에 대해 한층 불만을 표하기 시작했다. 1928년 3월 경성부 산하의 채석장에서 공사 하청업자들이 중국인 노동자를 고용한 사실이 알려지자, 불만을 품은 한인 노동자들이 업주에게 거세게 항의하였다.[28]

또한 그해 8월에는 중국인의 조선 유입이 더 증가하였고 그에 비례하여 토목공사장에서 그들을 사용하는 경향 또한 증가 기미를 보여 분란이 일어날 가망이 높아졌다. 그에 관한 신문 기사를 보도록 하자.

… 종전보다 더 많은 중국 노동자가 조선으로 건너오게 됨으로 임금은 싸고 능률은 많은 중국인 노동자를 사용하는 경향이 다시 많아지는 까닭으로 각지에서 조선인노동자의 실업이 많고 … 공황을 느끼게 된다는데, 민족적 견지로는 조선사람을 쓰고 싶으나 경제 관계로 임금이 싼 중국 노동자를 쓰게 되는 형편이므로 당국에서도 머리를 썩히는 중이라 하며, 이로 인하여 조선노동자 뿐만 아니라 일본노동자까지 위협을 받게 되므로 얼마 전에는 조선 토공조합에서 당국에 진정까지 한 일이 있다….[29]

---

28 「경성부 채석장 조선인노동자 항의」, 『동아일보』, 1928.3.18.
29 「중국노동자 도래로 조선인실업자 속출」, 『동아일보』, 1928.8.7.

중국인의 조선 유입이 증가 추세에 있었던 실제 이유는, 현실적으로 조선의 각종 사업장에서 임금이 상대적으로 저렴한 중국인을 고용했기 때문이라는 것을 알 수 있다. 그 때문에 한인 노동자의 실업은 확산되고 있었다. 따라서 조선토공노동조합이 중국인 노동자들의 조선 진출이 한인뿐만 아니라 일본인 노동자에게도 위협이 된다는 논리로 총독부 당국에게 진정서를 제출한 것이다.

『동아일보』는 1929년 1월 10일 자 논설 「중국인 노동자 입국문제」를 통해, 중국인 노동자를 제대로 규제하지 않는 총독부의 태도를 신랄하게 비판하였다.

> … 일본의 자본과 이민이 조선에 진출한 탓에 조선인의 실업이 증대하고 있건만, 조선인이 노동 목적으로 도일하는 것은 엄중히 제한하면서 중국인 노동자의 조선 진출은 아무런 제한을 하지 않는 것은 너무 불공평하다…[30]

즉 일본인은 식민지 조선에 무제한 진출하고 있는 한편, 한인의 일본 도항은 엄중 제한하고 있는 현실하에서, 총독부 당국이 중국인 노동자가 조선에 다수 진출하는 현실에 대해 속수무책으로 있는 것은 심각한 모순이라고 지적한 것이다. 극히 일리가 있는 비판이었다.

한편 1929년 말에 시작된 세계 공황은 1930년 이후 일본은 물론 그에 종속되어 있던 식민지 조선에도 영향을 미쳐 심각한 경제 불황이 닥

---

30 「중국인노동자 입국문제」, 『동아일보』, 1929.1.10. 동년 4월 27일 자의 사설 「노동계의 일문제-다시 중국 노동자 문제에 대해-」도 유사한 비판이다.

쳤다. 그로 인해 한층 심각하게 대두된 실업문제로 총독부가 중국인 노동자 문제에 대응하지 않을 수 없게 되었다. 따라서 조선총독부 경무국은 1930년 11월 17일 「지나인 노동자 단속에 관한 건」이라는 통첩[31]을 각 도에 하달하여 중국인 노동자의 고용에 대해 엄격한 제한을 지시하였다. 아래에서 그 내용을 보도록 하자.

4. 지나인 노동자 사용 수는 관영사업 및 관청 보조사업에서는 어쩔 수 없는 경우에 한정하여 사업에 필요한 노동자 총원 및 연인원의 10분의 1 이내로 하고, 그 외 일반 민간사업에서는 대체적으로 5분의 1 이내를 표준으로 할 것.
5. 제4항의 제한 내에서 지나인 노동자 30명 이상을 사용하려는 경우는 노동자 모집을 하기 전에 미리 관할 경찰서에 승인을 얻을 것.

즉 1930년 11월의 총독부 경무국 통첩은 총독부 직영의 사업에서는 전체의 10분의 1 이내, 민영 사업은 전체의 5분의 1 이내로 중국인 노동자의 고용을 제한하라고 한 것이었다. 때가 때인 만큼 종래에 비해 상당히 엄격하게 중국인 고용을 제한하는 조치였다. 하지만 이 경무국 통첩이 실제로 중국인 노동자 고용제한에 어느 정도 효과가 있었는지는 확인하기 어렵다.

이듬해 1931년에는 종래와 전혀 다른 이유로 조선 내 중국인 인구가 급감하였다. 그 이유는 같은 해 7월 장춘 교외에서 발생한 조선인 농민

---

31 조선총독부 경무국의 통첩 「支那人勞働者の取締に關する件」은 南滿洲鐵道株式會社, 1933, 앞의 책, 33-35쪽에 수록.

배척 사건('만보산 사건')이 조선 내에 알려지면서 조선 각지에서 중국인에 대한 폭력 사건들이 일어났기 때문이다. 1931년 9월 일본군이 중국 동북지방을 침략(만주사변)하여 점령했고, 그 결과 이듬해에 일제가 주도한 만주국이 건국되었다. 그 후 조선에 입국하는 중국인 노동자 수는 서서히 증가하였으므로, 그로 인해 조선 노동시장에서 다시 갈등이 야기되었다.

1934년 3월 인천항을 통해 2천 명이 넘는 중국인 노동자가 상륙했고, 같은 해 5월에는 나진항 축조공사장 및 평원선과 만포선 등의 철도 공사장에서 한인 노동자들이 중국인 노동자가 대거 고용된 사실에 항의하는 데모를 전개하였다.[32] 그러자 같은 해 9월 1일에 총독부 경무국은 "현금 100엔 소지, 취직처 확실한" 중국인만 입국을 허가한다는 새로운 입국 규제를 출입항과 국경의 관할 경찰에 지시하였다.[33] 1934년에 이 새로운 규제가 시행된 직후인 9월 6일 인천항에 상륙한 중국인의 수는 종래의 18분의 1로 줄었다.[34]

그러나 그것도 일시적인 현상이었다. 1936년 1~4월에는 전년의 인원보다 약 2배 증가한 8,482명의 중국인이 인천항을 통해 상륙하였다.[35] 조선거주 중국인 인구의 연차별 변화를 알 수 있는 앞의 〈표 1-4〉를 보면, 1936년 말의 재조 중국인 인구는 최다 거주년이었던 1930년에 버금가는 64,000명에 달하였다.

이상에서 검토하였듯이, 식민지기 조선의 노동시장에는 임금 수준이

---

32 「중국인 2천여명 인천항 상륙」, 『동아일보』, 1934.3.9; 「나진항, 철도 공사장 조선인 노동자 시위」, 『동아일보』, 1934.5.29.
33 「새로운 중국인 입국규제 지시」, 『동아일보』, 1934.8.21.
34 「인천항 상륙 중국인 급감」, 『동아일보』, 1934.9.7.
35 「8482명 중국인 인천항 입항」, 『동아일보』, 1936.7.7.

한인보다 저렴한 중국인 노동자들이 대거 진출해 있었다. 그들은 유사한 직종에서 한인 노동자들과 경합을 하면서 한인들의 취로 기회에 위협을 주는 존재가 되었다. 하지만 총독부 당국은 그에 대해 유효한 정책을 취하지 못하였다.

3. 소결

이 장에서는 식민지 강점기의 한반도에서 방대한 수의 구직 도일자들이 발생한 배경, 즉 당시 조선의 내부에서 일본으로 노동력이 유출되는 푸쉬 요인에 대해 검토해 보았다.

당시 조선에서 수많은 도일자가 발생한 첫 번째 원인은 최대의 인구 밀집 지역인 농촌에서 경제적 곤란에 처한 농민들이 대거 이농했다는 사실에 있었다. 식민지 강점 이후 조선에서는 식민지 지배국 일본에게 식량 공급기지의 역할을 하는 농업정책(토지조사사업, 산미증식계획 등)이 실시되었고, 그와 더불어 상업형 영농을 위주로 하는 농지 병합이 확대되었다. 하지만 그 결과로서 1920년대부터 조선 농촌에서는 영농 수지의 악화로 인해 중간층 농가가 점차 영세농으로 전락하는 하향 분해가 진행되었다. 해마다 농민들은 영농자금을 확보하기 위해 다액의 부채를 져야 했으나, 미곡 가격이 하락하는 경향이 지속되어 그들은 적자의 질곡에서 벗어나지 못했다. 이것이 당시 조선 농촌에서 방대한 농업 포기자, 즉 이농자들이 발생한 주된 이유였다.

이농자들은 조선 내의 인근 도시로 유입하여 임금 노동자가 되는 경우도 있었으나, 일본이나 만주로의 이주를 택하는 사람들도 적지 않았다. 특히 임금 노동을 희망하는 사람들의 다수는 일본도항을 선택했는데, 이 장에서는 그 배경을 파악하기 위해 1920~1930년대 조선 2, 3차 산업에서의 취업 환경을 검토해 보았다. 그 결과 시간이 경과함에 따라 점차 2, 3차 산업에 종사하는 인구가 증가했고 특히 광공업 부문의 취업 인구가 증가했으나, 불안정한 직업이라 할 수 있는 '잡업'도 급증해 있었고, '무직'도 10만 호에 육박할 정도로 증가했다는 것을 확인했다.

또한 조선총독부가 설치한 직업소개 시설을 통한 취업 상황도 검토해 보았다. 식민지기 조선에서 직업소개소가 본격적으로 증설된 것은 1928년 이후였다. 그러나 각 도시의 직업소개 시설에서 실시된 취업알선 업무는 당시 농촌을 중심으로 증가 일로에 있던 실업 현상을 부분적으로 소화하는 데에 지나지 않았다. 따라서, 총독부의 직업소개 행정은 도일자 증가의 추세를 억제하기 위한 방편이기도 했지만, 결과적으로 소기의 목적을 달성하지 못했다.

더욱이 해방 전 조선에서는 중국인 노동자 유입이 증가하였고, 그들은 일용 노동시장에서 한인들과 경합했다. 그러나 총독부 당국의 중국인 노동자에 대한 정책은 문제 해결에 도움이 되지 않았다. 따라서 각지의 토목사업장에서 한인보다 임금이 저렴한 중국인 노동자를 사용하는 경우가 적지 않았으므로, 그들과 한인 노동자들 사이에서 심각한 갈등이 야기되고 있었다.

이상과 같은 조선 내의 취업 환경에서 수많은 이농자들 중에서 무리를 해서라도 임금 노동의 기회가 한층 나아 보이는 일본으로 도항하여 일자리를 찾고자 하는 사람들이 나타난 것은 당연한 귀결이었다고 할 수 있다.

제2장
식민지기 한인의 일본도항에 대한 일제 치안 당국의 통제

1. 1910년대의 도일 규제: 여행증명서 제도

    1910년 8월 29일 「한일병합조약」으로 인해 한반도가 일제의 식민지로 병합된 직후에 일본으로 도항하는 한인들은 극소수였다. 1910년대에 일본으로 도항하는 한인이 가장 많았던 때는 제1차 세계대전이 지속된 기간이었다. 제1차 세계대전은 유럽을 주전장으로 한 전쟁이었지만, 일제는 중국 산둥반도와 남태평양에 소재하는 독일제국의 권익을 탈취한다는 목적으로, 영일동맹을 명분 삼아 영국 등의 연합국에 가담하여 독일에 선전포고를 했다. 그 후 연합국들이 아시아의 참전국 일본에게 군수품을 대거 주문했기에 일본 산업은 호황을 누렸다. 그런 상황에서 일본 기업들은 부족한 노동력을 채우기 위해 일본인보다 임금이 저렴한 식민지 조선 출신의 한인 노동자를 모집하였고, 그 모집에 응한 한인들의 도일이 증가했다.

    단, 제1차 세계대전 종결에 즈음하여 승전국을 중심으로 국제질서를 재편하고자 하는 움직임이 있었는데, 미국의 윌슨(Thomas Woodrow Wilson) 대통령이 주창하는 '평화 14원칙' 중의 '민족 자결주의'를 자의적으로 해석한 조선의 지도자들이 독립운동을 추진하였다. 그 대표적인 운동은 1919년의 2월 8일 일본 도쿄에서 한인 유학생들이 실행한 '독립선언'과 같은 해 3월 1일 서울에서 시작되어 한반도 전역으로 퍼진 독립만세 운동이었다. 식민지 치안 당국인 조선총독부 경무총감부는 독립을

---

*   이 제2장은 김광열, 2010, 『한인의 일본이주사 연구-1910~1940년대』, 논형의 제3장 내용을 일반인 대상으로 알기 쉽게 수정한 것임을 밝혀 둔다.

지향하는 한민족의 저항 운동을 탄압하는 한편, 같은 해 4월 15일에 한인들의 자유로운 해외 여행도 제한하고자 경무총감부령 제3호 「조선인 여행 단속에 관한 건」을 공포하였다. 그 주요 내용은 다음과 같다.

1. 조선 외로 여행하고자 하는 자는 거주지 관할 경찰서(경찰사무를 취급하는 헌병분대, 헌병분견소를 포함함. 이하 같음)에서 여행의 목적 및 여행지를 신고하여 여행증명서를 교부받고 조선 최종의 출발지 경찰관에게 그를 제시해야 한다.
2. 조선에 도래하는 자는 앞 호의 증명서 또는 재외 제국공관의 증명서를 조선 최초의 도착지에서 경찰관(헌병을 포함함)에게 제시해야 한다. (후략)[2]

즉 조선에서 해외 도항을 희망하는 한인은 반드시 거주지를 관할하는 경찰기관을 통해 '여행증명서'라는 서류를 발급받아야 하고, 그 증명서를 조선의 최종 출발지와 최초 도착지의 관할 경찰관에게 제시해야 한다고 의무화한 것이다. 이는 당시 한반도 전역에 확산된 독립운동이 해외로 파급되는 것을 막기 위한 조치로 풀이된다. 하지만 이때 실시된 이른바 '여행증명서 제도'로 인해 한인들은 일본도항을 자유롭게 할 수 없게 되었다.

---

1 이 조선총독부 경무총감부령 제3호 '朝鮮人の旅行取締に関する件'은 朴慶植 편, 1976, 『在日朝鮮人關係資料集成』(이하 『集成』으로 약칭) 제1권, 三一書房, 36쪽에 수록.

2. 1920년대의 도일 규제

1) 거주지 경찰 발행의 신분 증명

당시 조선에서는 제1차 세계대전 종결 후 곡물 가격이 폭등했던 관계로, 생활난에 처한 많은 이농자들 중에서 영농의 기회가 많다는 간도로 이주하거나, 임금 노동을 희망하면서 일본도항을 시도하는 사람들이 적지 않았다.[2] 따라서 구직차 일본으로 도항하고자 하는 한인들에게는 여행증명서 제도가 장벽이었다.

조선총독부가 실시한 여행증명서 제도는 3·1운동 이후 1919년 8월에 총독부 스스로가 민족 유화책의 일환으로 실시한 이른바 '문화 정치'와 배치가 되었다. 따라서 민족 언론『동아일보』는 1921년 7월 9일과 10일 자 사설에「여행증명서의 폐지를 주장한다」를 게재하여 이 제도가 한인을 대상으로 하는 불공평한 제도이며 '조선인 전체를 무시하고 모욕하는 악법'이라고 강하게 비판하였다.[3] 그래도 총독부 당국은 반응하지 않고 여행증명서 제도를 계속 실시하였다. 그러자 이듬해 1922년 9월 15일 자 발행분의 사설에서『동아일보』는 다시 여행증명서 제도는 한인의 불평불만을 증대시키는 것이고 '조선인에 대한 일대 모욕'이라고 하면서 그 철폐를 주장하였다.[4]

---

2 朴慶植, 1973,『日本帝国主義の朝鮮支配』上, 青木書店, 91쪽.
3 「사설: 여행증명서의 폐지를 주장한다」,『동아일보』, 1921.7.9, 1921.7.10.
4 「사설: 조선인에 대한 일대 모욕」,『동아일보』, 1922.9.15.

이처럼 조선의 민족 언론으로부터 계속된 비판이 나오자, 총독부 당국은 이 제도에 대한 조정에 들어갔다. 총독부 경무국은 전국 경찰부장 회의를 열어 토의하고 내무성 측과도 교섭을 한 결과, 같은 해 12월 15일에 종래의 여행증명서 제도를 철폐한다고 하는 '부령(府令) 제153호'를 발표하였다.[5] 하지만 그 1922년 12월의 '부령 제153호'로서 한인들이 자유롭게 일본도항을 할 수 있게 된 것은 아니었다. 일본 측과 조선의 치안 당국에 의해 그에 대신하는 새로운 일본도항 규제가 나왔기 때문이다. 이미 같은 해 12월 12일 조선총독부 경무국장 마루야마 쓰루키치(丸山鶴吉)가 도일을 희망하는 한인은 종래의 여행증명서 대신에 주소지 관할의 경찰기관이 인증하는 호적등본을 소지해야 한다고 발표하였다.[6] 즉 도일 희망자의 거주지 관할 경찰기관에게 당사자의 일본도항을 허용할지 여부의 판단을 일임하는 제도였다.

또한 이듬해 봄에는 일본 측에서 경찰 최고기관인 내무성 경보국이 한인의 도일을 가급적 허용하지 않는다는 의사를 표명하였다. 1923년 5월 14일, 내무성 경보국장 명의로 전국의 청·부·현 지사 앞으로 발송한 통첩 「조선인 노동자 모집에 관한 건」이 그것이다. 아래 그 통첩의 주요 내용을 보도록 하자.

근래 내지에 도래하는 조선인이 점차 증가하는데, 특히 작년 12월에 조선총독부가 여행증명서를 폐지한 이래 현저히 급증하였다. 내지의

---

5 「여행증명 철폐」, 『동아일보』, 1922.12.12. '조선총독부령 제 153호'는 『集成』 제1권, 36쪽에 수록.
6 「증명은 폐지하지만, 경계는 엄중히 라는 총독부 경무국장 마루야마 츠루키치 담화」, 『동아일보』, 1922.12.12.

경제가 부진한 때인지라, 그들 조선인의 대부분은 취직난으로 힘들어하고 부랑무뢰배가 되어갈 뿐만 아니라, 때로는 사회운동 및 노동운동 등에 참가하여 단체 행동에 나서는 경향이 특히 현저하다. 또한 내지인과도 각종 분규가 빈발하는 등 장래 여러 문제를 양성할 위험이 있으므로, 조선총독부와 협의를 하여 자유 도항 및 단체 모집에 대해서는 가급적 이를 저지하는 방법을 강구하는 협정을 맺었다. 조선총독부도 앞으로 조선인을 단체 모집하는 것은 당분간 가급적 허가하지 않는 방침을 취할 것이고, 극히 소수의 인원 또는 전혀 폐해가 없다고 인정되는 자, 또는 어쩔 수 없는 경우에 한하여, 미리 본성과 협의하여 가부를 결정하기로 했으므로, 귀 관하에서도 조선인 노동자를 모집하고자 하는 희망이 나온다면 당분간은 앞의 취지에 따라 충분히 조사하고, 필요하지 않다면 가급적 조선에서 노동자를 모집하는 것은 규제하는 방법을 취해주기 바람.[7]

이를 통해, 일본의 치안 당국이 식민지 출신 한인들의 일본도항과 일본거주에 대해 어떻게 보고 있었는지를 알 수 있다. 즉 당시 내무성 경보국은 식민지 출신 한인들의 일본거주가 증가하면, 일본 사회의 실업률이 고조되는 원인이 되고, 일본의 사회운동이나 노동운동에 참가한다든지, 한인과 일본인 간에 분규가 증가하는 원인, 즉 치안의 불안 요소가 된다고 판단하였다. 따라서 일본 전국의 행정 책임자들에게 가급적 한인 노동자의 모집을 허락하지 말라고 요청했다. 그리고 그에 관해 이미 조선총독부 경무국과 협의를 마치고 있었다.

---

7   1923년 5월 13일의 내무성 경보국장 통첩은 『集成』 제1권, 38쪽에 수록.

2) 관동대지진 직후의 한인 노동자 도일 제한

1923년 9월 1일 11시 58분 일본 간토 지방(수도 도쿄부와 그 주변 지역, 관동)에 매그니튜드 7.9의 전대미문의 대지진이 발생했다. 10여 만 동의 건물이 무너지고 44만 호의 가옥에 화재 피해, 도로 및 다리 등도 붕괴했다. 그로 인해 사망 및 행방불명자가 10만여 명이 발생했고, 행정기능이 마비되고 통신망 두절, 식량 배급의 미흡 등으로 민심이 극도로 흉흉해졌다. 도쿄의 경시청은 그 직후에 어디에서 누구에 의해서인지 모르나 '조선인이 방화, 우물에 투독, (사회주의자와 함께) 폭동을 일으킴'이라는 유언비어가 확산되었다는 것을 경시청이 대지진 발생 이후 도쿄부 내 각지의 경찰서로부터 보고 받았다.

그로 인해 내무대신 미즈노 렌타로(水野鍊太郞)와 경보국장 고토 후미오(後藤文夫), 경시총감 아카이케 아쓰시(赤池濃) 등의 일본 정부 및 수도의 치안 행정 담당자들이 수도 도쿄를 비롯한 대지진 발생 지역에서 통제가 안 되는 폭동이 일어날 수 있다는 불안감에 빠져, 군사력으로 질서 유지를 해야 한다는 판단을 하였다. 따라서 9월 2일에 해당 지역에 섭정 히로히토(裕仁)의 명의로 계엄령을 발포했다. 그 과정에는 9월 1일 저녁 이후 도쿄의 다운타운과 외곽 지대에서 퍼지기 시작한 '조선인에 의한 폭동, 우물 투독'이라는 유언비어를 사실 확인도 하지 않은 채 믿었다는 것도 배경에 있었다. 따라서 익일 3일 새벽에 기마 전령을 치바현 후나바시의 해군무선송신소로 보내서 오전 8시 15분발 "도쿄에서 조선인이 폭동을 일으켰다"는 전보문을 전국 각 지방기관의 행정 책임자 앞으로 타전하고 각지에서 조선인에 대한 경계 및 단속을 촉구하였다.[8] 그것은 관동대지진으로 일어난 피해와 식량 부족으로 극도로 피폐해진 사람들의 관심을 다른 곳으로 돌리기 위해 한인을 희생양으로 삼은 행위였다. 하지만 그 무책임한 조치로 인해, 그 직후 간토 지방 각지에서 민간 자경단과 계엄군에 의해 무고한 한인 6천여 명, 중국인 6백여 명이 학살되었다.

관동대지진 직후에 일어난 대학살 사건은 같은 시기 한반도에서 일본으로 도항하고자 한 한인들에게도 영향을 미쳤다. 먼저 대지진 직후, 내무성 경보국은 언론에서 학살사건에 대해 일체 보도를 하지 못하게 통제하였고, 조선총독부 경무국에게는 한인의 일본도항을 최대한 막아달라고 요청하였다.[9] 그것은 간토 지방에서 일어난 한인 대학살 사건이 일본 거주자는 물론 조선 내에도 알려지면 한민족 전체의 반일 감정이 고조되어 큰 저항운동에 직면할까 우려한 조치였다고 생각된다.

하지만 이때의 도일 제한은 노동자만을 대상으로 한 것이었지, 공무원, 학생, 상인 등은 예외 취급을 하였다.[10] 내무성 당국은 한인 도일에 대한 제한을 전면적으로 실시하고 싶었지만, 3·1 운동 이후 조선 내에서 회유 정책을 펼치고 있던 조선총독부로서는 소극적인 형태의 도일 규제를 희망했기 때문이었다.[11]

그러나 당시 일본의 간토 지방에서 일어난 한인 대학살 사건을 모르는 한반도 내의 한인들은 치안 당국에 의한 엄격한 도일 제한에 대해 불

---

8   姜德相, 1975, 『関東大震災』(中公新書), 中央公論社, 23-29쪽; 山田昭次, 2011, 『関東大震災時の朝鮮人虐殺とその後 –虐殺の国家責任と民衆責任』, 創史社, 63쪽 등.

9   山脇啓造, 1993, 『近代日本の外国人労働者問題』, 明治学院国際平和研究所, 135-139쪽.

10 「도항제한, 공무원, 학생, 상인은 예외」, 『동아일보』, 1923.10.7.

11 「한 조선총독부 고관'의 인터뷰」, 『大阪朝日新聞』(조선판), 1923.11.17.

만을 표출하였다. 그중에는 대중운동의 형태로 전개된 것도 있었다. 1924년 5월 17일 부산에서 "도일 제한 폐지"를 주장하는 시민대회를 개최했으며,[12] 같은 해 5월 30일에 조선노농총동맹과 조선청년총동맹이 공동으로 집행회의를 개최하여 "조선 노동자의 일본도항을 자유로 개방할 것. 반동 단체의 중간 농락을 금지할 것"이라는 결의 항목을 채택하고 그것을 내무성과 총독부 당국에게 보냈다.[13] 이와 같이 도일을 제한하는 조치에 대해 반발하는 한인들의 움직임을 보고 총독부 및 내무성 당국은 대책을 협의하였다. 그 결과 이전의 도일 제한은 1924년 6월 1일부터 폐지하나, 그 대신에 도일을 희망하는 한인은 거주지 경찰이 발행하는 증명이 있어야 한다고 발표하였다.[14]

하지만 그에 대해서도 한인들의 반응은 좋지 않았다. 아래 신문 기사는 오사카(大阪)와 부산에 산하 조직을 둔 '조선인 협회'라는 단체가 새로운 도일 규제에 항의하는 움직임을 전하고 있다.

> 일본 대판(大阪)에 총본부를 둔 조선인협회 간부 신태균(申泰均), 박흥규(朴興奎), 이선홍(李善洪), 유석우(庾錫祐) 사씨는 본월 오일에 거행할 부산본부 발회식에 출석키 위하여 이십구일 오후칠시에 입항한 관부연락선으로 부산에 내도하여 목하 체재중인데 동회의 주의와 강령은 '원악 불행한 조선인은 가급적 행복한 생활을 하여보자, 원악 권리가 업는 우리 조선인은 권리를 좀 주장해 보자'는 것이니 모쪼록

---

12 「부산시민대회, 운집된 노동자 4천여명」, 『동아일보』, 1924.5.22.
13 「양 총동맹 집행회의 개최, 결의항목 채택」, 『동아일보』, 1924.5.30.
14 「여행증명 폐지하나, 경찰의 증명이 안전하다고」, 『동아일보』, 1924.6.3.

일반 유지의 원조를 바란다는데 동회 간부 일행은 내 삼십일일에 상경하여 총독부 당국에 대하여 조선인 일본도항에 대한 여행증명 철폐하기를 교섭하고 발회식을 거행한 후 경히 전선(全鮮) 각지를 순회하여 동회의 주의(主義)를 선전할 방침이라더라.[15]

즉 그들은 새롭게 정해진 경찰발행 도항증명을 기존의 여행증명 제도와 다를 바 없는 도일 제한이라고 인식하고 있었고, 총독부 당국에 그 철폐를 요청하고자 했다.

이상에서 보았듯이, 1920년대 전반 일본 내무성 및 총독부 경무국은 3·1운동 직후와 관동대지진 직후에 한인의 일본도항을 제한하는 규제를 실시하였으나, 조선 측에서 일본으로 자유롭게 도항하여 일하기를 희망하는 한인들의 항의에 직면했다. 따라서 '일본의 일부'임을 강요하며 식민 통치를 하는 명분상 그를 무시할 수 없었으므로, 일단 도일 희망자에게 도항 허가 증명을 발급하는 판단을 각 희망자의 거주지 경찰기관에게 맡기는 식으로 조치를 취한 것이다. 도일 희망자의 거주지 경찰은 당사자의 사정을 잘 파악하고 있을 것이니, 이는 규제를 완화한 것처럼 보이나 오히려 역의 기능도 주었다고 판단된다.

3) 선별적 도일 규제의 실시

1924년 6월부터 관동대지진 직후의 도일 제한 조치가 완화되자 도일하는 한인 수는 다시 증가하였다. 제1장의 〈표 1-1〉을 통해서도

---

15 「大阪 조선인협회의 항의」, 『조선일보』, 1924.6.3.

1923년에 97,395명이었던 도일자 수가 1924년 122,215명, 1925년 131,273명으로 증가한 것을 알 수 있다. 1925년 5월 당시 신문에서 경상남도 농촌 지역의 도일자 발생 상황을 아래와 같이 전하고 있다.

> … 작년의 한해(旱害)로 인하여 소작료를 주지 못하여 지불명령 강제 집행을 당하는 사람이 다수라 하며, 이리저리 생활이 곤란하여 일본으로 건너가는 동포들이 매일 오백명에 달하고 생활 상태는 갈수록 한심할 뿐이라고(부산)[16]

이와 같은 도일자 증가 추세에 대해 내무성 경보국은 조선총독부 경무국과 협조하여 구직 목적의 도일 희망자들에 대해 새로운 규제를 실시하였다. 1925년 10월부터 실시된 새로운 도일 규제는 "① 무허가 노동자 모집에 응하여 도항하는 자, ② 일본에서 취직이 불확실한 자, ③ 일본어를 모르는 자, ④ 필요한 여비 외에 소지금 10엔 이하인 자, ⑤ 모르핀 환자" 등은 도항 허가를 하지 않는다는 것이었다.[17] 즉 이 시기부터 한인의 일본도항에 대한 선별적인 조건부 규제가 시작되었다.

1925년 10월에 이와 같이 선별적인 도일 규제가 실시된 직접적인 원인은 당시 일본 경제가 직면한 불황이라고 할 수 있다. 1925년의 일본 경제는 관동대지진 직후부터 수도권 복구와 인위적인 경기 부양정책을 전개했으나, 불황이 연속되어 노동자의 임금 하락과 더불어 실업자가 급

---

16 「갈수록 한심할 뿐, 도일 동포가 매일 오백여, 경남농업 동포의 상황」, 『동아일보』, 1925.8.5.
17 内務省 警保局, 1930, 『社会運動の状況』, 1203쪽.

증해 있었다. 민간 연구기관인 오하라사회문제연구소(大原社會問題硏究所)의 조사에 의하면, 같은 해 10월 1일 시점의 실업률은 급여 생활자 3%, 일반 노동자 3%, 일용 노동자 19%에 달했다.[18] 내무성 사회국은 그런 상황을 극복하고자 1925년 12월부터 6대 도시에서 '실업구제 토목사업'을 실시하였고 이 사업의 취로 희망자는 거주 지역 직업소개소에서 사전에 실업자 등록을 하도록 하였는데, 6대 도시의 직업행정 당국은 등록 과정에서 한반도 출신자와 인근 지역 거주자의 유입을 막았다.[19] 또한 그 외에도, 1925년의 새로운 규제에 "취직이 불확실한 자, 모르핀 환자" 등이 포함된 것을 보면, 그것은 역시 1923년 5월 경보국장 통첩에서 봤던 내무성 측의 인식이 반영된 조치라고 추측된다. 즉 일본에 거주하는 한인 인구가 증가하면 일본의 실업문제, 사회문제, 일본인과의 분쟁 등에 악영향을 준다는 치안 당국의 전형적인 시점이다.

이후 조선 측의 경찰은 새로운 도일 규제에 따라 도일 희망자들을 저지하였다. 아래 신문 기사는 1925년 10월 하순의 관련 상황을 전하고 있다.

금년 경남의 한재가 낳은 농촌실업자가 실로 십만 명의 다수를 보게 된지라 이 실업자들은 겨울동안 먹을 것을 일본에서나 구하여 볼까 하여 날마다 부산으로 모여드는 수효가 매일 오육십 명인 바 경남 경찰부에서는 단호한 방침으로 이와 같은 경제 불황시에 일본으로 건

---

18 大原社會問題硏究所, 1926, 『日本勞働年鑑』, 4쪽.
19 加瀬和俊, 1991, 「戰前日本における失業救濟事業の展開過程」, 東京大學社會科學硏究所, 『社會科學硏究』 43권 3호, 192쪽.

너가는 다수 노동자는 일본노동계급의 큰 위협이라고 적극 방지 태
도를 취함으로 부산 부두에는 오도가도 못하는 노동자들이 대곤란을
겪는 중이다.[20]

즉 경상남도 경찰이 '일본 노동자에게 위협이 된다'는 논리로 부산항에 모인 도일 희망자들을 적극 저지했던 것이다.

그러나 그와 같이 선별적인 도일 규제가 실시된 것에 대해 구직차 도일하고자 하는 한인들의 불만은 커져만 갔다. 당시 민족 언론은 그러한 한인 측의 민심을 대변하여 일거리를 찾아 도일하는 조선인은 "생활고가 극단에 이른 사람들이니까 불경기 중에 있는 일본인의 생활이 다소 곤란하다고 이를 저지하는 것은 인정으로 차마 할 일이 아니다"라고 주장하였다.[21]

1926년의 도일자 수가 25년에 비해서 9만 명으로 감소하였는데, 앞에서 봤던 선별적 규제가 실시된 결과라고 할 수 있다. 그러나 1926년의 도일자 감소는 일시적인 현상이고, 1927년의 봄 이후에 다시 도일하는 한인들이 증가하였다. 당시 신문에서는 도일 희망자가 증가하는 상황을 아래와 같이 보도하고 있었다.

조선노동자의 도일 저지는 수년 전부터 사회문제가 되며 본지에서
누누이 일본으로 건너가는 노동자는 농번기로, 금년 사월 이후로 한
동안 매우 감소되어 부산부두에 운집하는 노동자가 그리 많지 않아

---

20 「도당국 방지로 진퇴유곡의 신세, 부산 역두의 도일동포」, 『동아일보』, 1925.10.23.
21 「사설: 실업자 도일을 저지」, 『동아일보』, 1925.10.23.

서 저 당국자들도 한동안 숨을 쉬더니 또다시 농한기가 되어 전국 각지 농촌에서 한없이 일본으로 가겠다고 부산 부두에 모여드는 노동자 수가 수상경찰서 앞에 매일 조석으로 모여들어 여간 복잡한 것이 아니라는데, 저지되는 노동자도 매일 수백명이 된다더라.[22]

이러한 상황에 대해 조선총독부 내무국 사회과는 직원을 부산항으로 파견하여 운집한 도일 희망자들에게 조선 내에서 취직할 것을 권유하는 활동을 펼쳤다.[23] 하지만 제1장의 〈표 1-1〉을 통해 알 수 있듯이, 결국 1927년간에 도일한 한인 수는 다시 약 14만 명으로 급증하였다는 것이 확인된다.

4) 일본도항 저지를 위한 행정기관 및 경찰의 공조 체제

1928년에는 한인 도일에 대한 규제가 더욱 강화된다. 그해는 1월부터 도일 희망자가 부산항에 몰리는 현상이 일어나서 관민 모두의 이목이 집중되었다. 아래는 당시 부산항에 몰린 도일 희망자들의 상황을 보도한 신문 기사다.

… 조선 13도를 통하여 부산 부두로 몰려들어, 올망졸망한 보퉁이를 가진 사람이며 혹은 상시하솔한 가족이며 혹은 단몸단신으로, 각양각색의 생활난의 참극과 알뜰한 사람의 이별 비극이 알리어, 울음소

---

22 「적어가든 도일자 농한기로 격증, 저지자 매일 수백명」, 『동아일보』, 1927.8.14.
23 朝鮮総督府, 1935, 『施政二十五年史』, 529쪽.

리와 눈물로 밝은 날도 흐려지는 형편인데, 당국의 저지로 그나마 오도가도 못하고 … 모양은 차마 볼수가 없다고 하며, 가장 큰 원인은 전국에 풍년이 들었으나 쌀값이 저락하여 농촌경기가 극도로 피폐하여 견딜수 없어서 갈길을 찾아 방황하다가 남북 만주로는 구축 문제로 말미암마 가지 못하고, 할 수 없이 규제가 심한 부산부두로 몰려온 것으로, 그들의 희망은 물론 일본으로 건너가는 것이라더라.[24]

영농사정 악화로 인해 조선 각지의 농촌에서 이농한 사람들이 우여곡절 끝에 일거리를 찾아서 일본으로 가고자 부산항에 운집하였던 것이다. 하지만 이미 1927년부터 실시된 도일 규제를 기준으로 도항 가능자를 선별하였으므로, 일본행 연락선에 승선하지 못한 사람들도 적지 않았던 것을 알 수 있다.

그런데 상기와 같이 1928년에도 일본도항을 희망하는 한인들이 많아질 듯하자, 조선총독부 당국은 그 대책으로서 새로운 규제를 도입한다. 같은 해 5월 15일, 조선총독부 정무총감 이케가미 시로(池上四郎)는 도쿄에서 복귀하는 도중의 인터뷰에서 도일 희망자는 "면사무소에서 경찰 주재소와 연락하여 조사한 후에 도항허가증을 발부" 받아야 할 것이라고 밝혔다.[25] 즉 도일을 희망하는 한인은 자신이 거주하는 지역의 경찰기관 이외에도 말단 행정기관인 면사무소 측의 허가를 받아야 하는 2중 허가제를 실시하겠다는 것이었다. 그에 따라 1928년 7월부터 도일을 희망하는 한인들은 조선 측 거주지의 경찰서 외에도 행정기관에서

---

24 「도일노동자 격증, 눈물바다 일운 부산부두」, 『동아일보』, 1928.1.12.
25 「池上四郎의 인터뷰」, 『동아일보』, 1928.5.17.

사전 심사를 받아야 했고, 합격자만이 호적등본의 후면에 거주지 경찰서장이 부산 수상경찰서 앞으로 도항을 허가한다는 증명을 발급받았다.[26]

또한 1928년에는 그와 같은 도일 희망자 거주지의 경찰기관과 행정기관이 공조하는 도일 저지 이외에도, 11월 10일에 예정된 쇼와(昭和) 천황의 즉위식을 앞두고 실시된 특별 경계태세로 인해, 그해 여름 직후부터 한인의 일본도항이 극도로 억제되었다. 이러한 상황하에서 도일을 희망하는 한인들의 불만은 고조되었다. 민족 언론사는 당시의 상황과 관련하여 문제점을 아래와 같이 지적하였다.

> 노동 목적을 가지고 일본으로 도항하고자 하는 노동자에 대해 그 대개를 만연(漫然)도항자로 간주하여 천여명 지원자 중에서 겨우 평균 이백명을 허가하였음에 불과하여 부산 부두에서는 매일 아침저녁으로 비참극이 연출되는 바, 최근 한달 째는 어대전(御大典) 특별경계 때문에 하루에 건너가는 사람이라고는 각종 계급의 인물을 합하여 겨우 삼십명을 넘지 못한다고 한다. … 실직자가 일본에 많다 하나 조선에서는 밭 한때기도 소작하지 못하는 실직자가 십육만명이나 되므로 조선인 실직자가 많은 것은 당연한 상태로 볼 수밖에 없고 노동조건이 유리한 일본으로 건너가는 것은 당연하다는 것인데 장차 이 문제는 중대화될 경향이 있음.[27]

---

26 内務省 警保局, 1930, 『社会運動の状況』, 1203쪽. 종래의 연구에서는 1928년 7월부터 도일자는 거주지 경찰이 발행하는 호적등본 부기 증명 이외에도 소지금이 "여비를 제외하고 60엔의 여유"가 있어야 한다고 강화되었다고 하나, 그러한 기록은 확인되지 않는다.

27 「사설: 민족적 시련기」, 『동아일보』, 1928.11.6.

즉 일본 내의 실업문제 및 천황 즉위식 경계 때문에 도일을 희망하는 한인들을 최대한 저지하고 있지만, 실업자가 넘치는 조선보다 취업 환경이 나은 일본에 도항하고자 하는 사람이 많은 것은 당연하다고 하는 항의였다. 한편 조선총독부 경무국은 그러한 항의에 대해 아래와 같이 변명하였다.

> 내무성의 요청으로 도일 저지를 하고 있다. 이를 해결하는 길은 내무국 사회과와 같은 곳에서 한층 사회사업에 힘써, 노동 수요의 소개를 원활히 하는 기관을 설치하는 수밖에 없다.[28]

즉 총독부 측은 일본 정부 내무성 당국이 한인들의 도일을 막아 달라고 하는 요청에 따라 도항 제한을 하고 있다는 것이었다. 그리고 조선 내에서 직업소개를 원활하게 하면 한인 도일자 증가를 막을 수 있다고 내다 보았다. 하지만 이미 제1장에서 봤듯이, 조선총독부 측이 직업소개 시설을 확충하기는 했으나 그 결과는 도일 희망자를 붙들어 둘 만큼의 효과는 없었다.

1928년 11월의 천황 즉위식이 끝나자 한인에 대한 도일 규제는 종래의 선별적 허가제로 환원되었다.[29] 하지만 여전히 일본 정부 내무성 측은 일본 내의 한인 인구 증가를 경계하며 조선총독부에게 도일 제한을 요청한다. 1928년 12월 1일 발행 『동아일보』는 내무대신 모치즈키 게이스케(望月圭介)가 조선총독 야마나시 한조(山梨半造) 앞으로 일본 재계

---

28 「만연도항자 제지에 物論」, 『동아일보』, 1928.11.15.
29 「어대전 종결, 도일 허가제」, 『동아일보』, 1928.11.26.

가 극히 불경기에 빠져 과잉노동자를 처치할 수 없게 되었으니 금후 조선인의 일본도항은 최대한 제한해 달라고 하는 서신을 보냈다고 보도하였다.[30]

이상에서 본 것처럼, 1928년에 일본 내무성과 조선총독부가 갖가지 규제를 취하면서 일본도항을 희망하는 한인들을 저지하였다. 그러나 그해의 전체 도일 한인 수는 전년보다 증가하여 16만 명이 넘었다(제1장의 〈표 1-1〉 참조).

5) 일본거주 한인에 대한 '일시귀선증명서' 제도 실시

1929년 여름, 내무성 경보국은 이미 일본 각지에서 직업을 가지고 생활하고 있는 한인들에게 재도일 편의 제공의 명목으로 '일시귀선증명서(一時歸鮮證明書)'라는 새로운 제도를 실시한다. 그 제도 실시에 대한 상세한 내용은 1929년 8월 3일에 내무성 경보국장이 일본 전국의 지방 행정 책임자 앞으로 보낸 통첩 「조선인 노동자의 증명에 관한 건」에 명시되었다. 그를 보면 일본 각지의 공장이나 광산에서 일하는 한인이 직장의 휴업 및 휴가를 이용하여 일시 귀향하는 경우에 '재도일의 편의'를 주기 위해 '일시귀선증명서'라는 서류를 관할 지역의 경찰서가 발행한다는 것이다.[31]

'일시귀선증명서'는 그 발급 과정이 결코 용이하지 않았다. 아래에서

---

30 「내무성에서 제한 요구」, 『동아일보』, 1928.12.1.
31 이 '일시귀선증명서' 제도의 실시를 통보하는 내무성의 통첩 내용은 『集成』 제2권, 12쪽에 수록.

상기한 1929년 8월 3일 자 내무성 경보국장 통첩의 내용을 보면서 해당 증명서의 발급 방식을 엿보도록 한다.

1. 복귀 후 귀향 전의 고용주 아래에서 동일 직업에 종사할 것을 맹세하는 증명 발급원서에 고용주가 연서하여 취업지 관할 경찰서에 제출시킬 것.
2. 위 증명서 발급원서에 최근 촬영한 본인의 사진 2매를 첨부할 것.
3. 증명서를 발급할 때에 본인의 복귀 기한은 취업 중인 사업장의 휴업 또는 휴가 기간 등 사정을 참작하여, 증명서 발행일부터 1개월 이내의 범위에서 정할 것.
4. 위 증명서에는 본인의 사진을 첨부한 곳에 관할 경찰서의 계인을 찍고, 복귀 기한 이외에 본적, 주소, 성명, 연령, 직업, 사업장 소재지 및 명칭을 기재할 것.
5. 위 증명서를 발급할 때는 복귀 기한 경과 후 15일 이내에 발행지 경찰서에 반납시킬 것. 단 본인이 귀향 후 소정 기간 이내에 복귀할 수 없는 경우에는 본인의 소재지 경찰서를 통해 반납시킬 것.[32]

즉 '일시귀선증명서'는 발급받고 사용하는 데에 번잡한 과정을 거쳐야 했다. 해당 증명서를 신청할 시에는 동일 직장에 복귀를 약속하는 선서문을 첨부하도록 했고, 증명서 원본에는 복제 및 타인 사용이 불가능하게끔 신분 정보를 기입하고 사진 위에 계인을 찍었다. 유효 기간은 1개월인데, 초과 시에는 반드시 발행지 또는 본인 소재지의 경찰서에 반

---

32 內務省 警保局, 1929, 『社会運動の状況』, 1223쪽.

납할 것을 정하고 있었다.

그런데 내무성 경보국이 일본의 공장 및 광산에서 일하는 한인들에 한정하여 이 제도를 실시한 이유는 무엇일까. 직접 이유를 설명한 자료는 없으나, 아래와 같은 당시 일본거주 한인의 상황을 통해서 그 이유를 추측할 수 있다.

내무성 통계에 의하면, 1929년 6월 말 당시 일본거주 한인 중에서 직업을 가진 자는 총 221,286명이었는데, 그중에서 '일시귀선증명서' 제도의 대상이 되는 '공장 직공'이나 '광부(鑛坑夫)'는 53,418명으로 전체의 24% 정도에 불과했다. 한편, 1927년 4월에 야마구치(山口)현 경찰부 특별고등과가 시모노세키항에서 조선으로 귀환하는 한인에 대한 조사 내용을 보면 '일시 귀환'이 전체의 52%였는데, 그들의 직업은 대부분이 각종 노동자, 상인이었다.[33] 이 일시 귀환자들은 조선에서의 용무가 끝나면 다시 생업이 있는 일본으로 도항할 확률이 높은 사람들이다. 이와 같은 야마구치현 경찰부 특별고등과의 조사 결과는 당연히 상부 기관인 경보국에 보고되었을 것이다. 또한 1929년까지 내무성 경보국은 매년 6월 말을 기준으로 일본거주 한인의 직업 및 인구를 조사하였는데(이후 시기는 매년 12월 말일을 기준으로 조사), 그중에서 '세대를 갖추고 사는' 인구가 1925년 3만 명(23%)에서 1929년 11만 명(41%)으로 증가하였다고 파악했다.[34] 무슨 의미인가 하면, 1920년대 후반에 일본 내 한인들의 거주 형태가 종래의 유동성이 많은 것에서 점차 일정한 주소지에서 장기

---

33 山口県警察部特別高等課,「来往朝鮮人特別調査状況」, 1927년 5월(『集成』 제1권 수록).

34 內務省 警保局,『社会運動の状況』1925년판, 1929년판의 '內地在留朝鮮人戶數人員調' 참조.

거주하는 형태로 변하고 있었다는 것이다. 그러므로 내무성 경보국은 1929년 8월에 공장 및 광산에 종사하는 한인 노동자를 대상으로 새롭게 '일시귀선증명서' 제도를 실시하여 해당 산업체의 숙련 노동력으로서 계속 일할 수 있게 한 것이 아닌가 추측된다.

또한 1929년 당시 조선에서 도일을 희망하는 한인들이 한층 증가했다는 상황도 상기 제도를 실시한 배경으로 추측된다. 그해 조선 농촌에서는 초여름부터 한발이 심하여 6월부터 이농자가 격증했고 그중에는 임금 노동직을 찾아 도일을 희망하는 자도 많았다. 다음은 같은 해 6월에 당시 부산항의 상황을 보도한 신문 기사다.

> [부산] 근일에 와서 갑자기 도일 노동자가 격증하여 매일 아침저녁으로 통계하면 팔구백명이 넘는다 하는데 그 원인은 조선 각지에 한발로 말 못할 지경에 이르러서 농번 철임에도 불구하고 자작농 소작농 기타 품팔이 하는 사람들 할 것 없이 유일한 명맥인 농사를 다 버리고 일본으로 가서 노동이나 할 작정으로 그와 같이 격증한다더라.[35]

도일자가 매일 8, 9백 명이라면 한 달에 2만 7천 명 정도의 한인들이 구직차 일본행을 택하였다는 셈이다. 그들 신규 도일자는 일본에 도착하여 일거리와 주거를 확보해야 하는데, 일단은 실업자군에 포함될 가능성이 높다. 앞 항에서 봤던 각종 도일 규제가 실행되고 있었음에도 1929년에도 여전히 도일한 한인들이 증가했고, 그에 따라 조선 측에서의 도일 수속도 한층 번잡해졌을 것으로 추측된다. 그러한 현실하에서 이미 일본

---

35 「한발 영향으로 살길차저 도일 노동자 격증」, 『동아일보』, 1929.6.18.

각지에 거주하면서 공장 및 광산에서 일하던 한인들, 즉 숙련 노동자들에게 신속하게 재도일할 수 있는 제도를 마련했던 것이라고 추측된다. 이 '일시귀선증명서'를 소지하고 있으면 신규 도일자들처럼 각종 규제에 따른 심사, 즉 수속을 받지 않고, 출발항에서 바로 일본행 선박에 승선할 수 있었기 때문이다.

'일시귀선증명서' 제도가 실시된 1929년 8월 이후, 조선 측 출발항에서 경찰이 도일자의 신분 확인 수속을 한층 엄격하게 하였다. 부산항의 수상경찰서는 매일 일본행 연락선이 출항하기 2시간 전에 각 승선자를 대상으로 소지한 호적초본이나 재학증명서 또는 일시귀선증명서 등으로 본인 확인을 하였고, 확인이 끝난 사람에게만 본인의 인상착의, 휴대품 등을 기재한 '도항 전표'를 발행하였다고 한다.[36]

3. 일본의 중국 침략(1930~1937년)에 즈음한 도일 규제 강화

1) 일본 경제 불황 심화에 의한 귀환자 증가

1920년대의 일본 경제는 장기 불황에 처해 있었다. 역대 정부는 산업계 불황을 구제하는 차원에서 일본은행권을 과다 발행하는 인플레이션 정책을 취했다. 하지만 지속된 국내 인플레이션으로 인해 엔화 환율

---

36 內務省 警保局, 1929, 『社会運動の状況』, 1195쪽.

이 불안정했고, 따라서 일본 산업의 국제수지는 악화 일로에 있었다. 1929년 7월에 출범한 하마구치 오사치(浜口雄幸) 내각은 그러한 상황을 타개하고자 긴축재정 및 산업합리화(정리) 정책을 시도하였고, 1930년 1월부터 금의 수출을 허용하여 환율을 안정시키고 수출을 촉진하여 경기 회복을 추구하고자 했다. 그러나 그러한 경제정책을 추진하던 중인 1929년 10월 말 미국 뉴욕의 월가 주식시장에서 주가 대폭락이 일어나 그 영향으로 미국 산업이 불황에 빠진 것은 물론, 세계적인 공황이 일어났다.

일본은 최대의 수출시장인 미국의 대불황으로 인해 수출 저하, 수입 초과의 상황은 물론, 1930년부터 시작한 금수출해금 정책으로 인해 상대적으로 저평가 받던 일본의 금이 급격하게 해외로 유출되는 사태가 일어났다. 금본위제 통화정책의 기본 구조가 무너질 위험에 처했던 것이다. 또한 대공황은 일본 경제에 큰 타격을 주었다. 물가와 주식가격이 하락하여 불황에 처한 일본 산업계에서는 기업의 조업단축이나 도산이 줄을 이었다. 이른바 산업합리화라는 명분으로 종업원 해고 및 임금 절하가 전반적으로 일어났기에, 실업자가 점차 증가하여 1931년에는 일본의 실업자 수가 200만 명에 육박하였다.[37]

대공황의 타격을 받은 일본의 경제 상황은 일본 사회 저변에서 생활하던 한인들에게도 악영향을 미쳤다. 중소규모의 공장에서 해고당한 노동자가 속출하였으며, 토목 공사장에서도 공사가 중지되어 임금을 제대로 받지 못하고 해고되어 조선으로 귀향하는 한인들이 증가하였다. 아래 신문 기사는 1930년 1월 초순의 부산항에서 종래에 증가 일로에 있던

---

37 『詳説 日本史』(第8版), 山川出版社, 4章5節「金解禁と世界恐慌」 참조.

한인 도일이 역전된 현상에 처한 상황을 전하고 있다.

> 일본에 갔던 조선 노동자 중 최근 조선으로 돌아오는 사람이 격증해 간다. 지난 일일에는 조석으로 두 연락선이 노동자만 543명이 돌아 왔고, 2일에는 1,065명, 3일에는 998명, 4일에는 아침 연락선 덕수환에 다 태울 수 없어서 고려환을 임시로 배선하여 835명을 태워 왔다고 한다. 1일 이래 4일 아침까지 돌아온 조선인 노동자 수는 3,441명으로 지금 정세로 보면 1월 중순과 하순 경에는 더욱 많이 돌아올 것 같다고 하며 돌아오는 노동자가 격증하는 반면에 일본으로 가는 조선 노동자는 갑자기 감소되어 1일 이후 4일 아침까지 5백 명이 안되므로, 돌아온 사람이 3천 명이나 초과하는 모양으로서, 부산 수상서의 말을 들으면 대정(大正) 6년 이후 처음 있는 현상이라 한다….[38]

1930년 접어들어 대공황의 여파에 의한 일본 산업계의 불황은 구직차 도일해 있던 한인 노동자들에게도 악영향을 미쳤던 것이다. 따라서 1917년(대정 6년) 이후 계속 증가했던 도일 한인 수가 1930년에는 연초부터 오히려 귀환자 수가 도일자 수를 훨씬 능가하는 역전 현상이 일어나고 있었다. 그와 같이 조선 측에서 일본으로 구직차 도항하는 한인 수보다 일본에서 실직하여 귀환하는 한인 수가 훨씬 많은 현상은 이듬해 1931년에도 계속되었으므로, 아래의 신문 기사처럼 한인에 대한 '도일 규제'는 더 이상 필요 없다는 주장조차 나왔다.

---

38 「소자본 공장 폐쇄로 귀환 노동자 격증, 일본 도항자는 격감」, 『동아일보』, 1930.1.9.

도항저지의 불필요를 숫자가 말하고 있다. 경남 경찰부 고등과의 조사에 의하면 작년 1년 동안 조선에서 일본으로 건너간 노동자 수는 64,184명이고 일본에서 조선으로 귀환한 노동자는 78,112명이다. …(중략)… 이것은 모두 일본에서도 먹고 살아 갈길이 없어서 부득이 고향으로 돌아온 것인데 이와 같이 도항자보다 귀환자 수가 훨씬 늘어가는 형편인즉 도항저지는 사실상 불필요하게 되었다.[39]

2) 이봉창 폭탄의거 후 검문검색 강화

심각성을 더해 가던 일본의 경제 불황은 결국 육군 내의 과격파에 의한 돌출 행동을 야기시켰다. 1931년 9월, 일본육군 관동군은 중국 랴오둥(遼東)반도 펑톈(奉天) 근처의 류탸오후(柳条湖)에서 음모한 철도폭파 사건을 빌미로 중국 동북 지방(만주)에 대한 군사 침략을 강행하고 당해 지방을 점령했다. 이른바 '만주사변'이 발발한 것이다. 그러나 이는 통수권자인 천황의 재가를 받지 않은 만주 현지 주둔군의 자의적인 침략행위였음에도 불구하고, 당시 일본의 와카쓰키 레이지로(若槻礼次郎) 정권은 '사변 불확대 방침'을 표명했을 뿐이고 결국 그를 묵인함으로써 그 후 일본에서 군부 파시즘이 대두하는 원인을 제공하였다. 중국의 국민당 정부는 그와 같은 군사 침략에 대해 반발했고, 국민당 정부와 연계하면서 상하이(上海)의 임시정부에서 독립운동을 전개하던 재중 한인들도 일본에 대한 직접 행동을 시도하게 된다.

---

39 「일본에 도항 노동자보다 귀환 노동자 격증, 불필요한 도항 저지」, 『동아일보』, 1931.3.5.

한편, 상하이 임시정부 산하의 애국단원 이봉창은 일본에 잠입하여 1932년 1월 8일, 도쿄 황거(皇居)의 사쿠라다(桜田) 문으로 향하는 천황 행렬에 폭탄을 던졌다. 이봉창의 천황 암살 시도는 실패했지만, 그 사건은 일본의 치안행정 최고 기관인 내무성 경보국을 경악하게 하였다. 따라서 내무성 경보국장은 1932년 1월 23일과 1월 30일에 전국 지방 행정의 수장들 앞으로 통첩「불령 불온 계획 단속에 대한 건」을 송부하여 '재상해 불령선인 교민단 일파의 불온 계획'에 관한 정보가 있으므로, 일본의 모든 항구에서 조선이나 상하이 등의 항로로 출입하는 선박에 대해 경비를 강화하고, 이동 중인 모든 선박과 열차, 여관과 유곽 및 한인 노동자 숙소 등을 대상으로 '불온 인물'의 검문검색을 강화하라고 지시하였다.[40] 이봉창의 천황 폭살 시도 사건 이후에 일본의 모든 교통수단과 숙박업소 등 한인들이 있을 만한 장소에서 검문 감시를 강화한 것이다.

하지만, 같은 해 4월 29일 상하이의 훙커우(虹口)공원에서 개최된 일본천황의 생일 '천장절(天長節)' 행사장에 애국단원 윤봉길이 폭탄을 투척하여, 당일 행사장에 있던 일본 육군 상하이파견군사령관 시라카와 요시노리(白川義則) 대장, 해군 제3함대사령관 노무라 기치사부로(野村吉三郎) 중장을 포함한 다수에게 치명상을 입혔다.

1932년 전반에 연속 발생한 한인 독립운동가들의 폭탄의거로 인해, 내무성은 특별고등경찰(이하 '특고')의 조직을 확충하여 일본거주 한인에 대한 감시체제를 한층 강화하였다. 같은 해 6월에 경시청 특고과는 '특별고등부'로 승격하였고, 일본 전국의 150개 경찰서에 특고의 외사업무

---

40   『集成』제2권, 20쪽.

를 전담하는 경부보 직책을 신설하여 증원 배치하였다.[41] 또한 경보국은 일본열도의 해안 지역에 '신분이 불확실한 자'의 상륙을 막기 위해 한층 엄한 경계태세를 취한다. 1932년 6월 4일, 내무성 경보국장은 조선총독부 경무국장 앞으로 통첩「내지 근해의 어로(漁撈) 취로 조선인 신분증명서에 관한 건」을 송달하여, 일본열도 근해로 출항하는 조선 측 선박의 한인 선원은 "신원 및 사상 경향 등을 정밀하게 조사한 다음, 용의점이 없는 확실한 자만 승선하게끔 조치해 주길 바라며, 그 증명서를 발부"하라고 요청하였다.[42] 그에 따라 조선총독부 경무국은 같은 해 9월 22일에 앞의 경보국장 통첩과 동일한 내용의 전보를 각 도지사 앞으로 보냈고, 10월까지 일본 근해로 출어하는 선박의 한인 선원들은 반드시 거주지 경찰이 교부하는 신분증명서를 소지하도록 하였다.[43]

한편 일본 육군은 1932년 10월 1일부터 11월 16일까지 일본 혼슈(本州)의 간토, 긴키(近畿) 지방에서 '특별 대연습'을 실시하였다. 그에 따라 해당 기간에는 한인의 도일을 한층 억제하는 새로운 규제가 실시되었다. 그때 추가된 규제는 아래와 같다.

첫째, 대연습 종료까지 노동 목적으로 내지로 도항하는 조선인에게 도항증명서를 교부할 때에 조선의 관할 경찰서에서 그 고용처가 확실한지 여부를 반드시 내지의 관할 경찰서에 서면으로 조회한 다음 그 회답을 기다려서 교부의 가부를 결정할 것.

41　荻野富士夫, 1984, 『特高警察体制史』, せきた書房, 231쪽.
42　『集成』제2권, 18쪽.
43　『集成』제2권, 18-19쪽.

둘째, 동기간 중에 조선 내 경찰서 또는 주재소에서 교부하는 종래의 도항증명서의 여백이나 난외 등에 본인을 알 수 있는 특징을 부기할 것.
셋째, 일시 귀향 중인 학생이 재도항할 경우에는 될 수 있는 대로 위 항에 준하여 재학증명서에 본인의 특징을 부기할 것.[44]

이에 따라 노동 목적으로 도일하는 한인들에 대한 도항증명서 발행이 이전보다 한층 엄격해졌다. 일본 현지에서 취업 여부가 확인되지 않으면 증명서를 발급하지 않았으므로, 발급되기까지의 시간도 더욱 소요되었다고 판단된다. 발급된 증명서에는 당사자의 신체적 특징도 추가였다. 그러한 식으로 도항증명서를 작성하는 대상에는 일본의 학교에 재학 중인 한인 학생들도 포함되었다.

이상과 같은 1932년의 일본육군 특별 대연습 기간에 실시된 한인 도일 제한은 '효과'가 있었던지, 그 후에도 치안 당국은 "성적이 양호하다"는 명목으로 둘째와 셋째 항목은 계속 실시하였다.[45]

하지만 1932년 가을에 조선 농촌에서는 대기근 현상이 일어나 다수의 이농자가 발생했고 같은 해 11월 말부터 일본으로 구직 도일을 희망하는 한인들이 다시 증가했다. 다음 신문 기사는 당시 다시 도일 희망자가 증가한 상황을 전하고 있다.

기근으로 생업을 잃고 먹고 살지 못하여 일자리를 구하러 일본으로

44　内務省 警保局, 『社会運動の状況』 1932년판, 1412쪽; 같은 자료 1933~1937년판의 '渡航阻止の現況'를 참조.

45　内務省 警保局, 『社会運動の状況』 1932년판, 1412쪽.

가고자 하는 농촌 노동자들이 어마어마하게 늘어가는 터인데 (중략) 일본가는 증명서를 얻기가 극히 곤란한데도 불구하고 날마다 부산 부두에 모여드는 노동자가 매일 이백명 씩 되어 부산 잔교(棧橋)에 대혼잡을 이룬다고 한다.[46]

하지만 상술했듯이 당시 '육군 대연습'으로 인해 한층 강화된 도일 규제 때문에 일본행 연락선을 타지 못한 한인들이 다수 있었던 것이다. 그와 같은 조선 측 경찰의 도일 규제 강화가 지속되자 1933년 초에 조선인 언론은 사설을 통해 "아무런 합법성이나 타당성이 없는 것이니 즉시 폐지해야 한다"고 비판하였다.[47]

그 후에도 한인 도일에 대한 규제는 계속되어 수많은 도일 희망자들이 거주지 또는 출발항에서 일본행을 저지당하였다. 1933년에는 조선 측에서 도일을 저지당한 인원이 지방 거주지에서 169,121명, 출발항에서 3,396명이라는 것이 확인된다.[48] 그러나 〈표 1-1〉에 의하면, 상당수의 도항 저지자가 있었음에도 불구하고, 1933년의 전체 도항자 수는 오히려 1932년보다 5만 명 많은 20만 명으로 증가해 있었다. 새로운 규제가 늘어나서 출발항이나 거주지에서 도일 희망자를 저지하긴 했지만, 식민지 조선에서의 생활난을 해결하고자 일본행을 희망하는 한인들이 더욱 많았다는 의미다.

---

46 「매일 2백여명 노동자 부산부두에 대혼잡, 기근 지옥 농촌을 탈출」, 『동아일보』, 1932.11.29.
47 예를 들면, 「사설: 도항 노동자, 자유를 존중하라」, 『동아일보』, 1933.1.19가 있다.
48 김광열, 2010, 『한인의 일본 이주사연구-1910~1940년대』, 논형, 119쪽의 [부표] 참조 요망.

3) 일본 정부 차원의 한인 도일 저지 정책

내무성 통계에 의하면, 1933년의 일본거주 한인 인구는 약 46만 명에 달했다. 1925년에 13만 명 정도였던 것을 감안하면, 8년 동안에 일본 내 한인 인구가 3배 이상 증가했다는 것을 알 수 있다. 구직차 도일한 한인들 중에는 일본 각지를 전전하면서 체재하다 귀향하는 사람도 있었지만, 계속 일할 수 있는 직업을 찾아서 일정한 곳에 주소를 두고 정착하는 사람들도 증가하였기 때문이다.

일본 정부는 일본에서 장기 거주하는 한인 인구가 증가하자 그에 대한 본격적인 대책을 강구하게 된다. 1933년 10월, 내무성 사회국은 조선에 직원을 파견하여 한인들의 일본도항이 증가한 원인을 조사하게 하였다.[49] 그리고 이듬해 1934년 4월 7일에는 처음으로 일본 정부 및 조선총독부에서 한인 도일과 관련 있는 부처의 직원들이 모두 회동한 형태의 회의가 개최되었다. 내무성 사회국에서는 국장 이하 사회부장과 직업과장이, 내무성 경보국에서는 도서과장과 사무관이, 척무성에서는 차관과 관리국장이, 조선총독부에서는 정무총감과 학무국장 및 경무국 외사과장이 출석하여, 한인 도일자 증가에 대한 방책을 토의한 결과, 일본 내에 한인들이 증가하면 일본의 실업, 주거난, 민족 간 마찰과 같은 사회문제의 원인이 되므로, 한인의 일본도항을 최대한 막고, 일본거주 한인들을 최대한 일본화 시키기 위한 종합적인 대책 수립이 필요하다는 것에 합의하였다.[50] 이와 같은 일본 정부 산하 부처 관계자 및 조선총독부의

49　国策研究会, 1938, 「内地在住半島人問題と協和事業」, 『研究資料』第8号, 20쪽.

50　国策研究会, 1938, 위의 글; 朴慶植, 1979, 『在日朝鮮人運動史-8·15解放前』, 三一

관계자가 한인 도일자 및 일본거주 한인 인구의 증가라는 사안을 두고 합동회의를 개최한 것은 그만큼 당시 일본 정부가 해당 사안을 심각하게 인식하고 있었다는 것이다.

다만 그 연석 합동회의에서 언급된 한인 도일을 막아야 한다는 논리, 즉 '일본의 실업, 주거난, 민족 간 마찰 등의 사회문제를 야기하는 원인'이란, 종래에 내무성 경보국 측이 주장했던 것에 다름없었다. 그를 통해 상기한 1934년 4월 7일의 연석 합동회의는 내무성 경보국의 주선으로 성사된 것이 아닌가 추측된다.

일본 내에 한인 인구가 급증한 사실에 대해 일본제국의 치안 당국인 경보국이 가장 심각하게 인식하고 있었다는 것이 배경일 것이다. 하지만, 그것은 어디까지나 일본제국주의가 한반도를 식민지로 강점한 결과라고 할 수 있다.

한편 일본 정부 차원에서 한인들의 일본도항 증가에 대한 관계 부처 연석 합동회의의 결과를 감안한 대책 수립은 같은 해 10월에 이루어졌다. 1934년 10월 30일, 오카다 게이스케(岡田啓介) 정권은 내각 회의에서 '조선인 이주대책의 건'을 심의하고 「조선인 이주대책 요목」(이하 「요목」)이라는 구체적인 방침을 의결하였는데, 그 「요목」이 어떤 내용인지 살펴보면서 일본 정부가 당해 사안에 대해 무엇을 강구하고자 했는지 보도록 하자.

書房, 38쪽. 이에 대응한 구체적인 움직임으로서 같은 해 4월 13일 오사카부에서 관리, 경찰 간부, 민간 대표 등으로 구성된 '오사카부 내선융화(內鮮融和)사업조사회'라는 한인 대상의 단체가 설립된 것을 들 수 있다(樋口雄一, 1986, 『協和会』, 社会評論社, 31쪽).

(1) 조선 내에서 조선인을 안주시킬 조치를 강구할 것.
① 농촌 진흥 및 자력갱생의 취지를 한층 철저히 강화할 것.
② 춘궁기에 궁민의 구제를 위해 사환미(社還米) 제도를 보급하고 토목공사 외 유효한 방도를 행할 것.
③ 조선 북부 개척, 철도 부설 계획 등의 실시를 최대한 촉진할 것.

(2) 조선인을 만주 및 조선 북부에 이주시킬 조치를 강구할 것.
① 농촌 이민을 보호 조성하기 위해 적당한 시설을 만들어 특히 인구 조밀한 조선 남부 지방의 농민을 만주 및 조선 북부에 이주시킬 것. 만주 이주에 대해서는 만주국과의 관계 및 내지인 이민과의 관계를 고려하여 관계 여러 기관과 연락한 다음 실시할 것.
② 만주 특히 그 동부 지방 및 조선 북부에서의 각종 토목 공사에 종사하는 노동자에 대해서는 될 수 있는 한 조선 남부에 있는 농민 중에서 공급할 것, 이를 위해 노동자를 이동시킬 때는 조선총독부에게 이를 통제하고 조성하는 적당한 방책을 강구할 것.

(3) 조선인의 내지 도항을 한층 감소시킬 것.
① 조선 내에서 내지 도항 열기를 억제시킬 것.
② 조선 내에서 거주지 저지를 한층 강화할 것.
③ 밀항의 단속을 한층 엄중하게 할 것.
④ 내지의 고용주를 설득하여 조선으로부터 새로이 노동자를 모집하는 것은 그만두고 내지 거주 조선인 또는 내지인을 고용하도록 권고할 것.

(4) 내지에서 조선인의 지도 향상 및 그 융화를 도모할 것.
① 조선인 보호 단체를 통일 및 강화할 것을 도모하는 동시에 그 지도, 장려 및 감독하는 방법을 강구할 것.
② 조선인 밀집 지대의 보안 위생 기타 생활 상태를 개선 향상하고자 도모할 것.
③ 조선인을 지도 교화하여 내지에 동화시킬 것.[51]

위에서 봤듯이, 1934년 10월에 오카다 내각이 결정한 「요목」은 그해 4월에 일본 내 한인 인구의 증가를 막기 위해 내무성, 척무성, 조선총독부 등 관계 부처의 담당자들이 합동 회의를 통해 합의했던 것을 일본 정부 차원에서 방침을 정한 것이라고 할 수 있다. 「요목」(1), (2)는 조선 내 한인들이 일본으로 도일하는 것을 방지하는 대책으로 조선 농촌의 자력 갱생을 도모하고 북부 조선과 만주를 개발한다는 것이다. 그것은 결국 도일자가 많은 조선 남부의 노동력을 북부 조선으로 이동시킴으로써 도일 현상을 막겠다는 것이었다. 또한 「요목」(3)과 (4)는 종래의 도일 규제를 굳게 지키고 일본거주 한인들을 일본화 시키겠다는 것이었다. 특히 (4)는 이미 일본 각지에서 난립되어 있던 친일 '융화단체'들을 통합하고, 한인 집중 거주지의 생활 상태를 개선하고, 한인들에 대한 '황민화' 교육을 강화한다는 것이었다.[52] 일본 정부에 의한 「조선인 이주대책 요목」은

---

51 '朝鮮人移住對策要目'은 『集成』 제3권, 12쪽에 수록.
52 이는 그 후 1930년대 후반에 일본 각지의 특고 경찰조직을 기반으로 하여 지역 거주 한인들을 동화하고 감시하기 위한 '협화회(協和会)' 체제가 성립되는 근거가 되었다. 樋口雄一, 1986, 앞의 책, 30쪽에 따르면, 초기의 협화 정책은 '보호 구제'의 성격이 강했는데, 1934년 10월에 각의 결정 「조선인 이주대책 요목」이 나온 후 관헌에 의한 '지도 교화'의 성격이 강해졌다고 한다.

그 서문에서 "내지와 조선 전체의 이익을 위해 하나가 되어 이를 실시할 필요"가 있다고 명기하고 있듯이, 한인의 도일 방지를 일본제국 식민지 지배 정책의 일환으로 삼은 정책이었다.

그 후 조선총독부 경무국은 조선 측에서 취하던 종래의 한인 도일에 관한 규제들을 정리하였다. 1936년 5월 30일에 총독부 경무국장이 조선의 각 도 경찰부장 및 일본 파견원 앞으로 송부한「예규(例規) 통첩」에는 종래의 규정들이 정리되어 있었다.「예규 통첩」은 크게 '제1 노동자의 단속', '제2 밀항 브로커의 단속', '제3 비노동자의 취급', '제4 보고 통보 사항' 등으로 나뉘는데, 종래에 단편적으로 실시했던 규제들을 망라하고 보완한 것이었다.[53] 그중에서 가장 내용이 많았던 것은 '제1 노동자의 단속'인데, 그 핵심은 도항증명서 발행 방법과 피부양자 도항에 대한 규정이었다. 그에 대해 자세히 보도록 하자.

(3) 도항소개장의 발급

도항소개장은 내지에 도항하여 노동에 종사하고자 하는 자로서 사정이 어쩔 수 없다고 인정되며 아래 각 조건에 적합한 자에 대해 신분증명용으로서 발급할 것.

① 신분 확실하다고 인정되는 자.

② 취직처 확실하다고 인정되는 자. 행선지 관할서에게 취직처가 확실한지 조회를 행할 것.

③ 필요한 경비를 제외하고도 10엔 이상의 여유가 있는 자.

---

53 이때의 '例規通牒'은『集成』제3권, 17-18쪽에 수록.

(4) 도항소개장의 발급 관서 및 양식
① 도항소개장은 본적지 또는 주소지 관할 경찰서장이 발급할 것.
② 도항소개장은 도항자로부터 호적초본을 제출받아 그 말미의 여백에 양식 제1호에 따라 명료하게 주서(朱書)하고 조선을 떠나는 지역의 관할 경찰서장 앞으로 할 것.

(5) 부양 의무자가 내지에 있는 경우에 그 피부양가족의 도항에 대한 취급
① 피부양 가족의 도항에 관해서는 부양의무자의 거주지 관할 경찰서에 대해 사전에 그 부양 능력 상황을 조회한 다음 부양 능력이 있을 때에 도항시킬 것.
② 피부양 가족이 처인 경우는 앞 호의 내지 조회를 할 때에 그 점을 명기하여 도항 단속상 특히 고려하라고 요청할 것.
③ 피부양 가족이 조선 안에서 가동 능력이 없는 부모나 자식의 경우에도 앞 호에 준할 것.
④ 피부양 가족의 경우에는 본적지 또는 주소지 관할 경찰서장이 조선을 떠나는 지역의 경찰서장 앞으로 피부양 가족 도항소개장을 발급할 것.

이를 보면, 당시 일본도항을 원하는 한인들에게 발급되던 '도항소개장'을 발행하는 방식은 종래에 몇 차례 추가된 규제들을 종합한 것이었다. 한 가지, 도일 희망자가 일본의 행선지에서 취직 여부가 확실한지를 행선지의 관할 경찰서장을 통해 확인한다는 항목은 1932년 10월 '육군 특별 대연습' 기간에 추가되었던 것인데 정식으로 규제항목에 들어

있었다. 그리고 일본거주 한인들의 피부양 가족이 도일하는 경우의 항목이 추가된 것을 알 수 있다. 앞에서 언급하였듯이, 1936년 당시 일본에는 이미 한곳에 정주하는 한인 세대가 증가해 있었다. 따라서 일본 내의 기거주자가 가족을 초청하는 행위에 대해 규제가 필요했던 것이다. 상기의 해당 항목을 보면, 피부양 가족이 도일할 때에 사전에 부양 의무자가 거주하는 일본 현지의 경찰기관을 통해 당사자의 '부양 능력'을 확인하고, '부양 가능'하다고 회답받은 경우에만 '피부양 가족 도항소개장'이란 것을 발행하도록 했다. 가능한 한 일본거주 한인의 인구를 줄이기 위해 가족의 일본 초청을 엄격하게 한 것으로 보이나, 초청자의 처나 부모 자식의 경우는 특별히 고려한다고 하였다.

1936년 5월 이후 일본도항 증명서를 원하는 한인들에게 이 '예규'가 적용되었음은 말할 나위가 없다. 당시의 연간 도일자 수를 보면 1936년에 115,866명, 1937년에 118,912명으로, 1935년에 급감한 인원이 거의 그대로 유지되고 있었다(제1장의 〈표 1-1〉 참조).

4. 1938년 이후 총동원체제하의 도일 규제

중국 둥베이(東北) 지방을 점령하여 괴뢰국까지 수립했던 일본은 1937년 7월 7일 베이징 교외 루거우차오(蘆溝橋)에서 우발적으로 일어난 중·일 병사 간의 충돌을 트집 잡아 베이징과 텐진(天津) 등의 중국 관내에 대한 공격을 시작했다. 그리하여 같은 해 8월부터 상하이 지역에서 중일 간의 전면적인 전쟁이 시작되었다. 양국은 선전포고는 하지 않았지만, 전쟁에서 이기기 위해 총력을 기울였다. 일본의 경우, 대중국 전쟁에서 승리하기 위해 1938년 4월 1일 국가총동원법을 공포하고 제국 전체에서 군수 물자와 노동력을 동원할 수 있는 총동원체제에 돌입하였다.

총동원체제가 시작되자, 종래 일본과 조선의 치안 당국이 실시하던 한인의 일본도항에 관한 규제에 약간의 변화가 일어났다. 그 대표적인 사안이, 1938년 3월 23일 조선총독 미나미 지로(南次郞)와 총독부 경무국장이 척무대신과 척무성 조선부장 경유 내무대신과 내무성 경보국장 앞으로 보낸 「조선인의 내지도항 제한에 관한 건」이라는 공문이었다.[54] 조선총독이 직접 그와 같은 주제의 공문을 척무성과 내무성에게 보내는 것은 희소한 일인데, 관련 정책의 변화를 추구하고자 한 것이었다. 그럼 당시 미나미 총독은 한인의 일본도항에 대해 본국 정부의 내무대신에게 무엇을 요청하였는지 해당 공문 내용을 보도록 하자.

> … 반도를 통치하는 데 있어서 미증유의 정신적 각성기에 즈음하여, 금번 조선인지원병 제도를 실시하였고, 또한 이와 표리의 관계에 있는 조선교육령을 개정 단행함에 이르러 … 반도 통치의 목표인 조선의 완전한 일본화 즉 내선일체(內鮮一體)의 이상은 착착 그 성과를 올리고 있음에도 … 긴급히 개선을 요하는 제반 제도와 대책이 하나둘에 그치지 않는데, 그중 가장 우선해야 할 것은 조선인 내지도항을

---

54 조선총독이 척무대신 앞으로 보낸 「朝鮮人ノ內地渡航制限ニ關スル件」은 『集成』 제3권, 16-17쪽에 수록. 조선총독이 해당 공문을 내무대신 앞으로 직접 송부하지 않은 이유는 당시 척무성이 일본 정부 내에서 식민지 관련 업무를 총괄하는 관청이었기 때문이다.

제한하는 문제로서 … 제국신민인 조선인의 자유 왕래를 제한하는 것이며, 내지와 조선 양측에서 단속을 실시하고 있는 관계로 한층 조선인의 민족적 반감을 도발하고 … 내선일체 정책을 실현하는 데에 일대 장애가 되어가는 실정을 보므로, 조속히 조선과 내지에서 일제히 본 제도를 철폐하고, 조선 내지 사이의 자유왕래 방도를 강구하는 것은 시국 관계상 긴급히 필요하게 되었다. … 만약 본 제도의 전면적 철폐에 관해 어쩔 수 없는 사정이 있을 때에는, 조선에서의 단속은 종래 그대로 한다고 해도, 당장 내지 측은 조선 측의 단속을 신뢰하여 배, 기차, 항만, 정차장 등에서 도항 단속하는 것을 모두 철폐해서 이중 단속의 번잡을 피함과 동시에 본 제도의 운용상 발생하는 제반 마찰을 최대한 배제하고자 노력하여, 진정 명랑한 내선일체의 분위기를 초래해야…. (후략)[55]

즉 조선총독 미나미 지로는 식민지 관할 관청인 척무성과 치안 당국인 내무성에 대해 종래 일본에서 한인에게 실시하던 도일 제한 및 검문 검색을 없애거나 완화해 달라고 요청한 것이었다. 그 이유는, 당시 중일전쟁 발발 이후의 총동원체제로 인해 조선에서도 인적·물적 자원을 동원해야 하므로 일본과 조선에 차이를 두는 도일 규제 등은 철폐 또는 완화해야 한다는 것이었다.

1936년에 조선총독으로 부임한 미나미 지로는 이미 조선의 일본화, 즉 '내선일체'의 정책을 추진하고 있었다. 중일전쟁이 발발한 1937년 7월에는 조선에서 '산미증식 5개년 계획'을 부활시켜 군사용 식량 확보

---

55 『集成』 제3권, 16-17쪽.

에 협력하는 외에도, 「조선산금령(産金令)」(1937년 9월) 및 「자본조정령」(1937년 10월) 등을 공포하여 본국의 전쟁 수행을 위한 군수용 자원과 자금의 집중에 협력하고 있었다. 또한 1938년 2월에는 '조선인 특별지원병' 제도를 실시하여 한인 청년들에게 '제국신민으로서의 의무'라는 명분으로 징병의 예비 단계를 강요하고 있었다.

따라서 일본제국의 총동원체제에 대한 협력을 조선 민중에게 강요하는 국면에서 한인의 일본도항을 계속 제한하는 것은 모순이므로 내무성 당국은 도일 규제를 완화하라고 요청한 것이다. 다만 위의 요청서에서 보았듯이, 조선총독부 측이 한인에 대한 도일 규제를 완전히 철폐해 달라고 한 것은 아니었다. 조선 측에서 하던 도일 단속은 종래대로 하되, 일본 측에서 하던 한인에 대한 검문검색은 중지해 달라고 하는 것이었다. 당시 총독부 측이 지적한 '일본에서의 단속'이란 총독부 경무국장이 내무성 경보국장 앞으로 송부한 「조선인 내지 도항 단속에 관해 내지 당국에 대한 요망 사항」에 명기되어 있었다. 그를 보면서 당시 총독부 측이 시정을 요청했던 것들이 무엇인지 살펴보자.

> 조선인에 대해 도일 제한의 취지대로 노동자 이외의 일반 도일자에 대한 규제는 그만둘 것, 일본에서 경찰들이 조선인에 대해 차별적인 태도를 취하지 않도록 주의할 것, 일시귀선(歸鮮)증명서의 발급 대상을 한정하지 말고 그 유효기간을 종래의 1개월에서 2개월로 연장할 것, 일본 거주자의 피부양자가 도일할 시에는 일본 측 경찰이 경제력을 조회하는 절차를 생략함, 일본 측 경찰이 도일 희망자의 취직여부 회신은 신속하게 하되 도항 불가를 회신할 시에는 납득할 만한 이유를 첨부할 것…[56]

이는 평소에 조선 측의 도일 희망자나 일시 귀향한 일본거주 한인들이 상기와 같은 일본 측 경찰의 '횡포'에 대해 총독부 경찰에게 불평을 제기했기 때문이고, 따라서 조선총독부 경무국은 내무성 경보국에게 시정 건의를 한 것이라고 추측된다.

내무성 경보국은 위와 같은 1938년 3월 조선총독부 측의 요청에 대해 같은 해 7월 21일 자 공문으로 회신을 하였다.[57] 그를 보면, 일본 측에서 경찰이 한인을 엄격하게 검문하는 행위는 '불령 분자의 잠입을 방지하고 검거해야 하는 입장'이므로 계속해야 한다고 했다. 다만 '일시귀선증명서'는 발행 대상을 종래의 공장·광산 노동자 이외에도 '일반 고용인', '유식 직업 종사자', '자영업자'까지 확대하고 유효 기간도 1개월에서 2개월로 연장할 것이라고 하였으며, 일본 거주자의 피부양자가 도항하는 경우에도 부양 의무자의 능력을 전제로 하지만 배우자 및 노동 능력이 없는 부모와 2세는 특별 고려를 할 것이라고 답하였다.[58]

즉 내무성 당국은 1938년 3월에 조선총독부 측이 요청한 도일 규제 및 일본 측 검문검색의 완화에 대해 후자는 치안을 위해 '필요'하므로 그대로 유지하나, 도항증명서 발급에 대해서는 조선총독부 측 요청의 일부를 수용하였다.

그런데 당시 경보국 측이 조선총독부 측에게 '일시귀선증명서' 제도

---

56 「朝鮮人内地渡航取締ニ関シ内地当局ニ対スル要望事項」은 『集成』 제3권, 17-18쪽에 수록.

57 内務省 警保局, 1940, 『社会運動の状況』, 963-966쪽. 이때 내무성 경보국은 조선총독부에 회답하기 전인 7월 13일에 통첩 「朝鮮人の内地渡航制限に関する件」을 전국의 각 청부현 대표에게 송부하여 일련의 경위를 설명하였다.

58 김광열, 2010, 『한인의 일본이주사 연구-1910~1940년대』, 논형, 107-109쪽.

를 부분적으로 완화하겠다고 표명했던 것은 이미 일본 내의 다른 지역 관청에서 유사한 요청을 하였기 때문이었다. 그에 대해서는 경보국이 총독부 경무국에 회신하기 전 7월 13일에 일본 전국의 지방 행정 책임자 앞으로 송부한 통첩 「조선인 노동자의 증명에 관한 건」[59]을 보면 그 경위를 알 수 있다. 즉 이미 내무성 경보국은 지방 행정으로부터 기존의 '일시귀선증명서' 제도가 일본거주 한인의 일시 귀향과 재도일에 불편을 야기하여 당사자들이 불평을 가지므로 일본거주 한인의 '동화사업'에 지장을 초래할 수 있다고 하는 건의를 받았다.[60] 그런 상황에서 때마침 조선총독부 측으로부터 도일 규제 완화에 관한 요청을 받았기에 그것을 일부 수용하는 태도를 취하면서 '일시귀선증명서' 제도의 문제점을 수정한 것이었다.

1939년 7월, 일본의 히라누마(平沼) 정권은 내각회의에서 국가총동원 계획을 보충하기 위해 '제1차 노무동원계획'을 결정했다. 동원계획의 목표는 군수의 충족, 생산력 확충계획의 수행, 수출 진흥, 국민생활 필수품 확보였고, 동원 내역은 총 113만 9천 명(여성 38만 1천 명 포함)이었는데 그중에서 식민지 조선에서 할당된 인원은 한인 8만 5천 명(7.5%)이었다. 같은 해 7월 28일에는 그 노무동원계획에 따라 내무·후생차관이 연명한 통첩 「조선인 노동자 내지 이주에 관한 건」이 관계 관청에 하달되었다. 따라서 같은 해 9월부터 일본의 군수 사업체가 한인 노동자의

---

[59] 1938년 7월 13일 내무성 경보국 통첩 「朝鮮人勞働者ノ証明ニ関スル件」은 『集成』 제3권, 15쪽에 수록.

[60] 위의 내무성 통첩 「朝鮮人勞働者ノ証明ニ関スル件」. 樋口雄一, 1986, 앞의 책, 80쪽에 따르면, '일시귀선'증명서 제도가 완료될 1938년 여름경부터 경보국은 전국 각지의 협화 조직을 총괄하는 '中央協和會'를 설립하고자 하였다고 한다.

인원을 관할 지방 행정에 신청하면 그 인원만큼 조선에서 노동자 '모집'을 할 수 있게 허용되었다. 이른바 한인에 대한 '모집' 형태의 강제동원이 시작된 것이다.

이후 한인의 일본도항은 '노무동원계획'에 의해 '모집'된 단체 형태이거나, 종래와 같이 개별적으로 도항증명서를 발급받아서 가는 형태가 공존하게 되었다. 그러나 총동원이 시작된 후에도 종래와 같은 일반 형태의 도일자가 피동원 도일자보다 많았다. 1939년 9월부터 1940년 12월까지 '제1차 노무동원계획'에 의해 도일한 인원은 86,765명[61]이었지만, 1940년의 전체 도일자 수는 38만 명을 상회하였다(제1장의 〈표 1-1〉 참조).

조선총독부 재무국이 1945년 1월 '제86회 제국의회'에 제출한 한인 노무동원의 실적 자료를 보면 1939년 이후 연도별 동원계획의 인원과 실제로 동원된 인원에 차이가 많았다. 1940년도에는 계획 인원이 88,800명이었으나 실제 동원 인원은 55,979명이었고, 1941년도에는 계획인원은 81,000명이었으나 실제 동원은 63,866명이었던 것으로 확인이 된다.[62] 즉 계획에 비해 실제로 동원된 인원은 훨씬 적었던 것이다. 그로 인해 1941년 당시 일본 정부와 조선총독부는 일반 한인 도일자에 대한 규제를 강화하였다. 1941년 1월 14일 조선총독부 경무국장은 통첩 「조선인 노동자의 내지 도항 단속에 관한 건」을 각 도의 경찰서장에게 보내, 노무동원계획에 따라 '군수 산업'에 도항한 인원보다 일반 산업

61　內務省 警保局, 1940, 『社会運動の状況』, 1236쪽.

62　朝鮮總督府 財務局, 1944, 「第86回帝國議會說明資料」, 友邦協會, 『太平洋戰爭下の朝鮮(5)』(복각판)에 수록.

에 취직하고자 도항하는 한인이 훨씬 많음을 지적하고, 이는 "내지 노동 사정 등을 감안하면 좋지 않을 뿐 아니라 기존의 조선인 노동자 및 내지인 노동자를 곤궁에 빠트릴 염려"가 있다 하고, "취직처가 시국산업 이외의 불요불급한 사업인지를 조사하여 … 내지의 노동 사정을 잘 설명하여 그 도항을 그만두거나 또는 될 수 있는 대로 조선 내의 시국산업이나 내지의 시국산업 방면에 취로하도록 권장하고 납득시키도록 노력할 것"을 지시하였다.[63] 그들이 강조한 "시국산업"이란 물론 전쟁 수행을 위한 군수 산업이다.

또한 일본 정부의 총동원 계획을 담당하는 기획원[64]은 1941년 2월 1일에 통첩 「석탄 증산을 위한 조선인 노무자 이주에 관한 긴급조치」를 관계 기관에 송달하여 "집단 모집 이외의 내지 도항 희망 노무자에 대해서는 될 수 있는 대로 석탄 광업 및 금속 광산의 집단 모집에 응하도록 장려할 것"[65]이라고 지시하였다. 그에 따라 내무성은 1941년 2월 27일 경보국장 명의로 통첩 「조선인 노무자 이주 촉진에 관한 긴급조치에 관한 건」을 경시청 특고과장 및 각 부현 경찰부장 앞으로 보냈다. 그 요지는 다음과 같다.

내지 취로처가 벽지이며 갱내(坑內) 작업인 것을 혐오하여 예정된 노

---

63 「朝鮮人勞働者の內地渡航取締に關する件」(朝保秘 第24号)은 『集成』 제4권, 12쪽에 수록.
64 중일전쟁에서 태평양전쟁에 걸쳐 총동원 계획의 입안 등 전시 경제 통제정책을 추진한 일본 정부의 내각 직속 기관. 1937년 10월에 기획청과 자원국(資源局)을 합병하여 창설되었고, 1943년에 군수성(軍需省)이 창설되자 그에 흡수되었다.
65 기획원의 긴급 조치는 『集成』 제4권, 13쪽에 수록.

동자를 이주시킬 수 없는 반면, 이른바 연고에 의해 내지 도항을 하여 평화 산업 및 자유노동에 취로하는 자는 오히려 증가하고 있는 실정인지라 … 조선 내의 노동력 수급 관계를 고려하여 이들의 도항을 제한하고 집단 모집에 응하도록 권장하는 동시에 집단 모집은 석탄산을 우선적으로 인정하기로 … 목하 가동 중이며 기간 만료인 자에 대해서는 계약 갱신을 권장하는 조치를 강구할 것.[66]

이를 보면 1941년 당시 내무성 경보국은 한인들이 총동원 계획에 의한 집단 모집을 기피하고 종래처럼 일반 토목공사에 취업하고자 도일하는 경우가 많으므로, 최대한 그러한 도일은 억제하고 석탄산 등의 군수물자 생산에 필요한 사업체의 모집에 응하도록 유도하라고 하였고, 이미 일본 내에서 일하고 있는 노동자들에 대해서는 계약 갱신을 하여 잔류시키라고 지시하였다.

1941년 12월 일본제국은 하와이의 미 해군기지와 동남아시아의 유럽 식민지를 동시 공격하면서 종래의 중일전쟁을 구미 제국에 대한 전쟁, 즉 세계 전쟁으로 확대하였다. 일본의 도조(東條) 정권은 군수물자 증산을 위해 더 많은 한인 노동력을 확보하고자 1942년 2월 13일의 각의에서 「조선인 노무자 활용에 관한 방책」을 결정 및 공표하였다. 그 취지를 보면 "군요원이 확대됨에 따라 내지에서는 기초 산업에서 중노무자(重勞務者)의 부족이 특히 심하고 종래 이런 노무자의 공급원이었던 농업 노동력 또한 핍박해진 결과 응소자(應召者)의 보충조차 곤란한 실정이니

---

66 「朝鮮人勞務者移住促進に関する緊急措置に関する件」(保發第15号)은 『集成』 第4券, 14쪽에 수록.

… 조선인 노무자를 내지에서 활용하는 것은 불가결한 요청…"[67]이라 하였다. 즉 일본열도의 군수사업체에서 노동력 부족이 심각하므로 한인 노동자를 한층 확보할 필요가 있고, 일본 각지에 거주하는 한인들의 동원도 하겠다는 것이었다.

한편 조선총독부는 앞에서 본 1942년 2월에 각의 결정 「조선인 노무자 활용에 관한 방책」이 나온 직후에 「조선인 내지 이입 알선요항」이라는 지침을 만들어 총독부 산하의 조선노무협회에 일본 측 군수기업이 필요한 노동자 인원을 신청하면 해당 인원에 대해 총독부의 관헌이 협조하게끔 하였다. 이것이 이른바 '관알선' 방식의 동원이다. 이후 동원의 대상이 된 한인들은 일본도항 전에 군대식으로 편성되어 단체 훈련을 받았다.[68] 군수 산업의 현장에 병영문화를 도입하여 피동원자들에 대해 노동을 강요한 것이다.

그러나 1942~1943년에 도일한 한인의 총수는 총동원 정책으로 도일한 인원의 약 3배를 상회하고 있었다. 일반 도일자가 훨씬 많았던 것이다. 이에 대해 일본 정부 기획원은 1942년 3월 31일에 내무차관 앞의 통첩 「조선인의 내지 도항 취급에 관한 건」을 송부하여 "내지 도항 열을 억제하기 위해 노력"하도록 요청하였다. 같은 해 5월 20일 조선총독부 경무국장도 같은 제목의 통첩을 전국 경찰부장 앞으로 송달하였다. 그를 보면 "가령 만연 도항을 한다 해도 평화 산업에 개별적으로 고용되는 일은 거의 불가능하니까 민중에 대해 이 점을 충분히 인식시키는 동시에, 만연 도항의 열기를 억제 및 밀항 또는 부정 도항의 단속을 강화"[69]하라

---

67 「朝鮮人勞務者活用に関する方策」의 취지와 방침은 『集成』 第4券, 24쪽에 수록.
68 西成田豊, 1997, 『在日朝鮮人の「世界」と「帝國」國家』, 東京大学出版部, 245쪽을 참조.

고 지시하고 있었다.

하지만 그 후 미군을 중심으로 한 연합군의 공세가 강화되어 태평양 중남부에서 전황은 일본군에게 불리하게 전개되었다. 일본군은 1942년 6월 미드웨이 해전에서 참패, 1942년 8월~1943년 1월의 솔로몬 군도 전투 패배에 이어서, 1944년 7월~8월 사이판, 괌 및 티니언 전투 패배, 같은 해 7월에 인도차이나방면군의 임펄 작전 실패, 괌 전투 패배 등등이 이어졌다. 특히 마리아나제도(사이판과 괌)를 미군이 점령한 이후 현지에 미군의 항공 기지가 건설되면서 일본열도 전체가 신형 B-29 폭격기에 의한 공격 대상이 되었다. 따라서 전체적으로 일본군은 확연히 패색을 드러내고 있었던 것이다.

하지만 1944년 8월 8일, 일본의 고이소(小磯) 정권은 내각회의에서 "이입 노무자에 대해서 새롭게 징용을 실시"한다고 하는 「반도인 노무자의 이입(移入)에 관한 건」을 결정하였다.[70] 이미 전쟁을 마무리해야 하는 단계에 접어들었건만, 신규로 동원하는 한인에 대해 한층 강제성을 띤 국민징용령을 적용한다고 하는 것이었다. 이 징용령에 의해 일본으로 동원된 한인 수는 1944년도에 201,188명, 1945년도에 9,786명이었다.[71]

전황이 일본에게 한층 불리해졌던 1944년 12월 22일, 고이소 정권은 내각회의에서 「조선 및 대만 동포에 대한 처우 개선에 관한 건」을 결정하였다. 그 취지는 "전국(戰局)의 현 단계에서 조선 및 대만 동포에게

---

69 기획원 차장 명의의 통첩, 조선총독부 경무국장의 통첩은 『集成』 第4券, 26-27쪽에 수록.

70 「半島人勞務者の移入に関する件」은 『集成』 第5券, 21쪽에 수록.

71 大藏省管理局, 『日本人の海外活動に関する歴史的調査』 通卷 第10冊, 朝鮮編 第9分冊의 第21章 「戰爭と朝鮮統治」 참조.

더욱 황민으로서 깊이 자각하고 일억일심(一億一心)의 결실을 거두어 대동아건설의 성업(聖業) 완수에 매진시킬 필요가 절실"하다는 과장된 것으로서, 그 내용은 "1 일반 내지인의 계발 …, 2 내지 도항 제한 제도의 폐지, …, 3 경찰상의 처우 개선,…, 4 근로 관리의 개선, …, 5 후생 사업의 쇄신 …, 6 진학의 지도 …, 7 취직의 알선 …, 8 이적(移籍)의 길을 열 것…" 등을 실행한다는 것이었다.[72] 전쟁이 패배한 것과 다름없는 국면에 처하자 일본 정부는 식민지 출신자(한인·대만인)들의 협력을 최대한 받아내고자 하는 정치적인 조치를 한 것이다. 이 처우개선 방책 중에 한인 도일에 관한 항목이 있는데, 즉 '2 내지 도항 제한 제도의 폐지'로, 그 내용은 "조선 동포의 내지 도항 제한 제도는 이를 폐지함. 또한 이에 관해 노무의 계획적 배치의 확보 등에 대해 필요한 조치를 강구할 것"이라고 되어 있다. 이를 보면 마치 한인의 도일 규제를 완전히 폐지한다는 것으로 보이나, 실제로 그렇게 되지는 않았다. 그것은 1944년 12월의 고이소 내각의 결정에 부연된 '참고' 사항을 보면 알 수 있다. 아래는 그중에서 한인 도일과 관련된 내용이다.

> … 2 내지 도항 제한 제도의 폐지 … (2) 취로를 목적으로 하는 내지 도항은 관 알선 또는 징용 등의 방법에 의할 것을 원칙으로 한다. (3) 사상범 기타 악질범 등 전과자, 성행불량자, 피송환자, 악질 전염성 질환자 등의 도항은 엄격히 억제하고, 부정 수단으로 도항하는 자는 단속하여 악질 브로커의 절멸을 기한다. (4) 내선(內鮮) 간의 왕래자

---

72 고이소(小磯) 내각의 각의결정 「朝鮮および台湾同胞に對する處遇改善に関する件」은 동년 12월 19일에 내무성이 제출한 원안대로 가결되었다. 내무성 원안은 水野直樹 編, 1998, 『戰前期植民地統治資料』 第1卷, 柏書房, 133-146쪽에 수록.

는 그 신분 증명표를 휴대하도록 지도한다(노무자는 경찰서에서, 기타는 소속 관공서, 학교, 공적 단체, 유력 회사, 경찰서 등에서 발급하는 신분증명서. 내지 거주자의 일시 귀선은 협화회원증. 내지 근해에 출어하는 어부는 어부신분증명서) ….[73]

이를 보면, 패전 직전의 시기라고 할 수 있는 1944년 12월 고이소 내각이 제시한 식민지 출신자에 대한 '처우 개선' 이후에도 한인의 일본도항은 완전히 자유로워지지 않았다. 여전히 경찰기관 등이 발급하는 '신분 증명'이 필요했다. 역시 '치안'을 내세운 내무성 경보국 측의 주장이 반영된 것이라고 추측된다.

5. 개인적 수단의 '비정규' 형태 도일

앞에서 보았듯이, 조선총독부 경무국은 내무성 경보국의 요망에 따라 1925년부터 도일을 희망하는 한인에 대해 조건부로 선별하는 규제를 실시하였다. 그로 인해, 조선 측에서는 생계를 위해 일거리를 찾아 일본에 가고 싶어도 치안 당국에 의한 도일 규제 때문에 도항증명서를 받지 못한 사람이 다수 존재했다. 그와 같이 일본도항을 저지당한 사람들 중에는 개인적으로 '밀항'이라는 비정규적인 형식으로라도 일본에 가고자 하는 사람들이 있었다.

---

73 水野直樹編, 1998, 위의 책, 133-146쪽.

한편 일본 경찰은 그와 같은 한인들의 비정규 도일에 대해 '밀항'이라고 칭하지 않고 '부정(不正) 도항'이라는 명목으로 단속하였다. 당시 치안 당국이 이를 '불법'으로 간주하지 았았던 이유는 식민치 통치의 논리에 의해 조선을 일본의 일부로, 한인을 '일본 국적자'로 간주하였기 때문이었다. 하지만 한인들의 비정규 도일 행위가 자신들의 도일억제 정책을 무력화하는 행위였으므로, 단속을 통해 적발이 되면 귀향 조치를 하였다.

〈표 2-1〉 연도별, 지역별로 본 '비정규' 형태 도일자   (단위: 건)

구분	1930	1931	1932	1933	1934	1935	1936	1937	1938	1939	1940	1941
홋카이도(北海道)										102	262	155
도쿄(東京)						93	132	154	79	102	323	509
가나가와(神奈川)												114
아이치(愛知)										145	342	176
교토(京都)										63	126	116
오사카(大阪)			69	69	393	117	254	316	378	591	1,294	1,165
효고(兵庫)										133	189	61
시마네(島根)						56		52		61		
오카야마(岡山)											104	
히로시마(広島)					112						60	76
야마구치(山口)		283	481	708	684	651	715	535	1,073	1,685	1,817	1,455
후쿠오카(福岡)	291	220	268	186	308	315	343	565	1,708	2,000	315	403
사가(佐賀)			85	66	200	228	145	117	95	552	488	215	97
나가사키(長崎)			162	282	370	406	247	111	412	359	1,795	359	96
기타	127	33	808	275	1,219	157	215	193	208	235	479	282
합계	418	783	1,974	1,808	3,350	1,781	1,887	2,322	4,357	7,400	5,885	4,705

출처: 法務硏修所編, 『在日朝鮮人處遇の推移と現狀』, 1955, 41쪽에서 인용. 원출처는 내무성 경보국의 『社會運動の狀況』 각 연도판. 이 표는 50명 이상의 적발 건수를 나타낸 것임. 김광열, 2010, 『한인의 일본이주사 연구-1910~1940년대』, 논형에서 재인용.

〈표 2-1〉은 1930년대부터 1940년대 초까지 일본열도 각지에서 경찰에 적발된 비정규 도일자를 연도별, 지역별로 나타낸 것이다. 이 표의 단위는 50명 이상 적발된 건 수를 의미하지만, 이를 통해 당시 한반도에서 일본열도로 '밀항'한 사람들의 동향을 추측할 수 있다.

먼저 비정규적인 방식, 즉 '밀항'의 형태로 도일했던 한인들이 일본열도의 어디에 상륙했는지를 알 수 있다. 일본 밀항자들이 선호한 지역을 보면, 1933년까지는 한반도에서 가까운 규슈(九州) 지방의 야마구치현, 후쿠오카(福岡)현, 사가(佐賀)현, 나가사키(長崎)현 등의 지역이 많았다. 1934년 이후에는 도쿄나 오사카 같은 대도시, 또한 1939년 이후에는 공업지대인 효고(兵庫)현, 아이치(愛知)현이나 오카야마(岡山)현 등을 목적지로 한 것이 확인된다.

그중 도시 지역에서 적발된 한인들은 주변의 해안에서 상륙을 감행한 후, 도시 지역으로 이동하여 생활하던 중에 일본 경찰에게 '부정 도항'이라고 발각된 것이라고 추측된다. 중일전쟁의 발발로 총동원체제가 실시된 1939년 이후에도 석탄산이 많은 규슈 지방이나 홋카이도(北海道) 지방에서 발각되는 경우도 있었다. 이는 신분을 속이고 강제동원으로 집단 도일한 사람들 틈에 잠입하였다가 일본 현지의 해당 지방에서 적발된 것이라고 추측된다.

이 표를 보면 1932년, 1934년, 1938년, 1939년에 밀항 한인의 적발 건수가 급증해 있었는데, 그 이유는 무엇일까. 1932년은 1월에 이봉창이 천황 행렬에 폭탄을 투척한 사건이, 또 4월에는 윤봉길이 상하이 홍커우공원의 천장절 행사장에 폭탄을 투척한 사건이 일어났기 때문에, 내무성 당국은 1월에는 「불령 불온 계획 단속에 관한 건」을, 2월에는 「해항경비에 관한 경찰시설 및 이동경찰 실시에 관한 건」을 전국의 도부현

(道府縣) 지사 앞으로 송부하여 일본 전국의 모든 교통수단 및 역 그리고 해안 및 항구에서 한인에 대한 경비를 철저히 하였다. 또한 내무성 경보국은 1932년 6월에 조선총독부 경무국을 통해 한반도에서 일본열도 인근으로 출어하는 어선의 선원에게 관할 경찰서가 발행하는 신분증명서를 의무 소지하게 하였다. 그와 같은 형태로 일본 측 경찰이 단속을 하는 과정에서 밀항 한인들이 적발되었다고 추측된다. 1934년에 적발자가 급증한 것은 같은 해에 일본 정부 차원의 「조선인 이주대책 요목」이 수립되어 한인의 일본도항 저지와 '밀항' 단속이 강화되었기 때문이라고 생각된다.

1938년 이후에 '밀항' 도일이 증가한 이유는, 전면적 전시체제하에서 군수 산업에서 노동력 수요가 증가했다는 소문을 듣고, 일거리를 찾아 조선에서 일본으로 '밀항'을 택한 한인들도 늘었기 때문이라고 추측된다. 그 결과로서 비교적 석탄산이 많은 홋카이도나 규슈 지방에서 다수의 '밀항' 적발자들이 나왔을 것이다.

다음으로 식민지기 조선에서 일본으로 '밀항'을 했던 한인들은 어떤 방식을 취했는지 보고자 한다. 그를 통해 당시 일본으로 가고자 하던 사람들이 처한 상태를 역추측할 수 있기 때문이다. 일본 측 치안 당국의 자료를 통해 본 1930년대 초의 '밀항' 방식은 다음과 같다.

① 이른바 밀항 브로커를 통해 발동기선 및 소형 어선 등에 상당한 뱃삯을 지불하고 편승하여 야마구치, 사가, 후쿠오카, 나가사키 등 각 현의 해안으로 상륙함.
② 도항증명서 또는 일시귀선증명서를 위조 및 변조하거나, 타인의 증명서를 양도받음.

③ 연락선 또는 화물선의 선창에 은밀히 잠입함.
④ 일본인으로 위장함.
⑤ 사전 계획을 세워 선원이 되어 일본의 항구에 기항할 때 탈선함.[74]

이 다섯 가지 유형의 '밀항' 방식은 출전의 자료가 작성된 시기(1932년) 이전에 정리한 결과일 것이다. 또한 당시 가장 전형적인 방식이었을 것이라고 판단된다.

이외에도 1930년대에는 일본의 학교에 입학하는 서류를 위조하여 도일을 시도하는 경우도 적지 않았다고 한다. 아래는 취학으로 위장한 도일자의 전형적인 수법이다.

① 일본 학교의 재학증명서를 위조하거나 타인의 증명서를 부정 사용해서 도항하는 자.
② 일본 학교에 입학하기 전에 입학금 및 기타 비용을 송부하고 우송 받은 재학증명서를 전용하여 도항하는 자.[75]

이 중 첫 번째는 앞에서 본 다섯 가지 사례 중에서 도항증명서나 일시귀선증명서를 위조하는 것과 유사한 형태라고 할 수 있다. 두 번째는 일본측 학교의 입학 관련 사정을 잘 아는 사람으로서 실제 입학예정자의 서류를 위조한 사례라고 할 수 있다. 아무튼 모두가 상당히 지능적인 수법이며, 그와 관련하여 상당한 비용을 준비할 수 있는 사람만이 가능

74　内務省警保局, 1932, 『社会運動の状況』, 1421쪽.
75　内務省警保局, 1939, 『社会運動の状況』, 929쪽.

했을 것이라고 생각된다.

앞에서도 언급했지만 위의 〈표 2-1〉을 통해 중일전쟁의 발발 이후의 총동원체제하에서도 조선에서 '부정 도항'으로 도일한 경우가 많았다. 그중에는 한인에게 실시된 노동력 동원을 일본도항의 방편으로 이용하는 사람들도 있었는데, 아래는 당시 당사자들이 실제 사용한 방법을 치안 당국이 수집한 것이다.

① 피모집자가 도항을 취소했을 때 합의하여 호적등본을 양도받음.
② 인원 점검 시에 피모집자가 없으면 대신 대답하고 대열에 잠입함.
③ 부나 읍, 면에서 호적등본을 발급받지 못하니까 지기의 등본을 빌려 사용함.
④ 인솔자가 보지 않는 틈을 타서 피모집자 대열에 잠입함.[76]

이 방식을 취한 사람들은 매우 대담했다고 할 수 있다. 그만큼 일본도항을 희망했기 때문일 것이다. 이와 같은 방식으로 일본에 상륙한 사람들은 일본 각지의 군수사업장으로 이동하는 도중에 이탈, 도주하였다. 그러나 일본 현지에서 경찰에 발각되어 강제귀향 조치를 당하는 경우도 적지 않았다. 〈표 2-1〉에서 1939년에 적발자가 7,400건으로 급증하고, 1940년 이후에 오사카나 도쿄 등 도시 지역에서도 적발자가 증가한 것은, 상기와 같은 '비정규' 형태의 도일자가 상당수 포함된 결과라고 할 수 있다. 하지만 적발 건수는 1940년 이후 감소하였다. 조선 측 경찰의 단속으로 인해 상기와 같은 수법이 사전에 방지되었기 때문이라고 추측

---

76 法務研修所, 1989, 『在日朝鮮人處遇の推移と現狀』(復刻板), 龍溪書舍, 38쪽.

된다.

한편 1939년 총동원체제 시행 이후에는 일본 측의 경찰이 '부정 도항' 한인들을 적발해도 즉시 강제송환하지 않고 현지 생활의 상황을 참작하여 묵인하는 경우도 있었다. 그것은 앞에서 언급한 적이 있는 1938년 3월의 조선총독부 경무국장이 내무성 경보국장에게 보낸 도일 규제 완화의 요청 속에 "밀항자라고 해도 발견 당시에 상당한 세월이 경과하여 취로 중인 자에 대해서는 조선에 송환하지 않기를 바람. 또한 송환한다 하더라도 일반 범죄인과 동일시하여 가혹히 대하는 일이 없도록" 해 달라고 하는 사항도 있었기 때문이다. 이러한 총독부 측의 요청을 내무성 경보국 측이 협조차원에서 수용하였던 것이었다.[77] 하지만 다른 각도에서 보면, 어차피 당시는 전쟁 수행을 위해 식민지 조선 출신자들의 노동력을 필요로 하던 시기였으므로, '밀항자'라 하더라도 이미 공장이나 석탄산 등에서 일하고 있는 경우에는 묵과한 것이 아닌가 생각된다.

6. 소결

식민지기 한인의 일본도항에 대한 일본 치안 당국의 규제 정책은 1919년의 3·1 운동 직후부터 시작되어 1945년 일본이 패전할 때까지 지속되었다. 도일 한인에 대한 규제와 저지가 직접적으로 시행되는 것은

77　内務省 警保局, 1940, 『社會運動の狀況』, 963-966쪽.

출발항이 소재하는 조선 측이었지만, 그 정책은 항상 일본제국 경찰의 최상위 기관인 내무성 경보국에 의해 주도되었다. 경보국 측이 한인의 일본도항을 제한했던 이유는 일본 내에 한인 인구가 증가하면 일본의 실업률과 치안상 불안이 고조된다고 인식하였기 때문이었다. 따라서 내무성 경보국과 조선총독부 경무국의 협력하에서 도일 규제가 신설 및 강화되었다. 특히 대공황의 영향으로 일본은 물론 조선에도 심각한 경제 불황이 진행되었고, 일본군의 중국 침략이 시작된 1930년대 초부터 한인 도일에 대해 규제 강화를 실시한 것이 확인되었다. 주요한 사례로서, 1932년의 조선 독립투사들에 의한 폭탄의거가 일어난 직후부터 일본열도의 해안 항만 및 교통망의 검문검색 강화라든지, 1934년에 일본 정부가 도일 방지를 위해 '조선인 이주대책'이라는 본격적인 방책을 수립한 것을 들 수 있다. 총독부 경무국 측은 그러한 본국 정부의 방침에 따라 도일 희망자와 기존 일본거주자의 부양가족에 대한 규제를 한층 엄격하게 하였다.

그러나 이처럼 한인에 대한 도일 규제가 강화되던 동안에 연간 도일자 수가 전년보다 감소한 적은 있었지만, 그것은 일시적인 현상이었고 그 후에도 계속해서 매년 10만 명을 상회하는 방대한 수의 한인들이 일본으로 도항한 것이 확인된다. 그 기본적인 원인은, 제1장에서 보았듯이 식민지 통치하 조선의 농촌에서 해마다 수많은 이농자들이 발생하여 실업자 그룹에 추가되고 있었으나, 조선 내의 산업에서 그들을 흡수하지 못하였고 적절한 정책이 실시되지 않았기 때문이었다.

중일전쟁의 발발로 전면적인 전시체제에 돌입한 1938년 이후에는 조선총독과 총독부 경무국장이 척무성을 경유하여 내무성 앞으로 한인에 대한 도일 규제를 완화할 것을 요청했는데, 그것은 식민지 조선에서의 전쟁동원 체제를 무난하게 진행시키기 위한 한민족 회유책의 일환이었다. 하지만 내무성 경보국 측이 종래 한인에 대한 도일 규제 및 검문검색의 기본적 취지는 유지해야 한다고 주장하여, 극히 일부를 완화하는 데에 그쳤다.

한편, 조선 측에서 엄격한 도일 규제가 실시되었기 때문에 일어난 현상도 있었다. 즉 거주지 경찰기관으로부터 도항 허가를 받지 못한 한인들 중에는 '밀항'과 같은 비정규적인 방법으로 일본행을 감행한 사람들도 상당수 존재했던 것이 확인된다. 그러나 일본 '밀항'에 성공했다 하더라도 일본 측 경찰이 상시 시행하던 검문검색으로 인해 강제 귀환조치를 당하는 사람들도 있었다. 중일전쟁 이후 시작된 일본의 총동원체제로 인해 한인들에게도 집단적 '노무동원'이 부과되었는데, 그를 오히려 역이용하여 동원자 집단에 잠입하여 도일을 감행한 경우도 볼 수 있었다. 그야말로 식민지 통치체제를 비웃는 듯한 사례라고 할 수 있다. 다만 당시 '밀항' 형태의 도일은 각지에서 동시다발적으로 일어나고 있었다고 판단되므로, 적발되지 않고 목적지에 도착하여 생활했던 사람들도 있었다고 추측된다.

해방 전 일제가 도일 한인에 대해 실시한 규제 정책은 전적으로 '식민지본국 우선주의'에 입각한 것이었다. 식민지 통치의 명분으로서 한인들에게 '황국신민'으로 대한다고 하였으나, 일제 경찰당국은 '치안 유지'의 명분을 내세워 일본도항을 희망하는 한인들에 대해 외국인에게 패스포트를 의무화하듯이 '도항증명서'나 '일시귀선증명서'를 필수 조건으로 항상 두고 있었다.

제3장
일본거주 한인의 지역별·직업별
인구 분포와 변화

이 장에서는 1920~1940년대에 일본에 거주한 한인의 생활 양태 및 거주지 분포에 대한 통계 자료를 분석하여 시기별 변화를 파악하고자 한다. 그를 위해 1920~1940년까지의 20년 동안을 5년 간격으로 나누어, 일본거주 한인의 지역별 인구 및 직업별 인구를 검토함으로써 해당 시기 그들의 거주 양상이 어떻게 변했는지 거시적으로 파악하는 방법을 취하고자 한다.

1. 1920년경: 일본 내에 한인 집중 거주지 출현

1920년에 일본에 거주하던 한인의 지역별·직업별 인구 상황을 보면 1910년대 후반에 해당 사안들이 어떻게 축적되었는지 알 수 있다.

〈표 3-1〉은 그러한 상황을 개관할 수 있는 것이다. 표를 작성한 방식은 다음과 같다. 거주 인구가 많은 순으로 상위 10개 지역을 선별하였고, 그 외의 지역은 기타로 묶었다. 직업별 인구는 크게 유업자와 무업자로 나누어 각각의 항목에서 주요 직업으로 나누었다.

이 표를 통해 알 수 있는 1920년 당시 일본거주 한인들의 지역별·직업별 인구 상황은 다음과 같다. 먼저 당시 한인인구의 총수는 31,376명이었다. 인구 상위 10개 지역을 한인 인구 백분비와 함께 보면, 후쿠오카

---

* 이 장은 김광열, 2010, 『한인의 일본이주사 연구-1910~1940년대』, 논형, 제6장 내용을 일반 독자가 알기 쉽도록 수정하여 다시 서술한 것임을 밝혀 둔다. 이장의 서술을 위해 사용한 시기별, 지역별, 직업별 상황을 나타낸 표는 위의 단행본에서 인용하였다.

〈표 3-1〉 1920년 일본거주 조선인의 지역별·직업별 인구(상위 10개 지역)

(단위: 명, %)

구분	직업	福岡縣 (후쿠오카부)	大阪府 (오사카부)	兵庫縣 (효고현)	北海道 (홋카이도)	長崎縣 (나가사키현)	東京府 (도쿄부)	山口縣 (야마구치현)	京都府 (교토부)	岡山縣 (오카야마현)	廣島縣 (히로시마현)	기타 지역	계	백분비
유업자	공무원						7					2	11	0.04
	군인	2		1			4	2	1	1	1	9	19	0.06
	의사				1		1					1	4	0.01
	통역	1		3	10	1			5		5		20	0.07
	승려/목사							3				2	11	0.04
	각종 사무원	1	9				1	9	5	11		2	58	0.20
	농업		8	17	85	14	23	6	19	17	3	189	357	1.21
	토건 인부	2,594	640	973	601	514	221	700	317	136	399	3,871	10,966	37.21
	광부	2,900		13	1,461	1,123		108	12		17	756	6,511	22.09
	하역업	226	43	195	76	5		244	16	5	9	96	915	3.10
	각종 고용인	177	638	26	88	28	29	84	106	13	17	100	1,306	4.43
	각종 직공	714	3,127	1,423	80	55	406	15	437	523	253	871	7,904	26.82
	각종 행상	3	50	4	16	5	76		9	4	6	88	261	0.89
	각종 상업	2	31	2	1	7	9	3				43	98	0.33
	요리/하숙업	12	20	5	1								38	0.13
	기생	1				3			2				14	0.05
	어부	10			18	39		40	5		7	69	188	0.64
	교통운수업	17	53	12	3	29	43	339		3	16	63	579	1.96
	기타 잡업	6		19		52	1	2		28		105	214	0.73
	소계	6,666	4,619	2,693	2,444	1,872	821	1,555	923	749	735	6,275	29,474	100.00
무업자	수감자	12	4			7						1	24	1.07
	학생	1	10	12	3	1	682	13	47	12	8	39	828	36.87
	무직	10	133	195	196	133	114	20	10	42	33	508	1,394	62.07
	소계	23	143	211	199	141	796	33	57	54	41	548	2,246	100.00
합계		6,689	4,762	2,904	2,643	2,013	1,618	1,588	1,089	825	756	6,489	31,376	100.00
백분비		21.32	15.18	9.26	8.42	6.42	5.16	5.06	3.47	2.63	2.41	20.68		

출처: 内務省 警保局, 1920, 『朝鮮人 槪況』 第3에서 작성.

현 21%, 오사카부 15%, 효고현 9%, 홋카이도, 8%, 나가사키현 6%, 도쿄부 5%, 야마구치현 5%, 교토(京都)부 3%, 오카야마현 3%, 히로시마(廣島)현 2% 등이었다. 최다 4개 부현에 전체의 50%가 넘는 인구가 집중되어 있었으며, 상위 10개 도부현에 전체 한인 인구의 약 80%가 집중되어 있었다는 것을 알 수 있다.

    1920년 당시 일본에서 상기 지역들에 한인 인구가 집중된 이유는 다음과 같이 추측된다. 먼저 상위 5개 지역을 보면, 후쿠오카현, 홋카이도, 나가사키현 등은 석탄광이 집중되어 있으므로 채탄 작업에 종사하는 염가의 노동력을 상시 필요로 했기 때문이며, 오사카부와 효고현은 공업이 발달한 지역으로서 중소규모의 공장들이 단순 작업을 하는 노동자들을 필요로 했기 때문이라고 추측된다. 그 지역들의 지리적 분포를 보면 도쿄와 홋카이도 이외는 전부 긴키 지방을 중심으로 서쪽에 위치한 지역이다. 즉 일본열도 중에서도 한반도에서 지리상 가까운 지역에 한인 인구가 집중적으로 분포하고 있었다고 할 수 있다.

    1920년은 일본이 참전하여 경제 호황을 누렸던 제1차 세계대전(1914~1918년)이 종결된 지 얼마 되지 않은 시기이므로, 이 직업 분포를 보면 당시 일본에서 어떠한 직종에 한인 노동자의 수요가 많았는지를 알 수 있다. 직업별 인구를 크게 '유업자'와 '무업자'로 나눌 수 있는데, '유업자'가 29,474명(93%)이었고 '무업자'가 2,246명(7%)이었다. 전체 '유업자' 중 20%가 넘는 주요 직업은 '토건 인부'(37%), '각종 직공'(27%), '광부'(22%)였는데, 이 3개 직업에 속하는 사람들이 전체 유업자의 86%를 차지하고 있었다. '토건 인부'란 일반적으로 각종 토목건축 관련 공사장에서 육체노동을 하는 일급제 인부를 칭한다. '각종 직공'이란 분야와 규모를 막론하고 공업에 속하는 공장에서 약간의 기술을 요하는 일을 하던 사람들을 칭한다. '광부'는 석탄산이나 금속산에서 채굴 작업을 하는 사람들을 칭한다. 이 시기 일본거주 한인은 전체의 9할이 넘는 사람들이 직업을 가지고 있었지만, 그 대부분은 육체 노동에 해당하는 비숙련 단순 노동의 직종에서 종사하고 있었다고 할 수 있다. 그것은 한인 인구가 많은 지역이나 적은 지역이나 공통적으로 볼 수 있는 현상이었다.

'무업자'로 분류되는 사람은 '학생', '수감자', '무직'이었고 전체의 7% 정도였다. 그중 제일 많았던 '무직'자는 1920년 당시는 특별히 내역이 표기되지 않았으나, 다음 항에서 볼 1935년 조사의 비고를 인용해 보면 그 대부분이 세대주의 부양 가족이었으며, 실제 실업자도 약간 포함되었다. 1920년에 이 '무직'자의 수는 전체의 약 4% 정도였는데, 그를 통해 당시 일본에 살았던 한인들 대부분은 단신으로 구직차 도일했으며 안정된 직업이 아니라도 일거리를 갖고 거주하고 있었다고 추측할 수 있다.

한편, 지식층으로 분류할 수 있는 '관리', '군인', '학생', '의사', '통역', '목사 및 승려' 등은 전체 인구의 3% 정도에 지나지 않았다. 그중에서 '학생'의 경우는 전체의 82%가 고등교육 시설이 많이 분포된 수도 도쿄에 집중되어 있었다.

2. 1920년대 전반: 대도시 주변부에 거주자 증가

〈표 3-2〉는 1925년 시점의 일본에 거주하던 한인의 인구를 지역별·직업별로 나타낸 것이다. 이를 통해 1920년대 전반 일본에서 한인들

의 주된 거주 지역과 직업은 무엇이었는지 개관할 수 있으며, 또한 5년 전에 비해 어떤 변화가 있었는지 알 수 있다.

이 1925년의 조사에 의하면 당시 일본에 거주한 한인은 136,709명이었고, 상위 10개 도부현에 전체의 76%가 집중해 있었다. 5년 전과 비교하면, 전체 거주 한인의 인구가 4배 넘게 증가하였고, 상위 10개 도부현의 순위에도 변화가 있었다. 오사카부가 34,361명(25%)으로 최다 거주 지역이 되었으며, 도쿄부는 9,989명(7%)으로 세 번째 다수 거주지가 되었다. 또한 아이치현이 8,528명(6%)으로 네 번째로, 가나가와현이 6,212명(5%)으로 일곱 번째로 새로 추가되었고, 홋카이도는 열 번째로 밀려 있었다.

지역별 인구 분포라는 측면에서 보면, 5년 전에 비해 주목할 만한 변화가 있었다. 다시 말하면 상위 10개 현 중에서 7개 현이 긴키 지방의 동쪽에 위치한 곳이었다. 즉 1925년 시점에 일본거주 한인들은 수도 도쿄를 포함한 공업도시가 많은 동일본(東日本) 지역, 즉 취직의 기회가 많은 지역에 더 모여 살았다는 것을 의미한다.

직업별 인구의 측면에서 보면 다음과 같은 변화가 있었다. '유업자'가 112,133명(82%)이었는데 비해, '무업자'는 24,576명(18%)이었다. 유업자의 주요 직업은 '각종 인부'(53%), '직공'(23%), '광부'(10%), '각종 고용인'(7%) 등이었다. 이 4개의 직종에 전체 유업자의 93%가 집중해 있었다. 1920년의 경우와 비교하면 '각종 인부'가 유난히 증가한 것이 눈에 띈다. '직공' 수도 증가하였지만 '각종 인부'의 증가 폭에 비하면 미미했다. 기술적 숙련이 필요한 직업인 '직공'은 비교적 안정적인 직업이므로 한인들에게는 취업 기회가 좁았으나, 비숙련 단순 노동직인 '각종 인부'는 여전히 취업 기회가 많았다는 것을 의미한다. 또한 점원이나 사

<표 3-2> 1925년 일본거주 조선인의 지역별·직업별 인구(상위 10개 지역)

(단위: 명, %)

구분	직업	大阪府(오사카부)	福岡縣(후쿠오카현)	東京府(도쿄부)	愛知縣(아이치현)	兵庫縣(효고현)	京都府(교토부)	神奈川縣(가나가와현)	山口縣(야마구치현)	廣島縣(히로시마현)	北海道(홋카이도)	기타 지역	계	백분비
유업자	관리	2	6	14	-	-	1	2	1	-	-	8	34	0.03
	군인	-	-	2	-	-	1	-	-	-	-	1	4	0.004
	의사/약제사	-	-	-	-	6	-	-	-	-	3	-	9	0.01
	승려/목사	8	-	5	-	1	-	-	-	-	-	-	14	0.01
	사무원	23	-	73	6	5	-	5	-	2	10	9	133	0.12
	각종 상업	378	155	261	29	86	91	26	37	94	27	695	1,879	1.68
	농업	136	330	5	109	78	-	5	-	36	12	986	1,697	1.51
	수산어로자	1,001	56	2	6	39	-	329	-	34	37	325	1,829	1.63
	직공	9,483	651	1,391	4,279	2,283	2,990	229	116	495	28	3,681	25,626	22.85
	광부	-	5,374	-	2	-	6	-	210	-	1,940	3,314	10,846	9.67
	각종 인부	8,742	3,721	5,209	2,643	2,836	2,636	5,360	3,554	2,746	1,849	19,770	59,066	52.67
	각종 고용인	1,497	1,207	390	495	806	227	16	589	427	64	1,803	7,521	6.71
	교통운수업	142	53	79	65	12	61	13	35	33	2	118	613	0.55
	접객업	726	-	-	-	25	-	-	25	40	14	32	862	0.77
	예창기	1	86	5	9	2	2	2	-	-	1	33	157	0.14
	신문기자	2	-	1	4	-	-	-	-	-	-	1	9	0.01
	기타 직업	139	148	352	59	124	106	89	89	15	85	704	1,821	1.62
	소계	22,280	11,789	7,791	7,705	6,307	6,123	5,657	5,004	3,922	4,072	31,483	112,133	100.00
무업자	학생	129	25	1,420	17	68	214	10	79	9	-	173	2,204	8.97
	수감자	83	133	5	35	18	-	-	-	-	-	71	345	1.40
	무직노자	11,869	2,298	773	771	1,639	486	545	884	727	368	1,667	22,027	89.63
	소계	12,081	2,456	2,198	823	1,725	700	555	963	787	377	1,911	24,576	100.00
	합계	34,361	14,245	9,989	8,528	8,032	6,823	6,212	5,967	4,709	4,449	33,394	136,709	
	백분비	25.13	10.42	7.31	6.24	5.88	4.99	4.54	4.36	3.44	3.25	24.43	100.00	

출처: 內務省 警保局, 1925, 『大正14年中の在留朝鮮人の狀況』에서 작성.

환 등으로 추측되는 '각종 고용인'이 주요 직업의 하나로 등장해 있었다. 일본거주 한인 인구 전체가 증가함에 따라 직업 종류도 다양해지고 있었다는 상황이 반영된 것이라고 생각된다.

한편, '무업자'는 1920년처럼 '학생', '무취로자', '수감자' 등으로 구성되어 있었으나, 5년 전에 비하면 전체 거주자에 대한 비율이 증가해 있었다. 〈표 3-2〉를 자세히 보면 그 주된 이유는 '무취로자'의 증가(1920년의 4배)에 있었다. '무취로자'는 1920년의 경우와 마찬가지로 세대주에 종속된 피부양 가족 및 실업자를 지칭한다고 추측된다.

지역별로 본 1925년 시점의 변화는 다음과 같다. 1925년에 오사카부가 일본에서 한인 최다 거주 지역이 된 것은 '직공'과 '각종 인부'에 종사하는 인구가 급증했기 때문이었다. '동양의 맨체스터'라고 불릴 정도로 면방직업을 비롯한 각종 공장이 밀집해 있는 이 지역은 1910년대 후반의 제1차 세계대전기부터 한인 노동자들이 모였는데, 1923년에 오사카와 제주 간의 항로가 신설되면서 제주도 출신자의 도일이 급증했다는 것도 그 이유라고 할 수 있다. 아이치현에 한인 인구가 증가한 것은, 1920년대 전반부터 현 내의 나고야(名古屋)시, 도요하시(豊橋)시, 세토(瀨戶)시 등 도시에서 기계공업, 방적공업, 도자기공업 등이 발달하여, 신규 도일자 또는 타 지역 거주 한인들이 일자리를 찾아 해당 지역에 모였기 때문이라고 생각된다. 아이치현 거주 한인의 직업을 보면, 오사카부에 이어 '각종 직공' 수가 두 번째로 많았으며, '각종 인부' 수도 급증해 있었다는 사실이 확인된다. 그리고 이해에는 도쿄부가 세 번째 다거주 지역, 가나가와현이 일곱 번째의 다거주 지역이 되어 있었다. 그 요인은 '각종 인부'로 일하는 인구가 급증하였기 때문이라는 것을 알 수 있는데, 그것은 1923년 9월에 발생한 관동대지진으로 인해 민간 건축물 및 사회

간접 자본의 파괴가 심각했던 두 지역에서 '부흥사업'의 명목으로 대규모 토목공사가 전개되어 신규 도일자나 타 지역 거주 한인들이 일용직 노동직으로 모였기 때문이라고 추측된다. 이상의 지역에 인구가 몰렸던 탓에 홋카이도는 10위 지역으로 밀려나 있었다.

3. 1920년대 후반: 대도시에 집중된 한인 인구

이번에는 1930년의 통계를 보면서 1920년대 후반 일본거주 한인들의 지역별 인구, 직업별 인구의 축적 결과를 검토하고자 한다. 〈표 3-3〉은 1930년 6월 말 시점의 일본에 거주한 한인들의 지역별·직업별 인구를 나타낸 것이다. 이 시기의 일본거주 한인의 총수는 5년 전에 비해 2배 증가한 287,705명이었다. 그리고 인구 상위 10개 지역에 전체의 75%가 집중해 있었고, 도쿄부가 오사카부에 이어 두 번째로 한인 인구가 많은 지역이 되었다는 것을 제외하면 인구 상위 지역의 순위는 5년 전과 유사했다. 도쿄 거주자 수가 증가한 이유를 직업 측면에서 보면, 일용 인부, 직공, 학생의 인원이 증가했기 때문이라는 것을 알 수 있다.

그럼 당시 일본거주 한인의 직업별 인구의 변화에 대해 보자. 전체 중에서 유업자는 225,706명(78.5%)이었고 무업자는 61,999명(21.5%)이었다. 유업자 중에서 종사자가 많은 직업을 차례대로 보면 '일용 인부'(53%), '직공'(20%), '기타'(10%), '고용인'(5%), '상업'(5%), '광부'(5%) 등이었다. 5년 전에 비해 직업 분류가 다양해졌는데, 이상의 6개 직종에 전체 유업자의 97%가 집중해 있었다. 그런데 이 시기에는 '상업'과 '기타'

〈표 3-3〉 1930년 일본거주 조선인의 지역별·직업별 인구(상위 10개 지역)

(단위: 명, %)

구분	직업	大阪府 (오사카부)	東京府 (도쿄부)	福岡縣 (후쿠오카현)	愛知縣 (아이치현)	京都府 (교토부)	兵庫縣 (효고현)	山口縣 (야마구치현)	北海道 (홋카이도)	神奈川縣 (가나가와현)	廣島縣 (히로시마현)	기타 지역	계	백분비
유업자	관리	2	10	2		3	2	1		2		1	23	0.01
	군인		3										3	0.001
	의사/의제자		8	6					6	1		2	24	0.01
	신문잡지기자		3			2	1					1	7	0.003
	승려/목사	4	6	5	12	3	5	2	1	2		8	48	0.02
	사무원	66	74	8	23	2	21	4	19	4		20	241	0.11
	상업	5,771	173	583	198	128	381	211	628	99	282	3,192	11,646	5.16
	농업			116			3	204	263	17	98	1,024	1,725	0.76
	고용인	3,878	229	1,326	290	1,006	807	468	282	180	232	3,301	11,999	5.32
	수상취로자	1,178		66			140	553	56	45		1,001	3,039	1.35
	직공	18,964	3,021	555	7,151	4,306	3,262	339	47	268	577	5,642	44,132	19.55
	광부			6,813			84	925	1,525			1,628	10,975	4.86
	일용 인부	12,352	17,094	7,086	10,961	6,563	4,976	3,558	6,619	5,335	3,400	41,172	119,116	52.77
	교통운수업	802		28		56	39	15			23	167	1,130	0.50
	예창기		1	2	5			10	8			8	34	0.02
	기타	13,866	454	4,059	428	824	16	452	59	1		1,405	21,564	9.55
	소계	56,883	21,076	20,655	19,068	12,893	9,737	6,742	9,513	5,909	4,658	58,572	225,706	100.00
무업자	학생	435	2,802	133	71	458	80	108	23	35	148	599	4,892	7.89
	소학교아동	1,839	479	947				297		289		179	4,030	6.50
	무직	9,336	5,778	3,172	3,936	2,861	5,624	2,907	15	2,571	2,145	13,808	52,153	84.12
	수감자	266	125	132	68		110	59		55		109	924	1.49
	소계	11,876	9,184	4,384	4,075	3,319	5,814	3,371	38	2,950	2,293	14,695	61,999	100.00
	합계	68,759	30,260	25,039	23,143	16,212	15,551	10,113	9,551	8,859	6,951	73,267	287,705	
	백분비	23.90	10.52	8.70	8.04	5.63	5.41	3.52	3.32	3.08	2.42	25.47		100.00

출처: 内務省警保局, 1930, 『社會運動の狀況』에서 작성.

가 한인의 주요 직업 분류에 포함되어 있었다. 하지만 여전히 비숙련직인 '일용 인부'가 가장 많이 종사하는 직업이었는데, 5년 전에 비해 6만 명이나 늘어났다. 그 원인으로 생각되는 것은 1925년 10월부터 도쿄, 오사카, 나고야, 교토, 고베, 요코하마 등 6대 도시에서 실시된 실업구제 명목의 토목사업이다. 사실 1928년 시점에 그 6대 도시에서 실시된 실업구제 토목사업의 실업 등록자들 중 55.6%(19,130명)가 한인들이었다.[1]

이 시기에 상업이 주요 직업의 하나로 등장한 것은 주목할 만한 변화라고 할 수 있다. 〈표 3-3〉의 출전에서는 그 '상업'이 어떤 직종인지 알 수가 없으나, 그 후 1935년 조사에서의 소분류에 의하면 '상업'이란 일반 상인과 노천상 및 행상 등을 지칭하고 있다. 따라서 1930년 시점에도 그와 유사한 직업들이 상업으로 분류되었다고 추측할 수 있다. 그런데 '상업'이라는 직업은 준비자금이 필요하다. 1930년에 상업 항목이 추가된 것은, 그만큼 신규 도일자들 중에서 상업에 속하는 자영업을 준비한 사람들이 있었다는 의미이다. 예를 들면, 1920년대 말에 시모노세키항에 상륙한 한인들에 대한 소지금 조사를 보면, 대개가 여윳돈을 소지하지 않았는데, 소수였지만 여윳돈을 지니고 도항한 사람들도 있었다.[2] 그들 중에서 상업을 선택했을 가망이 있다.

한편 1930년에는 무업자 항목에 주목할 만한 변화가 있었다. '소학교 아동'이라는 항목이 새로 추가된 것이다. 더 자세히 보면, 1930년 시

---

1 加瀨和俊, 1992, 「失業者救濟公共土木事業における就勞者選別方式と朝鮮人登錄者」, 『戰間期日本の對外經濟關係』, 日本經濟評論社, 370쪽. 이 논문에 의하면, 그와 같이 한인 등록자의 비율이 높았기 때문에 각 시 당국은 될 수 있는 대로 한인들을 배제하는 방향으로 취로자 선별 방식을 취했다고 한다.
2 山口縣警察部 特別高等課, 1927, 『來往朝鮮人特別調査狀況』[朴慶植 편, 1976, 『在日朝鮮人關係資料集成』(이하 『集成』으로 약칭) 제1권, 三一書房 수록].

점에 일본 내의 한인 '소학교 아동'은 전체 거주자의 1.4%(4,030명)였다. 5년 전에 비하면 꽤 증가해 있었는데, 이는 1920년대 말의 도일자들 중에는 이전에 비해 가족 동반자가 많았다는 것을 의미한다. 무직자의 수도 5년 전에 비해 2배나 증가했다. 실업자 또는 세대주 피부양자가 그에 해당하겠지만, 피부양자에는 '소학교 아동'으로 분류되지 않은 어린이들이 포함되어 있다고 봐도 무방할 것이다.

4. 1930년대 전반: 정착화 현상의 시작

1930년대 전반의 상황은 1935년 말에 일본거주 한인의 지역별·직업별 인구를 나타낸 〈표 3-4〉를 통해서 알 수 있다. 1935년 12월의 일본거주 한인의 총인구는 625,678명이었다. 5년 전에 비해 다시 2배가 증가한 것을 알 수 있다. 인구 상위 10개 지역에 거주한 한인 수가 일본 전체의 8할을 차지하고 있던 것은 5년 전과 유사했다. 상위 10개 지역의 순위를 보면, 전체 한인 인구의 32%가 집중해 있었던 오사카부가 1위를 유지하고 있었고, 도쿄부도 여전히 전체 한인 인구 2위 지역을 유지하고 있었는데, 아이치현이 한인 인구 3위 지역이 되어 있었다. 하지만, 이전 시기까지 상위 3개 지역에 들어 있던 후쿠오카현은 6위로 밀렸고, 홋카이도는 인구 상위 10개 지역에서 아예 볼 수 없게 되었다.

직업별로 보면, 오사카는 공업계 직업의 종사자뿐만 아니라, 토건업을 비롯한 기타 직업의 종사자가 타 지역에 비해 단연 많았다. 도쿄는 상업 종사자가 급증한 것이 눈에 띄었다. 석탄산의 채탄 취로자가 비교적

(단위: 명, %)

〈표 3-4〉 1935년 일본거주 조선인의 지역별·직업별 인구(상위 10개 지역)

구분	직업	大阪府 (오사카부)	東京府 (도쿄부)	愛知縣 (아이치현)	兵庫縣 (효고현)	京都府 (교토부)	福岡縣 (후쿠오카현)	山口縣 (야마구치현)	廣島縣 (히로시마현)	神奈川縣 (가나가와현)	岐阜縣 (기후현)	기타 지역	계	백분비
유업자	유직적 직업	346	377	78	70	43	79	38	12	20	5	137	1,205	0.35
	상업	9,161	4,072	1,999	1,813	1,998	2,157	1,046	1,178	738	698	10,579	35,439	10.19
	농업	90	18	7	23	62	315	564	208	30	13	2,319	3,712	1.07
	어업	1	77	7	8		86	27	3		1	138	348	0.10
	광업			137	81	107	5,432	2,184			11	1,807	9,759	2.81
	섬유공업	15,072	878	5,044	2,301	5,441	236	51	646	240	697	6,223	36,829	10.59
	금속기계공업	15,505	1,440	1,246	1,021	539	1,916	290	161	107	33	564	22,822	6.56
	화학공업	22,910	2,253	4,926	2,518	322	1,824	479	156	39	1,844	810	38,027	10.93
	전기공업	1,110	241	60	89	78	62	4	12	5	2	66	1,729	0.50
	출판공업	1,792	267	32	105	104	54		11	2		36	2,405	0.69
	식료품제조업	1,257	252	253	179	159	79	151	179	38	13	345	2,905	0.84
	토목건축업	19,107	8,946	5,782	7,052	7,536	2,951	2,989	2,581	4,362	2,371	22,657	86,334	24.82
	통신교통운수업	2,360	1,780	542	667	750	168	87	98	109	88	720	7,369	2.12
	하역업	3,801	241	999	1,556	257	1,810	655	391	338	17	407	10,472	3.01
	일반사용인	7,746	1,574	1,164	1,650	1,471	3,345	1,239	736	308	399	7,382	27,014	7.77
	기타 노동자	16,030	2,283	2,802	1,670	1,412	2,750	3,913	2,155	342	419	8,670	42,446	12.20
	접객업	2,311	251	209	405	138	393	246	55	48	10	1,559	5,625	1.62
	기타 유업자	4,748	695	640	556	475	2,844	302	549	92	75	2,478	13,454	3.87
	소계	123,347	25,645	25,990	21,764	20,892	26,501	14,265	9,131	6,818	6,698	66,897	347,894	100.00
무업자	학생/생도	769	4,646	181	84	593	208	135	127	77	10	482	7,292	2.63
	소학교아동	12,744	3,420	4,231	2,494	3,455	3,196	2,410	1,507	1,314	1,061	8,500	44,332	15.96
	수감자	413	324	134	70	6	147	111	59	96	58	851	2,269	0.82
	무직	65,038	19,521	20,945	22,177	17,812	9,813	10,426	6,561	6,105	3,159	42,964	223,891	80.60
	소계	78,964	27,911	25,471	24,825	21,236	13,364	13,082	8,254	7,592	4,288	52,797	277,784	100.00
	합계	202,311	53,556	51,461	46,589	42,128	39,885	27,347	17,385	14,410	10,986	119,640	625,678	100.00
	백분비	32.33	8.56	8.22	7.45	6.73	6.37	4.37	2.78	2.30	1.76	19.12		

출처: 內務省 警保局, 1935, 『社會運動の狀況』에서 작성.

많은 후쿠오카와 홋카이도는 타 지역에서 기타 직종에 종사하는 인구가 증가하였기 때문에 상대적으로 인구 상위그룹에서 밀려났다고 추측된다.

여기에서 1935년의 내무성 통계 분류가 5년 전에 비해 바뀐 것에 대해 짚고 넘어가도록 하자. 내무성 경보국은 1934년부터 전국 특별고등경찰의 조사 기록인 『특고월보(特高月報)』의 연보(年報)에 해당하는 『~년의 사회운동 상황(~年における社會運動の狀況)』에 게재한 일본거주 한인 관련의 통계에서 직업별 분류 방식을 바꾸었다. 일단 종사자가 많은 직업군을 대분류로 나눈 후, 그중에서 특히 인원이 많은 항목은 다시 소분류의 구체적인 항목으로 나누어 집계하였다. 그 이유는 그만큼 일본거주 한인들의 직업이 다양해졌기 때문이라고 추측된다. 특히 공업계 직업의 항목이 그에 해당된다. 예를 들면, '직공' 같은 항목은 종래는 각종 공장에서 일하는 사람들을 모두 그 항목 하나에 넣어서 산출했으나, 1934년 이후에는 그것을 다시 분류하여 섬유, 금속기계, 화학, 전기, 출판, 식료품과 같은 항목으로 나누었다. 그것은 역시 공업에 속하는 직업 종사자가 한층 증가함에 따라 더욱 세분화해서 하부 항목을 만들어 조사할 필요가 생겼기 때문이다. 또한 '토목건축업'이란 새로운 항목이 생겼는데, 이는 종래의 '토건 인부' 또는 '각종 인부' 등에 해당하는 직업이라고 추측된다.

1935년 시점에 일본에 거주한 한인들의 직업별 인구 분포가 이전에 비해 어떻게 달라졌는지 보도록 하자. 크게 분류하면, 유업자가 347,894명(56%)이었고, 무업자는 277,784명(44%)이었다. 5년 전에 비해 유업자의 비율이 낮아져 있었다. 그 이유는 전체 한인 인구가 증가했기 때문에 오히려 무업자 층도 증가하였다고 생각된다. 유업자층의 주요 직업은 '토목건축업'(25%), '기타 노동자'(12)%, '화학 공업'(11%), '섬유 공업'(11%), '상업'(10%), '일반 사용인'(8%), '금속 기계 공업'(7%) 등이었다. 전체 유업자의 84%가 이들 직업에 집중해 있었다. 공업 관련 직업(전기 공업, 출판 공업, 식료품 제조업 등 포함)에 종사하는 인원을 전부 합치면 104,700명으로 전체 유업자의 30%가 넘었다. 1920년대의 상황과 비교하면 일본 내 한인의 직업에 큰 변화가 있었다는 것이 확인된다.

이는 1931년 일본 육군의 '만주 침략'을 기회로, 세계 공황의 여파로 불황이던 일본 경제가 군수공업을 중심으로 서서히 회복했다는 것이 배경에 있는데,[3] 그에 따라 상대적으로 임금이 저렴한 식민지 출신 노동력의 수요도 증가했기 때문이 아닌가 생각된다. 다만 공업 중에서도 '화학 공업'과 '섬유 공업'의 비율이 제일 높았다. 그것은 화학공업 중에서도 비료 제조업, 고무 제품 제조업, 유리 제품 제조업, 요업 등이었고, 또한 섬유공업은 제사 및 방적업 등에 집중된 것을 알 수 있다. 그것은 이 직종의 작업 환경이 열악하여 일본인 노동자가 기피하는 경향이 있었으며, 상대적으로 임금이 저렴한 한인 노동력을 사업주가 선호했기 때문이다.[4] 비숙련 단순 노동직인 '토목건축업'과 '기타 노동자'는 5년 전에 비하여 전체 유업자의 15%로 낮아지긴 했으나, 여전히 비교적 높은 편이었다. 원래 이 업종은 상시 구인이 발생하는 직종이 아니긴 하나, 1930년대 전반에 일본 6대 도시의 실업구제 토목사업에서 한인 노동자의 취업 기회가 비교적 협소해진 것[5]도 종사자 비율이 하락한 원인이라고 추측된다.

---

3   石井寬治, 1991, 『日本經濟史』 第2版, 東京大學出版會의 제5장 2항.
4   大阪市 社會部, 1933, 『朝鮮人勞働者の近況』.
5   加瀨和俊, 1992, 앞의 글 참조.

한편 '상업' 종사자가 5년 전보다 3배나 증가하여 전체 유업자의 10%(35,439명)를 넘고 있었다는 사실은 주목할 만하다. 이 시기에는 '상업'이 일본거주 한인의 대표적인 직업군에 포함된 것이다. 이미 앞에서 말했던 것처럼, '상업'이란 직업은 당사자 나름대로 준비자금을 필요로 하는 자영업이다. 영세한 형태라 할지라도 이처럼 '상업' 종사자 수가 전체 유업자의 10%를 넘고 있었다는 것은 당시(1930년대 전반) 일본거주 한인들 중에는 그를 위해 능동적으로 준비를 했던 사람들이 있었다는 의미이다. 그와 관련해서 1930년대 전반에 일본으로 도항한 한인들의 출신 계층과 소지금에 변화가 있었다는 사실을 주목할 필요가 있다. 1935년 현재 도쿄에 있던 한인들의 도일 전 직업을 보면 '세대구성' 거주자의 77%와 '독신' 거주자의 63%가 '자작농' 출신이었으며, 도일 시점에 전자의 14%가 40엔 이상의 소지금을 휴대하고 있었다는 것이 확인된다.[6]

한편 이 시기에는 무업자가 급증해 있었다. 무업자의 하부 항목에서 가장 증가한 것은 '소학교 아동'과 '무직'이었다. '소학교 아동'은 전체 7%에 달해 있었는데, 5년 전에 비해 10배 증가한 44,332명이었다. 이 증가는 결코 자연적 현상이라고 볼 수 없고, 신규 도일자들이 가족 동반을 했기 때문이라고 판단된다. 그리고 '무직'은 전체의 36%에 해당하는 223,891명이었다. 5년 전보다 약 4배 증가한 수치이다. 이 시기에는 워낙 '무직' 해당자가 많아서인지, 그 세부 내역도 나와 있었다. 그를 보면, '세대주'가 8,800명, '세대주 종속자'가 215,000명이었다. 즉 '무직'의 급증은 후자에 의한 것이었다. '세대주'는 실업자를 의미하고, '세대주

---

6   東京府 社會課, 1936, 『在京朝鮮人勞働者の現狀』.

종속자'는 세대주의 피부양 가족을 의미하는 것이다. 즉 앞에서 본 '소학교 아동' 이외의 아동을 포함한 가족이라고 봐야 할 것이다. 다시 말하면 1930년대 전반의 일본거주 한인들 중에는 적지 않은 사람들이 가족 동반의 형태로 거주하고 있었다는 것이다. 바꿔 말하면 일본 내에서 한인의 정주화가 진전되고 있었다는 의미이다.

한편, 지식층에 해당하는 사람들의 비율은 얼마나 되었는지 보도록 하자. 이전 시기에는 그에 해당하는 직업이 관리, 군인, 의사 및 약제사, 잡지 기자, 승려 및 목사, 사무원 등으로 세분되어 있었으나, 이 시기에는 '유식적 직업'이란 대분류 항목으로 집계하였다. 하지만 '학생 생도'에 해당하는 인원수를 더한다 해도 '유식적 직업'에 해당하는 사람들은 전체의 1.4%에 불과하였다. 15년 전과 비교해도, 일본거주 한인들 중에는 지식층에 속하는 사람들이 여전히 극소수에 불과했다는 것을 알 수 있다.

5. 1930년대 후반 이후: 확산된 정착 경향

〈표 3-5〉는 1940년 시점에 일본에 거주하던 한인들의 지역별·직업별 분포를 나타낸 것이다. 이를 보면서 1930년대 후반에는 이전의 1930년대 전반에 비해 어떤 변화가 있었는지 검토해 보도록 보자.

1940년 시점 일본에는 총 119만여 명의 한인들이 존재했다. 5년 전에 비해 일본거주 인구가 2배 정도 급증한 것이 확인된다. 이 시기에도 이전과 같이 상위 10개 지역에 거주하는 한인 수가 전체 일본 거주자의

<표 3-5> 1940년 일본거주 조선인의 지역별·직업별 인구(상위 10개 지역)

(단위: 명, %)

구분	직업	大阪府 (오사카부)	福岡縣 (후쿠오카현)	兵庫縣 (효고현)	東京府 (도쿄부)	愛知縣 (아이치현)	山口縣 (야마구치현)	京都府 (교토부)	北海道 (홋카이도)	廣島縣 (히로시마현)	神奈川縣 (가나가와현)	기타 지역	계	백분비
유업자	유식적 직업	1,002	310	230	981	170	143	156	73	77	73	374	3,589	0.59
	상업	15,441	3,025	4,241	6,363	3,955	1,989	4,402	986	2,306	1,186	25,099	68,993	11.26
	농업	324	701	93	13	134	1,694	272	2,012	573	73	1,822	7,711	1.26
	어업	42	40	47		7	25	10	15	10		203	389	0.06
	광업		25,019	1,122		537	12,278	1,065	17,159	148	9	20,691	78,028	12.73
	섬유공업	17,482	246	3,191	1,383	4,091	328	5,348	14	1,017	219	8,004	41,323	6.74
	금속기계공업	32,363	5,519	6,246	5,389	3,626	704	1,231	5	613	514	1,430	57,640	9.41
	화학공업	31,409	1,628	4,379	2,732	3,626	862	825	19	696	169	1,906	48,251	7.87
	전기공업	2,707	177	361	399	46	37	134	7	28	67	62	4,025	0.66
	출판공업	1,342	205	192	437	38	56	72		50	13	32	2,437	0.40
	식료품제조업	2,230	115	370	313	193	605	400	3	666	48	281	5,224	0.85
	토목건축업	21,002	8,028	22,210	6,950	6,767	9,205	9,898	4,457	6,081	6,635	43,279	144,512	23.58
	통신/운수업	4,262	1,098	1,099	2,586	1,169	744	768	49	408	262	1,412	13,857	2.26
	하역업	5,119	7,756	4,225	324	2,013	2,526	609	16	1,597	240	1,051	25,476	4.16
	일반 사용인	7,148	2,756	2,446	2,991	1,053	2,000	1,362	559	1,119	354	6,238	28,026	4.57
	기타 노동자	9,415	6,750	3,770	3,957	3,017	5,053	1,694	1,238	2,944	793	14,199	52,830	8.62
	접객업	734	506	567	456	317	472	203	486	127	47	990	4,905	0.80
	기타 유업자	11,567	686	1,635	1,245	2,220	1,520	551	234	1,408	160	4,412	25,638	4.18
	소계	163,589	64,565	56,424	36,519	32,979	40,241	28,990	27,332	19,868	10,862	131,485	612,854	100.00
무업자	실업자	402			51	16			2	26		13	510	0.04
	학생/생도	3,054	503	296	11,318	385	525	1,725	82	700	176	2,029	20,793	3.60
	소학교아동	37,134	10,959	10,596	9,092	10,978	8,300	8,190	2,238	3,771	3,151	25,104	129,513	22.42
	수감자	201	103	81	211	32	84	55	124	48	13	386	1,338	0.23
	무직	107,889	40,735	47,767	30,306	33,561	23,550	28,738	8,495	13,808	10,649	79,939	425,437	73.66
	소계	148,680	52,300	58,740	50,978	44,972	32,459	38,708	10,941	18,353	13,989	107,471	577,591	100.00
	합계	312,269	116,865	115,164	87,497	77,951	72,700	67,698	38,273	38,221	24,851	238,956	1,190,445	
	백분비	26.23	9.82	9.67	7.35	6.55	6.11	5.69	3.22	3.21	2.09	20.07	100.00	

출처: 內務省 警保局, 1940, 『社會運動の狀況』에서 작성.

8할을 차지하고 있었다. 다만 다거주 지역의 순위에 변동이 있었다. 오사카부는 역시 한인 인구 최다 지역이었고, 그 다음은 후쿠오카현, 효고현이 뒤를 이었다. 그리고 도쿄부와 아이치현, 야마구치현이 4, 5, 6위 지역이 되었다. 5년 전에는 상위권에서 탈락했던 홋카이도가 8위로서 다시 한인 인구 10대 지역에 포함되어 있었다.

후쿠오카현, 야마구치현, 홋카이도에 한인 거주 인구가 급증한 원인은 광업 종사자의 급증에 기인했다. 이는 일본의 1937년 중국 침략전쟁으로 인해 에너지원인 석탄과 금속원료의 수요가 급증하여, 1938년 '국가총동원법'에 의거해 수립된 '1차 노무동원계획'의 일환으로 '모집' 형식의 조선인 노동력 동원이 시작되었고, 해당 업종을 중심으로 실시되었기 때문이었다. 그에 관한 일본 정부의 행정 조치는 1939년 7월 후생성 및 내무성 차관통첩「조선인 노동자 내지 이주에 관한 건」이었다.

직업별 인구 분포를 크게 나누면, 유업자가 612,854명(51.5%)이었고 무업자는 577,591명(48.5%)이었다. 유업자 층의 주요 직업은 '토목건축업'(24%), '광업'(13%), '상업'(11%), '금속 기계 공업'(9%), '화학 공업'(8%), '섬유 공업'(7%), '기타 노동자'(9%) 등이었다. 특히 '광업'의 종사자 수는 5년 전에 비해 약 8배나 증가한 것을 알 수 있다. 이는 상기한 대로 1939년 이후 전시 총동원 정책의 일환으로 해당 업종에 한인 노동자 집단이 배치되었으며, 일본 내 기거주 한인들의 사용도 증가했기 때문이라고 생각된다.

또한 이미 주요 직업이 된 '상업'은 5년 전의 약 2배인 68,993명으로 증가하여 전체 유업자의 11%가 넘고 있었다. 5년 동안 한반도에서 준비해서 도일 이주한 사람들이 증가했기 때문이라고 추측된다. 분류하기 힘든 잡업인 '기타 노동자', '기타 유업자'도 상당히 증가하였다. 즉 이 시기에는 신규 도일자의 격증과 더불어 종래의 주요 직업군 이외에도 '기타'라는 잡업의 비율도 증가하고 있었던 것이다.

한편 1940년 시점에 '무업자'도 5년 전에 비해서 그 비율이 증가한 것을 알 수 있다. 일본거주 한인 전체의 48.5%를 점유할 정도로 증가해 있었는데, 놀랄 만한 상황이라고 할 수 있다. '무업자'층에 속하는 분류항목은 '실업자', '학생 및 생도', '소학교 아동', '수감자', '무직' 등인데, 각 항목의 인원수를 5년 전과 비교해 보면 이 '무업자' 층이 증가한 원인은 '소학교 아동'과 '무직'의 증가에 있다는 것에 주목할 필요가 있다. '소학교 아동'은 약 13만 명으로 3배 증가하였고, '무직'은 약 43만 명으로 2배 증가해 있었다. 이 '무직'에 해당하는 사람들이 전체 일본거주 한인 인구의 36%에 이르고 있었던 것이다. 그 '무직'의 대부분은 역시 '세대주 종속자'(415,600명)였는데, 5년 전보다 한층 증가해 있었다. '세대주 종속자'가 그만큼 증가한 것은 자연 증가분도 있었겠지만, 먼저 도일하여 자리를 잡은 가장이 고향의 가족들을 초청한 빈도도 증가하였기 때문이라고 추측된다.

따라서 1940년 시점에 일본열도에서 거주한 한인들은 중일전쟁 이후의 '총동원체제'에 의해 일본 내 군수사업체에 동원당한 사람들도 일부 있었겠지만, 그 이전에 식민지 지배하의 한반도에서 생계를 해결하기 위해 일본으로 도항했던 사람들이 대부분이었다. 후자의 경우는 가족과 함께 거주하는 형태가 한층 증가하였다고 할 수 있다.

6. 소결

이 장에서는 1920년 시점부터 1940년 시점까지 5년씩 나누어 지역별·직업별 인구의 분포가 어떻게 변하였는지, 그것이 무엇을 의미하는지에 대해 검토해 보았다. 이 20년 동안에 일본거주 한인의 인구는, 1920년에 31,376명이었던 것이 1940년에는 1,190,445명이 되었으므로, 약 40배 증가한 셈이다. 한인들의 거주 지역은 1920년대 전반까지는 지리적으로 한반도에서 가까운 서(西)일본 지역, 즉 규슈 지방과 주고쿠(中國) 지방에 전체 한인 인구의 반수가 집중되어 있었으나, 시간이 흘러감에 따라 점차 동(東)일본 지역의 긴키 지방, 간토 지방, 주부(中部) 지방의 도시부와 그 주변으로 확산되었다.

직업별 인구의 변화를 대분류인 유업자층과 무업자층의 변화로 보자면, 유업자층은 점차 감소한 반면에 무업자층은 점차 증가하였다. 전체 한인 인구에 대한 유업자의 비율은 1920년에 93%였으나, 그 후 1925년 82%, 1930년 79%, 1935년 56%, 1940년 52%로 감소한 것이다. 그 이유는 전체 인구에 대한 무업자가 점차 증가했기 때문이었다.

20년 동안 유업자 층의 대표적인 직업에 변화가 있었다. 1920년의 대표 직업은 '토건 인부'(37%), '직공'(26%), '광부'(22%)였으나, 1940년에는 '토목건축업'(24%), '공업'(26%), '광업'(13%), '상업'(11%), '기타 노동자'(9%) 등으로 분화되었다. 점차 신규 도일자의 증가에 비례하여 총 인구가 증가하자, '상업'이나 '기타 노동자'와 같은 직업에 종사하는 사람들도 상당수 존재하게 되었다고 할 수 있다. 특히 '상업' 종사자가 증가한 것은 주목할 만한 변화라고 할 수 있다. 전체 인구가 점차 증가하는 과정에서, 유업자 전체에 대한 '상업'의 비율은 1930년 5%였던 것이 1935년 10%, 1940년 11%로 착실하게 증가하고 있었다. 즉 신규 도일자들 중에서 나름대로 자금을 준비했던 사람들이 규모는 작을지언정 상업을 택하는 경우가 이에 해당한다고 할 수 있다.

한편 무업자층의 급증은 주목할 만하다. 그 주된 이유는 '소학교 아동'(초등학생)과 '무직' 항목의 해당자가 증가했기 때문이다. 1930년 시점에 '소학교 아동'은 4,030명이었고, '무직'은 52,153명이었다. 그것이 1940년 시점에는 '소학교 아동'이 129,513명, '무직'이 425,437명으로 급증해 있었다는 것이 확인된다. 해당 통계의 출진에 의하면, 그 '무직'이란 '세대주 종속자'였다. 거기에 따로 분류된 '소학교 아동'까지 합치면 사실상 '세대주 종속자'의 비율은 한층 더 많았다는 것을 알 수 있다. 이와 같은 현상은 당시 일본거주 한인들의 거주 형태가 임시적인 단기 체재가 아니라 장기 체재화가 진행되고 있었다는 것을 의미한다.

이상 제3장에서 검토한 1945년 이전 일본 내 한인의 거주 양상은 어디까지나 한반도가 일본에 의해 식민 지배를 당한 결과적 현상에 해당한다고 할 수 있다.

제4장
일본거주 한인의 주거, 노동 및 생활 양상

식민지기 한반도에서는 좀 더 나은 생활을 추구하며 방대한 수의 한인들이 일본행을 선택했다. 하지만 그들이 언어나 풍습이 전혀 달라 사실상 '외국'이었던 일본에서 생활한다는 것은 결코 쉬운 일이 아니었다. 객관적으로 보면, 극소수의 부유층 출신들을 제외한 대부분의 도일 한인들은 일본에 체재하는 순간부터 잠자리는 물론, 먹고 살기 위해 일자리를 구해야 했다. 하지만 그들의 대부분은 일본 사회 각지에서 빈곤계층에 편입되는 것이 현실이었다.

이 장에서는 도일을 선택한 한인들이 일본 각지에서 어떻게 생활하였는지 파악하고자 한다. 한인 인구가 집중된 지역을 대상으로 그들의 주거 상황, 구직 및 노동 상황, 생활 상황 등의 양상을 검토한 다음, 일본 생활에 대한 인식도 확인하고자 한다.

1. 주거 환경

1) 주거 확보의 곤란함

구직 도일한 한인들이 일본 현지에 도착하여 가장 먼저 해결해야 했던 것은 주거(잠자리)와 일자리 확보였다. 그러나 구직을 목적으로 도일한 한인이 일본에 도착하여 혼자의 힘으로 바로 주거를 확보한다는 것

---

* 이 장은 김광열, 2010, 『한인의 일본이주사 연구-1910~1940년대』, 논형, 제5장 내용 일부를 일반 독자가 알기 쉽도록 풀어서 다시 서술한 것임을 밝혀 둔다.

은 거의 불가능에 가까운 일이었다.

도일한 직후의 한인들은 대개 친척이나 지인의 집에서 임시로 기거하면서 일자리를 찾는 경우가 가장 일반적이었다. 토목 공사의 일용 노동직이라도 구하면 공사장 노동자들이 단체로 숙식을 하는 밥집(飯場, 한바)이나 한인 전용의 하숙집에서 기거하는 경우가 많았다. 일본어 구사가 가능한 사람 중에는 일본 내의 도시들을 이동하면서 일자리를 찾는 경우도 있었는데, 그들은 대개 각지의 사회사업기관이나 친일 '융화단체'가 운영하던 노동자 공동숙박소 같은 곳에서 임시 기거하였다.

일정한 곳에서 일자리를 구해 장기 체재했던 한인들은 초기에 기거하던 한인 하숙집을 벗어나서 월세방을 임차하는 경우가 있었다. 그렇다 하더라도, 구직 도일한 한인들은 대체적으로 생활습관도 일본어도 부자유스러웠기에 공동으로 생활을 하는 경우가 많았다. 따라서 일본인 집주인들이 생활 관습이 다른 식민지 출신의 한인들에게 방이나 집을 빌려주지 않으려고 하는 경향이 있었다. 1920년대 전반의 오사카시의 자료에 의하면, 일본인 집주인이 한인에 대해 임차 거절을 했던 이유는, '집세를 제대로 내지 않는다', '집주인의 허락도 없이 십여 명이 동거하는 경우가 많다', '불결하게 하고 손질하지 않아 집에 손상이 간다', '여럿이 시끄럽게 하여 이웃에게 피해를 준다' 등이었다.[2] 도쿄에서는 한인들의 왕래가 잦은 지역에서 집주인들이 "조선인은 임차 거절"이라는 표찰을 공공연하게 내다 붙인 사례도 있어서,[2] 일본어 독해가 가능한 한인들에

---

1 大阪市 社會部, 1924, 「朝鮮人勞働者問題」, 朴慶植 편, 1976, 『在日朝鮮人關係資料集成』(이하 『集成』으로 약칭) 제1권, 三一書房 수록.
2 司法省 刑事局, 1935.1, 「朝鮮人共産主義者의 特色에 関する調査」, 『思想月報』 제7호에 따르면, 도쿄의 간다(神田) 주변의 셋방 광고에서 '조선인 거절'의 경우가 많았기

게 민족적 반감을 자아내기도 했다. 이와 같은 이유로 일본인이 한인들에 대해 차가(借家) 거절을 하는 행위는 일본 산업이 비교적 저렴한 조선 출신의 노동력을 적극 유치하던 제1차 세계대전 시기에 형성된 것으로 추측된다.

따라서 도일한 한인들 중에는 자연히 일반 일본인들이 회피하는 도시 외곽의 빈민가나 피차별 '부락민'(천민)의 거주지 또는 하천 주변의 공터 같은 곳에서 거주하는 경우도 있었다. 가옥의 형태는 일본인이 살지 않게 된 연립식 판자집이나 움막집, 또는 폐창고 등이 많았다. 이른바 '조선 마을(朝鮮村)'이라고 하는 한인들의 집중 거주지가 형성되기 시작한 과정이었다.

1920년대 후반에는 일본의 대도시 주변에 위에서 말한 것과 같은 한인 집중 거주지들이 확인된다. 1920년대 후반 일본의 3대 도시인 도쿄부, 오사카부, 나고야시의 외곽 지역에서 다음과 같은 지역들에 한인들이 집중 거주해 있었다고 한다.[3]

1928년 말의 도쿄부의 군(郡) 지역: 미카와시마(三河島), 닛포리(日暮里), 센쥬(千住), 가메이도(亀戸), 요도바시(淀橋), 다카다(高田), 다치카와(立川) 등의 마을. 같은 시기의 도쿄시(市) 지역: 혼조(本所)구, 후카가와(深川)구, 고이시카와(小石川)구, 간다(神田)구, 시바(芝)구 등의 지구.[4]

때문에 그것을 본 한인 학생 및 청년들은 민족주의적 반발심이 생겼다고 한다.
3   이들 3대 도시에 한인 집중 거주 지역이라고 알려진 곳들은 그 대부분이 오늘날 일본에서 '특별영주'의 법적 지위로 거주하는 재일 한인 2, 3세 등의 집중 거주지와도 일치한다.
4   東京府 社會課, 1929, 「在京朝鮮人勞働者の現狀」.

1928년 6월 말 오사카시: 히가시(東)구의 사칸(左官), 나카미치가와(中道川) 등. 히가시요도가와(東淀川)구의 나카가라히가시(中柄東), 나카쓰하마(中津浜) 등. 미나토(港)구의 이즈미오하마(泉尾浜), 후나(船), 고바야시(小林) 등. 히가시나리(東成)구의 이카이노(猪飼野), 이쿠노고쿠부(生野国分), 쓰루하시(鶴橋), 나카미치(中道), 히가시고바시(東小橋), 오이마자토(大今里) 등. 니시나리(西成)구의 나가하시(長橋) 등의 지구.[5]

1927년 말 나고야시: 노리타케(則武), 오시키리(押切), 비와지마(枇杷島), 쇼나이(庄内), 지쿠사(千種), 스기무라(杉村), 고키소(御器所), 니시후루와타리(西古渡), 미즈호(瑞穂), 노다치(野立), 아쓰타히가시(熱田東) 등의 지구.[6]

위 지역들의 공통점은 당시 각 도시의 외곽 지역에 위치하며 일본인 인구밀도가 낮았던 곳이라는 것이다. 하지만 그럼에도 불구하고 거주 한인들과 일본인 집주인 사이에는 집 임대(借家), 토지 임대(借地)에 관한 분쟁이 잦았다. 집주인들은 한인들에 대해 "무허가 다인원 기거, 집세 체납, 무허가 토지 사용" 등을 한다는 이유로 퇴거 요구를 하였으나, 갈 곳이 마땅하게 없는 한인들은 기다려 달라고 버티면서 분쟁이 발생하였다.[7] 일본에서 한인과 관련된 최초의 집 임대 분쟁은 1924년 오사카에서 발

---

5 大阪市 社会部, 1929,「本市における朝鮮人の生活概況」.
6 名古屋地方 職業紹介所事務局, 1928,「朝鮮人労働者に関する調査」.
7 内務省 警保局 保安課,「大正十五年中における在留朝鮮人の状況」.

생했는데, 그 역시 해당 지역에 거주하는 한인 인구가 증가했기 때문이다. 내무성 경보국이 1920~1930년대 일본거주 한인과 관련된 부동산 분쟁 건수를 조사한 것을 보면, 1925년 27건, 1926년 81건, 1929년 2,517건, 1933년 5,444건, 1934년 2,503건, 1938년 531건이었다.[8] 부동산 관련 분쟁은 1933년을 정점으로 차츰 감소하고 있었는데, 그 이유는 제3장에서 검토한 바 있듯이 1930년대 중반경에는 일본거주 한인들이 일정한 곳에 정주하는 경향이 더 진행되었기 때문이라고 생각된다.

2) 대표적인 주거 형태

(1) 밥집과 인부방

앞에서 언급한 바 있듯이, 일본거주 한인들 중에서 특히 홀몸으로 도일하여 일용직 노동을 했던 사람들은 계절노동자처럼 이동 가망성이 많으므로 '밥집(한바)' 또는 '인부방(人夫部屋, 닌푸베야)'이라고 하는 곳에서 임시 거주하는 경우가 많았다.

'밥집'이란 원래, 다수의 노동력을 사용하는 토목공사장 인근에서 하청 업체와 관련이 있는 업자가 해당 공사장의 노동자들에게 숙식을 유료 제공하던 사설 시설이다. 구직차 도일한 한인 남성들이 구할 수 있는 일자리 중에서 가장 확률적으로 높은 직종이 일용직 토목 노동이었으므로, 대체적으로 한인 노동자 전용의 '밥집'에서 기거하였다. 그리고 때로는

---

8   1925년, 1926년의 집 임대 분쟁에 대해서는 内務省 警保局 保安課, 「大正十五年中における在留朝鮮人の状況」, 1929년 이후의 분은 内務省 警保局, 『社会運動の状況』 각 연도판을 참조했다.

일본 각지의 토목 공사장을 전전하면서 각기의 '밥집'에 기거하기도 했다.

한편 '인부방'은 '밥집'과 유사한 형태지만, 그 등장 과정은 다르다. 전자는 먼저 도일하여 일본의 도시 지역에 거주하고 있던 한인들 중에서 일본인 집주인으로부터 방이나 집을 임대하거나 매입할 여유가 있는 사람들이 새로 도일한 한인들을 상대로 개업한 것이다. 그들은 구직 목적으로 도일한 한인들 대부분이 도일 직후에 잠자리와 일자리 확보에 곤란을 겪는다는 상황을 알고 있었기 때문이다. 이 일본 내 한인의 '인부방'이나 '밥집'은 한인 노동자 대상의 '하숙집'이라고 불리기도 했다. 그들 모두 운영 방식이 유사했다.

단, 주목해야 할 점은 1945년 이전 일본의 각 도시에는 한인 전용의 '하숙집'이 다수 존재했다는 것이다. 한인 인구가 많았던 대도시를 예로 보면 1920년대 중반 이후 '하숙집'이 늘기 시작한 것이 확인된다. 오사카부의 경우는 1923년 6월 시점에 '하숙업'에 종사하는 한인이 323명이었는데, 같은 해 8월까지 2개월 동안에 한인 하숙업은 신규 개업이 43건이었고 폐업은 16건이었다.[9] 1925년 8월 시점의 나고야시에서는 한인 하숙집이 24개소였고 기거하던 한인은 432명이었는데, 그것은 당시 나고야에 거주하던 한인 일용 노동자의 3분의 1에 해당하는 인원이었다.[10] 또한 1928년 5월 시점의 도쿄부의 경우는 10명 이상의 한인 인부방(하숙집)이 시 지역에 194개소, 군 지역(시외)에는 295개소가 있었다.[11] 그리고 같은 해 6월 말의 오사카시에는 한인 하숙업자 수가

---

9 大阪市 社会部, 1924, 앞의 글.
10 愛知県 社会課, 1925, 「鮮人問題」.
11 東京府 社会課, 1929, 「在京朝鮮人労働者の現状」, 『集成』 제1권, 1007쪽.

1,473명에 달했을 정도로 많았다.[12] 즉 이 한인 전용의 '하숙집'은 일본 거주 한인의 자영업 중에서 가장 비율이 높은 인기 업종이었다고 할 수 있다.

'인부방'이나 '하숙집', '밥집'에는 그 주인과 동향(同鄕)의 신규 도일자들이 들어가는 경우가 적지 않았다. 이는 구직차 도일한 한인들이 당면한 잠자리와 일자리를 자력으로 해결할 가능성은 낮았으므로, 먼저 도일해서 각지에 거주하던 친척이나 동향의 지인 등에 의지하였기 때문이었다.[13] 그 결과로서 '인부방'='하숙집'에 입주한 한인들은 잠자리와 일자리를 제공받는 대신 하숙비 이외에도 일자리 소개의 대가로 노동 일당의 10~20%에 해당하는 수수료를 집주인에게 지불하였다.[14] 이상과 같은 상황이었으므로 '인부방'이나 '하숙집' 주인들도 적극적으로 동향 사람이나 지인들을 우선적으로 받아들였다고 추측된다. 환언하면 하숙집이나 밥집 주인과 기숙하는 한인 노동자들은 서로 공생 관계에 있었다고 할 수 있다. 이민 일반에서도 그런 현상을 볼 수 있듯이, 식민지기 조선에서 도일했던 한인들도 혈연이나 지연 중심의 인간관계에 의존하여 주거 일자리를 해결했던 것이다. '인부방'이나 '밥집'의 주인은 주변 및 산하의 한인들에게 "닌푸베야 가시라(人夫部屋頭: 인부방 우두머리)" 또는 "한바 오야카타(飯場親方: 밥집 어른)"라고 불리는 지역 거주 한인들의 유지였다.[15]

---

12 大阪府 社会部, 1929, 「本市における朝鮮人の生活概況」, 10쪽.
13 한인 도일자들이 주로 연고에 의한 방법으로 도항하였다는 점에 대해서는 김광열, 2001.3, 「戦間期 일본도항 한인의 특질」, 『日本学報』 제46집을 참조.
14 大阪市 社会部, 1927, 「バラック居住朝鮮人の労働と生活」, 18쪽.
15 大阪市 社会部, 1924, 앞의 글; 愛知県 社会課, 1925, 앞의 글 등을 참조.

한편 '밥집' 중에는 인적이 드문 벽지에서 진행되는 대규모 토목 공사장에 위치한 곳도 있었다. 그와 같은 경우는 장기에 걸쳐 대규모 집단의 노동자들을 사용해야 했으므로, 노동력 확보를 우선시하는 공사 수주 업체 측의 의도에 의해 노동자들을 장기간 '밥집'에 기거하게 하면서 이동의 자유를 주지 않고 혹사시키기도 했다. 그러한 밥집은 문어가 통발에 한번 들어가면 빠져나오지 못하는 것에 비유하여 "타코베야(蛸部屋: 문어 방)"[16]라고 칭하기도 했다.

(2) '종업원 숙소', 직장 '더부살이'

단신으로 도일했던 한인들 중에는 소규모 공장의 작업장에 근무하는 경우도 있었는데, 그 사람들은 대체적으로 직장 경영자의 집에서 "스미코미(住み込み)"라고 칭하는 더부살이를 하거나, 회사에서 제공한 "료(寮)"라고 칭하는 종업원 숙사에서 숙식을 해결하였다. 제1차 세계대전기부터 일본에서 성업했던 방적 및 제사 공장에 다수의 조선 출신 여성들이 저렴한 임금으로 집단 고용되는 사례가 적지 않았는데, 그들은 대체적으로 직장에서 제공하는 기숙사에서 집단으로 거주하였다.

(3) 구호 단체의 '노동자 숙박소'

이외에도 도일 한인들 중에는 지방 행정기관의 지원으로 민간 단체가 운영한 '노동자 숙박소'('공동숙박소'라고 칭하기도 함)에서 기거하는 경우도 있었다.

---

16 일본어의 '타코(蛸)'는 '문어'라는 의미이며, '베야'는 '방'이란 뜻인 '헤야(部屋)'의 연음으로, 문어가 한번 통발에 들어가면 스스로 나오지 못한다는 것에 비유해서 사용하는 말이다.

노동자 숙박소는 대부분이 대도시에 위치하였고, 각 지방 행정의 사회복지 당국이 지원하는 단체에 의해 운영되고 있었다. 일본에서 한인 노동자들을 대상으로 한 노동자 숙박소가 처음 개설된 것은 1924년 도쿄와 오사카였다. 그 계기는 1923년 9월 1일 관동대지진 직후에 일본의 민간자경단, 경찰, 군대 등에 의해 자행된 한인 대학살 사건이었다. 당시 조선총독부는 그 대학살 사건으로 인해 '3·1 운동' 같은 한민족 전체의 저항이 일어나서 식민지 통치에 지장을 초래할까 염려했다. 따라서 총독 사이토 마코토(齋藤實)는 관동대지진 발생 직후에 급히 도쿄를 방문하여 피재 지역을 시찰하고 한인 피난소를 조성하게 하고, 한인 집중 거주지였던 오사카에 들러서 다수의 한인을 고용한 경험이 있는 염색공장 경영자 야나기하라 기치베(柳原吉兵衛)에게 '한인 구호'에 대한 조언을 청취했다.[17] 그 결과로서 이듬해 2월에 조선총독부는 도쿄의 혼조구 다이헤이(太平)정에 있던 500평 넓이의 연립 목조건물 7개 동을 친일단체 상애회(相愛會)에게 '노동자 숙박소'로 사용하는 명목으로 대여하였다.[18] 즉 관동대지진 직후의 대학살 사건으로 인해 악화된 도쿄 거주 한인들의 감정을 무마하기 위해 한인 전용의 숙박시설로 사용하라고 상애회에게 빌려준 것이다. 상애회는 그를 계기로 도쿄 이외의 도시에서도 지방 행정기관으로부터 '사설 사회사업 조성'이라는 명목으로 재정 원조를 받으면서 도쿄의 경우와 유사한 형태의 노동자 숙박소를 운영하게 되는데, 나

---

17 樋口雄一, 1986, 『協和会』, 社會評論社, 13쪽.

18 中央職業紹介事務局, 1924, 『東京府下在留朝鮮人勞働者に關する調査』, 『集成』 제1권, 442쪽 수록. 그 후 상애회는 조선총독부로부터 3만 엔, 관동대지진 위호회 및 내무성 사회국으로부터 3만 엔의 원조를 받아, 코우지마치(麴町)구[나중에 혼조구(本所区)가 됨]에 상애회관(相愛会館)이라는 시설을 설립하여, 도일한 한인들을 위한 숙박시설과 직업소개소를 직접 운영하였다.

고야시도 그중의 하나였다.[19]

그 후 일본의 각지에서 '친목융화'라는 명목으로 한인 노동자를 대상으로 숙박 및 직업소개를 하는 이른바 친일단체가 다수 설립되었다. 1928년 시점에 도쿄에서 한인 대상으로 숙박업 및 직업소개를 하는 '친목 융화단체'와 그 회원 수는 다음과 같았다.

> 関東朝鮮労動 一心会(1926년 창립, 회원 800명), 力行社(1924년, 회원 50명), 野方汗愛従業員宿所(1927년, 회원 60명), 自彊会(1924년, 회원 100명), 一善労動会(1924년, 회원 100명), 東昌会(1926년, 회원 230명), 共和団(1927년, 회원 150명), 大東協会(1928년, 회원 300명), 同族共済会(1928년, 회원 150명)[20]

같은 무렵 오사카부는 지역 거주 한인을 동화하기 위한 본격적인 사업에 착수하였다. 즉 관동대지진으로 인해 이재민이 유입되던 1923년 11월에 오사카 거주 한인들의 생활 복지를 도모하는 명목으로 '내선협화회(內鮮協和會)'를 설립하였고, 이듬해 1924년에는 7월에 이즈미오(泉尾) 공동숙박소 및 직업소개소를, 같은 해 9월에는 도요사키(豊崎) 공동숙박소 및 직업소개소를, 12월에는 기즈(木津) 공동숙박소 및 직업소개소를 차례대로 설립하였다.[21] 또한 같은 해에는 상애회가 오사카의 미시

---

19 名古屋市 社会部, 1929, 「名古屋市社会事業概要」, 63쪽에 의하면, 상애회 나고야 본부는 나고야시로부터 매년 재정 원조를 받고 있었다. 김광열, 1993, 「1930年代名古屋地域の朝鮮人労動運動」, 『在日朝鮮人史研究』 제23호 참조. 친일단체 상애회는 그러한 과정을 거치면서 각 지역에 거주하는 한인들에 대해 영향력을 확장하였다.
20 東京都社会課, 1929, 「東京居住朝鮮人労働者の現状」, 『集成』 제2권, 1005-1007쪽.

마(三島) 본부와 기시와다(岸和田)시의 이즈미(和泉) 본부를 설립하였는데, 이즈미에는 17세대가 입주할 수 있는 한인 전용의 숙소를 갖추고 있었다.[22]

이상에서 보았듯이, 1923년 관동대지진 한인 학살 사건 직후 도쿄부를 비롯한 일본의 지방 행정기관은 관할 지역의 한인 동화정책의 일환으로 친일단체에게 재정을 지원하여 한인 노동자 전용의 숙박 및 직업 소개 시설을 운영하게 하였다. 그 후에도 일본 각지의 지방 행정이 오사카의 경우와 유사한 형태로 친일단체를 통해 한인들을 대상으로 한 숙박 시설을 운영하였다고 추측된다. 그러한 시설들은 특히 도일한 지 얼마되지 않은 한인들에게 일본에 대한 호감을 갖게 하는 데에 적지 않은 영향력을 미쳤다고 생각된다.

(4) 셋방 또는 셋집

도일 한인 중에서 경제적 능력이 있는 사람은 도일 직후에 독자적으로 월세방이나 독채집을 마련하기도 했다. 그들은 도일 직후에 인부방 또는 하숙집 등에서 독신으로 생활하였지만, 장기 거주하면서 노동을 한 결과로서 축적된 자금으로 셋방이나 셋집을 장만하여 고향의 가족을 초빙했다고 생각된다. 물론 셋방이나 셋집을 임차한 한인들 중에는 앞에서 봤던 '인부방'이나 '하숙집'을 운영한 사람도 있었다. 또한 매우 드물지만 단독 주택을 전체 임차한 사람들도 있었는데, 그들은 원래 조선에서

21　佐々木信彰, 1996,「1920年代における在阪朝鮮人の労動・生活過程−東成・集住地区を中心に−」,『大正・大阪・スラム』증보판, 新評論社, 178-179쪽.

22　M. リングホーファー, 1981,「相愛会−朝鮮人同化団体の歩み」,『在日朝鮮人史研究』제9호, 60쪽.

경제적으로 여유가 있던 집안의 자제이거나, 일본에서 자영업을 하고자 나름대로 자금을 준비했던 사람들에 해당한다고 추측된다.

2. 노동 환경 및 생활 상황

다음으로 해방 전 일본 각지에 거주하던 한인들이 어떠한 조건하에서 일과 생활을 영위하고 있었는지에 대해서 검토해 보고자 한다.

1) 1920년대의 상황

(1) 취업 환경

당시 한인들의 대표적인 직업은 토목·건축업의 일용 노동직이나, 공장이나 광산의 비숙련 노동자 등이었다. 이러한 경향은 그 부문의 일자리를 일본인 노동자가 기피하는 경향이 있었으며, 일본인보다 한층 저렴한 식민지 출신자에 대한 수요가 많았기 때문이었다.

먼저, 도일 후에 일본의 대도시에 체재했던 한인들의 취업 및 생활 환경은 어떠했는지에 대해 개관해 보고자 한다. 1920년대 전반 일본의 중앙직업소개사무국이 실시한 조사에 의하면, 당시 도쿄부에 거주하던 한인들의 생활 및 취업 환경은 아래와 같았다.

> (전략) 집단적으로 취직하여 생활도 집단적으로 영위하는 자가 많고, 개인이 단독으로 취업하고 있는 자는 국내의 사정에 정통한 일부로

그 수는 비교적 적다. 군부(郡部)의 토목 공사에 취업하고 있는 자는 일을 위해 왕래하는 자인데 실업자 없이 전부가 취업하고 있고, 시의 내외에 걸쳐서 거주하고 유료 숙소(木賃宿)에 숙박하는 자 중에는 일본인 노동자의 무리에 섞여 후카가와, 혼조 등의 가두에 매일 아침 열리는 자유노동자 시장에 나가서 일자리를 찾는 자도 상당히 많고, 그 밖의 사람은 먼저 와 있던 같은 고향의 선배·지인 등에 의해 혹은 상애회, 일선노동회 등의 조선인 노동자 구제 단체에 의존해서 일자리를 구한다. 대부분에 해당하는 토건 노동자는 인부 청부인, 공사장의 하청인, 한바 우두머리 등에 의해 점차 새로운 일을 찾아서 전전한다. 그중에는 일정한 고용주 밑에서 계속해서 노동하는 자도 있다. 공장이 조선인 노동자를 의뢰해서 그 공장에 고용되는 사례는 여자에게 많고, 시내의 영리 직업소개업자를 피해서 빠져나가는 자는 극히 적다. 공익 직업소개소는 일본인 구직자가 쇄도하지만, 재계의 불황이 오래되었고, 구인도 거의 볼 수 없는 상태이다. 한때 조선인 노동자 중에는 소개소에서 일자리를 찾는 자가 상당수였지만, 언어가 통하지 않고 아무런 특별한 숙련이 없으니, 대부분의 구인자는 조선인 고용을 선호하지 않는다. (후략)[23]

이를 보면, 1920년대 전반 도쿄에 있던 한인들은 대체적으로 집단을 이루며 숙식과 취업을 하였고, 토목노동에 종사하는 자가 많았다. 취업 경로는 동향의 선배 및 지인을 통하거나, 상애회 등의 친일 융화단체에 신세를 지거나, 시중의 인력시장에 나가기도 했다. 토목노동자의 경우는

---

23   中央職業紹介事務局, 1924, 앞의 책, 434쪽.

하청 수주인을 따라 새로운 공사장을 전전하는 경우도 있지만 고용은 계속되었다. 여성 노동자는 집단으로 공장에 취업되는 경우가 많았다는데 방적공장과 같은 작업장이라고 추측된다. 또한 사설이든 공영이든 직업소개소를 통해서 취업을 하는 경우는 거의 없었다. 그것은 일본어 소통의 여부와 관계없이, 당시 한인들은 일본도항을 정했을 단계부터 일본에서의 취업은 동향의 지인에게 의존하기로 정했기 때문일 것이다. 이상과 같은 취업 경로 및 취업 상황 등은 도쿄 거주자들에만 해당되는 것이 아니라, 일본의 기타 도시 지역에 거주하던 한인들에게도 공통적으로 볼 수 있는 현상이었다고 추측된다.

(2) 노동 및 생활 상황

다음으로 해방 전 일본거주 한인들이 어떻게 노동을 했고, 그 결과 어떠한 생활을 했는지에 대해 살펴보고자 한다.

먼저 1924년에 내무성 사회국이 오사카에 거주하던 한인 노동자와 일본인 노동자를 대상으로 직업별 임금 및 월간 생활비에 대해 조사한 결과를 〈표 4-1〉을 통해 보도록 하자. 이를 통해서 당해 지역에 거주하던 한인들의 생활 상황이 파악되고, 동일 직종의 일본인과 비교할 수 있다.

직종을 막론하고 한인 노동자의 임금 수준은 같은 직종의 일본인보다 10~50% 정도 낮았다. 그리고 방직직공, 철공, 유리공, 고무 직공, 가사돕기, 내복 직공을 제외한 직종의 한인 노동자들은 월간 취로 기간이 일본인보다 짧았다. 먼저 한인 노동자의 대표적인 직업인 토건노동과 일용 노동의 월간 취로일을 보면, 전자는 일본인은 23일인데 비해 한인은 18일이었고, 후자는 일본인은 28일인데 비해 한인은 20일이었다. 월간 취로 일수가 일본인 노동자보다 약 3% 적었다. 유사한 육체노동에

〈표 4-1〉 1924년 오사카 거주 노동자의 임금 및 생활비(민족별 비교)

직업별	민족별 구분	일당(엔) 최고	일당(엔) 최저	일당(엔) 보통	월간 평균 취로일	한달 생활비(엔) 주거비	한달 생활비(엔) 의식비	한달 생활비(엔) 기타	주거 상황
토건 노동	일본	2.5	1.5	2	23	0	25	10	무상으로 작은 집을 빌려서 잡거함
	조선	2	1.5	1.8	18	0	18	3	
피혁 직공	일본	3	1.2	2	27	10	25	5	공장주 집에서 더부살이하고 식비를 지불함
	조선	2.5	0.8	1.6	23	0	20	5	
방직 직공	일본	2.5	0.9	1.3	25	0	15	7	공장 기숙사에 거주하고 식비를 지불함
	조선	2	1	1.2	25	0	15	5	
철공	일본	3	1.5	2	26	7	19	8	하숙 생활자가 많음
	조선	1.9	1.3	1.5	26	2	10	3	
일용 노동	일본	2	1.3	1.5	28	6	15	7	상동
	조선	1.6	1	1.2	20	2	7	2	
유리 직공	일본	1.8	1	1.5	26	10	20	5	상동
	조선	1.5	0.7	1	26	2	10	2	
염색 직공	일본	2.5	1.8	1.5	28	15	23	7	상동
	조선	2	1	1.1	25	5	13	3	
전기 직공	일본	4	2.5	3	28	20	5	11	한 채의 집을 임차함
	조선	2.7	1.2	1.5	25	15	18	7	
하역꾼	일본	4.5	3	3.5	20	0	24	15	운송업자 숙사에 기숙하고 식비를 지불
	조선	4	1.2	2	15	0	20	10	
우편 배달	일본	1.9	1.2	1.5	30	0	17	3	기숙사에 거주하며 식비를 지불
	조선	1.5	1	1.1	28	0	17	1	
인쇄 직공	일본	2.8	1.2	2	28	10	16	5	고용주 집에 기거
	조선	2	0.6	1.5	25	0	13	2	
가사 돕기	일본	2	0.7	1	30	0	5	1	상동
	조선	1	0.3	0.5	30	0	2	0.5	
내복 직공	일본	2.8	1.2	1.8	24	0	15	5	기숙사에 기거
	조선	2.5	1	1.2	24	0	15	1	
고무 직공	일본	3	1.2	1.5	28	0	5	2	가족 거주
	조선	2.3	0.9	1	28	0	3	0.2	

출처 內務省 社會局, 1924, 『朝鮮人勞働者に關する狀況』에서 인용. 김광열, 2010, 『한인의 일본이주사 연구-1910~1940년대』(논형)에서 재인용.

해당하며 한인들이 취로하는 확률이 높은 하역꾼의 경우에도 한인의 월간 취로일이 일본인보다 짧았다.

앞의 제3장에서 검토했던 1925년 시점 일본거주 한인 전체의 지역별·직업별 분포를 참고하면, 오사카부의 거주자 중 직공의 비율은 타 지역보다 상당히 높은 편인 44%였다. 1924년에 조사된 결과인 〈표 4-1〉을 보면, 오사카 거주 한인은 역시 직공의 비율이 높았고 그들의 월간 평균 취로일은 일본인과 동일했다. 하지만, 그들의 1일 임금 수준은 숙련공이든 초급공이든 모두 일본인보다는 낮았다는 사실에 주목할 필요가 있다. 그로 인해 한인 노동자들의 월간 생활비는 대체적으로 일본인에 비해 적었던 것이다.

또한 조사 대상자들은 일반적인 극빈자의 지출 형태와 유사하게 수입의 대부분을 식비 및 의복비에 지출하고 있었다. 다만 주거 형태와 직종에 따라 생활비는 달랐다.

주거비 지출을 하지 않아도 되는 직종도 있었지만, 하숙 생활자는 2~5엔, 월셋집 거주자는 15엔 정도 지출하였다. 극단적으로 적은 고무공장 직공(가족의 부업)과 가사 사용인(가사 돕기)의 경우를 제외하면, 월간 의식주 비용은 하숙 생활자 7~13엔, 기타는 13~20엔이 소요되었다.

다만, 앞에도 검토한 바와 같이 한인 노동자의 전형적인 거주 형태가 밥집, 하숙집, 노동자 공동숙사 등이었기 때문에, 그 경영자로부터 일자리를 소개받은 대가로 임금의 10~20%를 원천 징수 당하고 있었다는 것을 상기할 필요가 있다.

이번에는 1927년 고베(神戶)시에 거주하던 한인 세대주의 직업별 월간 수입 상황을 〈표 4-2〉를 통해 보도록 한다. 이는 1927년 9월에 고베시 사회과가 조사한 것인데, 세대를 구성하고 일정한 곳에 거주하던 한인들의 수입 상황에 해당한다. 조사 대상자 중에는 월간 수입이 41~60엔대(53%)였던 사람이 가장 많았고, 다음이 21~40엔대(20%)였다.

하지만, 직업에 의해서 약간 다르고 비교적 안정적인 직업인 제철

⟨표 4-2⟩ 1927년 고베 거주 한인 세대주의 직업별 월간 수입 (단위: 명)

구분 금액(엔)	조선소 직공	하역꾼	보조	인부	토건 노동	하숙업	제강소 직공	실업자	기타	계	백분비 (%)
8~20	0	1	0	2	2	1	0	0	5	11	2.33
21~40	7	18	25	13	9	0	2	0	21	95	20.21
41~60	63	56	15	11	13	7	16	0	68	249	52.99
61~80	22	8	2	1	0	7	3	0	26	69	14.7
81~100	0	0	0	1	0	3	0	0	5	9	1.91
101~150	0	0	0	1	0	2	0	0	4	7	1.5
152~	0	0	0	0	0	2	0	0	2	4	0.85
실업	0	0	0	0	0	0	0	26	0	26	5.53
계(명)	92	83	42	29	24	22	21	26	131	470	100

출처: 神戸市 社会課, 1927, 『神戸居住半島民族の現状』에서 작성. 김광열, 2010, 『한인의 일본이주사 연구-1910~1940년대』, 논형에서 재인용.

⟨표 4-3⟩ 1927년 고베 거주 한인 세대주의 생활비 잉여 상황 (단위: 명)

구분		조선소 직공	하역꾼	보조	인부	토건 노동	하숙업	제강소 직공	실업자	기타	계	백분비 (%)
잉여금 있는 자	송금·저금	13	6	0	0	1	0	0	0	8	28	5.96
	송금	9	2	0	0	0	0	0	0	3	14	2.98
	저금	45	49	20	16	12	13	7	0	69	231	49.14
소계		67	57	20	16	13	13	7	0	80	273	58.08
잉여금 없는 자	부족 없는 자	6	4	5	1	2	0	8	0	11	37	7.88
	부족한 자	19	22	17	12	9	9	6	26	40	160	34.04
소계		25	26	22	13	11	9	14	26	51	197	41.92
합계(명)		92	83	42	29	24	22	21	26	131	470	100

출처: 神戸市 社会課, 1927, 『神戸居住半島民族の現状』. 김광열, 2010, 『한인의 일본이주사 연구-1910~1940년대』, 논형에서 재인용.

소·제강소의 직공의 경우는 월수 60~80엔대가 두 번째로 많았다. 또 하숙업을 경영하고 있던 자의 수입은 가장 높은 수준에 있었다. 반면, 실업 상태로 수입이 없던 자가 전체의 5.5%를 차지하고 있었다. 같은 출전에서 독신자의 경우를 보면, 31~40엔대가 34%, 41~50엔대가 22%, 21~30엔대가 20%의 상태이며, 실업 무수입자는 8%를 차지하고 있었다. 가족 부양자에 비해 월간 평균 수입액이 약간 낮았던 것을 알 수 있다.

〈표 4-3〉을 통해서 〈표 4-2〉에서 본 사람들은 노동의 결과로서 얻은 수입으로 매월 어떻게 생활하고 있었는지 알 수 있다. 생활비로 사용하고 나서 잉여금이 있는 사람이 전체 58%였고, 잉여금이 없는 사람은 42%였다. 생활비 잉여금이 있는 사람 중에는 저금하고 있던 사람이 가장 많았고, 고향에 송금하고 있던 사람도 아주 소수지만 있었다. 이 고베에 거주했던 한인들의 수입은 결코 높다고 할 수 없으나, 그들 중 가족 부양자의 50% 정도는 저금을 하고 있었다. 가족을 동반하여 이국에 살면서, 최대한 절약하며 열심히 생활했던 그들의 모습이 상상된다. 반면, 생활비 잉여금이 없는 사람들 중 생활비가 부족한 사람이 30%를 넘었다. 생활비가 부족한 사람들은 극빈 상황에 처해 있었을 것이라고 추측된다.

2) 1930년대의 상황

여기에서는 1930년대 일본거주 한인의 생활 및 노동 상황을 보기 위해 오사카와 도쿄 지역에 거주하던 사람들의 사례를 검토하고자 한다. 〈표 4-4〉는 1932년에 오사카부 사회부가 관할 지역에 거주하던 한인 세대주 7,386명의 생활 상태를 조사한 자료에서 노동 수입과 월간 노동

〈표 4-4〉 1932년 오사카시 거주 한인 세대주의 일당과 노동일

(단위: 명, %)

일당/노동일	5일 이내	6~10일	11~15일	16~20일	21~25일	26~31일	인원계(%)
50전 이하	2	8	5	24	12	41	92 (1.25)
51~1엔	53	160	228	308	254	849	1,852 (25.07)
1엔 1전~ 1엔 50전	127	510	647	887	582	1,370	4,123 (55.82)
1엔 51전~2엔	33	86	126	194	192	483	1,114 (15.08)
2엔 이상	9	23	32	37	29	75	205 (2.78)
계 (%)	224 (3.03)	787 (10.66)	1,038 (14.06)	1,450 (19.63)	1,069 (14.47)	2,818 (38.15)	7,386 (100.00)

출처: 大阪府 社会課, 1934, 『大阪居住朝鮮人の生活状態』. 김광열, 2010, 『한인의 일본이주사 연구-1910~1940년대』, 논형에서 재인용.

일을 주목한 것이다.

먼저 조사 대상자들의 월간 수입은 다음과 같았다. 전체의 82%에 해당하는 사람들이 하루에 1.5엔 이하의 일당을 받고 있었다. 가장 높은 2엔 이상의 일당을 받고 있었던 사람은 겨우 2.8%에 지나지 않았다. 하지만 월간 노동 기간은, 26~31일이 38.2%, 16~20일이 19.6%, 21~25일이 14.5%, 11~15일이 14.1%, 6~10일이 10.7%, 1~5일이 3%였다. 매월 26~31일을 일했던 사람이 38%로 가장 많았지만, 15일 이하를 일할 수밖에 없었던 사람들도 27.8%를 차지하고 있었다. 이상 상황을 통해 당시 오사카시에 거주하던 한인 세대 중에는 곤궁에 처한 사람들도 적지 않았을 것이라고 추측된다.

곤궁 상황에 처한 오사카 거주 한인들 중에는 이웃으로부터 빚을 내어서 생계를 유지한 사람들도 있었다. 〈표 4-4〉와 같은 출전에 의하면,

조사 대상자 2,818세대 중의 2,437세대가 빚을 지면서 생활하고 있었는데, 그들의 월간 빚의 액수는 1엔 이하 3~4%, 1~3엔 5~10%, 3~4엔 10~15%, 4~5엔 15~20%, 5~10엔 20~25%, 15~20엔 45~50%, 20엔 이상 50%였다. 즉 빚의 액수가 많은 사람들이 훨씬 많았다. 실업 상태가 계속되면 결국 극빈자층에 속하게 되었을 텐데, 〈표 4-4〉와 같은 출전을 보면, 339개 극빈 세대 중에서 73.5%가 '친척 근린'에게 구호를 받고 있었다고 한다. 즉 도일해서 생활하다 극빈 상태에 빠졌던 한인들이 의지할 대상은 역시 같은 고향 출신의 친척이나 이웃이었다고 판단된다.

한편, 비슷한 시기에 일본 내의 다른 지역에 살던 한인들의 생활 상태는 어떠했는지 보도록 하자. 〈표 4-5〉는 1934년에 도쿄부 사회과가 시내에 거주한 한인들을 대상으로 조사한 결과에서 작성한 것으로서, 이를 통해 1930년대 전반 도쿄 지역에 거주했던 한인들의 생활 상황을 보고자 한다. 조사 대상은 한인 세대주 1,933명이었고, 그중에서 종사 인원이 많은 직업은 '기타' 925명, '공업' 663명, '상업' 192명, '교통업' 45명, '광업' 34명, '공무업' 27명 등이었다.

이 직업 항목들로는 조사 대상자들의 구체적인 직업을 알 수 없으므로, 제3장에서 내무성 경보국 통계를 바탕으로 검토했던 1935년 일본거주 한인의 지역별·직업별 인구와 비교하면 다음과 같은 추측이 가능하다. '기타'는 당시 재일 한인의 최다 직업이었던 일용직 육체노동을 포함한 '토목건축업' 종사자를 의미한다고 판단된다. '공업'은 '섬유공업, 기계공업, 화학공업, 전기공업, 출판업, 식료품제조업' 등을 의미하는 것이며, '상업'은 각종 행상을 포함한 판매업을 의미하는 것이며, '교통업'은 인력거를 포함한 운전업을 의미하는 것이라고 추측된다.

〈표 4-5〉 1930년대 전반 도쿄 거주 한인 세대주의 직업별 생활비 상황

(단위: 명)

구분	잉여금이 있는 자					잉여금이 없는 자			합계
	송금, 저금	송금	저금	기타	소계	부족 없음	부족함	소계	
농업	0	0	0	1	1	2	1	3	4
광업	0	0	2	2	4	27	3	30	34
공업	2	8	35	208	253	120	290	410	663
상업	3	3	17	51	74	31	87	118	192
교통업	1	3	2	18	24	10	11	21	45
공무업	1	1	5	10	17	2	8	10	27
기타	2	6	21	209	238	113	574	687	925
실업	0	0	0	0	0	6	8	14	14
무직	0	1	0	4	5	4	19	23	28
불명	0	0	0	0	0	1	0	1	1
계	9	22	82	503	616	316	1,001	1,317	1,933
백분비(%)	0.49	1.14	4.24	26.02	31.87	16.35	51.78	68.13	100

출처: 東京府 社会課, 1936, 『東京居住朝鮮人労働者の現状』에서 작성. 김광열, 2010, 『한인의 일본이주사 연구-1910~1940년대』, 논형에서 재인용.

그럼 이 〈표 4-5〉를 통해 도쿄 거주 한인의 생활 상황에 대해 보도록 하자. 생활비에 여유가 있는 사람들(잉여금이 있는 자)은 전체의 31.9%였는데, 그 여유분을 어떻게 했는지 보면 '저금'이 4.2%, '송금·저금'이 1.6%, '기타'가 26%였다. 자기 장래를 위해 저축을 하거나, 고향의 가족에게 송금하는 사람들이 전체 5.8% 정도에 지나지 않았고, 그 외는 용처가 확실하지 않은 '기타'였다. 또한 생활비에 여유는 있지 않지만 부족하지도 않은 사람들이 16.4% 정도였다. 그에 비해, 생활비가 부족한 사람들은 전체의 51.8%에 이를 정도로 많았다. 그들처럼 생활비가 부족한 상태가 장기간 지속되면 스스로의 힘으로는 헤어날 수 없게 되어, 공공기관이 관리하는 이른바 '극빈자' 그룹에 속하게 된다. 도쿄 거주 한인들 중에서

<표 4-6> 도쿄 거주 한인 극빈자의 구호 상황

(단위: 명)

종류별	세대주		독신자		인원 합계	백분비(%)
	인원	금액(엔)	인원	금액(엔)		
방면위원	17	110.10	5	39.00	22	5.31
식권	155	135.65	210	149.25	365	88.16
진찰권	15	82.90	10	44.10	25	6.04
그 외	2	29.00	0	0.00	2	0.48
계	189	357.65	225	232.35	414	100.00

출처: 東京府 社會課, 1936, 『東京居住朝鮮人勞働者の現狀』에서 작성. 김광열, 2010, 『한인의 일본이주사 연구-1910~1940년대』, 논형에서 재인용.

도 행정기관으로부터 구호를 받지 않으면 살아갈 수 없는 극빈자가 존재했는데, <표 4-6>은 <표 4-5>와 같은 조사기관인 도쿄부 사회과에 의해 파악된 도쿄 거주 한인 극빈자에 관한 내용이다.

이는 필경 <표 4-5>의 조사 대상자들 중에서 극빈 상태에 처해 지방 행정의 구호 대상이 되었던 한인들에 해당한다고 판단되는데, 세대주 189명, 독신자가 225명이었다. 해당 조사 대상자 전체에 대해 세대주는 9.1%, 독신자는 12.2%가 구호 대상자였던 것이다.

지방 행정기관(도쿄부)으로부터 구호를 받은 방식은 '방면(方面)위원'의 도움이 5.3%, '식권' 지급이 88.2%, '진찰권' 지급이 6%, '기타'가 0.5%였다. 역시 해당 극빈자들은 당면한 배고픔을 해결하기 위해 식사 기회를 제공받는 경우가 많았고, 그 다음이 건강 유지를 위한 의료 기회 제공이었다.

이상에서 본 것처럼, 1930년대 중반 도쿄에 거주했던 한인들 중에는 만성적인 곤궁 상태에 처한 사람들이 산재하고 있었으며, 그중 전체의 10% 전후의 사람들은 지방 행정으로부터 긴급하게 구호를 받아야 할 극빈자였다는 것이 확인된다. 도쿄 거주 한인들 중에서 곤궁 상태에 처한 사람들이 어떻게 생계를 유지했는지 확인되지는 않지만, 앞에서 봤던 1932년 오사카시 거주자의 사례를 감안하면 역시 친척이나 동향의 지인으로부터 빚을·내던지 부조를 받으면서 생활했을 것으로 추측된다. 그것은 당시 일본도항을 택한 한인 대부분이 지연과 혈연 등을 근거로 일본행을 택하였기에('연고 도일'), 오사카뿐만 아니라 일본의 기타 지역에 거주하는 한인들도 일본 현지에서 곤란에 처한 경우에는 그 연고에 의지하는 경우가 대부분이었을 것이라고 추측된다.

3. 일본의 실업구제 토목사업과 한인 실업자

1) 실업구제 토목사업의 전개

1925년 일본 정부는 만성적인 실업문제를 완화하기 위해 도쿄부, 요코하마시, 오사카부, 교토부, 고베시, 나고야시 등의 6개 대도시와 협력하여 실업자 구제를 명목으로 한 토목사업을 실시하였다. 그 실업구제 토목사업은 1928년까지는 농한기인 동계에 실시되었으나, 실업 완화에 대한 효과가 나타나지 않자, 1929~1931년에는 실시 기간 및 지역을 확대하였고, 1932~1933년에는 농촌 지역의 구제를 겸한 형태로 전개되었다.[24] 더욱이 1930년 이후에는 미국에서 시작된 대공황의 영향으로

24　加瀬和俊, 1992,「失業者救済公共土木事業における就労者選別方式と朝鮮人登録者」, 『戰間期日本の対外經濟関係』, 日本經濟評論社.

농업을 비롯한 일본의 산업 전반에 심각한 불황이 확산되었기 때문이었다.

앞 절에서 검토한 바 같이, 당시는 식민지 조선에서 일자리를 찾아 도일해 있던 한인들 중 실업자가 적지 않았으므로, 그들 중에는 실업구제 토목사업에 취로하는 기회를 얻고자 상기 6개 대도시의 직업소개소에 실업자 등록을 시도하는 사람들이 적지 않았다. 그럼 해당 주제에 관한 선행 연구와 자료를 통해 당시 일본의 대도시에서 실시된 실업구제 토목사업에 취로한 인원 규모와 그중의 한인 비율에 대해 살펴보도록 하자.

〈표 4-7〉은 1925~1934년까지 일본에서 실업구제 토목사업이 실시된 지역, 특히 도쿄시, 오사카시, 나고야시 등의 실업자 등록 인원수 및 한인 등록자의 비율을 표시한 것이다.

이 표에 의하면, 실업 등록자 전체에 대한 한인의 비율은 사업이 시작된 1925년에는 약 12%에 지나지 않았지만, 1928년에 50%를 넘을 정도로 증가해 있었고, 그 후 1929년부터 감소했다는 것을 알 수 있다. 그 이유는 실업구제 토목사업의 실시 주체였던 각 대도시의 행정 당국이 실업자 등록 기간을 변칙적으로 설정하고 있었기 때문이었다. 오사카시는 구제사업을 시작한 이듬해에 실업 등록자의 절반 이상이 한인들이라는 것을 알고 등록자 접수를 비공개로 바꾸었으며, 도쿄시와 나고야시도 동일한 이유로 사업에 관한 추가 공지를 하지 않았고 등록 기간도 축소했다.[25] 실업자 등록의 단계부터 해당 도시의 원래 주민들을 우선 대상으로 하였고, 식민지 출신의 한인들은 가능한 한 배제하고자 했던 것이다.

등록 기간 이외에도, 실업구제 토목사업에 취로할 수 있는 실업자 등

---

25   加瀨和俊, 1992, 위의 글, 371-372쪽.

〈표 4-7〉 1920~1930년대 일본의 실업구제사업 등록자와 한인 등록자

(단위: 명)

지역 구분	연도	등록자 전체(a)	한인 등록자 수(b)	b/a (%)
전국	1925	24,417	2,920	11.9
	1926	29,971	8,230	27.4
	1927	25,331	8,452	33.4
	1928	34,388	19,130	55.6
	1929	40,115	15,545	38.8
	1932	171,489	38,605	22.5
	1933	151,062	33,585	22.2
	1934	101,658	22,652	22.3
도쿄	1925	15,667	1,369	8.7
	1926	12,701	1,475	11.6
	1927	8,379	1,687	20.1
	1928	19,160	10,496	54.7
	1929	22,603	6,235	27.6
	1932	45,559	9,215	20.2
	1933	43,679	8,010	18.3
	1934	34,375	6,425	18.7
오사카	1925	3,484	1,030	29.5
	1926	7,530	4,017	53.3
	1927	4,642	1,970	42.4
	1928	1,488	317	21.3
	1929	12,359	6,452	52.2
	1932	26,169	13,307	50.9
	1933	29,955	15,613	52.1
	1934	20,564	10,593	51.5
나고야	1925	1,287	275	21.3
	1926	4,363	1,712	39.2
	1927	3,710	1,978	53.3
	1928	6,373	4,568	71.6
	1929	4,338	2,722	63.7
	1932	17,546	9,364	53.4
	1933	13,559	4,707	34.7
	1934	6,457	2,696	41.8

출처: 1928년분까지는 「6大都市における失業救済事業」(『社会政策時報』 제108호, 1930년), 1929년 이후는 加瀬和俊, 「失業者救済公共土木事業における就労者選別方式と朝鮮人登録者」(『戦間期日本の対外経済関係』, 日本評論社, 1992)에서 인용 작성. 김광열, 2010, 『한인의 일본이주사 연구 -1910~1940년대』, 논형에서 재인용.

록 방법이 변경된 것도 이유였다. 1929년부터 바뀐 등록 방식은 '노동수첩 제도'라는 것이었는데, 아래에서 그 시행 규정을 보면서 구체적인 내용을 보도록 하자.

① 사업 시행지 시정촌(市町村)에 3개월 이상 거주하고 있는 자일 것.
② 실제로 실업을 하여 생활이 곤란한 자일 것.
③ 등록 신청자에 대해서 직업소개소장은 시정촌장, 방면위원, 경찰관리, 숙박소장 등의 도움을 받아 전항에 해당하는 자인지 아닌지를 인정하여 구제를 필요로 하는 자는 등록시킬 것.
④ 등록을 인정한 자에 대해서 직업소개소는 본인의 사진을 첨부한 노동수첩(労動手帳)을 교부한다.
⑤ 노동수첩은 구직 혹은 취로 시에 상시 휴대하고 있지 않으면 안 된다.[26]

즉 새로 시행된 제도에 의하면, 실업자 등록 희망자는 실업구제 사업 시행지에서 최저 3개월 이상 거주해야 하고, 정말 생활이 곤궁한 상태인지 아닌지를 거주지 행정 당국 및 경찰을 통해 확인한 다음 등록을 하게 한다는 것이다. 그에 따라, 각지의 직업소개소는 등록 인정을 받은 자에게만 최종적으로 당사자의 사진이 첨부된 '노동수첩'을 지급하는데, 당사자는 실업구제 사업에 취로할 때는 물론 차기에 등록할 때에도 항상 그 수첩을 휴대하라고 하는 내용이었다. 즉 '노동수첩'이 실업 등록자의 신분증명서가 된 셈이다.

26　加瀬和俊, 1992, 위의 글, 375쪽.

하지만 이 '노동수첩 제도'가 실시됨에 따라, 실업구제 사업을 실시하는 지역에 3개월 이상 거주하지 않은 한인들은 아예 실업자 등록을 할 수 없게 되었다. 종래에는 도일한 한인들도 기본적으로 실업구제사업 실시 지역의 직업소개소에서 실업자 등록을 마치면 취로 기회를 얻을 수 있었지만, 1929년부터 실시된 '노동수첩 제도'로 인해 구직차 지역 간 이동이 잦았던 한인들은 실업구제 사업에 취로할 기회가 낮아졌다.

또한 당시 일본의 실업구제 토목사업에서 '노동수첩 제도'가 실시된 배경에는 식민지 출신의 한인이 취로하는 비율이 높다고 비판하는 사회적 여론이 있었기 때문이다. 대표적인 비판론자로서 경제학자 후쿠다 도쿠조(福田德三)를 들 수 있는데, 그는 실업구제 사업의 수혜자로서 한인들이 많아지면 신규 도일자가 증가하게 되므로 결국 '실업의 수입'을 초래하게 되고 일본 내의 실업문제를 악화시키는 원인이 된다고 주장하였다.[27] 하지만 이 후쿠다의 비판 논리는 종래에 한인의 도일을 제한하고자 하는 내무성 경보국의 논리와 거의 동일한 것이었다. 또한 어디까지나 식민지 종주국의 이익만 내세우는 논리였다. 당시 조선에서 왜 다수의 한인들이 일자리를 찾아 도일을 하고 있었는지, 그 원인을 일본제국에 의한 식민지 지배에서 구하는 일본의 학자는 보기 힘든 것이 현실이었다.

27　福田德三, 1930, 『厚生經濟研究』 上卷, 刀江書院. 나고야 지방의 신문 『新愛知』 1930년 4월 16일 자의 「일본인 노동자 구제 하는 데에 위협(内地人労動者救済上に一脅威)」이라는 기사에서도 한인 실업 등록자가 많은 것을 비판하고 있었다.

2) 한인의 실업구제 토목사업 취로 실태: 나고야시의 사례를 중심으로

다음으로 1930년대 전반에 실업구제 토목사업을 실시한 도시 중 하나인 나고야시의 사례를 보면서 해당 사업에 취로한 한인 노동자의 상황에 대해 자세하게 보고자 한다.

나고야시의 한인 인구는 1925년에 2,890명이었으나, 그 후 1927년 5,361명, 1930년 16,000명, 1933년 24,998명 등[28]으로 증가하고 있었다. 1925년을 기준으로 하면 1930년에는 5.5배, 1933년에는 약 10배로 한인 인구가 증가한 셈이다. 같은 기간에 일본의 도시들 중에서 나고야처럼 한인 인구가 급격히 증가한 곳은 드물었다. 그것은 나고야시가 1920년대 중기 이후에 오사카, 도쿄 다음의 공업 도시로서 급속히 발전함에 따라, 각종 노동력의 수요도 증가하였기 때문이라고 추측된다.

나고야시에 거주한 한인의 주요 직업을 파악하기 위해, 관할 직업소개사무국이 1928년에 지역 거주 한인 932명을 대상으로 한 조사를 보면, 토건 노동업이 398명(43%), 건축 보조 및 하역꾼 292명(31%), 직업 불확실 및 실업 187명(20%)이었다. 전체의 74%가 단순 육체 노동자였고 일정한 일자리가 없이 실업 상태에 있는 사람이 20%에 달했다. 후자는 매일 일용 노동시장에 나가서 일자리를 구하려 해도 구직에 실패한 사람들에 해당할 것인데, 그들 중에는 앞 절에서 봤던 극빈자로 분류되어 구호 행정의 관리 대상이 되는 사람도 있었다고 추측된다.

---

28 연도별 나고야시 거주 한인 수는 愛知県, 1925, 『朝鮮人問題』(『在日朝鮮人史研究』 제11호 수록); 名古屋地方職業紹介事務局, 1928, 『朝鮮人労働者に関する調査』; 内閣 統計局, 1930, 『国勢調査報告』 등을 참조함.

〈표 4-8〉 1930년대 전반 나고야시 거주 노동자의 상황(한인과 일본인) (단위: 명)

연도	일용 노동				기타 노동				실업자 계		
	일본인 (a)	한인 (b)	계(c)	b/c(%)	일본인 (d)	한인 (e)	계(f)	e/f(%)	일본인	한인	합계
1930	1,900	3,805	5,705	66.67	1,587	239	1,826	13.09	3,487	4,044	7,531
1931	1,675	5,019	6,694	74.98	1,005	169	1,174	14.40	2,680	5,188	7,868
1932	2,988	7,966	10,954	72.72	1,465	297	1,762	16.86	4,453	8,263	12,716
1933	2,151	7,540	9,691	77.80	1,488	297	1,785	16.64	3,639	7,837	11,476
1934	2,749	6,521	9,270	70.35	1,707	37	1,744	2.12	4,456	6,558	11,014
1935	2,749	6,521	9,270	70.35	1,852	61	1,913	3.19	4,601	6,582	11,183

출처: 名古屋市, 1935, 『名古屋市統計書』에서 작성. 김광열, 2010, 『한인의 일본이주사 연구-1910~1940년대』, 논형에서 재인용.

다른 통계 자료를 통해 1930년대 전반 나고야에 거주한 한인들의 생활 환경을 보도록 하자. 〈표 4-8〉은 나고야시가 발행한 『나고야시 통계서』 1935년판에서 1930년대 전반 나고야시에 거주하는 한인과 일본인 노동자의 상황을 추출한 것이다. 이를 통해 당시 나고야시에서 한인 노동자가 어떤 환경에 있었는지를 개관할 수 있다. 당시 나고야시에서 일용 노동직은 한인이 전체의 67~77%를 차지하고 있었는데, 그 외의 노동직에서는 일본인이 83~98%를 차지하고 있었다. 불안정한 직업이라고도 할 수 있는 일용 노동에 한인들이 집중되어 있었기 때문에 실업자도 더 많았다. 또한 1930년 이후 한인 실업자가 큰 폭으로 증가하고 있었던 것을 알 수 있다.

어차피 민족별로 보면 전체 인구수, 즉 분모가 다르므로 일본인과 한인의 실업률은 큰 차가 있다고 할 수 있다. 하지만 1930년 나고야 거주 한인 인구가 약 16,000명이었다는 것을 감안하면, 한인은 3명 중 1명 꼴로 실업 상태에 있었다고 파악된다.

그럼 다음으로, 1925년부터 나고야시에서 실시된 실업구제 토목사업의 전개 상황을 보면서 그 사업에 취로했던 등록 실업자 중에서 한인의 존재 상태는 어떠했는지 살펴보기로 한다. 나고야시에서는 1925년부터 매년 하수도, 시유지 매립, 자갈 채취, 도로 확장, 하천 개수 등의 공사를 구제 사업의 일환으로 시행하였는데, 취로 희망자는 매년 공사를 시작하기 1개월 전에 시내의 직업소개소에서 실업자 등록을 하도록 하였다. 그러나 1928년에 나고야시는 전체 등록자 수 6,373명(전국 2위) 중 70%가 식민지 조선에서 도일한 한인들이라는 것이 판명되자 종래에는 20일 동안 두었던 실업자 등록 기간을 5일로 단축하였고, 더욱이 이 듬해 1929년에는 등록 기간을 2일로 더 단축하였다.[29] 1929년부터 이렇게 등록 기간을 초단기로 줄인 것은 실업구제사업의 취로 인원수를 긴축하겠다는 의도라고 할 수 있는데, 앞 항에서 언급했던 '노동수첩 제도' 실시와 연동해서 판단하면 결국 그것은 식민지 출신의 한인들이 등록하기 힘들게 한 조치였다고 추측된다.

다음으로 1930년 6월에 발행된 나고야 지역의 신문 『신아이치(新愛知)』를 통해, 당해 지역 관할 직업소개소에서 진행했던 실업구제사업에 취로할 실업자 등록 상황을 엿보고자 한다.

나고야시는 1930년 7월부터 연도 하반기의 실업구제 토목사업을 실시할 예정으로 6월 15일과 16일에 시내의 히오키(日置), 아쓰타(熱田)의 직업소개소와 오스기(大杉), 고키소의 직업소개 출장소 등 4개소에서 실업자 등록을 접수하기 시작하였다. 그러나 이틀 동안, 직업소개소의 직원과 나고야시 사회부의 담당 직원은 물론, 관할 경찰서에서도 지원을 요청해야 할 만큼 예상외로 많은 등록 희망자가 밀어닥쳐, 오후 5시까지

---

29 久住栄一, 1930, 「名古屋市の失業救済事業」, 『社会政策時報』 1930년 7월호, 40쪽.

였던 마감 시간을 오후 10시로 연장하여 등록 업무를 행하였다. 이중 등록의 유무를 심사해서 최종적으로 등록이 인정된 것은 합계 8,393명이었는데, 그중에서 70%에 해당하는 5,878명이 조선에서 온 한인들이었다.[30] 이상을 보아도 당시 나고야 지역의 실업구제 토목공사에서 일자리를 얻고자 한 실업자들 중에 한인들이 얼마나 많았는지를 알 수 있다. 1930년의 상황이었으므로 당연히 위의 실업 등록에 성공한 사람들이 이른바 '노동수첩'을 교부받아서 다음달 7월부터 취로했다고 보면 될 것이다.

이상과 같은 과정을 거쳐 실업구제 토목사업에 취로한 사람들의 월간 노동일과 수입은 어느 정도였을까. 〈표 4-9〉는 나고야시가 내무성 사회국이 1932년 9월과 11월에 실업구제 사업에 취로하는 노동자 2천 명을 대상으로 생활 상태를 조사한 결과에서 인용한 것이다.

조사 대상자의 64%에 해당하는 1,270명이 한인이었다. 조사 대상자들이 월간 취로했던 기간을 보면, 일본인은 10일 이하가 63.6%, 11일~20일이 11.6%, 21~30일 24.8%였으나, 한인의 경우는 10일 이하가 전체의 95%였고 11일~30일 사이 취로한 자는 겨우 5%에 지나지 않았다. 즉 일본인의 경우에는 전체 36% 넘는 사람들이 월 10일 이상을 일했으나, 한인의 경우는 95%가 10일 미만을 일했던 것이다.

그로 인해, 당연히 양 민족 취로자 간의 월간 수입에 격차가 있었다. 일본인은 월간 수입이 11엔 이상이 40.7%였는데 비해, 한인의 경우는 11엔 이상이 6.6%밖에 되지 않았던 것이다.

앞에서 봤듯이 실업구제 토목사업에 등록한 일본인 수는 한인에 비해서 압도적으로 소수였지만, 어떻게 해서 그 토목사업에서 일본인의 월

---

30 『新愛知』, 1930.6.16, 1930.6.17.

〈표 4-9〉 나고야시 실업구제 토목사업의 민족별 취로 상황

종류별	구분	일본인		한인	
		인수(명)	백분비(%)	인수(명)	백분비(%)
월간 수입	10엔 이하	433	59.3	1,186	93.4
	11~20엔	94	12.9	54	4.3
	21~30엔	97	13.3	26	2.0
	31~40엔	87	11.9	3	0.2
	41엔 이상	19	2.6	1	0.1
월간 취로일	1~5일	318	43.6	929	73.0
	6~10일	147	20.0	277	22.0
	11~15일	42	5.8	29	2.3
	16~20일	42	5.8	9	0.7
	21~25일	80	11.0	16	1.3
	26일 이상	101	13.8	10	0.8
각계		730	100.0	1,270	100.0

출처: 名古屋市 社会部, 1933, 『失業者生活状態調査概要』에서 인용 작성. 김광열, 2010, 『한인의 일본이주사 연구-1910~1940년대』, 논형에서 재인용.

간 취로 일수가 한인보다 훨씬 많았던 것일까. 그에 대해서는 당시 나고야 시가 1934년에 발간한 『실업응급 사업 및 취로통제 개요』라는 자료를 통해서 엿볼 수 있다. 이 자료에 의하면, 당시 직업소개소 측은 일명 '지정 인부' 제도라는 것을 운용하고 있었다. 그 제도는 실업 등록자 중에서 약간의 토목 기술을 가지고 있으면 '공사 기간 중 사용 인부 수의 30% 이내'에 한정하여 '지정 인부'라는 명목으로 채용할 수 있다는 것이었다.[31] 이와 같은 상황을 감안해서 보면, 〈표 4-9〉에서 월간 취로 일수가 20일 이상이었던 사람들은 '지정 인부'로 채용된 경우라고 추측되는

---

31 名古屋市 社会部 調査課, 1934, 『失業応急事業及び就労統制概要』, 45쪽. 이에 따르면, 지정 인부의 채용은 주무 과장의 판단에 좌우되었다고 한다.

데, 그 해당자를 민족별로 보면 일본인은 24.8%이었으나 한인은 겨우 2.1%에 지나지 않았다.

실업구제 토목사업의 현장에서 이루어지는 작업에 토목기술이 필요한 곳도 있겠지만, 사업의 기본적 취지가 '실업구제'이므로 육체 노동이 가능한 실업자들을 폭넓게 사용할 필요가 있다. 이미 〈표 4-8〉에서 보았듯이 1932~1933년 나고야시 노동자의 한인 실업자는 일본인의 2배에 달했다. 그러나 〈표 4-9〉에서 봤듯이 실업구제토목사업에서 실제로 취로한 일수를 비교해 보면 일본인의 취로 기간이 한인보다 훨씬 길었다. 그 이유는 실업자 등록 기간을 짧게 설정한다든지, '지정 인부'라는 명분을 악용했기 때문이라고 추측된다.

이상과 같은 실업구제 토목사업에서의 취로 실태가 한인 취로자의 생활에 직접 영향을 미친 것은 더 이상 말할 나위가 없다.

〈표 4-9〉의 출전인 『실업자 생활 상태 개요조사(失業者生活狀態調査槪要)』에는 생활비의 과부족 상황에 대해서도 조사되어 있었는데, 그를 보면 한인 취로자 중에서 생활비가 부족한 사람은 82%에 달하고 있었다. 그러한 궁핍한 상황을 타개하려면 조금이라도 더 일할 기회를 구해야 했으나, 실제 그들에게 주어진 것은 차별적인 취로 기회였다.

이번에는 〈표 4-9〉에서 보았던 한인들의 취로 상황이 무엇을 의미하는 것인지 다른 각도에서 보고자 한다. 1932년에 실시된 일본의 구호법에 의하면 구호 대상이 되는 극빈자 가정은 세대원 수 1명에 대해 월 25엔 한도로 생활비를 지원한다고 하였다.[32] 최소한의 기초 생활에 필요한 금액이 그 정도라는 것이다. 그러나 앞에서 봤듯이 나고야시의 실업

---

32 朴在一, 1957, 『在日朝鮮人に關する總合調査研究』, 新紀元社, 81쪽.

구제 토목사업에서 일했던 한인 노동자의 97.7%는 월평균 수입이 20엔 이하였다. 즉 한인 노동자들의 수입은 대체적으로 당시 일본 사회의 극빈자 구호 한도액을 밑도는 정도였다고 할 수 있다. 하지만 이상과 같은 상황은 나고야 지역만의 특수한 것이 아니었다.

관련 선행 연구에 의하면 1930년대 각지의 실업구제 토목사업에서 취로자를 선별할 때에 비교적 젊은 층이 많은 한인 실업자를 배제하고 장년층이 많은 일본인 실업자에게 기회를 주었다는 것이 확인된다.[33] 오사카 지역의 경우에는, 1932년 9월 오사카시의 실업구제 토목사업에서 취로한 사람들의 실태를 보면 월간 취로 일수가 21일 이상의 사람은 일본인이 33.6%, 한인은 11.3%였으며, 월수 21엔 이상의 취로자는 일본인은 39.6%, 한인은 14.6%였다.[34]

즉 1920년대 후반 이후 일자리를 찾아 일본에 도항하여 거주했던 한인들은 6대 도시에서 실업자를 구제하는 것을 목적으로 실시했던 토목사업에서도 민족 차별적인 취로 환경에 처해 있었던 것이다.

4. 도일 후 비정착 귀환자들의 상황

상술한 바와 같이 해방 전 한반도에서 일본으로 도항하여 생활하던 한인들은 일본 사회의 하층에서 생계를 유지하고 있었다. 그런데 당시는

---

33 加瀬和俊, 1992, 앞의 글, 384-390쪽.
34 大阪市 社会部, 1933, 『大阪市失業者生活状態調査』.

도일하는 사람들뿐만 아니라 일본에서 한반도로 귀환하는 한인들도 많았다. 다음으로 이 귀환자들의 상황에 대해 살펴보고자 한다.

먼저 1910년대부터 1930년대까지 일본에서 귀환한 한인들의 규모가 어느 정도 되었는지 보도록 하자. 〈표 4-10〉은 해당 시기에 한반도로 귀환한 한인 수를 연도별로 나타낸 것이다. 이를 통해 매년 도일하는 한인 수도 많았지만, 귀환자 수도 결코 적지 않았다는 것을 알 수 있다. 도일자 수가 증가했던 1920년대 중기부터 귀환자도 증가하고 있었으며, 1920년대 말 이후에는 10만 명 전후의 귀환자가 확인된다. 특히 1930년에 귀환자 수가 급증했는데, 앞의 제2장 3절 1항에서 봤듯이 대공황의 영향으로 시작된 일본 산업계의 심각한 불황에 의해 하층 노동직에서 일하던 한인들도 일자리를 잃고 대거 귀환했기 때문이었다.

다만 당시 일본에 귀환했던 사람들은 각자 그 목적이 달랐기 때문에 그들을 일률적으로 비정착 귀향자라고 볼 수는 없다. 그들의 귀환 상황

〈표 4-10〉 1910~1930년대 일본에서 귀환한 한인 수 (단위: 명)

연도	귀환자 수	연도	귀환자 수
1917	3,927	1928	117,522
1918	9,305	1929	98,275
1919	12,739	1930	141,860
1920	20,947	1931	107,420
1921	25,536	1932	103,452
1922	46,326	1933	113,218
1923	89,745	1934	117,665
1924	75,430	1935	105,946
1925	112,471	1936	113,162
1926	83,709	1937	115,586
1927	93,991	1938	140,789

출처: 森田芳夫, 1960, 「数字で見た在日朝鮮人」, 『外務省調査月報』 제1권 제9호. 김광열, 2010, 『한인의 일본이주사 연구-1910~1940년대』, 논형에서 재인용.

을 좀 더 자세하게 보도록 하자.

〈표 4-11〉은 한반도에서 선박편으로 일본으로 입경하는 관문인 야마구치현 시모노세키항에서 일본 측 경찰이 1926년에 관부(関釜) 연락선을 타고 상륙하거나 귀환한 한인들을 조사한 결과에서 인용한 것이다. 이를 통해 당시 일본에서 귀환하는 한인들의 직업과 이유를 알 수 있다.

먼저 당시 다양한 직업의 한인들이 일본에서 귀환하고 있었으며, 귀환 형태는 크게 '일시 귀환자'와 '영구적 귀환자'로 나눌 수 있었다. 조사 대상자 5,259명 중에서 '일시 귀환자'는 2,757명(52%)이었고, '영구 귀환자'는 2,501명(48%)이었다. 일시적으로 귀환하는 사람들이 더 많았지만, '영구 귀환자'의 수도 결코 적지 않았다. 일시적으로 귀환한 사람들은 가족 방문 및 개인 사정에 의한 것이라고 추측되는데, 당연히 다시 도일할 사람들이었다. 영구 귀환자는 말 그대로 일본으로 도항했으나 귀국

〈표 4-11〉 1920년대 후반 일본에서 귀환한 한인의 양태 (단위: 명)

| 직업 구분 | 일시 귀환자 | | | 영구 귀환자 | | | | | | | | | 합계 |
| | | | | 졸업 | | | 해고 | | | 개인 사정 | | | |
	남	여	계	남	여	계	남	여	계	남	여	계	
농업	466	14	480				68		68	420	33	453	1,001
토건노동	375		375				20		20	206		206	601
광부	124	2	126				15		15	74		74	215
인부	530	1	531				46		46	401		401	978
하역군	49		49				1		1	10		10	60
직공	249	88	337				32	5	37	100	48	148	522
상업	101	7	108				1		1	213		213	322
학생	202	14	216	33		33				58		58	307
관공리	3		3							214		214	217
기타	196	336	532				3	7	10	207	286	493	1,035
계	2,295	462	2,757	33		33	186	12	198	1,903	367	2,270	5,258

출처: 山口県 警察部, 1927, 『来往朝鮮人特別調査状況』. 김광열, 2010, 『한인의 일본이주사 연구-1910~1940년대』, 논형에서 재인용.

한 이들로, 그 이유로는 '개인 사정'이 압도적으로 많았고, 그 다음이 '해고'였으며, 소수의 '학교 졸업자'도 있었다. 여기서 '개인 사정'이란, 일본에서 한인의 최다 직종인 일용직 인부, 공장 직공, 광부 등으로 일하다가 피치 못할 사정으로 더 이상 일을 할 수 없어서 귀향한 경우도 포함된다고 추측된다. '해고'는 그야말로 실업 상태에 처한 사람들이다.

다음은 앞의 사례와 비슷한 시기의 다른 경우를 보도록 하자. 아래의 〈표 4-12〉는 1927년에 조선총독부 경무국 산하의 경상남도 경찰부가 일용직 노동을 하기 위해 도일한 경남 출신자들에 대해 조사한 결과에서 인용한 것이다. 이 사례를 통해 일본에서 귀환한 한인들의 귀환 이유와 재도항 의사 등을 엿볼 수 있다. 먼저 성별을 보면, 여성도 소수 있었으나 남성이 압도적으로 많았다.

조사 대상자 전체의 귀환 형태를 보면, 각종 사정으로 인해 일시적으로 귀환한 사람이 67.3%였고, 나머지는 재도일의 의사가 없는 영구 귀환자들이었다. 즉 일시 귀환자는 다시 도일을 한다는 전제하에 잠시 귀환했던 사람들로서 그들의 귀환 이유를 비율이 높은 순으로 보면, '일시'

〈표 4-12〉 일본거주 경상남도 출신자의 귀환 이유 (단위: 명)

귀환 이유	남		여		총 인원(%)		
	일시 귀환	재도항 안 함	일시 귀환	재도항 안 함	일시 귀환	재도항 안 함	합계
실업	14	41	0	6	14(1.4)	47(9.3)	61(4.5)
질병	104	119	5	10	109(10.6)	129(25.7)	238(15.2)
가정 사정	352	215	19	33	371(35.9)	248(49.4)	619(40.3)
만연	10	21	1	1	11(1.1)	22(4.4)	33(2.1)
일시	448	13	32	0	480(46.5)	13(2.6)	493(32.1)
기타	44	40	3	3	47(4.5)	43(8.6)	90(5.8)
계	972	449	60	53	1,032	502	1,534

출처: 慶尚南道 警察部, 1928, 『国内出稼き朝鮮人労働者状態調査』. 김광열, 2010, 『한인의 일본이주사 연구-1910~1940년대』, 논형에서 재인용.

46.5%, '가정 사정' 35.9%, '질병' 10.6%, '기타' 4.5%, '실업' 1.4% 등이 었다. 한편 영구 귀환자의 경우는 '가정 사정' 49.4%, '질병' 25.7%, '실업' 9.3% 등이라고 확인이 된다. 이를 보면, 일시적 귀환자들의 이유는 사실상 외국인 일본에 거주하면서 있을 수 있는 것이었다. 영구 귀환자의 사유 중에 가장 많았던 '가정 사정'은 고향의 가족들에게 사정이 생겨서 더 이상 일본에 체재할 수 없게 되었다는 의미이다. 그리고 '실업'이 세 번째로 많았다. 일본에서 일정한 일자리를 구하지 못해서 생활할 수 없으므로 어쩔 수 없이 귀환한 경우이다. 비정착 귀환의 전형적인 사례인 것이다.

한편 〈표 4-12〉의 출전인 경상남도 경찰부의 조사 중에는 도일 후에 경제적 궁핍 상황에 처해 귀향할 수밖에 없었던 사람들에 관한 항목도 있다.

〈표 4-13〉은 위의 '궁핍 곤란' 귀향자에 관한 개별 사례 중에서 일부

〈표 4-13〉 생활 궁핍에 의한 귀환자의 사례

종류별	본적/연령	소지금(엔) 도일 시	소지금(엔) 귀환 시	재일 기간	도항처	사례
질병	울산군 범서면/28세	22	0	2년 2개월	미에(三重)현	각기병에 걸려 실업 중, 저축없이 궁핍한 생활 끝에 친구로부터 25엔을 빌려 귀환함.
취직 불가능	거창군 태양면/20세	20	2	5개월	오사카부	친척 초청으로 도항했으나, 구직에 실패하고 소지금이 떨어져 친척에게 여비 20엔을 빌려 귀환함.
실업	창원군 진전면/24세	15	5	3년 3개월	오사카부, 야마구치현	잡역일을 하던 중 실직, 생활비를 친척에게 지원받았지만 여비 20엔을 빌려서 귀환함.
일본어 불능	울산군 충남면/20세	20	5	4개월	후쿠오카현	목수가 되려고 했으나 일본어를 못하여 실패하고 10엔을 빌려서 귀환함.

* 慶尙南道 警察部, 1928, 『国内出稼ぎ朝鮮人勞働者狀態調査』으로부터 인용 작성. 김광열, 2010, 『한인의 일본이주사 연구-1910~1940년대』, 논형에서 재인용.

를 발췌한 것이다. 이를 통해 구직 목적으로 도일하였지만, 막상 일본에서 그들이 처한 곤란한 실상을 추측할 수 있다. 조사 대상자들의 생활 곤궁 원인을 보면, '질병' 35명(39.3%), '취직 불가능' 33명(37.1%), '실업' 17명(19.1%), '일본어가 통하지 않아서' 4명(4.5%)이었다.

이 표의 출전에서 확인되는 '질병'이었던 자의 병명은 각기병이 가장 많았다. 즉 도일 후에 일거리가 없어서 영양 섭취를 제대로 하지 못한 결과였던 것이다. 그 외에도 노동 중에 안전사고를 당했기 때문이라든지, 과중한 노동을 견뎌 내지 못했기 때문에 몸이 불편하게 된 사람도 적지 않았다.

'취직 불가능'이 원인이었던 사람들은 도일 후에 계속 구직을 하였지만, 결국 취업하지 못하고 소지금을 소진한 경우였다. '실업'은 실직했거나 해고되어서 일하고 싶어도 일할 수 없었던 경우였을 것이고, '일본어가 통하지 않아서'는 일본어를 몰라서 구직하기가 힘들었던 경우일 것이다.

그들이 귀환선을 탈 수 있었던 것은 대개 친척이나 지인에게 원조를 받거나 여비를 빌렸기 때문에 가능했다. 일반적으로 도일한 한인들은 대부분이 친척이나 지인 등의 연고에 의존하였다. 그들 중에는 일본의 목적지에 도착하여 구직을 하였지만 뜻대로 되지 않아 빈민 상태가 된 경우도 있었는데, 처음 도일할 때처럼 역시 친척의 도움으로 체재하다가 귀향 시에도 친척의 원조에 의해 귀국 연락선을 탈 수 있었다.

이상에서 1920년대 후반에 일본 측 상륙지점인 야마구치현과 조선 측 출발지점인 경상남도의 경찰기관이 조사한 자료를 바탕으로, 도일 이후 일본에서 정착하지 못하고 귀향한 한인들의 이유 및 실태에 대해 검토해 보았다. 비록 일부의 사례에 대해 검토하였지만, 이것은 당시의 기타 귀환자들이나, 그 후 1930년대의 한인 귀환자들에게도 중첩되는 부분이 적지 않다고 추측된다. 그것은 1930년대에 식민지 조선에서 구직 목적으로 도일한 한인들의 인원수는 한층 증가하였으며, 그들이 도일 후 일본 사회에서 처한 구직 및 거주 환경은 이전에 비해 악화되었지 결코 호전되었다고 할 수 없기 때문이다.

5. 소결

이 장에서는 해방 전 일본거주 한인의 생활 상황에 대해, 주거 상황, 노동 생활, 실업구제사업의 취로 상황, 일본 생활에 대한 인식 등의 측면에서 검토해 보았다. 식민지 조선에서 구직차 일본도항을 선택한 한인에게 가장 먼저 해결해야 했던 과제는 주거와 일자리였다. 그러나 실제 그들은 일본 현지에서 그 두 가지를 만족스럽게 해결하기는 매우 어려운 현실에 처했다. 일본에서 주거난에 처한 한인들은 도시부 주변에 보통 일본인들이 살지 않는 곳이나 빈민가에 모여서 살았다. 일본에서 그들의 주된 주거 형태는 인부방, 밥집, 직장 더부살이, 기숙사, 셋집, 셋방, 노동자 숙박소 등이었다. 그중에서도 인부방이나 밥집은 일자리 소개를 겸한 것으로서 기거주 한인들 중에서 일본어에 능통한 사람이 자금을 확보하여 개업한 것이다. 또한 노동 숙박소는 지방 행정기관으로부터 재정 원조를 받은 '친일융화' 단체가 개설한 곳이 대부분이었다.

또한 일본 내 한인들의 노동 및 생활 상황에 대해, 임금과 월간 노동 일수, 실업 상황 등의 측면에서 검토해 보았다. 그들의 임금 수준은 동종의 일본인 노동자보다 1~5할 정도 낮았다. 월간 노동 일수도 일본인

보다 적었다. 대개 절반의 사람들이 월간 노동 일수 20일 이하였다. 따라서 월간 수입도 대체로 낮은 편이었다. 월간 수입이 낮았던 사람 중에는 생활비가 부족하여 빚을 지고 있었는데, 그 빚에는 주로 친척이나 지인들로부터 받은 부조도 포함되어 있다고 볼 수 있다. 특히 극빈층은 지방행정기관으로부터 구호를 받으면서 겨우 연명을 하는 상태였다. 그 한편에서 1920년대 후반 이후 일본의 6대 도시를 중심으로 실시되었던 실업구제토목사업에 취로하는 한인들도 적지 않았다. 하지만 그들의 취로 실태를 들여다보면 일본인 취로자에 비해 취로 기회가 적어서 상대적으로 수입도 낮았다.

이상과 같은 생활 상황 아래에서 일본에 거주했던 한인들은 자신들의 일본 생활에 대해 어떻게 생각하고 있었는지도 검토해 보았다. 그 결과 조사 대상자의 65% 정도가 일본 생활이 조선보다 '편하다'고 인식하고 있었다. '편하다'라는 것은 일본 쪽이 조선보다 노동의 기회가 많고 임금도 높다는 의미라고 생각된다. 그리고 일본에 '영주'할 것인지 아닌지에 대한 회신 결과는 1920년대 후반에는 17%였던 영주 희망자가 1930년대에는 60%를 넘고 있었다. 이러한 조사 결과를 통해 그들이 일본도항 이전 조선에서 겪었던 생활이 얼마나 힘들었는지 추측할 수 있다. 따라서 이미 1920년대 말에 조선행 연락선을 탔던 사람들에 대한 조사 결과에서 '일시 귀환'이 52% 정도에 달해 있었다. 즉 다시 생업이 있는 일본으로 도일할 예정이었던 사람들이 더 많았던 것이었다.

일본 각지에 거주하던 한인들은 식민지 지배하 조선에서 겪었던 생활난을 해결하기 위해 본능적으로 일본도항을 선택한 것이다. 그들의 그러한 선택은 한반도가 식민지 강점으로 인해 일본제국의 노동시장에 포함되었기 때문에 일어난 것이었다.

제5장
1923년 관동대지진과 한인 학살

1. 관동대지진 시 유언비어와 한인 학살

1923년 9월 1일 정오 2분 전 일본의 도쿄, 요코하마를 비롯한 간토(관동) 지방 일대에 대지진이 발생했다. 지진의 진원지는 사가미(相模)만의 북서부로 강도는 7.9였다. 이곳을 중심으로 간토 일대에 20만 명 이상의 이재민이 발생하고, 사망자와 1백억 엔 이상의 재산 피해가 발생했다. 그리고 지진이 일어난 이후 화재가 발생하여 피해가 확대되었다.[1]

여기에서 주목할 것은 대지진으로 인한 피해와 함께 한인이 학살되었다는 것이다. 당시 한인 학살 사건에는 일본 정부에 의한 유언비어 확산이 결정적으로 작용했다. 1923년 9월 당시 일본 사회가 관동대지진을 빌미로 한인을 학살했던 것이다. 문제는 지금까지도 간토 지방, 즉 도쿄도, 지바현, 사이타마현, 이바라키현, 도치기현, 군마현, 가나가와현에서는 일본 민중과 군·경찰에 의해 자행되었던 한인 학살이 규명되지 않았다는 사실이다.[2] 한인 학살의 원인 제공자가 일본 정부와 사회였고, 당시 일본 정부가 사건 자체를 은폐시키려 했기 때문에,[3] 사건 발생 이후에 일본 내에서의 관련 조사가 자유롭지 못했고 지금도 그 영향이 남아 있다.

---

1 김인덕, 1993.9, 「재일운동사 속의 1923년 조선인 학살」, 『순국』 32, 27쪽.
2 강효숙, 2013, 「관동대진재 당시 피학살 한인과 가해자에 대한 일고찰」, 『관동대지진과 한인 학살 사건』, 동북아역사재단 참조. 지금까지는 실증적인 연구가 제한적이었다. 여러 이유 가운데 우선 거론할 수 있는 것이 일본 정부의 식민지 과거사 은폐 야욕과 한국 정부의 무성의함이다.
3 山田昭次, 2011, 『關東大震災時の朝鮮人虐殺とその後-虐殺の國家責任と民衆責任』, 創史社, 98-102쪽.

1923년 관동대지진 한인 학살의 배경에는 일본의 정부와 민중에 뿌리박힌 한인에 대한 차별이나 배외(排外)의식, 증오, 공포가 작용한 것으로 보인다. 여기에는 조선이나 일본에서 발생했던 한인의 민족 독립운동이 영향을 주었다고 할 수 있다. 3·1 독립운동이나 민족운동·노동운동 등에 대한 국가의 탄압, 독립운동과 민족운동, 노동운동이 '불령선인(不逞鮮人)'에 의해 이루어지고 있다는 인상이 민중 속에 심어져 있었기 때문이다. 동시에 동학혁명으로부터 시작된 조선 측의 끊임없는 의병 전쟁, 혹은 이른바 '시베리아 출병(1918~1922년)' 시의 한인 독립운동에 대한 탄압 기억이나 경험이 일본 민중의 배외의식을 높였다는 지적도 있다. 아울러 도쿄에서는 취업을 둘러싸고 한인 노동자에 대한 일본인 노동자의 원한이 있었다는 증언도 있다.[4]

　관동대지진에서 유언비어는 최소한 6천 명 이상의 한인이 학살당한 주된 요인이었다. 한인이 관동대지진의 혼란을 틈타서 폭행, 약탈, 방화, 부인 능욕, 폭탄 투척, 집단 습격, 우물에 독극물 투약 등을 했다는 것이 한인을 학살한 유언비어의 주된 내용이었다. 왜곡의 내용을 정리해 보면 〈표 5-1〉과 같다.

　지진이 일어난 1일 오후 3시경 사회주의자와 조선인의 방화가 있다는 유언비어가 나돌았던 것으로 알려져 있다. 특히 일본 언론들은 유언비어를 보도하여 한인들의 학살을 부추기는 역할을 하였다. 『도쿄니치니치신문(東京日日新聞)』은 9월 1일 자로 일본에서 최초로 지진에 관한 뉴스를 호외로 발간하였다. 9월 3일에는 '불령선인'이라고 하는 한인에

4　다나카 마사타카, 2014, 「간토(関東)대지진과 지바(千葉)에서의 한인 학살의 추이」, 『한국독립운동사연구』 47, 76쪽.

〈표 5-1〉 1923년 관동대지진 시 한인에 관한 유언비어

왜곡된 유언비어	사실
조선인들이 분필로 표식을 하여 폭탄을 던지도록 했다.	청소회사 인부들이 작업할 집의 표식이다
조선인들이 폭탄을 가지고 다닌다.	폭탄이 아니라 사과였다.
흰 셔츠에 통 좁은 바지를 입은 남자와 조선 옷을 입은 여자가 독약을 우물에 넣고 있다.	여자 3명이 쌀을 씻고 있었다.
폭탄과 독약을 가지고 다니는 조선 사람이 있었다.	폭탄이라고 한 것은 파인애플 깡통이고 독약은 설탕이었다.
각처에 조선인이 폭행, 습격, 방화 등의 계획을 암호로 기록했다.	분뇨수집인, 신문, 우유배달부들이 단골집을 분필로 표시한 것이다.
조선인 소유의 폭발물	고춧가루였다.

출처: 김인덕, 1993.9, 「재일운동사 속의 1923년 조선인 학살」, 『순국』 32, 9쪽.

대한 차별적인 용어를 최초로 사용하여 1면 톱으로 보도하였다.[5]

유언비어가 한인 학살의 주된 원인으로 지목되기 때문에, 1923년 관동대지진 한인 학살과 관련하여 유언비어의 진원지를 밝히는 것이 무엇보다 중요하다. 1923년 시기 일본에는 라디오 방송국이 개국되지 않았기 때문에 뉴스 보도는 주로 신문에 의존했다. 내무대신 미즈노 렌타로, 고토 후미오, 아카이케 아쓰시가 이재민 구호와 치안대책을 논의하였다. 주목되는 사실은 이들이 1918년 쌀소동 때 치안 당국자들로 민중탄압의 선두에 섰다가 과잉 진압이라는 여론에 밀려 사임을 경험했고, 민중폭동의 두려움을 경험한 사람들이었다는 점이다. 조선에서 일어났던 3·1운동 때에도 미즈노 렌타로는 정무총감으로, 아카이케 아쓰시는 경무국장으로 재직하면서 한민족의 만세운동을 무력으로 진압했던 적이

---

[5] 김인덕, 2013, 「한국 역사교육 속의 재일조선인과 관동대지진 조선인 학살사건」, 강덕상 외, 『관동대지진과 조선인 학살』, 동북아역사재단 참조.

있다. 따라서 이들은 민중의 의거에 의한 영향력을 알고 있었다. 이들은 대지진 직후 민중의 폭동으로 치안이 혼란에 빠질 것을 걱정했고, 아카이케 아쓰시는 고토 후미오에게 군대의 출병을 요청하는 동시에 내무대신 미즈노 렌타로에게 계엄령 선포를 건의했다. 여기에 대해 미즈노도 동의하여 계엄령 선포의 구실을 탐색했다. 본래 계엄령은 전시나 내란이 전제되어 있을 때 선포하는데, 1923년 관동대지진은 자연재해였을 뿐 전쟁도 내란도 아니었다. 그러나 미즈노 렌타로는 한인의 내습을 이유로 계엄령을 선포했다. 따라서 계엄령의 선포는 어디까지나 일본인 민중의 불만 표출을 사전에 방지하기 위해 이루어졌다고 보아야 할 것이다. 실제로 유언비어가 유포된 것은 오후 2시 이후이다.

지진 진원지와 무관하게 파급된 형태를 보면, 유언비어는 내무성이 광범위하게 전국적인 차원에서 확산시킨 것, 군대가 주도한 것, 말단 경찰관이 퍼뜨린 것 등으로 나눌 수 있다.[6] 지진이나 화재 등의 직접적 피해가 작았던 사이타마현 등에서 학살이 일어난 것은, 내무성이 지방 행정 조직을 통해 자경단을 조직하도록 하고 한인에 대한 경계를 호소하며, "유사시"에 "적절한 방책"을 취하도록 지시했기 때문이었다. 여기서 말하는 '방책'에는 살해도 포함되었다고 보인다. 즉, 한인 살해를 포함한

---

6 다음은 내무성으로부터의 통첩을 사이타마현 내무부장이 이첩한 자료이다. "서발(庶發) 제8호/다이쇼 12년 9월 2일/사이타마현 내무부장/군정촌장 앞/불령선인 폭동에 관한 건 이첩: 이번 진재와 맞물려 도쿄에서 불령선인의 망동이 있어, …이즈음에 정촌 당국자는, 재향군인분회·소방대·청년단 등이 일치 협력하여 그 경계에 임하고, 만일의 경우 유사시에는 신속하게 적절한 방책을 강구하도록 긴급히 충분히 대응해 줄 것을 부탁합니다. 이상과 같은 통첩이 관계자로부터 왔기에 지금 이첩합니다."(山田昭次, 2003, 『関東大震災時の朝鮮人虐殺-その国家責任と民衆責任』, 創史社 참조.)

대응을 내무성이 일본 민중에게 지시했던 것이다.[7] 일본 정부는 유언비어가 사실인 것처럼 퍼뜨리고, '불령의 목적'에 대하여 계엄령을 취해 대응했다.[8]

이렇게 1923년 관동대지진으로 유언비어 속에서 한인은 희생양이 된다. 르네 지라르에 따르면, 희생양, 즉 희생 제의는 공동체 전체를 그들의 폭력으로부터 보호하는 것을 목적으로 하며, 폭력의 방향을 공동체 전체로부터 외부의 희생양으로 향하게 한다. 희생 제의는 도처에 퍼져 있는 분쟁의 씨앗들을 희생양에게 집중시키고, 분쟁의 씨앗에 부분적인 만족감을 주어서 관심을 딴 데로 돌려 버린다는 것이다.[9] 1923년 관동대지진의 혼동 속에 희생양은 한인과 중국인이었는데, 그중에서도 식민지 출신의 이등 신민으로 취급되던 한인이었다. 이는 관동대지진 이후의 한인 학살을 제노사이드로 규정할 수 있는 이유 중의 하나이다.[10]

유언비어는 한인을 학살하게 만드는 직접적인 원인이 되었다. 『도쿄니치니치신문』은 '한인 200명이 경찰과 충돌하여 수십 명의 부상자가

---

[7] 국가 스스로가 퍼뜨린 유언비어로는 9월 3일 아침에 해군 도쿄 무선전신소 후나바시(船橋) 송신소에서 보낸 무전발신이 유명하다. "구레(吳) 진(수부) 부관 앞 타전/9월 3일 오전 8시 15분 요해(了解)/각 지방장관 앞/내무성 경보국장 발송; 도쿄 부근의 진재를 이용하여 한인은 각지에서 방화하고 불령(不逞)의 목적을 수행하려 하는데, 실제로 도쿄 시내에서 폭탄을 소지하거나 석유를 뿌려 방화하는 일이 있어 이미 도쿄부에는 일부 계엄령을 시행하였기에, 각지에서 주밀한 시찰을 충분히 더 늘리고 선인(鮮人)의 행동에 대하여는 엄밀한 단속을 더할 것."(姜德相·琴秉洞 編, 1963, 『現代史資料6: 關東大震災と朝鮮人』, みすず書房 참조.)

[8] 다나카 마사타카, 2014, 앞의 글, 83-84쪽.

[9] 르네 지라르(René Girard) 지음, 김진석·박무호 옮김, 2000, 『폭력과 성스러움』, 민음사, 19쪽.

[10] 오혜진, 2018, 「관동대지진 이후 조선 지식인들의 일본에서의 삶-유진오의 「귀향」과 염상섭의 「숙박기」를 중심으로-」, 『우리문학연구』 58, 254쪽.

생겼는데 현장에서 20명을 검거했으나 모두 달아났다'거나, '불령선인들이 절도, 강간하고 있다'고 보도했다. 근거 없는 허위 사실을 유포했던 것이다. 『오사카아사히신문(大阪朝日新聞)』은 9월 13일 200명의 자경단이 16명의 노동자를 학살했다고 보도했다. 반면에 『호치신문(報知新聞)』은 9월 5일 자로 한인 폭동설은 허설이고 허위 보도라고 했으며, 9월 16일 자에서는 수용 중인 한인의 수는 5천 명이고 유언비어의 발생지는 요코하마라고 밝히고 있다.[11]

아래는 관동대지진 한인 학살 당시를 회고한 어린이의 증언이다.[12]

(1) 이시하라 하사(5학년 여학생): 9월 1일 아침, 학교에서 식을 마치고 집에 돌아와서 잠시 놀고 있었다. 점심 때가 되어 어머니가 불을 피우고 있는데, 갑자기 흔들흔들 집이 심하게 흔들리더니 물이 나왔다. … 조선인이 사람을 죽이고 난폭한 행동을 하고 있다고 말을 하고 있었다. 그런데 '조선인이 오니까 모두 모이시오.'라고 해서 몸이 딱 얼어 붙어서 부들부들 떨렸다. … 오빠와 언니는 어머니가 어디에 있는지 찾아 나섰다. 마침 그 때 조선인이 도망오는데, 그뒤에 사람들이 통나무나 여러 가지 것을 가지고 와서 그 조선인을 때리고 있었다. 그 중 한 조선인은 죽어버렸다.

(2) 가키자키 요시오(6학년 남학생): 3일째 우리 시민들의 간담을 서늘하게 한 것은 조선인들의 무리였다. 시민들은 모두 손과 손에

---

11 이하 각종 신문들의 구체적인 보도 태도는 후술한다.
12 편집부, 1993.9, 「조선인 학살에 대한 일본어린이 증언수기」(본 내용은 『朝鮮人虐殺關連兒童證言資料』, 綠陰書房, 1989의 일부임), 『순국』 32 참조.

긴 대나무 칼을 들고 경계하고 있었다. "와아!" 하고 함성을 지르면서 따라가는 사람을 돌려 보냈다. … 조선인 소동이 대부분 진압되었기 때문에, 5일 드디어 요코하마를 떠나게 되었다. 가는 도중에 보니 요코하마역에 조선인이 벌렁 누운 채로 죽어 있었다.

(3) 후지모리 아키마사(5학년 여학생): 내가 지진으로 공포에 떨고 있을 때였다. 그 지진으로 닛포리역(日暮里駅) 쪽으로 우리집 모두가 피난했다. 그런데 불길이 잡혀서 3일 아침 집으로 돌아가는 도중 사카모토(坂本)파출소 근처에 왔을 때 "죽여라! 죽여라!" 하는 소동이 일고 있어서 오빠가 무슨 일이냐고 주위 사람들에게 물었더니 "××(조선)인이 나쁜 짓을 해서 잡혔어"라고 했다. 나는 그 소리를 듣고 화가 치밀었다. 그 때 ××(조선)인의 얼굴이 피투성이가 된 채 두들겨맞은 것을 보니 가엾은 생각도 들고 울화도 치밀었다.

(4) 이토 기이치(2학년 남학생): 자경단이 가끔 얼씬거리는 것과 등불빛은 으스스함을 더해주었다. … "××(조선)인이 왔다! 잡아라!" 하고 어둠을 꿰뚫는 소리에 나의 마음은 두근거렸다. 그래서 소리나는 쪽으로 뛰쳐나갔다. "죽여버려! 죽여버려!" 하면서 강을 둘러싸고 많은 사람들이 각자 무기를 꺼내서 뭔가 시커먼 것을 두들기고 찌르고 하고 있었다. … 잠시 후 "××(조선)인이 폭탄·철포·피스톨 등을 가지고 운하처럼 쳐들어왔으니 모두 힘껏 분투하라"고 했다. 경고문이 나오자 굉장한 총성이 대지를 흔들었다. 나는 나무토막을 버리고 돌멩이를 집어들었다. 내 마음 속에는 결사(決死)라는 것이 새겨졌다. 요란한 경종소리, 나팔소리,

끔찍한 종소리 … 그러나 ××(조선)인이 오는 기미도 없고 나팔 소리, 경종소리, 총소리도 이제 멎고 난 후에는 또다시 한동안 적막한 밤이 되었다. 처음으로 그것이 유언비어라는 것을 알았다.

위의 증언에서 한인 학살에 관한 구체적인 장면을 확인할 수 있다. 또한 유언비어가 한인 학살에 미친 영향도 알 수 있다.[13]

2. 한인 학살 사건의 실태

앞에서는 유언비어가 한인 학살의 주된 원인이었음을 살펴보았다. 이번에는 한인 학살이 어떤 방식으로 진행되었는지 구체적인 실태를 알아보고자 한다. 도쿄에서는 이미 1일 밤부터 학살이 시작되었다는 증언과 자료가 있으며, 요코하마에서도 상당히 이른 단계부터 학살이 시작되었다고 추측된다.[14]

일본 민간 자경단은 '15엔 55전'의 일본어 발음 등을 기준으로 삼는 방법으로 '불령선인'을 찾기 위한 수색을 진행했다. 일본 관헌이 중심이 된 계엄군은 검문소를 설치했으며, 군대의 수색 활동에는 경찰이나 자경

---

13 한편 조선 유학생은 조선에 돌아가 1923년 관동대지진 상황을 회고하고 있다. 한승인(韓昇寅)은 현재까지 확인된 첫 귀국 유학생으로 9월 6일 동아일보사에 가서 경험담을 얘기했다. 그러나 삭제당했다(한승인, 1983, 『동경진재 한인 대학살 탈출기』, 갈리문고, 94쪽). 이후 조선인학살 사실은 널리 전파되었다.
14 다나카 마사타카, 2014, 앞의 글, 85쪽.

<표 5-2> 도쿄에서의 동향

일시		내용
날짜	시간	
9.1	13시 10분	군 당국, 비상경계령을 발동(근위사단, 제1사단)
	14시경	아카이케 아쓰시(赤池濃) 경시총감, 위수사령관에게 출병 요청, 고토 후미오(後藤文夫) 경보국장(警保局長)과 미즈노 렌타로(水野錬太郎) 내무대신에게 계엄령 시행을 제안
	15시경	기록상, 조선인·사회주의자에 대한 최초의 유언비어
	한밤중	미즈노 대신, 계엄령 시행을 선포. 구(舊) 요쓰기교(四ツ木橋) 등 일부에서 조선인 학살 시작
9.2		야전중포병 제1연대 이와나미대(岩波隊), 고마쓰가와(小松川)에서 조선인을 학살. 도쿄시 및 주변 다섯 개 군에 계엄령 시행. 내무성, 사이타마현의 조선인에 대한 경계 명령. 내무성, 지바현 후나바시(船橋)의 해군 도쿄무선전신소에서 조선인에 대한 경계를 호소하는 전보를 널리 띄우도록 지시. 구 요쓰기교 부근에서 군대가 조선인을 학살(2일 또는 3일)
9.3		도쿄 부 전역과 가나가와 현에 계엄령을 확대
	8시경	오시마정(大島町)에서 중국인 학살(조선인이 포함됐을 가능성도 있음). 이후, 수차례에 걸쳐 학살
	16시경	에이타이교(永代橋)에서 군대가 조선인을 살해(32명이 살해되었다는 기록이 있음)
9.4		가메이도(龜戶) 경찰서 내에서 조선인을 학살. 조선인 검속을 지시
9.5	3시경	히라사와 게이시치(平沢計七)를 시작으로, 사회주의자가 군대에 의해 학살됨
9.12		교니치 공제회(僑日共濟会, 일본 화교조직-역자 주) 회장인 왕시티엔(王希天)이 군인에 의해 살해당함
9.16		오스기 사카에(大杉栄) 일행이 아마카스(甘粕) 헌병 대위에게 살해당함

출처: 다나카 마사타카, 2014, 「간토(関東)대지진과 지바(千葉)에서의 한인 학살의 추이」, 『한국독립운동사연구』 47, 77-78쪽.

단이 공동보조를 취하기도 했다.[15] 구(舊) 요쓰기교(四ツ木橋) 부근에서 군대의 한인 학살이 이루어졌으며, 가메이도 경찰서 내에서도 한인이 학

---

15 강덕상 지음, 홍진희 옮김, 1995, 『관동대지진과 한인 대학살의 진상 한인의 죽음』, 동쪽나라, 159-161쪽.

<표 5-3> 사이타마현·군마현에서의 학살 동향

일시		내용
날짜	시간	
9.2	저녁	사이타마현 내무부장이 내무성으로부터의 지시에 의해 '불령선인 폭동에 관한 건'을 현 내의 정(町)과 촌(村)에 전달하여, 한인에 대한 경계태세를 구축(~3일)
9.4		지바현과 사이타마현에 계엄지역 확대
	2시	오미야(大宮)에서 민중이 한인을 살해
	9시경	군마현 구라가노(倉賀野)에서 민중이 한인을 살해. 사이타마현 구마가야(熊谷)·혼조(本庄)·진보하라(神保原)에서, 군대가 호송 중인 한인 집단을 민중이 살해(대낮부터 밤까지)
9.5	해 뜰 무렵	군마현 후지오카(藤岡)에서 민중이 경찰서를 습격하여 한인을 살해(~6일)
	22시경	요리이(寄居)에서 자경단이 경찰서를 습격하여 한인을 살해 ※ 이해에 사이타마현에서는 학살당한 한인의 묘로서, 주민에 의해 '한인 강대흥지묘(朝鮮人姜大興之墓)'[사이타마시 조센지(常泉寺)], '감천수우신사(感天愁雨信士)'[구학영(具学永)묘, 요리이정 쇼주인(正樹院)]이 만들어졌음

출처: 다나카 마사타카, 2014, 「간토(関東)대지진과 지바(千葉)에서의 한인 학살의 추이」, 『한국독립운동사연구』 47, 77-78쪽.

살당했다.

1923년 관동대지진 당시, 한인들의 생명은 군인과 경찰, 자경단의 임의 판단에 맡겨진 상태였다. 당시 한인들은 죽음을 피하기 위해 도망을 치기도 했으며, 체포되었을 때는 타살되는 경우가 대부분이었다. 자경단의 한인 참살 무공담이 재해 지역을 중심으로 퍼지기도 했다고 알려져 있다. 9월 1일 이후 학살은 다양한 지역에서 심화되었다.

사이타마현에서는 피난해 있던 한인을 구조된 자든, 부랑자든 상관없이 추방하거나 다른 방법으로 방출하는 방식으로 학살이 이루어졌다. 9월 4일 이후 사이타마, 군마, 지바 등지에서 조직적인 한인 학살 사건이 있었다. 구마가야(熊谷), 혼조, 진보하라(神保原) 등 사이타마현 북서부의

<표 5-4> 치바현에서의 학살 동향

일시		내용
날짜	시간	
9.1	23시 40분	야전중포병 여단 제1연대, 지바현 고노다이(国府台)에서 도쿄로 출동
9.2	이른 아침	나라시노의 기병연대에 출동 명령
	정오	나라시노(習志野) 기병 제15연대, 도쿄 방면으로 출동
9.3		도쿄 피난민, 오와다신덴(大和田新田)에 유언비어 전파
	8시경	해군 도쿄 무선전신소 후나바시 송신소로부터 유언비어를 무전으로 발신
	저녁	후나바시 송신소장, 자경단을 모음→'조선인은 죽여도 지장이 없다. 후나바시정의 소학교에서 폭탄이 발견됐다'는 유언비어 → 이 소학교에 피난 온 조선인, 자경단에 의해 부상
	23시경	호쿠소 철도(北総鉄道)[현재의 도부노다선(東武野田線)] 건설 노동자 1명 살해, 15명 상해(후나바시 경찰서 앞)
9.4		지바현과 사이타마현에 계엄지역 확대
	11시	민중이 조선인 십수 명을 살상(후나바시정 경찰서 부근)
	16시경	민중이 조선인 3명 살해[후나바시정 고코노카이치(九日市) 격리 병원 앞] 후나바시정 고코노카이치, 민중이 조선인 38명을 살해
	밤	히가시가쓰시카군(東葛飾郡) 나카야마촌(中山村) 와카미야(若宮) 근처, 민중이 조선인 13명을 살해
9.5		다카쓰(高津) 임시막사에 조선인 수용 개시
	정오	히가시가쓰시카군 나카야마촌 와카미야에서 민중이 조선인 3명을 살해. 한편, 마루야마(丸山)에서는 2명의 조선인을 다른 마을 자경단으로부터 지킴
9.6		군(軍)으로부터 조선인을 죽이지 말라는 전단. 후쿠다촌(福田村)·다나카촌(田中村) 사건(민중에 의한 일본인 행상 학살사건)
9.7-9		수용소 조선인을 인근 마을에 넘겨주어, 민중이 살해. 수용소에서도 헌병 등에 의해 조선인 선별 살해

출처: 다나카 마사타카, 2014, 「간토(関東)대지진과 지바(千葉)에서의 한인 학살의 추이」, 『한국독립운동사연구』 47, 77-78쪽.

나카센도(中山道)를 따라 일어난 학살은 9월 4일에 있었다. 사이타마현 서북부에서는 민중이 직접 학살을 저질렀다는 점을 특징으로 들 수 있다.[16] 9월 5일 해 뜰 무렵 군마현 후지오카(藤岡)에서 민중이 경찰서를 습격하여 한인을 살해했다.

지바현에서 가장 많은 한인이 살해당했다고 여겨지는 후나바시에서의 학살은 같은 달 3일부터 시작되었다. 대규모의 학살은 같은 달 4일에 일어났다. 후나바시에서 해군무선송신소장이 주민에게 무기를 들게 하여 경계 태세를 갖추게 하였으며, 여기에서는 일본 민중이 직접 학살에 가담하기도 했다.

가나가와현에서는 9월 2일 다카시마정(高島町)과 가나가와, 요코하마항에서 중국인을 학살한 기록이 확인된다. 또한 요코하마와 그 주변에서 한인 학살이 이루어졌으며, 이틀 뒤인 9월 4일 쓰루미(鶴見)에서 자경단의 한인 학살이 벌어진 것으로 확인된다.

1923년 관동대지진 한인 학살 당시에는 여성이나 어린이까지 학살의 대상이 되었으며, 사상을 조사해 '불령'이라고 판단된 한인을 학살하기도 했다는 면에서 한인 학살은 일본인 사회주의자·무정부주의자 사건(가메이도 사건·오스기 사카에 사건)이나, 중국인 노동운동가 왕시티엔(王希天)을 군대가 죽인 사건과 동시에 자행되었던 제노사이드라고 정의할 수 있다.

1923년 9월 1일에 발생한 지진으로 간토 지방에서 20만 명이 넘는 이재민과 10만 명의 사망자가 발생했다.[17] 지진 발생 다음 날인 9월 2일부터 6일까지 대학살이 이루어졌고, 이후에도 부분적인 학살은 계속되었다. 당시 조사 결과와 현재 연구 성과에 의하면, 관동대지진 이후 6천 명 이상의 한인과 650명 이상의 중국인, 십여 명의 일본인 사회주의자

---

16 강덕상, 1995, 위의 책, 165-169쪽.

17 실태 관련 서술은 정혜경의 연구를 참조한다. 정혜경, 2021, 『반일과 친일의 재일코리안 운동』, 선인.

〈표 5-5〉 가나가와현에서의 동향

일시		내용
날짜	시간	
9.1	15시경	요코스카(横須賀) 진수부(鎮守府, 일본해군 관구의 감독기관-역자 주)에 군함 파견 요청
	18시	요코스카 형무소 죄수 1,134명 일시 석방
	19시경	한인에 관한 유언비어 기록
	20시	모리오카(森岡) 경찰부장 '고레아마루(これあ丸)' 배의 통신설비를 이용해 내무성, 오사카(大阪), 효고(兵庫) 등에 구원 요청
9.2		다카시마 정(高島町)·가나가와·요코하마 항에서 중국인 학살의 기록, 요코하마 및 그 주변에서 한인 학살의 기록
	5시	니시자카 가쓰토(西坂勝人) 고등과장, 육군에 군대 파견 요청을 위해 요코하마 출발
	12시 30분	헌병대 본부, 요코하마시의 정황 시찰을 위해 헌병 5명을 자전거로 파견
	23시 30분	해군 육전대, 이소고(磯子)에 상륙, 시내 각지를 경계
9.3	3시	니시자카 일행 요코하마로 귀환
	아침	군함 '이스즈(五十鈴)'·'가스가(春日)' 도착, 경계에 들어감
	11시	보병 도착
	14시 40분	나라시노(習志野) 기병 제15연대 도착. '불령선인'에 대한 자위 권고[미우라 군(三浦郡) 군장(郡長)] '한인 폭동설' 허위 보도를 통달 (요코스카 진수부·요코스카시청·위수사령부로부터)
9.4	이른 아침	보병·기병·공병의 대부대 도착
	7시 30분경	쓰루미(鶴見)에서 한인 학살(자경단)
9.9		경찰에 수용 검속당한 한인, 요코하마 항 정박 중인 배 '가잔마루(單山丸)'에 수용 (723명)

출처: 다나카 마사타카, 2014, 「간토(関東)대지진과 지바(千葉)에서의 한인 학살의 추이」, 『한국독립운동사연구』 47, 77-78쪽.

들이 학살당한 것으로 추정된다. 한인으로 오인되어 학살된 오키나와(沖縄) 출신 일본인들도 있었다.[18]

---

18 도미야마 이치로(富山一郎) 지음, 손지연·김우자·송석원 옮김, 2009, 『폭력의 예감』, 그린비, 88쪽.

일제강점기에 활동한 유진오는 소설『귀향』에서 1923년 관동대지진 한인 학살에 대한 기억을 사실적으로 묘사하기도 했다.[19]

여섯해 전. 땅이 함부로 흔들니며 집이 되는대로 넘어갓다. 밤이되면 하늘을 찌르는 불꽂이 이 세상의 결말을 지을 듯이 인구 이백만의 큰 도회를 뭇질넛다. 사람의 목숨이 일전자리고 고무풍선 보다도 더 헐하게 최후를 지엿다. 번적이는 쇠끗과 색감안 긔게의 구멍. 어둠에서 내 어미는 등불. 난데업는 총소리. 어느 백작의 집담 박에서는 산양 총을 든 젊은 사내가 아츰마다 아츰마다 길로 향한 이집 이층의 한방 문을 치어다보고 혀를 툭툭치며 왓다 갓다 하엿다. … 한 밤중에 현관문을 흔드는 사람이 잇섯다. 노파를 압세우고 벌벌 떨며 나아간 우리들의 눈압헤는 우리의 붉은 가슴 한복판을 향한 색감안 쇠구멍이 잇섯다. 우리는 손이 발이 되도록 빌엇다. 무엇을 생각하엿든지 복면의 사내는 놉흔 우슴소리를 던지고 어둠 속으로 사러저 버리엿다.

인용한 부분에는 지진 당시의 상황과 학살이 이루어지는 장면, 학살의 대상이 된 한인의 두려움 등이 묘사되어 있다.[20] 최승만(崔承萬)은 문집『극웅필경(極熊筆耕)』에 피살의 상황을 제시하고 사망자의 명단을 수록하기도 하였다. 최승만은 사건 발생 직후 상하이 임시정부 기관지인『독립신문(獨立新聞)』의 파견원과 함께 사망자를 조사했다. 그 결과로 기재된 사망자 수는 도쿄부 1,347명, 가나가와현 4,106명, 사이타마현

---

19 유진오, 1930,「귀향」상,『별건곤』, 134쪽.
20 오혜진, 2018, 앞의 글, 253쪽.

588명, 지바현 324명, 도치기현 8명, 이바라키현 5명, 군마현 37명 등 6,415명이었다.

주목할 것은 1923년에 조사단이 '이재동포위문단'이라는 이름으로 편성되었다는 점이다. 당시 조사단은 한민족이 주체였다. 조사는 일본 당국의 방해와 통제 속에서 이루어졌다. 단적인 예로, 요시찰 인물이었던 이근무에 대해 이바라키현 경찰이 구체적인 행동을 보고한 자료를 들 수 있다. '11월 22일 오후 12시 11분 조반(常磐)선 도리데(取手)역에서 열차로 들어온 이근무를 지바현으로부터 미행인계를 받아 사찰', '재해위문단의 한 패인 것으로 사료'된다는 것이 그 내용이다. 이러한 상황에서도 이근무는 니누마(新沼)군 나카야무라(中家村) 등을 돌며 정채방(鄭采方)을 방문하고, 이틀을 머물며 현장에서 조사를 실시했다. 또한 조사 단원이었던 이철은 유족을 방문해 여러 증언을 수집하였다. 임시정부 파견원도 편지에 다음과 같은 내용을 적었다. "가는 곳마다 풀무더기 같은 시체를 보면 가슴이 아팠고 눈을 부릅뜬 채 불탄 시체를 만났을 때는 온몸이 떨렸다. 개명 천지에 끝이 있다 한들 우리들의 처절한 원한은 언제나 풀릴 수 있을런지. 이 원한을 풀어줄 이는 누구인가. 공산명월 야삼경 두견이 슬피 울면 7천 우리 동포의 고혼들이 마음속에 떠도는구나."[21]

일본 정부와 조선총독부는 한인 학살 관련 기사에 대해 보도를 통제하고 내용을 축소 왜곡하였기에, 당시의 보도는 실제 상황과 일치하지 않았다. 일본 정부 역시 당국자에 따라 사실과 다른 내용을 알렸다. 일본 사법성의 조사는 한인 사망자를 233명으로 정리하였고, 내무성 조사는

---

21 姜德相, 1975, 『関東大震災』(中公新書), 中央公論社, 155-156쪽.

231명의 한인이, 조선총독부는 832명의 한인이 사망했다고 밝혔다. 개인적 차원에서는 사이토 마코토 총독의 개인적 정치고문으로 활동한 아베 미쓰이에(阿部充家)가 사이토 총독에게 한인 사망자가 300명 이하라고 보고한 바 있다.[22]

위와 같은 일본 당국의 사실 왜곡과 은폐로 인해서 1923년 관동대지진 한인 학살의 정확한 상황을 파악하는 것이 쉽지 않았다. 피살 내용은 보도 통제로 간토 지방을 제외한 곳에는 즉각 알려지지 않았기 때문이다. 지진이 일어났다는 정보는 조선에서도 당일에 보도가 되었고, 『동아일보』와 『조선일보』에서는 특파원을 파견하기도 하였으나 한인 학살과 관련하여서는 일본 당국으로부터 게재금지 등의 보도 통제가 내려졌다.[23]

한편 9월 6일 도쿄이재한인임시구제회(東京罹災韓人臨時救濟會)가 결성되었고, 조선에서도 9월 8일 재도쿄이재한인임시구제회(在東京罹災韓人臨時救濟會)가 발족했다. 해당 단체의 목적은 응급 구제였다. 단체가 발족되었던 당시는 여전히 학살이 진행되는 와중이었다. 이 과정에서 학살을 겪은 최승만, 한위건(韓偉健), 박사직(朴思稷) 등은 천도교청년회 사무실에 모여 대책을 논의하였으며, 도쿄지방이재한인구제회를 결성하고 조사 사업에 착수했다.[24] 또한 10월 3일 천도교회에 이재조선동포위문

---

22 "도쿄에서도 사실의 진상이 밝혀짐에 따라 한인 사망자수는 의외로 적고 한인 사이에서도 300인 이하라고 말하는 자도 있습니다. 한 때의 격앙은 점차 식어가는 경향입니다. 이 때 힘써 냉정한 태도로 임하시기를 바랍니다."[이형식, 2017, 「'제국의 브로커' 아베 미쓰이에(阿部充家)와 문화통치」, 『역사문제연구』 37, 470쪽].

23 자세한 보도의 내용은 후술한다.

24 김인덕, 2014, 「1923년 관동대지진 한인 학살과 조일운동세력의 동향」, 『관동대지진과 한인 문제연구』(재일코리안 국제학술대회 자료집, 2014.8.29), 38-39쪽. 이하 자세한 내용은 후술한다.

반이 발족되었으며, 도쿄조선유학생학우회가 중심이 되어 조선기독교청년회, 천도교청년회 등이 조사에 참가하기도 했다.

이러한 상황에서 친일단체인 상애회(相愛會)가 등장했다. 상구회(相救會)에서 출발해 1921년에 개칭한 상애회는 1923년에 10만 명가량의 회원을 가진 단체로, 한인 노동자를 착취하고 재일 한인 노동단체를 방해하던 단체라고 알려져 있다. 상애회는 노동봉사대를 조직했으며, 지진 발생 직후 300명의 노동봉사대를 편성해 시체 처리와 복구 작업에 나서기도 하였다.[25]

동시에 1923년 관동대지진 한인 학살은 재일 한인 사회를 변모시키는 계기가 되기도 했다. 대표적 예시라고 할 수 있는 인물이 재일 한인 사회의 대표적인 항일적 인물로 평가받는 김태엽(金泰燁)이다. 1923년 8월 31일 상애회 사설 유치장을 벗어나 도쿄노동동맹회 사무실에 머물다가 다음 날 지진을 만난 김태엽은 박열(朴烈), 가네코 후미코(金子文子), 이헌(李憲), 마명(馬鳴), 강대권(姜大權), 박흥곤(朴興坤), 정연규(鄭然圭) 등 도쿄노동동맹회 간부들과 사카이 도시히코(堺利彦)의 비서 후지오카 준키치(藤岡純吉)와 함께 요도바시 경찰서 유치장에 63일간 수용되었다. 김태엽은 고문을 받던 중 옆방에서 벌어지는 학살을 목도한 것으로 알려져 있다. 김태엽의 기록을 보면, 그가 투옥된 감옥의 창밖 뒷골목에서 4, 5명의 일본인이 대창을 들고 한인을 살해하는 사건이 9월 10일까지 여러 차례 계속되었다는 것을 확인할 수 있다.[26] 한인 피살을 목격했던 경험은 김태엽에게 '치명적인 정신적 타격'을 주었을 뿐만 아니라 노동

---

25 자세한 내용은 후술한다.
26 金泰燁, 1984, 『抗日朝鮮人の證言』, 不二出版, 113-116쪽.

운동가로서 성장하는 계기가 된 것으로 보인다. 그는 1924년 3월 오사카에서 열린 '한인 학살 사건 규탄대회'에 참석해 한인 피살 소식을 알리거나, 오사카와 호쿠리쿠(北陸) 지방 등지에서 한인 노동자 조직화와 파업을 주도하기도 하였다.

김태엽과 함께 수용되었던 박열[27]은 한인 학살의 혼란 속에서 대역사건의 주모자가 되어 22년간 장기수형자가 되었다. 9월 2일 오후 5시 당시 박열은 지진의 상황을 알아보기 위해 밖으로 나갔으며, 요쓰야(四谷)의 후세 다쓰지(布施辰治) 변호사 사무실에 가서 잡지 광고를 청탁했던 것으로 알려져 있다. 이후에 지인들을 만나 지원금으로 20엔을 받아 집

---

[27] 경북 문경에서 태어났다. 경성고등보통학교 사범과 재학 중에 젊은 일본인 교사로부터 고토쿠 슈스이(幸德秋水)의 대역사건 이야기를 접했고 아나키즘(무정부주의)에 대해 알게 되었다. 3·1운동 당시에 지하신문을 발행하고 격문을 살포하는 등 독립운동에 참여하다가 3학년에 퇴학을 당하자 10월에 도일했다. 고학을 하며 세이소쿠(正則)영어학교에 다니다가 1921년에 정태성(鄭泰成), 김천해(金天海), 최갑춘(崔甲春)과 함께 조선고학생동우회에 참가했고, 일본 아나키스트인 오스기 사카에(大杉榮), 이와사 사쿠타로(岩佐作太郎)와 교류했다. 1921년에 박열은 비밀결사단체인 혈거단(血擧團)을 조직한 후 1921년 11월에 김판권(金判權), 정태성, 조봉암(曺奉岩)과 함께 흑도회(黑燾會)를 창립했다. 1922년 4월에 비밀결사 불령사(不逞社)를 조직한 후 12월에 흑도회를 해산하고 흑우회(黑友會)를 결성하고 기관지 『불령선인(不逞鮮人)』을 발간했으며, 국내에 흑로회[黑勞會, 일명 풍뢰회(風雷會)]를 조직했다. 관동지진 발생 후 한인 단체 간부들과 함께 요도바시 경찰서 유도장에 수용되어 있던 중, 대역사건으로 기소된 후 1923년 10월 24일부터 1925년 6월 6일까지 예심재판을 거쳐 1926년 2월 26일부터 열린 공판 결과, 아내 가네코 후미코(金子文子)와 함께 사형을 언도받았다. 그러나 4월 5일 황실로부터 무기징역으로 감형되어 지바형무소에 수용되었다가 1945년 10월 27일 일본에 진주한 미점령군의 '정치범 즉시 석방'에 관한 포고령에 의해 석방될 때까지 아키타(秋田)형무소에서 수감 생활을 했다. 박열의 생애와 활동 내용에 대해서는 다음을 참조. 坪江仙二, 1966, 『朝鮮民族獨立運動秘史』, 巖南堂書店; 朴慶植, 1975, 『在日朝鮮人關係資料集成』, 三一書房; 김준엽·김창순, 1969, 『한국공산주의운동사2』, 고려대학교아세아문제연구소; 김삼웅, 1996, 『박열 평전』, 가람기획; 김인덕, 2013, 『극일에서 분단을 넘은 박애주의자 박열』, 역사공간.

으로 돌아가던 중 집 앞에서 경찰에 검거당했다. 이튿날 9월 3일 가네코 후미코[28]도 검거되어 세타가야(世田谷) 경찰서에 보호검속 당하게 되었다. 박열과 가네코 후미코가 연행된 것을 비롯해 10월 정태성·장상중·최규종·홍진유 등 불령사 회원들이 일제히 검속되는 등 모두 6천 2백여 명의 한인이 검속되었다.

일본 정부는 10월 16일에야 한인 학살에 대한 신문 보도를 해금시켰다. 한편 일본 정부는 10월 20일 느닷없이 불령사의 16명을 체포하고 비밀결사 조직 혐의로 검사국에 기소했으며, 치안경찰법을 적용했다. 이들은 10월 20일 도쿄지방재판소 검사국에 의해 치안경찰법 위반 용의로 기소, 이치가야(市ヶ谷)형무소에 수감당했다. 『오사카아사히(大阪朝日)신문』은 「지진 중의 혼란을 틈타 도쿄에서 대관 암살을 기도한 불령선인의 비밀결사 대검거」라는 제목의 기사를 실었다. 박열은 해당 결사의 중심 인물로 기재되었다. 앞에서 본 한인 학살의 실태를 토대로, 일제는 1923년 관동대지진이 초래한 혼란을 해결하기 위해 한인 학살과 사회

---

28 박열의 부인으로 그가 존재하는 본질이라고 할 수 있다(이하의 내용은 다음을 참조. 김인덕, 2013, 위의 책, 68-69쪽). 가네코 후미코와 박열의 만남은 정우영을 통해서였다. 그녀는 세이소쿠영어학교로 가는 길에 정우영의 하숙집에서 들렀다. 정우영은 가네코 후미코에게 『청년조선』의 교정쇄를 보여 주었다. 이때 박열의 시 「개새끼」가 실려 있었다. "나는 개새끼로소이다./ 하늘을 보고 짖는/ 달을 보고 짖는/ 보잘것없는 나는/ 개새끼로소이다./ 높은 양반의 가랑이에서/ 뜨거운 것이 쏟아져 내가 목욕을 할 때/ 나도 그의 다리에다/ 뜨거운 줄기를 뿜어대는/ 나는 개새끼로소이다." 그녀는 자서전에서 그 첫인상을 적고 있다. "강한 힘을 느낄 수 있는 시였던 것으로 기억한다. 한 구절 한 구절이 나의 마음을 강하게 비끄러맸다. 그리고 그 시를 다 읽었을 때 나는 정말이지 황홀할 정도였다. 내 가슴의 피는 뛰고 있었다. 어떤 강렬한 감동이 나의 전 생명을 고양하고 있었다.(가네코 후미코 지음, 정애영 옮김, 2012, 『무엇이 나를 이렇게 만들었는가』, 이학사)" 박열의 시 「개새끼」를 읽은 가네코 후미코는 곧 숙명적인 사랑에 빠졌다. 이때 박열은 일정한 직업도 없이 친한 친구 집을 전전하면서 생활했다.

운동가들의 탄압을 정략적으로 이용하여 민심을 수습하고 정국을 타개하고자 했다고 결론 내릴 수 있다.[29]

3. 한인 학살 사건에 대한 대응

1) 학살사건에 대한 재일 한인의 대응

결론적으로 1923년 관동대지진이 발생한 직후 한인이 죽어 가는 상황에서도 일본거주 한인 조직은 적극적인 활동을 하지 못하였다. 재일 한인 가운데 선구적인 활동가들은 투옥되거나 감금된 상태였기에 학살 사건에 대응하는 전술을 구상할 수 없었으며, 규탄 활동을 시행할 체제도 갖추지 못했기 때문이다.

살아남은 한인들은 유일하게 소실을 면한 한인 단체였던 천도교청년회 사무실에 모였으며, 한위건, 김은송, 이동제, 최승만, 박사직, 이근무 등이 상황 수습과 관련한 논의를 진행했다. 일본에서는 박달성이 도쿄로 간 이후 본격적으로 천도교청년회 도쿄지회의 설립이 추진되었다.[30] 1921년 1월 10일 방정환, 김상근, 이기정, 정중섭, 박달성은 천도교청년회 도쿄지회를 설립할 것을 발기했다. 여기에는 방정환, 김상근, 이기정, 정중섭, 이태운, 박춘섭, 김광현, 박달 등 10여 명이 모였다. 같은 해

---

29 김인덕, 2013, 위의 책, 92-93쪽.
30 崔文泰, 1921.2, 「듯느냐 보느냐 靑年同德아」, 『天道敎會月報』 127, 78쪽.

1월 23일에 방정환, 이기정, 박달성 등의 천도교 청년들은 계림사에서 시일예식을 거행했다.[31] 당시 조직적 기반이 있던 천도교 조직은 1923년 관동대지진 한인 학살 이후 사후 처리에 일정하게 역할을 할 수 있었다.

이 조직과 기독교 조직에 연계된 일본거주 한인들은 도쿄지방이재조선인구제회를 결성하고 조사 사업에 착수하였다. 조선[32]에서는 기독교인들이 1923년 9월 6일 기독교청년회관에서 기도와 의연금 모금 등의 구제 활동을 논의했다.[33] 9월 7일 오후 8시 30분경 경운동 천주교당에서 유성준 이하 21명이 집회하여 도쿄지방이재조선인구제회를 발기했다. 그리고 다음 날 9월 8일 같은 장소에서 발족되었다.[34] 이날 도쿄지방이재조선인구제회의 임시회장으로 유성준이 선정되었다.[35]

도쿄지방이재조선인구제회의 목적은 도쿄에서 이재를 당한 한인을 응급 구제하는 것이었다. 6일에는 유학생 신태악, 임정교를 통해 유학생

31　朴春坡, 1921.1, 「東京에 잇는 天道敎靑年의 現況을 報告하고 아울러 나의 眞情을 告白함」, 『天道敎會月報』 126, 54-58쪽.

32　당시 동아일보사와 조선일보사, 경성부 그리고 인천부가 의연금 모금에 앞장섰고, 국내 주요 도시와 일부 지방에서도 의연금 모금을 위한 구제회가 조직되었다[성주현, 2014, 「1923년 관동대지진에 대한 국내의 동향과 전승」, 『관동대지진과 조선인문제 연구』(청암대학교 개교 60주년 재일코리안연구소 국제학술대회), 동북아역사재단, 70-71쪽].

33　「기독교인의 구제협의」, 『조선일보』, 1923.9.8.

34　「在東京罹災朝鮮人臨時救濟會發起會ノ件」(京鍾警高秘 제10471-2호, 1923.9.8). 이 회에는 임시재경일본유학생회, 조선일보사, 동아부인상회, 조선기독교청년회, 조선청년회연합회, 조선소작인상조회, 동아일보사, 도쿄이재조선인임시구제회, 보천교, 천도교, 창문사 등이 참가했다. 주요 인물로는 유성준, 김병효, 정현모, 홍덕유, 임경재, 김정국, 류병룡, 최원순, 이순탁, 장평종, 김윤수, 김철수, 김건호, 이범승, 이태위, 고원훈, 심명섭, 이인, 김용무, 신태악 등이 보인다.

35　「참화에 죽어가는 동포를 위하여 동경지방이재한인구제회 성립」, 『동아일보』, 1923.9.10; 「구제회의 구체적 조직」, 『조선일보』, 1923.9.10.

회에서 상무위원 5명을 선정하고, 일본이재 한인 상황조사위원 3명을 선정하여 구제 활동을 진행했다.

위와 같은 활동을 한 도쿄지방이재조선인구제회는 당시 종로경찰서의 감시 대상이 되었다. 종로경찰서는 이재조선인구제회가 도쿄의 한인들이 도쿄 지역에서 학대를 받거나 부당한 방법으로 조사를 받았다는 증거를 모아 여론을 환기시키고, 일본 당국에 대항할 목적으로 조사에 착수했다.

그 외에도 비슷한 성격의 단체가 존재했다. 10월 3일 도쿄 고이시가와구 오쓰카시다마치(大塚下町)의 천도교회에 설립되었던 이재조선동포위안반이 그것이다. 조직의 위원으로는 이동제가 선정되었다. 그는 조선과 도쿄 간의 편지 연락과 구호에 진력했다.[36] 이 조직은 본래 도쿄지방이재조선인구제회, 재일조선동포피학살진상조사회 등이라고도 불렸으나, 계엄령하에서 일본 경시청으로부터 학살이라는 명칭은 불온하다는 이유로 상기의 조직명을 허가받지 못하고 이름을 이재조선동포위안반으로 개칭했다. 이 조직의 중심은 도쿄조선유학생학우회였다. 또한 조선기독교청년회, 천도교청년회 등이 참가했다.[37] 그러나 일본에 파견되어 학살사건 등의 조사 활동을 전개하고 있던 도쿄지방이재조선인구제회는 결국 외압에 의해 해산당했다. 10월 25일 이전에 이미 일본 정부에

36　山田昭次, 2011, 앞의 책, 100쪽.
37　조선기독교청년회, 천도교청년회는 실제로 한인박해사실조사회를 조직하고, 동아일보사로부터 2천 엔의 지원금을 받고 백무, 변희용, 한위건, 이동제, 박사직, 이근무 등이 활동했다. 그리고 이들 단체는 보고 대회를 1923년 12월 25일 열었다(윤소영, 2013, 「관동대진재와 한일갈등해소를 위해 힘쓴 사람들」, 『關東大震災90周年國際シンポジウム』, 立命館大學코리아研究센터·독립기념관한국독립운동사연구소, 132쪽).

의해 해산당한 뒤에 일본 내의 이재 한인 구제 활동이 금지를 당했다.[38] 물론 성과가 없는 것은 아니었다. 특히 진보적인 일본인들은 이재 한인에게 관심을 가졌다. 그 가운데 주목할 만한 인물로 후세 다쓰지가 있다.

그는 도쿄지방이재조선인후원회의 고문으로도 활동했다. 후세 다쓰지는 '자유법조인 후세 다쓰지'라는 명분으로 1923년 관동대지진 한인 학살 사건의 조사, 고발의 선두에 섰다. 후세 다쓰지는 피살동포추도회에서 추도 강연을 하였으며, 1923년 관동대지진 한인 학살에 대한 당국의 태도를 비판하면서 다음과 같이 말했다.[39]

> 생각하면 생각할수록 무서운 인생의 비극입니다. 너무나도 가혹한 비극이었습니다. 특히 조선에서 온 동포의 최후를 생각할 때 저는 애도할 말도 찾지 못했습니다. … 추도한다고 해도 조선 동포 6천 명의 영혼은 성불하지 못할 것입니다. 슬퍼하는 1천만의 추도의 말을 늘어놔도 그들의 원통함이 가득 찬 최후를 주도할 수 없을 것입니다. … 학살은 계급투쟁의 일부였습니다. 우리의 동지가 살해당한 것도, 6천 명의 동포가 그와 같은 처지에 직면한 것도 우리가 계급투쟁에서 패했기 때문입니다.

후세 다쓰지는 1923년 관동대지진 한인 학살 사건을 인간이 저지른 인재, 제노사이드라고 판단했다. 따라서 후세 다쓰지는 1923년 관동대지진 한인 학살에 대해 조선일보사와 동아일보사에 사죄문을 보냈다. 여

---

38 「일본진재시에 학살당한 동포 위하여, 구미위원부」, 『신한민보』, 1923.11.8.
39 『大東公論』 2-2, 1924.11.

기에서 그는 관동대지진 직후의 한인 학살문제에 대해 소신과 소감을 전한다면서 사죄를 표명했던 것에 주목할 필요가 있다. 이후 그는 한인들의 각종 조선총독부와 일본 정부에 대항하는 소송에 적극적으로 변호에 나섰다.

한편으로 1923년 관동대지진 한인 학살이 발생했을 당시, 민간 단위에서 일본인과 한인의 연대는 침체되었다. 평소에 조직과 인적 연대를 갖고 있었던 두 나라의 운동 세력은 혼란을 극복하지 못하였다. 한인 학살 사건에 의해 일본 사회주의자가 탄압당하고 한인 반일운동이 지속되지 못하였던 것이 원인으로 보인다. 또한 한일 양국의 국제 연대의 한계가 드러났다. 일상적인 차원에서 민간인 사이의 지원이 존재했던 것은 사실이나, 각국의 노동자 사이에 존재하던 국제적인 연대와 지원이 원활히 이루어지지 않았던 것 역시 사실이다.

전술했듯이 1923년 관동대지진이 일어나 한인이 학살당하는 상황에서도, 상애회[40]의 박춘금(朴春琴)은 학살의 주범인 경시총감 아카이케 아쓰시를 방문했다. 이 자리에서 박춘금 등의 상애회 일파는 적극적으로 입지 확보에 나섰다. 일본 경시청은 신변을 보호해 줄 수 없다고 입장을 밝혔으나, 상애회 일파는 봉사 행사를 주도하며 한인과 일본인의 화합을 과시하고자 했다. 상애회는 회원 300명으로 노동봉사대를 조직하여 자진하여 도쿄 시내 청소를 하였으며, 시체 처리와 복구 작업도 자청하였다. 이후 상애회는 본격적으로 일제 앞잡이의 역할을 했다.

상애회의 리더 박춘금은 일본에서 상애회를 조직하고 친일 활동을

---

40 김인덕, 2002, 「상애회연구」, 『한국민족운동사연구』 33 참조. 이하 상애회 관련 내용은 별도의 주가 없으면 본 연구를 참고한다.

벌였다.⁴¹ 상애회는 한일병합을 합리화하는 사상, 즉 일시동인(一視同仁)을 중심 사상으로 설정하여 활동했던 친일단체이다. 상애회는 전술했듯이 본래 상구회라는 이름으로 출범, 1921년경에 상애회로 명칭을 변경했으며, 1923년경에는 10만 명가량의 회원을 보유한 거대 조직으로 성장했다. 조직의 이름을 상애회로 변경한 이유는 일본의 입장에서 일본을 위해 일한다는 취지에서 나아가 인류 상애의 정신, 공존공영의 본의에 입각한 일선융화를 철저히 하기 위함이었다고 했다. 상애회를 조직한 박춘금은 일본 정부의 신임을 받으며 활동했으며, 일본거주 한인 노동자를 착취하고 통제하는 데 적극적인 인물이었다고 평가받고 있다.

박춘금과 그가 주도한 상애회는 1923년 12월 27일, "이재귀유선인(罹災歸幽鮮人)"을 위한다는 목적으로 도쿄 시내에서 1923년 관동대지진 한인 학살 추도회를 개최했다.⁴² 일반적으로 일제에 비판적인 시각을 갖고 진행된 추도식은 중지당하는 일이 빈번했으나,⁴³ 상애회가 주도한 행사는 1924년을 비롯하여 지속적으로 개최되었으며, 행사에 일본 정부의 고위 관료, 조선총독부 대표 등이 참여했다는 점에서 일제 친화적인 행사로 기획되고 진행되었다는 것을 알 수 있다.

---

41 김인덕, 2002, 위의 글 참조.
42 『東京日日新聞』, 1923.12.28.
43 『東京日日新聞』, 1924.3.17. 1924년 3월 16일 일본인, 중국인, 조선인이 연합하여 합동추모식이 열렸는데 일제는 이 모임을 해산시켰다. 당시 300여 명의 경찰이 모임 자리에 함께 했고, 스가모경찰서장은 현장에서 조선인과 일본인 각각 10명을 체포했다.

2) 관동대지진 한인 학살에 대한 국내의 인식

(1) 『독립신문』의 경우

관동대지진이 일어난 1923년에는, 많은 한인이 도쿄에 이주해 있었다. 따라서 한인이 학살되고 있다는 소식은 당시 한반도에 살던 한인들에게도 충격적이었을 것이다. 이재민을 조사하고 구제하는 일이 화두로 떠올랐으며, 관동대지진과 관련한 소식은 중국 상하이에서 활동하고 있는 대한민국임시정부에도 전해졌다. 대한민국임시정부는 특파원을 보내 현지 조사를 단행하였고, 당시 대한민국임시정부에서 발행하던 기관지 『독립신문』에 그 결과가 기재되었다.

대한민국임시정부는 기관지를 통해 반일운동 진영뿐만 아니라 국내에도 그 소식을 전하고자 하였다. 『독립신문』은 식민지 모국인 일본에서 "개벽 이래 초유의 괴사 참극"이라고 할 정도의 대지진이 일어났다는 소식을 전하면서, 일본을 "적국"이라고 표기했다.[44] 이는 언론 통제를 받았던 식민지 조선 내의 신문사와는 달리 상하이에 있어 통제를 받지 않았기에 가능한 논조였다. 이러한 표기는 강경하게 투쟁하고자 하는 대한민국임시정부의 태도에서 비롯된 것이라 보인다.

대한민국임시정부의 기관지인 『독립신문』은 일반적인 일제강점기 식민지 조선의 신문처럼 부정기적으로 발행되었다. 『독립신문』은 1923년 관동대지진 발생 이후 이 사건과 관련하여 주요하게 다음과 같이 기사를 발행했다. 9월 4일 자 '호외', 9월 19일 자 164호, 10월 13일

---

[44] 성주현, 2020, 『관동대지진과 식민지 조선』, 선인, 69-101쪽. 『독립신문』의 관동대지진 한인 학살 내용을 참조한다.

자 165호, 11월 10일 자 166호, 12월 5일 자 167호, 12월 26일 자 168호, 1924년 1월 1일 자 169호 등이다. 『독립신문』의 관동대지진 관련 기사는 시간이 지나며 논조가 바뀌었다. 초기에는 관동대지진의 피해 상황을 전달하고자 하였으나, 점차 일본거주 한인의 피해와 한인 학살에 초점을 맞춘 기사가 보도되었다. 이때도 『독립신문』이 일본을 '적국'으로 표기한 것이 중요하다. 주요한 기사를 통해 그 논지를 살펴보자.

『독립신문』에서 관동대지진을 다룬 첫 기사는 1923년 9월 4일 자 『독립신문』 '호외'였다고 보인다. '호외'는 국한문 혼용으로 작성되었다. 주로 1923년 관동대지진으로 인한 일본의 혼란상과 피해 상황을 보도했으나, 투쟁의 의미를 강조하는 내용으로 기사가 마무리되었다. 해당 기사에서도 『독립신문』은 일본을 "적국"으로 표기했으며, 관동대지진을 "도쿄를 중심으로 적국 내의 대진재"라고 표현하여 일본이 투쟁의 대상임을 분명하게 밝히고 있다. 『독립신문』은 천재지변으로 관동대지진을 바라보고, 결과적으로 "일본의 군벌은 도쿄의 운명과 공히 복멸"되어야 한다고 주장했다. 또한 "아- 일본의 멸망-우리의 분기"라는 표현에서 드러나듯, 『독립신문』은 관동대지진의 소식을 전하는 동시에 일본을 투쟁의 대상으로 명확히 하고자 의도했던 것으로 보인다.

『독립신문』은 9월 4일 자 '호외' 발행 이후 사설에서 관동대지진과 관련된 내용을 다루었다. 최초 보도로부터 보름이 지난 9월 19일 자 신문에 관동대지진으로 발생한 피해 상황과 한인 학살 관련 소식을 논설로 보도하였다.[45]

---

45 「적지 재변에 대하여」, 『독립신문』, 1923.9.19.

적은 그 금일에 재하여 그 여하히 사하는가 … 금일의 차 전고 미증유의 천재지변을 당하였으니 적은 금일도 오히려 회오의 넘이 무한가. 대자연의 위력으로써 능히 도쿄, 요코하마는 말고 일단에 그 전토를 태평양 중에 투하여 형적도 없이 할 수 있고, 그 전토를 소하야 화해를 작할 수도 있나니, … 화멸과 나아시대의 엄물이다. … 금일 일본의 관영한 죄악이 어찌 석일 소다 마성인의 죄악만 못하며 나아시대인의 죄악만 못하리오. 만일 죄악의 보응이 과연 있다 하면 일본 전토를 유황화로 소하여 사해를 작하여도 오히려 족하지 못할지라. 천재지변은 말고 인사의 변천으로 보더라도 일시일세를 혼동하던 폭위와 강력도 일단에 추하여 참처한 말로를 행하나니, 기례를 거치 않아도 사사가 요연하도다. 국의 부함도 가히 과할 자 아니요, 병의 강함도 족히 시할 자 아니라.

해당 사설에서는 관동대지진 한인 학살을 인재라고 규정하고 있다는 점이 눈에 띈다. 이처럼 『독립신문』은 지진으로 인해 불안한 상황에서 벌어진 일본거주 한인의 학살과 관련된 기사를 보도하였다.[46]

모 외국 피난민의 목도한 바에 의하건대 요코하마에 수감되었다가 탈출한 한인 20명 … 을 일본 구화원이 포착하여 당지에 타살하였다 하고, 9월 9일 발전에 의컨대 일본에 재하던 한국혁명당이 거사하여 도쿄에서 시가전이 유하였다 하며, 모서양신문에 … 일본 학생은 지금도 이번 요코하마에 대화재가 기함은 … 낭도를 시켜 지난 1일에

---

46 「재류동포의 동정」, 『독립신문』, 1923.9.19.

한인 50명을 타살시켰다 하는데, 일인 일군이 죽장과 철봉을 가지고 한인 요부를 난타하여 사케 하는 것을 기자가 목도하였다 하고, 동지에 혹 우물에 독약을 투하여 인을 사케 하며 인의 물품을 겁탈하는 등의 폭행이 우리 한인들의 소위라고 선전하여 지금 많은 한인을 모두 학살되는 모양이더라.

인용한 사설은 무너진 요코하마의 한 형무소에서 탈출한 한인 죄수 20여 명이 일본인에 의해 타살되었던 사건, 한국혁명당이 시행한 거사, 언론 보도가 왜곡되는 상황 등 한인 학살과 관련된 정황을 서술했다. 이러한 면에서 『독립신문』이 관동대지진과 관련한 소식을 보도하는 초점에 한인 학살이 있었다고 볼 수 있다. 『독립신문』이 한인이 학살된 과정과 규모에 관심을 가지고 보도를 작성한 것도 관련이 있다. 상술한 것처럼 일본 정부는 부정확한 내용이지만 학살된 조선인의 수를 발표하기도 하였는데, 이는 대한민국임시정부가 항의서를 보내거나 지속적으로 문제 제기를 진행한 결과였다. 학살된 조선인의 수를 재조사하고, 관련 소식을 세계 각국에 알려 여론을 환기시킨 것도 이유 중의 하나로 보인다.

(2) 『매일신보』의 경우

관동대지진은 일본 도쿄 일대에서 1923년 9월 1일에 일어났지만, 일제강점기 식민지 조선에 그 내용이 보도된 것은 9월 3일이었다고 알려져 있다.[47] 그러나 실제로는 하루 전인 9월 2일 일본에 대지진이 일어

---

47 성주현, 2020, 앞의 책, 31-50쪽. 『매일신보』의 관동대지진 한인 학살 내용을 참조한다.

났다는 것을 단신으로 『매일신보』가 보도했는데, 기사의 내용은 다음과 같다.[48]

> 삼십 년 래의 다시 있는 참극/작 일일 아침 구시경부터 아이치현, 기후현 지방에 큰 지진이 되어 기차와 전선이 전부 불통하며, 지진은 아직도 계속되는 고로 피해 정도도 자세치 못한 바, 이로 인하여 동경 소식은 전혀 불명하며 지방은 지금부터 34년 전에 유명한 노비(濃尾)대지진이 있었던 곳이라더라.

『매일신보』의 1923년 관동대지진 한인 학살과 관련한 첫 기사는 지진 발생지가 노비(濃尾) 지방이라는 보도였다. 노비 지방에 있었던 지진은 1891년 10월 28일 기후(岐阜)현에서 발생한 일본 역사상 최대의 내륙지각 내 지진이므로 『매일신보』 1923년 9월 2일 자 기사는 관동대지진의 내용을 정확히 전달하는 데 실패하였다. 그러나 관동대지진이 발생했을 때도 기후현에 지진이 있었다는 점으로 보아, 기사에서 밝히는 것처럼 '전선이 불통'되어 관동대지진의 소식을 제대로 전달하지 못한 것으로 보인다.

조선총독부의 기관지인 『매일신보』는 한인 학살과 관련해서 여타 국내 신문의 보도와 다른 내용을 보도했다. 먼저 『매일신보』 1923년 9월 3일 자 보도 내용을 정리해 보자.

〈표 5-6〉에 정리한 기사 제목을 살펴보면, 천재지변, 미증유, 피해, 사회주의자 검속, 대화재, 열차 추락 등이 중심 내용을 이루고 있는 것으

---

48 『매일신보』, 1923.9.2.

<표 5-6> 『매일신보』 1923년 9월 3일 자에 보도된 관동대지진 관련 기사 일람

일자	지면	기사제목	주요 내용
9.3	1	천변진재의 荐至	東京 橫濱의 대지진
	2	오호 미증유의 大火	지진으로 인한 화재
	3	海嘯, 地震, 火災가 一時에 襲來/개벽 이래 초유의 慘事 참극	東京 일대 지진 상황
		濃尾지방의 强震	진원지는 불명
		초토화된 東京 전 시가	공원으로 피난민 참혹
		사상자 무려 수만 명	橫濱 방면 대피해
		高樓巨閣이 火海中에	全市 48개소에 발화
		熱海부근 피해	해일로 가옥 파괴
		일설은 信濃川	지진의 진원지 新濃川
		長野지방 강진	인심이 흉흉
		橫須賀市 大火	화재 피해가 극심
		輕井澤의 참사	화물차 전복
		동경시 全滅乎	경시청, 제국극장 등 全燒
		猛火가 궁성에 延燒	궁성으로 화재 이동
		통신기관 전멸	名古屋 동편 소식 끊겨
		八嶽山에서 대분화	八嶽山 분화
		山本伯 변사설	총리대신 山本 압사설
		진원지는 富士山乎	富士山을 중심으로 지진 발생
		甲府市는 전멸	갑부와 橫濱 두 도시 전멸
		사회주의자 검속	경시청에서 주요 사회주의자 검속
		死者 無數	深川 일대 전멸
		宮城에 火光不絶	궁성은 아직도 타는 중
		十二階가 倒壞	화재로 인하여 현조12계 무너져
		일본과 이태리는 세계 지진국의 수위	피해는 이탈리아가 심하고, 회수는 일본이 많아
		橫濱시 대화재	지진으로 큰 화재, 대부분 불에 타
		攝政殿下 안녕	賢所에서 안전
		死者 천명	伊豆온천에서 해소로 1천 명 사망
		大宮工場 붕괴	橫濱 군함 공장 무너져
		箱根溫泉 전멸	지진으로 피해
		二千名 여공 즉사	富士방적 공장
		沼津에도 가인	소진 일대 여진
		강진과 폭풍우	東京에 폭풍우 계속
		大阪에서 구조선	쌀과 소금 싣고 橫濱港으로
		열차 추락	철교에서 기차 떨어져
		東京 궁성, 경시청과 제국극장, 해상빌딩, 三月五服店, 천초 12층	東京이 주요 시설 사진
		지진이 생긴 각 지방	지진이 일어난 지역 지도

출처: 성주현, 2020, 『관동대지진과 식민지 조선』, 선인, 34-35쪽.

로 파악된다. 이러한 면에서 『매일신보』는 사진과 지도를 곁들여 신속한 보도를 수행했으나 관동대지진 한인 학살의 피해 상황을 객관적으로 보도하고 있다고는 볼 수 없다. 관동대지진의 진원지에 대해서는 구체적으로 다루지 못하고 있기도 하다.

『매일신보』는 9월 5일 자 신문에서 한인에 대한 첫 기사를 보도하면서, 그 내용을 다음과 같이 전하고 있다.[49]

> 이번 도쿄를 중심으로 하고 일어난 지진의 참혹한 재앙은 듣는 자로 하여금 간담을 서늘케 한다. … 동경과 횡빈과 횡수하 등 유수한 도회는 모두 전멸이 되어 부르짖고 떠드는 소리가 사방에서 일어나서 완연히 현세의 지옥을 나타내었다 하니 통신기관이 완전치 못하여 자세한 정보는 알 수 없으나 이 뒤로는 또 어떠한 재앙이 거듭될런지 예측하기 어렵다. 그런 중에 자기의 자녀나 족속을 두고 머릴 조선에 앉아서 근심하는 사람의 마음이야 어찌 일선인의 구별이 있으리오 만은 그중에도 특히 조선인들은 그곳의 형편의 어두운 고로 가슴이 아프고 속을 태우는 정도가 그만치 더 간절한 모양이다. 여름 방학에 오래간만에 고국에 돌아왔다가 다시 개학기가 임박하여 건너간 지 불과 며칠에 이러한 기별을 듣는 부모와 가족의 마음은 더욱이 간절할 것이다. 2일 아침에 신문의 호외를 보고 놀란 그들은 혹은 직접으로 혹은 전화로 동경의 소식을 탐문하며 가까운 지방에서는 반신료를 첨부한 편지가 연속해온다. 아직도 재해로 인하여 통신이 민활치 못함으로 자세한 형편을 알 수 없은 즉 소식을 듣는대로 지면에 보도

---

49 「동경진재 중에 있는 자녀족속의 안부를 생각하는 조선사람들」, 『매일신보』, 1923.9.5.

하고 편지로도 답을 하려니와 각 방면에서 도달하는 소식을 종합해 보아도 아직까지는 조선인에게 대한 말은 없은 즉 이것이 도리어 안전하다는 것을 의미하는 다행한 일인지도 알 수가 없다.

관동대지진 한인 학살 관련해 9월 5일에 발행된 『매일신보』의 보도 내용 역시 사실과 일치하지 않았다. 조선인에 대해서 보도할 내용이 없으며, 보도할 내용이 없다는 사실이 조선인이 안전하다는 것을 반증하므로 다행이라는 논조를 통해, 『매일신보』가 한인 학살과 관련하여 왜곡된 보도를 했다는 것을 알 수 있다. 그런 측면에서도 『매일신보』는 조선총독부 기관지로서 역할을 수행했다고 평가할 수 있다.

(3) 『동아일보』의 경우

『동아일보』는 1920년 4월 1일 김성수를 대표로 '민주주의 지지', '문화주의 제창'이라는 사시 아래 민족의 표현기관을 자임하면서 창간되었다. 관동대지진 한인 학살과 관련하여, 『동아일보』는 9월 3일 자 「염려되는 조선인의 소식」이라는 기사를 통해 유학생과 노동자의 '생사존몰'을 걱정하는 소식을 전했다.[50] 이러한 인식은 당시 『동아일보』 편집국장 이상협의 회고에서도 잘 나타나고 있다.[51]

9월 1일 돌연 도쿄에 큰 지진이 이러나서 간토 일대-도쿄, 요코하마,

---

50 『동아일보』, 1923.9.3. 『동아일보』의 관동대지진 한인 학살 내용을 참조. 성주현, 2020, 앞의 책, 50-63쪽.
51 성주현, 2020, 위의 책, 50쪽.

가마쿠라는 말할 것 업고 그 부근전부가-실로 삼시간에 초토로 화하 엿다는 비보가 서울에 떠러지기는 그날 오후이엇다. … 그때 우리 심리를 지배한 것은 도쿄 천지가 불속에 들엇스니 거기 잇은 백의동포의 생사는 엇지 되엇슬고. 전조선 각지로부터 드러간 수만의 유학생들은 엇지 되고 부모처자를 내버리고 노동으로 드러간 고단한 노동자의 운명은 엇지 되엇는고 함이다.[52]

당시 학살의 대상이 된 사람들은 한인 노동자와 유학생들이었다. 인용한 부분에서 지진 발생 이후에 '백의 동포', '유학생', '노동자' 등을 염려의 대상으로 지목했다는 면에서, 이상협은 관동대지진 한인 학살의 상황에 대해 잘 이해하고 있었다고 보인다.

1923년 9월 9일 자 『동아일보』 압수 기사는 1923년 관동대지진 한인 학살과 관련하여 다음과 같이 그 내용을 전하고자 했다.

불바다에서 탈출하여 무사 귀국까지/강원도 회양의 김근식은 귀경해서 말했다. "히비야(日比谷)공원에서 나왔으나 조선인들에 대한 일본인들의 감정이 나빠 생각처럼 피난할 수가 없었다. 가까스로 숨어서 우에노(上野)공원에 3일 밤 도착하여 닛뽀리(日暮里)에서 중앙선을 타고 돌아왔는데, 기차를 타고 오는 도중에서도 기차가 교차할 때마다 일본인들은 동경을 향하는 열차에 대고 '동경에 가면 조선인을 ○○하라'는 고함소리를 질러 소름이 끼쳤다."고 말했다.

---

52 이상협, 1934.9, 「名記者 그 時節 回想(2), 東京大震災때 特派」, 『삼천리』 6-9, 79-80쪽.

인용한 기사는 압수된 것이기 때문에, 당시의 일반인들은 해당 기사를 볼 수 없었다. 『동아일보』에서 자체적으로 실시한 조선인의 '안부 조사'가 일반인들이 볼 수 있는 신문에 게재된 것은 사건으로부터 시간이 어느 정도 지난 9월 23일 신문이었다.[53] 관동대지진 초기 『동아일보』는 현장의 사실을 전달하는 보도를 작성하였으나, 시간이 흐름에 따라 혼란하던 도쿄 일대가 안정되어 가고 있으며, 조선인도 안전하다는 보도를 작성하기 시작하였다. 자연스럽게 한인 학살과 관련한 보도가 이루어지지 않게 되었는데, 이는 조선총독부의 언론 통제로 인해 한인 학살과 관련된 보도를 할 수 없었기 때문으로 보인다. 이러한 상황에서 동아일보사는 상황을 타개할 방책을 마련하기 위해 노력했으며, 비록 천재지변이지만 1923년 관동대지진을 통해 민족적 감정을 초월하여 한인 학살이 아닌 조선 민족의 새로운 변화를 촉구했다고 평가할 수 있겠다.[54]

> 남은 불가항의 천재나 당하여 민족적 손실을 당하였건만은 우리는 그러한 천재도 지변도 없이 왜 이 참변을 당하였느냐? … 대관절 오족의 정치적 경제적 문화적 모든 생활이 무슨 천재로 이토록 참혹한 전멸을 당한고? 그 참혹함이 어찌 도쿄의 전멸, 요코하마의 전멸에 비하랴. 진실로 전조선의 전멸이다! … 사람이 없는 災(재)이며 옳지 못한 사람이 있는 災(재)이다. 자작운동을 할만한 사람은 없고 무너트릴 사람은 있는 災(재)다. 민립대학운동, 자유운동을 할만한 사람은 없고 무너트릴 사람은 있는 災(재)다! (하략)

---

53 「震災地方 在留同胞의 第1回 安否調査 到着」, 『동아일보』, 1923.9.22.
54 『동아일보』, 1923.9.5.

『동아일보』의 기사는 일본은 '사후 미증유'의 천재로 도쿄와 요코하마가 전멸되었지만, 식민지 조선은 분열과 대립이라는 인재로 전멸하였다는 내용을 전달하고 있다. 압수된 기사로 미루어 보아『동아일보』는 한인 학살의 원인과 정황을 알고 있었던 것으로 보이지만, 그것과 다른 내용을 기사에 싣고 있다. 조선 사회가 변화보다 분열과 대립으로 자멸하였다는 시각으로 서술된 것으로 보아, 해당 기사는 일제의 시선에서 작성된 것이라는 사실을 추측할 수 있다. 이후 동아일보사는 한 달 이상 지나서야 한인 학살에 대한 기사를 싣는다.

1923년 관동대지진 한인 학살은 1923년 9월 2일 계엄령이 내린 이후, 9월 4일을 전후해서 본격적으로 시작되었다고 알려져 있다. 이 사실은 9월 6일 천도교당에서 개최한 재경유학생대회 자리에서 조선에 알려졌다.[55] 일본 경찰의 철저한 통제로 해당 대회에는 지정자 외에는 참석할 수 없었다.[56] 그러나 대회 다음 날인 9월 7일 조선인의 생사를 확인하기 위한 '재류동포친족회'가 조직된 것[57]으로 보아, 한인 학살에 대한 사실은 조선 내부에도 어느 정도 전해진 것으로 보인다. 친족회의 역시 유학생 학부모 이외에는 회의장에 입장할 수 없었다. 그리고 일본 경찰이 당시 자리에 모인 사람의 주소와 성명을 일일이 확인할 정도로 회의장을 철저히 봉쇄했다. 친족회는 연락사무소를 개벽사에 두기로 했으며, 생사 확인을 위한 특파원과 연락 업무를 담당할 상무위원을 선임했다.[58]

---

55 김인덕 외, 2008,『1920년대 이후 일본·동남아시아지역 민족운동』, 한국독립운동사편찬위원회, 38쪽.
56 「유학생대회는 금일」,『동아일보』, 1923.9.6.
57 「재류동포친족회 금일 오전10시 종로청년회관에서」,『동아일보』, 1923.9.7.
58 「간섭하에 열린 재류동포친족회」,『동아일보』, 1923.9.9.

이처럼 한인 학살에 대한 소식이 퍼지지 않도록 일본 정부에서 통제를 가했음에도, 『동아일보』는 10월 중순 이후 사실을 보도했다. 10월 15일, 10월 17일, 10월 18일, 10월 20일, 10월 22일, 10월 23일, 10월 24일에 발행된 『동아일보』는 한인 학살을 대대적으로 보도하였으나, 한인을 직접 언급하지 못하고 '○○○학살사건'이라고 한인 학살 사건을 표기하였다. 『동아일보』는 보도 통제로 인해 '조선인 학살'을 구체적으로 밝히지 못하고 있었다.[59] 선행 연구에 기초해 보면, 1923년 관동대지진 당시 한인 학살과 관련해서 국내에 보도된 것은 대체로 10월 중순 이후였다.

(4) 『조선일보』의 경우

한국어 신문 중 가장 역사가 깊은 『조선일보』[60] 역시 1923년 관동대지진 한인 학살에 주목한 바 있다. 『조선일보』에서 1923년 9월 3일 발행한 '호외 제6호'는 압수되었다.[61] 이후 9월 한 달 동안 『조선일보』는 1923년 관동대지진과 한인 학살에 주목하며 지속적으로 관동대지진 관련 기사를 게재했다. 특히 편집진이 중요하다고 판단한 사안에 대해서는 사설로 다루었다. 1923년 관동대지진 한인 학살과 관련된 『조선일보』의 사설은 〈표 5-7〉과 같다.

〈표 5-7〉에 의하면 『조선일보』의 사설은 9월 6일부터 10월 28일까지 게재되었는데, 이는 『매일신보』와 『동아일보』가 관련 사설을 게재한 기간보다 더 길다. 그러나 게재된 사설의 수는 비교적 적다. 게재된 기사

---

59 관동대지진과 관련하여 '조선인 학살'이라는 용어로 기사화된 것은 『동아일보』, 1923년 12월 16일 자 「조선인 학살 사건」이라는 기사였다.
60 『조선일보』는 1920년 3월 5일 창간되었다. 성주현, 앞의 책, 120-128쪽 참조.
61 『조선일보』, 1923.9.5.

〈표 5-7〉『조선일보』의 관동대지진 관련 사설

순번	제목	발행일자
1	朝鮮은 水害 日本은 火災	1923.9.6
2	東京 橫濱의 全滅 狀態와 今後 經濟界의 觀測	1923.9.8
3	今回 東京震災에 對한 當局의 言論取締	1923.9.9
4	歸哉歸哉어다. 同胞同胞여 生乎아 死乎아?	1923.9.10
5	罹災한 在外同胞를 救濟하라, 在內同胞의 同情을 促함	1923.9.11
6	震災 後의 日本, 現內閣의 覺醒期	1923.9.14
7	流言蜚語의 根本的 觀察	1923.9.15
8	震災 先後策에 對한 觀測	1923.9.16
9	目下 朝鮮人의 生活狀態를 考慮하라	1923.9.23
10	日本人들아 自重하라	1923.9.24
11	日本의 震災 後 朝鮮經濟界	1923.9.26
12	震災 後 日中露의 關係	1923.9.30
13	僑日同胞에게, 辛酸淚오며 그 死한 者를 弔하고 生한 者를 慰함	1923.10.4
14	日本 震災 當時의 死亡한 同胞를 追悼함	1923.10.28

출처: 성주현, 2020, 『관동대지진과 식민지 조선』, 선인, 120-121쪽.

는 학살의 전체적인 상황을 다루거나, 유언비어를 소개하는 기사, 현재 일본에 있는 한인의 상태, 사태가 조선에 미치는 영향과 국제관계에 대한 기사, 추도사 등으로 이루어져 있다.

『조선일보』는 1923년 관동대지진 한인 학살을 보도하는 과정에서 탄압을 받는다. 1923년 9월 5일 자와 9월 8일 자 신문이 '발매 금지'와 '발행 금지'를 당했다.[62] 당시 압수당한 기사는 다음과 같다.[63]

---

62 「社告」, 『조선일보』, 1923.9.6, 1923.9.9.
63 (1): 정진석 편, 1998, 『일제시대 민족지 압수기사 모음』Ⅰ, LG상남언론재단, 157쪽.
   (2): 정진석 편, 1998, 『일제시대 민족지 압수기사 모음』Ⅰ, LG상남언론재단, 158쪽.

(1) 3개 처에 불온사건 발생/일본 간토지방 재난 후 하치오지(八王寺), 요코하마, 도쿄에 불온사건이 발생하여 형세 심히 위험하여 육군대신은 드디어 제13, 14사단에 긴급명령을 내리고 현재 출동 중인데, 금후의 형세는 어떠할 것인지 일본 전국의 인심이 흉흉하다고 한다.

(2) 중도에 귀환한 유학생/하기방학을 이용하여 고향에 돌아왔던 함경남도 북청군 청해면 토성에 사는 이주천(28)군은 중앙선으로 동경을 향하여 들어가다가 가와구치(川口)역에서 다시 타고 … 차중에서 들은 소문을 들은즉 역시 조선 동포의 소식은 묘연하여 생사를 알 수 없다 하며 … "내가 부산에 도착하기는 8월 30일이었습니다. 그래서 그날 밤으로 연락선을 타고 하였더니 만원이 되어 타지 못하고 그 이튿날에야 겨우 타고 시모노세키(下關)에 상륙하였습니다. 거기서 기차를 탄 조선 학생이 20명가량 되었는데, 나고야(名古屋)에 도달한 즉 신문 호외가 굉장하며 동경이 전멸되었다고 하고 겸하여 도카이(東海)선은 타지 못한다고 합디다. 그러나 동경이 전멸이라 함은 꿈같은 일인고로 그대로 중앙선을 타고 들어가다가 동경을 앞으로 60리를 격한 가와구치까지 감에 몸에 피투성이인 사람이 많이 타며 동경 이야기를 하는데 소름이 끼치고 화광은 그때까지 충천에 비추어 있습디다. 그러므로 일행 20명은 임시회를 열고 사고 무친한 동포의 소식을 듣고자 모험을 하고 들어가고자 하였습니다. 그러나 그때는 벌써 계엄령이 내리고 동경에 들어오는 사람은 절대 거절한다 함으로 눈물만 남기고 돌아오게 되었습니다. 그런데 피난민이 떠드는 소리를 들으면 조선 동포는 어떤 곳에 다 가도 의식은 준다는 말도

있고, 그곳 신문 호외에는 시나가와(品川)에서 조선 동포 3백 명을 ○○(학살)하였다는 기사를 보았는데, 대개 우리 동포의 소식은 어찌 되었는지 모른다"고 하더라.

1923년 관동대지진 한인 학살 관련하여 압수된 『조선일보』 기사를 분석하면, 당시 조선총독부에서 시행한 보도 통제의 기준을 추출할 수 있다. 조선총독부가 압수의 근거로 제시한 것은 '도쿄의 불온한 사건', '한인 학살'이라는 표현이었다. 이처럼 일본에 비판적인 기사나 학살의 내용을 담은 기사들은 압수나 내용 삭제 등을 통해 철저하게 통제되었다. 이에 대해 『조선일보』는 적극적으로 대응하기도 했다. 조선일보사가 사설을 통해 비판했던 것이 대표적이다.[64]

도쿄, 요코하마으로부터 소식이 비교적 영통하고 도리가 비교적 밀접한 일본 각지의 전보를 의하여 전멸을 보래하면 전멸로 소개하고 하인의 혹사혹생과 하지의 혹소혹몰을 모두 그대로 전재할 뿐인데, 그것을 금지하여 압수까지 단행하며, 또는 후쿠오카(福岡), 오사카 등지로 종래하는 보지에 만재하고 광포하여 하인도 개지하는 후략한 전설과 찌꺼기 기사까지도 절대로 금지하여 … 재난의 진상을 문지하려 함에도 가득치 못하는 결과로 저마다 황혹하고 저마다 공습하여 불측한 화○가 목전에 습내함이 무이하게 할 뿐 아니라 전고에 미문한 신례를 출하여 기개 보관을 음모단이나 적주의자로 인정함과 같이 경찰 관리를 수유파송하여 ○좌 감시하니 차가 과연 차국을 진

---

64 「今回 東京震災에 對한 當局의 言論取締」, 『조선일보』, 1923.9.9.

무하는 정상판법이라 할까. 당국에서 풍설을 증오하여 정온히 정리하려면 여하한 사실이 유하였는지 진상을 진상대로 발포하여 … 절대로 원대한 안력이라 추허치 못할 바이라. 요컨대 깊이 고려하여 실책이 무하게 할지어다. 우리 조선인의 자격이 아무리 용렬할지라도 인의 재해유무를 종하여 감정작용을 좌우하는 천견자는 아니로다.

위와 같이 『조선일보』는 기사 압수와 삭제 등 언론 탄압에 대해 도쿄와 요코하마 등지에서 오는 전보를 근거로 하여 비교적 정확한 기사를 보도했다고 주장했다. 그리고 이렇게 주장하면서 조선총독부 당국이 사실 그대로 진상을 밝히면 '찌꺼기 기사'는 자연스럽게 소멸된다고 언급했다. 이뿐만 아니라 『조선일보』는 관동대지진과 관련된 유언비어의 단속을 비난하면서 한인의 인권을 강조했다.

한편 조선총독부는 1923년 관동대지진 한인 학살과 관련된 보도를 통제하는 한편 귀국한 유학생 등을 감시하기도 했다. 그러나 '한인에 대한 일본사람의 난폭한 행동', 즉 한인 학살에 관한 이야기들이 조선 내부에서 회자되었다. 조선총독부는 이를 유언비어라고 주장하며 단속을 강화하였다. 이에 대해서도 『조선일보』는 「유언비어의 근본적 관찰」이라는 사설을 게재하여 대응했다. 이 사설은 유언비어가 발생하게 된 근본적인 원인을 먼저 고찰할 것을 제안하였으며, 나아가 일본인의 반성을 촉구하였다. "일본인 제군이여, 유언비어로 인한 행동을 한 번 반성하고 한인의 경우를 역지하여 생각하자. 곧 평화를 촉성하는 전제의 일개 중요한 일"이라고 서술한 부분이 그것이다. 이뿐만 아니라 「일본인들아 자중하라」는 사설에서는 도리를 아는 한인은 일본인의 불행을 이용하여 그들을 배척하지 않는다는 주장을 담기도 했다. "조선인이 일본인을 배척하려면

방법과 기회가 그렇게 무하여 하필(何必) 진재를 이용하여 제군을 습격할 이(理)가 유하겠는가. 도의(道義)를 지하는 조선인으로서는 인의 불행이 … 결무하리라"[65]고 보도했다는 측면에서, 자신의 불행을 한인에게 전가하려는 일본인의 심리를 비판적인 관점에서 바라보는 조선일보사의 시각이 확인된다.

이렇듯 1923년 관동대지진 한인 학살과 관련하여, 『조선일보』는 지진으로 인해 수십 만의 사상자가 발생했을 때 한인의 생사를 염려했다. 그럼에도 『조선일보』는 관동대지진이 발생한 지 10여 일이 지난 후에야 사설로 관심을 표명하였다. 압수 기사와 별도로 당시 조선일보사의 「귀재귀재(歸哉歸哉)어다. 동포동포(同胞同胞)여 생호(生呼)아 사호(死呼)아?」[66]라는 사설은 이를 확인하게 만들어 준다. 동시에 『조선일보』는 일본 당국이 1923년 관동대지진 한인 학살과 관련하여 한인을 보호한다는 명목으로 병영이나 경찰서 등지에서 수용하고 있는 점을 지적하면서, 보다 안전한 조선으로 돌아올 것을 호소하기도 하였다.

3) 한인 학살 사건에 대한 일본 진보 인사의 대응

1923년 관동대지진 한인 학살은 일본인에게도 피해를 미쳤다. 모든 일본 주민이 자경단으로 활동한 것은 아니었으며, 한인의 관점에서 사태를 바라보는 사람도 존재했다. 실제로 당시의 정황을 주도한 것은 일본 정부였다. 일본 정부는 학살 진상을 모호하게 은폐하였으며, 유언비어

---

65 「일본인들아 자중하라」, 『조선일보』, 1923.9.24.
66 『조선일보』, 1923.9.10.

발설과 학살에 대한 진상을 조사하는 단체의 활동을 방해하기도 했다.

일본 정부는 1923년 11월 15일 한인 학살의 피해 규모를 피살자 233명, 중상 15명, 경상 27명으로 발표했다. 그러나 당시 한인 학살의 진상 조사를 일본 정부에 강력히 요구한 대표적인 지식인 요시노 사쿠조(吉野作造)는 2,613명이라고 그 수치를 밝히고 있다.

요시노 사쿠조는 1923년 관동대지진 한인 학살과 관련하여 주목되는 글을 남겼다. 그는 「소제소언(小題小言)」에서 먼저 전문가에게 '도쿄의 건물은 조금 강한 지진이 일어나면 괴멸할 것'이라고 들은 적이 있다고 소개했다. 또한 '비용이 적게 들면 된다는 경박한 풍조는 인격이 표현된 것이라고 할 수밖에 없다'고 비아냥거렸다.[67] '일본은 최근에 보이지 않는 곳에서 뼈를 깎듯 노력하는 사람을 바보 취급한다', '지방에서는 도쿄에 쌀 한 톨 없다'든가, '도쿄에 불령(不逞) 무리가 날뛰어서, 지극히 위험하니까 목숨이 아까운 사람은 가지 않는 편이 좋다'는 등의 발언으로 관동대지진과 관련한 상황을 묘사했다.[68] 요시노 사쿠조는 1923년 관동대지진 한인 학살과 관련하여 다음과 같은 정리된 글을 쓰고 있다.[69]

> 다수의 희생자가 나온 것에 대해서 우리는 망연자실할 수밖에 없다. 이 밖에도 원인은 있겠지만, 그러나 책임이 있는 ××가 이와 같은 유언을 전파해서 더욱 더 그것을 믿게 하는 데 힘이 실렸던 것은 의심할 바 없다. … 사실이 명백해지면 논평을 시도하고 싶다고 생각한다.

---

67 吉野作造, 1923.10, 「小題小言」, 『中央公論』, 163-165쪽.

68 이미경, 2017, 「관동대지진 직후 한인에 대한 표현양상-9월부터 11월까지 기록을 중심으로-」, 『일본연구』 72, 275쪽.

69 吉野作造, 1923, 앞의 글, 172-176쪽.

또한, 각 민중은 자경단 등이라는 자가 선인 학살을 감행했다는 것을 부정하지 않고, ×××이 말하는 것이므로 거짓은 아닐 것이라고, 조금도 일시적으로 선인의 조직적 폭행을 믿은 것은 명백한 사실이다. 게다가 지방에서는 도쿄에서 불은 대부분 선인이 저지른 것이라는 유언을 믿고, 복수심으로 학살을 저지른 곳도 있는 듯하다. 도쿄 시내에서는 그 정도는 아니었다. 교양 없는 계층이 자경단 등으로 뛰쳐나온 방면에서는 상당히 난폭한 모습이었던 것 같다. 선인이 재해를 입은 수는 상당히 많다. 죄 없이 아무 이유도 없이 살해되는 것만큼 불행한 일은 없다. … 불쌍한 정도는 민중 격정으로 인해서 희생된 무고한 조선인에 미칠 수 없을 것이다. 이번 재액에 있어서 이재민의 필두에 선 자는 이들 선인이지 않으면 안 된다. 살해된 선인 대부분이 무고한 양민이었다는 것은 당국에서도 단언하고 있지만, 유언과 같은 사실이 전혀 조선인 사이에서 없었다고 하는 사실에 대해서는 잠시 의문시되어 있다.

그는 한인과 사회주의자에 대한 보도가 금지되어 있었다는 사실과 폭동이 일어난 것에 관련이 있다고 보았다. 또한 한인이 살해되었기 때문에 폭동의 규모를 알 수 없다며 사실 여부조차 파악할 수 없음을 밝히고 있다.[70] 요시노 사쿠조는 1923년 관동대지진 한인 학살의 가장 큰 피해자가 한인이라는 입장을 취하고 있다.

1923년 관동대지진 한인 학살과 관련한 글로, 지진 2개월 후에 발표한 에구치 간(江口渙)의 「차 안에서 생긴 일(車中の出来事)」이 있다.[71] 「차

---

[70] 이미경, 2017, 앞의 글, 277쪽.

안에서 생긴 일」은 한인 폭동의 유언비어에 의한 혼란이 진정되기 시작한 9월 7일에서 하루가 지난, '9월 8일 오후 6시 지나서쯤'의 피난민을 태운 동북선 기차 안을 무대로 하고 있다.[72]

일본의 유명한 영화감독 구로사와 아키라(黑澤明)는 1923년 관동대지진 한인 학살 당시의 경험담을 얘기하고 있다.[73]

> 우리 가족도 우에노 지역 근처의 화재 때문에 집을 잃은 친척들을 찾으러 나섰다. 그런데 아버지가 수염을 길게 길렀다는 이유만으로 몽둥이를 든 무리들이 아버지를 에워쌌다. … 우리 동네에서는 각 집마다 한 사람씩 보초를 내도록 했다. … 내가 죽검을 들고 나갔더니, 고양이 한 마리 겨우 지나갈 수 있을 정도의 하수관에 나를 배치해 주었다. 그들은 거기에 나를 배치하며 "조선인들이 그 안으로 들어가 숨을지도 몰라"라고 하는 것이었다.
> 이보다 더욱 우스운 일도 있었다. 그들은 우리들에게 동네 우물 중 한 곳의 물을 퍼먹지 못하도록 지시했다. 이유는 그 우물 둘레에 쳐진 벽 위에 하얀 분필로 이상한 부호가 적혀 있다는 것이다. 그것은 우물에 독을 탔음을 표시하는 한국인 암호일 수 있다는 것이 그들의 추론이었다. 나는 어안이 벙벙해졌다.

그는 자신의 기억을 통해 자경단의 실태, 유언비어의 내용을 밝히며

---

71 『東京朝日新聞』, 1923.11.11~12.
72 강소영, 2012, 「관동대지진과 한인 학살을 향한 시선-에구치 간(江口渙)『차 안에서 생긴 일(車中の出来事)』의 대화혼-」, 『일어일문학연구』 83, 282쪽.
73 김인덕, 2013, 앞의 책, 87-88쪽.

1923년 관동대지진 한인 학살을 묘사하고 있다.

당시 민주 변호사로 잘 알려진 후세 다쓰지는 1923년 관동대지진 한인 학살이 발생했을 때 한인을 위한 여러 활동을 진행했다. 그는 한인 보호를 주장하고, 학살사건에 대한 조사와 항의 활동에 나섰으며, 조선의 각 언론사에 '학살의 책임을 통감한다'는 서한을 발송하는 등 다양한 활동을 했다.[74]

후세 다쓰지는 지진이 발생하자 한인 학살 사건을 조사·고발하기 위해 자유법조단을 꾸려 활동에 나섰다. 자유법조단은 그의 제창으로 1923년 9월 20일 제1회 진재 선후책 회의를 개최했다. 여기에서 후세 다쓰지는 한인 학살과 관련해 문제를 제기했다.[75] 그러나 자유법조단은 일본 당국의 방해 공작으로 학살의 진상을 정확히 규명할 수 없었다. 한편 후세 다쓰지는 한인 유학생들이 10월에 결성한 도쿄지방이재한인후원회의 고문으로 추대가 되었다. 후세 다쓰지는 12월 '피살 동포 추도회'에서 한인 학살에 대한 일본 당국의 태도를 강력히 비판하는 등 적극적으로 행동했다.[76]

---

74 후세 다쓰지에 대해서는 다음을 참조. 平野義太郎, 1959, 「人權を守った人々: 布施辰治を中心に」, 『法學セミナー』 44; 岡林辰雄, 1968, 「布施辰治の人と業績」, 『法學セミナー』 164; 金一勉, 1974, 「布施辰治と在日朝鮮人」, 『日朝関係の視角』, ダイヤモンド社; 水野直樹, 1983, 「弁護士・布施辰治と朝鮮」, 『季刊三千里』 34; 이규수, 2003, 「후세 다쓰지(布施辰治)의 한국인식」, 『한국근현대사연구』 25; 大石進, 2010, 『弁護士布施辰治』, 西田書店; 森正, 2014, 『評傳 布施辰治』, 日本評論社.

75 「震災中における朝鮮人殺害の眞相およびその責任に関する件」, 大石進, 2010, 위의 책, 168쪽 재인용.

76 『大東公論』 2-2, 1924. 11.

특히 조선에서 온 동포의 최후를 생각할 때 저는 애도할 말도 찾지 못했습니다. 또 어떠한 말로 추도한다고 해도 조선 동포 6천 명의 영혼은 성불하지 못할 것입니다. 슬퍼하는 1천 만의 추도의 말을 늘어놔도 그들의 원통함이 가득 찬 최후를 주도할 수 없을 것입니다. … 학살은 계급투쟁의 일부였습니다. 우리의 동지가 살해당한 것도, 6천 명의 동포가 그와 같은 처지에 직면한 것도 우리가 계급투쟁에서 패했기 때문입니다. 우리는 졌습니다. 원통하기 그지없습니다. 왜 우리가 졌는지 생각해 주십시오.

1926년 3월 조선을 방문했을 때, 후세 다쓰지는 1923년 관동대지진 한인 학살에 대한 '사죄문'을 『조선일보』와 『동아일보』에 보냈다.[77]

조선에 가면 모든 세계의 평화와 모든 인류의 행복을 추구하는 우리들 무산 계급 해방 운동자는 설령 일본에 태어나 일본에 활동의 근거를 두고 있어도 일본 민족이라는 민족적 틀에 빠져들지 않으며, 또 실제 운동에 있어서도 민족적 틀에 빠져 있지 않다는 것을 증명하기 위해 진재 직후의 조선인 학살 문제에 대한 솔직한 나의 소신과 소감을 모든 조선 동포에게 말하려고 합니다. … 일본인으로서 모든 조선 동포들에게 조선인 학살 문제에 대해 마음으로부터 사죄를 표명하고 자책을 통감합니다.

후세 다쓰지는 1923년 관동대지진 당시의 한인 학살문제 규명에 적

---

77 『朝鮮旅行記』, 1926.

극적이었다고 할 수 있다. 한인 학살에 관해 의견을 표명하는 것은 후세 다쓰지 자신의 신변상의 위험을 감수해야 하는 일이었다. 그럼에도 불구하고 후세 다쓰지는 조선인 학살에 대해 명확한 사실 인식을 갖고 있었다. 그는 조선의 언론과 사회운동가들에게 한인 학살에 대해 공식적으로 사죄했다.

한편 일본의 유명 작가인 아쿠타가와 류노스케(芥川龍之介)는 「대지진 잡기」[78]에서 1923년 관동대지진 한인 학살 관련의 기억을 적고 있다. 그는 자신이 선량한 시민이라고 소개하며, 자신의 소견에 의하면 기쿠치 간(菊池寬)은 자격이 부족하다며 계엄령이 공표되었을 때 나눈 대화를 소개한다.[79]

> 나는 담배를 쥔 채, 기쿠치와 잡담을 나누고 있었다. 그러나 잡담이라고는 해도 지진 이외 다른 이야기를 한 것은 아니다. 그중에서 나는 큰 화재 원인이 ×××××××인 듯하다고 말했다. 그러자 기쿠치는 눈살을 찌푸리며 '거짓이다 자네'라고 일갈했다. 나는 물론 그렇게 말할 수밖에 없었다. 그러나 다음에 다시 한 번, 어느 것도 ×××은 볼셰비키가 한 것 같다고 말했다. 기쿠치는 이번에도 눈썹을 찌푸리며 '거짓이다. 자네, 그것은'이라고 소리쳤다. … 다시 내 소견으로는 선량한 시민은 볼셰비키와 ××××이라는 음모의 존재를 믿는 자이다. 만에 하나라도 믿지 않는 경우는 조금이라도 믿는 것 같은 표정을 짓는 자이다. 그렇지만 야만스런 기쿠치 간은 믿지도 않지만 믿

---

[78] 『中央公論』, 1923.10.
[79] 芥川龍之介, 1978, 『芥川龍之介全集 6』, 岩波書店, 173-178쪽.

는 흉내도 내지 않았다. 이것은 완전히 선량한 시민의 자격을 포기했다고 볼 수 있을 것이다. 선량한 시민인 동시에 용감한 자경단의 일원인 나는 기쿠치를 위해 아쉬워하지 않을 수 없다. 게다가 선량한 시민이 되는 것은 … 어쨌든 마음이 필요한 것이다.

아쿠타가와 류노스케는 자신이 선량한 시민이라고 자부한다. 선량한 시민답게 자경단에 참여했고, 한인에 대한 소문을 유언비어라고 말했던 기쿠치 간도 자경단에 참여했다.[80] 이런 모습은 문학가인 미야모토 유리코(宮本百合子)의 기억에서도 엿볼 수 있다.[81] 이는 당대 일본의 지식인들이 세계적인 시각을 갖추지 못했다는 것을 보여 주는 장면이라고 할 수 있겠다.

---

80 이미경, 2017, 앞의 글, 272쪽.
81 "도쿄시 3분의 2는 전멸, 그에 더해 ×××× ×××××가 대거로 폭동을 일으키고 폭탄을 던져 전 도시가 불바다처럼 되고 있다고 보도하고 있다. 그 혼란한 틈을 타서 ××××의 소문마저 전해지고 있다.
그 호외 전부에 대해서 반신반의하는 마음이 생겼다. 전 도시의 교통, 통신기관이 두절되어 버린 이상, 내부의 정확한 보고를 용이하게 얻을 수 없기 때문이다. ×××× ×××× ××××××라는 모든 사항이 특히 의혹이 생기게 했다. 마침 정계가 동요하는 한가운데였으므로 상당히 과장되지 않았을까라고 누구나 생각한 것이다.
나는 "조금 과장되지 않았어? 어쩐지 어디까지가 진실이라고 해야 좋을지 모르겠지만."이라고 말했다. 모두 같은 생각이었다. 조금 호외가 지나치게 센세이셔널 하다고 느낀 것이었다. 그러나 어느 쪽이든 전 도시의 전등, 가스, 수도가 멈추었다고 하는 것만으로도 큰일이다. 캄캄한 도쿄를 생각하는 것만으로 평소의 도쿄를 알고 있던 사람은 마음속에 무서움이 일었다. 너무 갑자기 일어난 큰 사건이었기 때문에 놀라는 것조차 잊고서 듣고 있던 나는 그래서 '전 도시에 계엄령을 공포'라는 문구를 듣자, 소름끼치는 공포를 느꼈다." 宮本百合子, 1923.11, 「私の備忘録」, 『女性』(『宮本百合子全集 第十七巻』, 新日本出版社, 2002, 245-261쪽).

4. 1923년 관동대지진 한인 학살 사건의 역사적 함의

1) 1923년 관동대지진 한인 학살과 식민지 지배의 본질

일제강점기 조선총독부는 여러 부분에서 통제와 사찰을 시행했다. 1923년 관동대지진 한인 학살이 일어났다는 소식이 전해졌을 때도 마찬가지였다. 1923년 관동대지진의 발생과 함께 사건의 소식이 전해졌고,[82] 조선총독부는 다음 날, 즉 9월 2일부터 동향을 파악하기 시작했다.

경성 한복판에 있었던 종로경찰서는 중요 청년운동 세력의 동향에 주목하여 서울청년회와 천도교청년당의 활동, 공산주의자, 지식유산계급자 등의 동향을 파악하여 경성지방법원에 보고했다.[83] 이들은 1923년 관동대지진 한인 학살과 관련한 『동아일보』 편집부장 이상협이 일본 현장으로 출발하려고 하는 정보도 수집했다. 또한 이들은 중요 인사의 동향을 파악하듯이 초미의 관심을 갖고 조선의 지식인과 지진 동향에 적극적으로 대응할 준비를 하고 있었다. 조선총독부는 민간인에 대한 사찰을 진행하고 정보 수집을 위해 경찰서, 헌병대, 법원, 군대, 관 등을 전방위적으로 동원했다. 실제로 민간인 사찰은 다양하게 진행되었으며, 특히 조선헌병대사령부의 경우 적극적으로 사찰의 대상을 확대했던 것으로

---

82 성주현, 2020, 앞의 책, 170쪽.
83 鐘路警察署長, 「市內狀況報告ノ件」, 1923.9.2(국사편찬위원회 홈페이지 역사통합시스템).

보인다. 조선헌병대사령부는 사회주의자, 배일자, 친일 인사, 종교가, 교육가, 학생, 상공업자 등이 1923년 관동대지진 한인 학살과 관련하여 갖는 인식을 지속적으로 조사했다.

1923년 관동대지진의 소식이 조선 일반에 본격적으로 퍼진 것은 사건 발생 이후 이틀 뒤인 9월 3일부터였다.[84] 조선총독부는 일본 내의 동향에 주목하였으며, 조선총독부는 지진 소식뿐만 아니라 진재가 있는 지역의 조선인에 대한 유언비어가 퍼지는 상황까지 파악하고 있었다. 식민지에서 조선에서 압제와 탄압을 통해 통치를 하던 조선총독부의 구성원은 진재지의 상황이 조선에 알려져서 폭동이라도 일어날까 신경을 쓰고 있었으며, 미리부터 각종 활동에 대한 단속을 시작했다. 전술했듯이 9월 2일 오후 1시에 서울청년회가 국제청년일 기념회를 개최하려고 하였으나, 조선총독부는 서울청년회의 집회가 조선 내의 질서에 해를 가하는 것이라고 여기고 서울청년회 회원을 검거하여 사전 예방하고자 했다.[85] 이뿐만 아니라 경성종로경찰서는 2일 당시 경성의 정황에 대해서도 자세하게 조사하고 파악했다. 아직 1923년 관동대지진이 일반에 공식화되지도 않은 상황이었음에도 조선총독부는 적극적으로 대처했다. 특히 조선총독부는 사회주의자에 대해 각별하게 신경을 썼다. 이런 사실은 민족 언론을 통해서 관측할 수 있다.

동경에 대지진 사건이 있고, 따라서 인심이 흉흉한 사회주의자들이

---

84 1923년 관동대지진 한인 학살과 관련하여 9월 2일에 『매일신보』 호외가 발행되었지만 본격적인 보도는 아니었다. 9월 3일 자 『매일신보』, 『동아일보』, 『조선일보』 등의 신문에서 다루면서부터였다고 할 수 있다.
85 「서울청년회원 기소될 듯, 간부 열세 명」, 『동아일보』, 1923.9.4.

모 활동을 계획한다는 보도들은 경기도 경찰부에서는 돌연히 긴장한 빛을 띠고 시내 각 경찰서와 연락하여 경계를 엄중히 하는 중이며, 더욱이 각서 형사를 비상 소집하여 경성에 있는 주의자들의 가택을 방문하고 또는 그들과의 통신을 엄중히 경계 중이라더라.[86]

실제 통제의 핵심이었던 경기도 경찰부는 1923년 관동대지진 한인 학살로 인한 혼란을 틈타서 한인 공산주의자와 사회주의자들이 일본의 사회주의자들과 연계하여 사회적 혼란을 야기시킬 수 있다고 판단하였으며, 그 판단 아래 통신을 포함한 모든 연락 관계를 경계했다. 상기 인용한 일간지의 내용처럼 개인의 집까지 찾아가 정탐을 하기도 했다. 위와 같은 기사가 보도된 것은 조선총독부가 사회주의자들에게 보내는 경고였다고 보인다.

1923년 9월 3일 신문 보도를 통하여 관동대지진 한인 학살 관련 소식이 일반에 알려지자 조선총독부는 일반인의 민심을 더 명확히 파악하려 하였다.[87] 종로경찰서는 1923년 관동대지진으로 인해 조선총독부의 보조금이 줄어 조선 경제에 영향을 미칠 것이라고 우려하거나, 다수의 일본 내지인이 조선으로 이주하여 조선인의 생활에 지장이 생길 것이라고 추정하였다. 이에 대해 종로경찰서는 천도교청년단, 조선교육협회, 노동연맹회 등의 단체가 적극적인 행동에 임할 것이라고 예측하거나, 조선에 있는 사회주의자와 일본의 사회주의자가 활동을 전개할 것이라고

---

86 「在京城 主義者들 警戒, 만일을 염려하여서」, 『동아일보』, 1923.9.4.
87 鐘路警察署長, 「東京地方災害ニ對スル一部部民ノ感想ニ關スル件」, 1923.9.3(국사편찬위원회 홈페이지 역사통합시스템).

보기도 하였다.

조선총독부는 1923년 9월 4일 각 지역에 '요주의 인물' 단속과 상황 보고를 요청하였다. 그 지시한 내용에는 '요시찰' 또는 '요주의' 인물의 움직임, 특히 조선 밖의 주의 인물과의 연락을 엄밀 감시할 것, 도회지에서 만일 사건이 발생할 경우 언제라도 상당의 비번 순사를 출동할 수 있도록 하고 도내 전체에 빠르게 동원에 대응할 수 있도록 계획을 세울 것, 만일 폭동 등 불온한 사변이 발생할 때는 당국에 즉시 보고함과 동시에 신문에 게재를 금지할 것 등이 포함되어 있다. 공산주의자 이외에도 보천교, 천도교 등 유사종교 단체의 행동을 보다 엄밀하게 사찰할 것도 포함하고 있었다. 이처럼 조선총독부는 당시 운동의 중심적인 역할을 했던 사회주의적 경향의 단체와 종교 단체를 엄중히 감시하였다.

1923년 9월 6일의 『동아일보』 기사는 아래와 같이 조선총독부의 사찰 동향을 보도하고 있다.[88]

> 동경에 지진이 있은 후에 경찰의 활동은 비상하여 재작 4일에 경기도 마야(馬野) 경찰부장은 관내 각 경찰서장에게 엄중한 비밀명령을 내렸다 한다. 이제 그 내용은 들은즉 동경에 지진이 있음 후 일반의 형세는 매우 악화하여 계엄령을 포고하고 군대까지 출동한 터이라, 조선에도 어떠한 영향이 있을는지 알지 못하는 터인즉 관내를 엄중히 경계하여 요시찰인의 조사는 물론이요, 관내 각 단체에 대하여 조금도 게으르지 말고 엄중히 경계를 하라는 것이라 한다. 이로써 인하여 방금 시내 각 경찰서에서는 형사의 비상 소집을 행하고 다시 정복

---

88 「각 경찰 대활동」, 『동아일보』, 1923.9.6.

순사에까지 사복을 입힌 후 요시찰인의 일반 행동과 그의 출입과 통신과를 조사하고 그와 동시에 청년회, 노동단체, 기독교단체, 기타 종교단체 등 지극히 적은 단체라도 하나도 빼지 아니하고 형사가 그곳에 출장하여 만일을 엄중히 경계 중이라더라.

조작된 기사를 통해 사복한 형사와 순사들이 요시찰 인물, 청년단체, 종교단체 그리고 작은 규모의 단체까지 감시했던 조선총독부의 경찰 통치가 이루어진 실태를 알 수 있다. 민정 사찰은 경성과 함께 평양 등 지방의 주요 도시에서도 전국적인 규모로 진행되었다.

조선총독부는 9월 7일 관동대지진 피해 현장에서 한인이 귀국하자 단속 대상자를 확대했다. 한인 학살과 차별로 인해 조선으로 귀국하는 한인이 늘어나자 이들도 단속 대상으로 지정한 것이다. 『동아일보』와 『조선일보』는 1923년 관동대지진 한인 학살에 관해 흥미로운 기사를 제공한다.[89] 당시 일본에서 최초로 귀국한 유학생으로 알려진 한승인과 이주성이 작성한 기사가 그것이다. 「생지옥의 실황을 목도한 최신 소식」이라는 제목으로 1면에 게재된 기사로, 도쿄에서 조선까지의 노정을 소개하며 피해지의 상황, 귀국하기까지의 과정, 한인이 겪은 피해 등의 내용으로 구성되어 있다. 간토 지역의 상황, 한인 학살의 실태 등이 조선 내에 전달되지 않도록 귀국한 한인을 사찰의 대상으로 삼았던 당시 상황에서, 이러한 내용의 기사가 발표되었다는 사실에 주목해야 할 것이다.

---

89 「九死一生으로 東京을 脫出한 二學生」, 『동아일보』, 1923.9.7; 「萬死의 力으로 東京에서 故國에 歸還한 二學生의 實地冒險談」, 『조선일보』, 1923.9.7.

조선총독부는 관동대지진 피해 현장에서 온 사람들을 초청하여 개최하는 강연과 집회도 금지했다.[90] 이와 관련해 정무총감 아리요시 주이치(有吉忠一)는 다음과 같이 말했다.[91]

> 일본 내지에서 금번 대재에 이하여 불행을 당한 다수 조선인은 기차가 통하게 됨을 수하여 착착히 귀래하는 중인 관(棺)이 있는데, … 현재에 조선인의 피해 운운의 선전을 하는 것은 대단히 불가하니 조선인이 최초에 약간의 불온행동이 유하였으므로 일본인의 감정이 극도로 발흥하였을 뿐 아니라 조선인에 대하여 그 감정상 불미한 점을 기재한 신문은 착착 발매금지를 단행하여 일본인과 조선인의 감정을 불화케 하는 것을 금지하는 중인데, 오히려 조선인이 그 피해를 과장하여 선전하는 것은 충분히 취체치 아니할 수 없다.

아리요시 주이치는 한인 학살을 겪고 조선에 온 사람들이 경험을 과장함으로써 일본인과 한인 사이에 불화를 만든다고 주장하며, 한인 학살과 관련된 내용을 보도하는 경우 해당 매체의 발매를 금지시켰다.[92]
이후에도 조선총독부 경무국은 각도 지사와 조선총독부에서 파견한 관리, 경찰부장 등에게 귀국한 한인에 대한 감시를 요구하고, 간토 현지의 실정 유포를 막고 '유언비어' 취체, 강연회와 집회 개최를 금지시키라고 지시하였다. 선행 연구를 비롯해, 국사편찬위원회에서 확인할 수 있

---

90 警務局長,「電報案-各道道知事 宛」, 1923.9.7(국사편찬위원회 홈페이지 역사통합시스템).
91 「誇大 宣傳 絶對 不可」,『동아일보』, 1923.9.9.
92 「警務局도 眼鼻莫開, 押收한 新聞이 四十餘種」,『조선일보』, 1923.9.8.

는『관동진재에 대한 정보철』에서 민정 사찰과 관련한 문건은 다음과 같이 확인된다.

〈표 5-8〉의 보고자는 주로 경찰서장, 검사이다. 민정 사찰 기관은 경찰서가 우선이었고, 법원, 헌병대사령부 등이 있었다. 보고자의 수로 미루어 보아 경찰서가 사찰에 주력했다는 것은 쉽게 알 수 있다. 경찰에 기

〈표 5-8〉『관동진재에 관한 정보철』의 민정 사찰 보고 건수

보고자	수신처 및 보고처	보고 횟수
경기도경찰부장	경무국장, 지방법원 검사정	1
강원도경찰부장	경무국장, 각도 지사, 경성지방법원 검사정, 춘천지청 검사, 철원지청 검사, 함흥보병 제37여단장, 함흥보병74연대장, 도내 각 경찰서장	22
인천경찰서장	경성지방법원 검사정	3
개성경찰서장	경성지방법원 검사정	3
춘천경찰서장	경성지방법원 검사정	14
경성종로경찰서장	경성지방법원 검사정	3
경성본정경찰서장	경성지방법원 검사정	6
경성용산경찰서장	경성지방법원 검사국 검사정	1
경성동대문경찰서장	경성지방법원 검사정	4
경성서대문경찰서장	경성지방법원 검사정	9
고등법원 검사장	지방법원 검사정, 지청 검사 및 검사사무 취급	1
경성지방법원 감사정	법무국장, 고등법원 검사장, 경성복심법원 검사장	1
경정지방법원 수원지청 검사	경성지방법원 검사정	2
경성지방법원 개성지청 검사	경성지방법원 검사정	1
경성지방법원 춘천지청 검사	경성고등법원 검사장	2
원주법원 지청 검사 사무취급	고등법원 검사장	2
경성지방법원 철원지청 검사	고등법원 검사장	3
조선헌병대사령부	조선군사령관, 조선 양사단장, 진해요항부사령관, 관동군사령관, 관동헌병대장, 조선 각 헌병대장/육군차관, 해군차관, 헌병대사령관	3
서무부장	본부 각 부장, 제1차 소속관서 서장	1
미상	경성지방법원 검사정	1

출처: 성주현, 2020, 『관동대지진과 식민지 조선』, 선인, 182쪽.

반하여 조선총독부의 압제 시스템이 운영되었던 사실을 다시 한 번 확인할 수 있는 부분이다. 경찰의 보고를 받는 기관은 경무국과 법원, 그리고 도지사, 군 관련 기관 등이었다.

특히 강원도 경찰부의 경우가 눈에 띈다. 강원도 경찰부는 '내지 진재에 대한 부민의 감상'이라는 문건을 22회에 걸쳐 작성했다. 강원도 경찰부의 민정 사찰은 사료에 따르면 9월 5일부터 10월 10일[93]까지 한 달이 넘는 시간 동안 매일 진행되었다. 사찰의 주체는 강원도 경찰부였으며, 사찰의 대상 역시 다양했다. 일반 사람인 부민을 비롯하여 기독교인, 선교사, 전현직 면장, 천도교인, 지역 유식자, 일본 유학생, 요시찰 인물, 상인, 승려, 학생, 노동자, 농민, 무식자, 유생 등 전 도민이 대상이었다고 볼 수 있다. 사찰 지역 역시 특정할 수 없다. 춘천을 비롯하여 강릉, 삼척, 고성 등 강원도 전 지역이 대상이었다.

강원도 경찰부의 첫 민정 사찰은 9월 5일에 보고되었으나, 8월 28일과 29일의 내용도 포함되었다. 이는 '8월 29일', 즉 조선이 일제에 강점되어 국권을 빼앗긴 것에 대한 반응을 살펴보기 위한 것이었다. 실제로 강원도 경찰부의 '불온문서' 발견은 관동대지진이 일어나기 전인 8월 29일과 30일에도 있었다. 하나는 강릉면장 앞으로 전달된 발신자 불명의 문건이다. '조선 노동청년에게 고함'이라는 제목으로 공산주의를 선전하는 문서였다. 다른 하나는 8월 29일 철원경찰서장 앞으로 전달된 발신인 불명의 투서로, 함북 경흥군의 손학규가 독립군자금을 모금하기

---

93 「內地震災ニ對スル部民ノ感想」(江高 第15637號), 1923.10.10(국사편찬위원회 홈페이지 역사통합시스템).

위해 철원으로 간다는 내용이었다.[94] 1923년 관동대지진 한인 학살에 대한 민정 사찰은 9월 2일 발행된 『매일신보』(춘천지국)에 실려 있다.

상술한 것처럼 민정 사찰은 부단히 자행되었다. 개인적인 차원에서는 1923년 관동대지진 한인 학살 관련한 첫 귀국자로 알려진 한승인과 이주성에 대한 사찰도 지속되었다.[95] 헌병대사령부의 자료에는 일본에서 귀국한 이동상과 김춘백이 "조선인의 사상자가 다수"였다고 발언했다는 사실이 기록되어 있기도 하다.[96]

2) 1923년 관동대지진 한인 학살에 대한 정당화의 한계와 미래

1923년 관동대지진 한인 학살에 대해 일본 정부는 조사를 공식화하거나 객관적으로 밝히는 일을 시도한 적이 없다. 이와 관련하여 일본 정부의 태도를 언급하기 전에, 먼저 유언비어가 발생되었던 구체적인 과정을 검토해 보고자 한다. 한 선행 연구는 '조선인이 어린아이의 피를 빨아먹는다'는 소문이 만들어진 과정을 밝혀냈다.[97] 해당 연구의 자료에 따르면, 산간의 공사 현장에서 만들어진 유언비어가 기사를 타고 퍼지면서 전국으로 유언비어가 확산된 것으로 보인다. 이때 중요한 것은, 유언비어를 듣고 퍼트리는 사람들이 내용의 사실 여부를 명확히 인식하지 않

---

94 「民情彙報」(江高 第12960號), 1923.9.5(국사편찬위원회 홈페이지 역사통합시스템).

95 朝鮮憲兵隊司令部, 「震災事變卜鮮內一般ノ狀況」, 1923.9.10(국사편찬위원회 홈페이지 역사통합시스템).

96 朝鮮憲兵隊司令部, 「震災事變卜鮮內一般ノ狀況」, 1923.9.10(국사편찬위원회 홈페이지 역사통합시스템).

97 배영미, 2020, 「1920년대 두 번의 한인 학살 - '나카츠카와 사건, 기모토 사건'-의 실태와 관동대지진 때 학살과의 비교 분석」, 『한일관계사연구』 67, 291-292쪽.

는다는 점이다. 따라서 유언비어를 전파하는 사람들은 전파를 막으려는 의식을 갖거나, 본인이 전파의 주체라는 자각을 갖기도 힘들다. 하지만 유언비어가 사실이 아니라는 것을 알고 있음에도 치안 당국이 합세했다는 것은, 일본 당국이 의도적으로 유언비어를 유포했다는 것을 의미한다. 이것이 일본이 관동대지진 한인 학살에 관련하여 책임의식을 가져야만 하는 이유이다.

2003년 7월 일본변호사연합회 인권옹호위원회는 주목할 만한 발표를 했다. '관동대진재 인권구제 제기사건 조사보고서'를 발표한 것이다. 그리고 같은 해 8월 25일에는 고이즈미 준이치로(小泉純一郎) 내각총리대신을 상대로 한 권고서도 채택했다.[98] 이 권고는 요코하마에 거주하는 한국인 문무선이 1999년 12월 10일에 제출한 인권구제 제기 서류에 대한 조사 결과이다. 제기의 취지는 '관동대진재 시 조선인학살이 집단학살이자 중대한 인권 침해임을 명백히 하고, 일본 정부가 학살의 책임을 인정하고 사죄하며 향후 재일코리안과 외국인에 대한 집단학살 재발 방지 조치를 취하라'는 내용이다. 권고서에서 주장의 근거로 사용한 자료가 바로 '관동대진재 인권구제 제기사건 조사보고서'이다. 보고서는 본문 총 4장과 자료 목록으로 구성되었다.[99] 80년이 지난 후 일본의 변호

---

[98] 그 내용은 다음과 같다. "권고서/본 연합회는 제기인 문무선(文戊仙)에 의한 관동대진재 시 학살사건에 관한 인권구제제기사건에 대해 조사한 결과 아래와 같이 권고합니다./제1 권고의 취지/(1) 국가는 관동대진재 직후의 조선인, 중국인에 대한 학살사건과 관련해 군대에 의한 학살의 피해자, 유가족 및 허위사실의 전달 등 국가의 행위에 유발된 자경단에 의한 학살의 피해자, 유가족에 대하여 책임을 인정하고 사죄하여야 한다./(2) 국가는 조선인, 중국인 학살의 전모와 진상을 조사해 원인을 밝혀야 한다./제2 권고의 이유/별지 조사보고서와 같다."(朝鮮人强制連行眞相調査團, 2003, 『資料集15-關東大震災朝鮮人虐殺,日本弁護士連合會勸告と調査報告』)

[99] 이 권고문과 보고서의 내용에 대해서는 강효숙의 분석 연구도 있다. 강효숙,

사협회가 본격적으로 움직였다. 일본변호사협회의 권고는 '학살'된 피해자와 가해자를 명시하고 국가 책임을 인정했다.

반면 남북한 당국은 아직 제대로 된 공식적인 조사를 진행하지 못했다. 2014년 11월 3일, 한국 국회에서 열린 토론회에서도 1923년 관동대지진 당시 발생한 학살은 제노사이드라고 정의했다. 이러한 관점에서 관동대지진 한인 학살은 1948년 UN이 정한 '제노사이드방지 및 처벌에 관한 조약' 제2조를 위반한 사건이다. 동시에 인도에 대한 죄, 1945년 뉘른베르크 국제군사재판소 헌장 제6조에 해당한다는 주장이 제기되었다.[100] 역사를 국회에서 법률이 만들어 가는 과정이라고 하나 지금도 그 과정은 지난하다.

이와 같이 사건 발생 80년이 지난 후 일본의 변호사협회와 대한민국 국회에서는 1923년 관동대지진 한인 학살이 제노사이드라는 점을 지적하며 일본의 책임을 인정했다. 그러나 일본 당국은 사건 당시에 한인 학살에 대해 어떠한 책임도 지지 않았다. 사건 발생 직후 후속 조치 없이 일본에 거주 중인 한인에 대한 사찰과 통제만이 이루어졌을 뿐이다. 1923년 9월 말 메가타 다네타로(目賀田種太郎)가 야마모토 곤노효에(山本權兵衛) 총리에게 '사실의 진상을 조속히 발표하고 전후 조치를 취할 것'을 진언했으나 조선문제유지회 조직으로 그쳤을 뿐이다.

한편 일본 정부는 중국인 학살에 대해서는 다른 조치를 취했다. 일본

「1923년 관동지역 조선인학살의 비교연구(1)-일변협의 권고문·보고서를 중심으로」, 『관동대지진과 조선인 문제연구』(재일코리안 국제학술대회 자료집), 2014.

100 국회의원 유기홍·강창일·정청래, 관동조선인학살 진상규명 및 명예회복을 위한 특별법 제정추진위원회, 교육에서 희망을 찾는 국회의원 모임 주최, 『관동학살희생자 명부와 한일협정, 그리고 한일의 국가책임 토론회 자료집』(2014년 11월 3일, 국회의원회관 제2세미나실), 3-6쪽.

정부는 1923년 9월 15일부터 베이징 정부와 피해자 가족에 대한 배상을 논의하는 등 중국인 학살에 대한 조치를 취하기 시작했다. 이는 당시 조선과 달리 중국이 일제의 식민지가 아니었기 때문인 것으로 보인다. 사건 발생 당시 베이징 정부 외교부는 9월 중순부터 중국인 피해자 현황[101]을 기록한 명부를 공식 항의문서와 함께 일본 외무성에 전달했다.[102] 그러나 이후의 구체적인 절차는 아직도 진행 중이다.

1923년 관동대지진 한인 학살의 진상은 밝혀져야 한다. 물론 진실을 밝히려는 노력이 있었다. 일본변호사연합회와 한국의 국회 그리고 일본 내 시민운동, 한국의 시민운동이 존재한다. 이들의 노력으로 관련 자료의 수집과 분석이 부분적으로 이루어지고 있다. 한국 정부 수립 직후 대일 배상 협상 과정에서 한국 정부가 피해 신고를 받아 정리한 적도 있다. 2013년에 발견된 주일한국대사관 소장 명부 3종[103] 가운데 하나인 '일본 진재 시 피살자 명부'가 그것이다.

그런가 하면 도쿄도는 2020년 9월 1일 '관동대진재' 97년 추도 행사에 즈음하여 추도식 개최 허가를 내주는 조건으로 추도식 실행 위원회에 "마이크와 스피커 등을 크게 틀지 말라" 등의 내용이 담긴 서약서 제출을 요구했다.[104] 이 요구 사항을 준수하지 못할 경우 내년부터 개최가 허가되지 않을 수 있다는 내용이었다. 이에 실행 위원회는 5월 18일 자

---

101 사망 656명, 행방불명 11명, 부상 91명 등 총 758명이었다.

102 중국인 학살문제에 대해서는 다음을 참조: 김광열, 2014, 「관동대지진시에 학살당한 한인과 중국인의 사후조치 고찰-피해자 보상을 위한 입론」(재일코리안 국제학술대회 자료집), 『관동대지진과 조선인 문제연구』.

103 일정시피강용징병자명부, 3·1 운동시피살자명부, 일본진재시피살자명부이다.

104 성주현, 2021, 「관동대진재와 한인 학살-그 망각과 기억의 소환」, 『공존의 인간학』 5 참조.

로 성명을 발표하고, 도쿄도의 요청 철회를 요구했다. 또한 변호사 단체인 자유법조단 도쿄지부는 5월 28일에, '관동대지진 조선인학살의 국가책임을 묻는 모임'은 6월 9일 자로 성명을 내고, 지식인들도 6월 11일에 성명을 발표했다. 이후에도 도쿄 변호사회 역시 6월 22일에 성명을 발표했다. 도쿄도에는 3만 명 이상이 참여한 항의 서명도 전달되었다. 이 서약서에는 공원 관리를 방해하는 행위를 하지 말 것, 중지를 지시했을 경우에는 따를 것, 지시에 따르지 않을 경우에는 다음 해도 이후의 공원 이용이 허가되지 않을 수 있다는 점 등의 항목이 명기되었다. 결국 시민단체의 연대와 활동이 잇따르자 상황은 반전되었다. 도쿄도는 결국 서약서 제출 요구를 철회했다. 도쿄도는 우익 단체가 추도식장 20미터 가까이에서 확성기를 크게 틀고 외친 "뻔뻔한 조선인, 조선 코리안", "무뢰한 재일조선인이 일본인을 살해하고 집을 불태웠다" 등의 발언에 대해 '부적절한 차별 발언'이라고 인정했다. 추도식을 규제하려는 도쿄도의 시도는 실패했다고 볼 수 있다. 개최를 둘러싼 공방 속에서, 추도식은 조선인 단체와 일본 시민 단체의 연대를 통해 무사히 진행되었다.[105]

1923년 관동대지진 한인 학살은 식민지 통치 속에서 조선인이 차별을 받았다는 것을 분명히 드러내는 사건이다. 내선융화, 일시동인, 황국신민 등 일제가 주장하던 표어들에 의해 일제에 저항하던 조선인들이 '불령선인'으로 지목된 것도 마찬가지다. 1923년 관동대지진 한인 학살은, 진재에서 비롯된 사건이지만 인재로 기록되어야 할 것이다. 그리고 한일 양국이 국가적인 차원에서 반드시 진실을 밝혀야 할 것이다.

---

105 2020년도 추도식 정황에 대해서는 다음을 참조:「일 우익 방해 뚫고…간토대지진 조선인 학살 추도식」,『한겨레신문』, 2020.9.1;「조선인 대학살 협력 단체 '소요카제'」,『시사IN』, 2020.9.19.

5. 소결

　1923년 9월 1일 발생한 관동대지진은 일본 간토 지역 일대를 붕괴시켰다. 이때 유포된 유언비어에 의해 6천 명 이상의 한인이 학살당하였다. 유언비어의 주된 내용은 '조선인이 관동대지진의 혼란을 틈타서 폭행, 약탈, 방화, 부인 능욕, 폭탄 투척, 집단 습격, 우물에 독극물 투약 등을 자행했다'는 것이었다. 해당 내용들은 모두 조작되거나 왜곡된 것으로 밝혀졌다.

　같은 해 9월 1일 오후 3시경 사회주의자와 한인의 방화가 있다는 유언비어가 나돌았다. 특히 일본 언론들은 해당 소문을 보도하여 한인들의 학살을 부추기는 역할을 하였다. 『도쿄니치니치신문』은 9월 1일 자 신문에 일본 최초로 지진에 관한 뉴스를 호외로 발간했고, 9월 3일에는 '불령선인'이라고 하는 한인에 대한 차별적인 용어를 최초로 사용했다.

　일본 자경단은 '15엔 55전'의 발음을 기준으로 삼는 등의 방법으로 '불령선인'을 찾기 위한 수색을 진행했다. 일본 관헌이 중심이 된 계엄군은 검문소를 설치했고, 군대의 수색 활동을 경찰이나 자경단이 지원하기도 했다. 구 요쓰기교 부근에서는 군대가 한인을 학살했고, 가메이도 경찰서 내에서 한인이 학살당하기도 했다. 사이타마에서는 피난해 있던 한인을 구조된 자든, 부랑자든 상관없이 추방하거나 방출하면서 학살사건이 발생했다. 구마가야, 혼조, 진보하라 등 사이타마현 북서부의 나카센도를 따라서도 학살이 일어났다. 후나바시 주변에서의 학살은 같은 달 3일부터 시작되었고, 대규모의 학살은 같은 달 4일에 일어났다. 후나바시에서 무선송신소장이 주민에게 무기를 들게 하기도 하였다. 이 지역에서는 일본 민중이 직접 학살에 가담했다. 가나가와현은 9월 2일 다카시마정과 가나가와, 요코하마항에서 중국인 학살이 있었고, 요코하마와 그 주변에서 한인 학살이 있었다. 이틀 뒤인 9월 4일 쓰루미에서 자경단에 의해 한인 학살이 발생했다. 이렇게 도쿄, 사이타마, 군마, 지바, 가나가와 등지에서 학살이 이루어졌다.

일본 당국의 사실 왜곡과 은폐로 인해서 1923년 관동대지진 한인 학살의 정확한 상황을 파악하기 어려웠다. 피살에 대해서는 보도 통제로 간토 지역을 제외한 곳에 즉각적으로 알려지지 않았다.

일본거주 한인은 1923년 관동대지진 한인 학살에 관심을 가졌다. 한인들은 도쿄지방이재한인구제회라는 단체를 조직하고 조사 사업에 착수하였다. 재일 한인 활동가들은 투옥되거나 감금된 상태였기 때문에 학살사건에 대응하는 전술을 짤 수 없었고 규탄 활동을 할 체제도 갖추지 못했다.

1923년 관동대지진 한인 학살은 충격적인 일이었다. 1923년 9월 1일 발생한 관동대지진 소식은 식민지 조선뿐만 아니라 중국 상하이에서 활동하고 있는 대한민국임시정부에도 전해졌다. 대한민국임시정부는 실제로 특파원을 보내 현지 조사를 하기도 했다. 기관지 『독립신문』의 1923년 관동대지진 한인 학살 관련 기사가 세계 각국에 널리 알려져 여론을 환기시켰다. 첫 기사는 1923년 9월 4일 자 『독립신문』의 '호외'였다. '호외'는 국한문 혼용으로 작성, 주로 1923년 관동대지진으로 인한 일본의 혼란상과 피해 상황을 보도했다.

『독립신문』은 1923년 관동대지진에 대해 보도하면서 일본을 투쟁의 대상으로 규정하고 타격하고자 했다. 일본을 '적국'이라고 구체적으로 거명했고, 『독립신문』은 호외를 발행, '도쿄를 중심으로 적국 내의 대진재'라고 하면서 일본이 투쟁의 대상인 적국임을 분명하게 인식하는 내용을 실었다. 또한 『독립신문』이 지진의 원인과 결과를 논할 때 죄악으로 인해 천재지변이 일어난 것으로 평가했던 것도 마찬가지이다.

각종 신문에서도 지진 소식을 보도했다. 『매일신보』의 보도 내용은 일제의 시각에서 1923년 관동대지진 한인 학살을 바라본 것으로, 조선총독부 기관지로서 역할에 충실했다고 볼 수 있겠다. 『동아일보』는 10월 중순 이후 소식을 보도했고, 『조선일보』는 관동대지진이 발생한 지 10여일이 지난 후에야 사설로 관심을 표명하는 수준이었다.

일본 정부는 유언비어 발설과 학살에 대한 책임을 지지 않았고, 진상을 조사하려는 자유법조단 등의 단체 활동을 방해했다. 후세 다쓰지는 1923년 관동대지진 한인 학살이 발생했을 당시 한인 보호가 필요하다고 주장했다. 그는 학살사건에 대한 조사와 항의 활동에 나섰고 조선의 각 언론사에 학살의 책임을 통감한다면서 서한을 발송하기도 했다.

요시노 사쿠조는 1923년 관동대지진 한인 학살과 관련하여 주목할 만한 글을 남겼다. 「소제소언」에 남긴 글이 그것으로, 당시 일본을 비판적으로 바라보는 시각이 흥미롭다. 영화감독 구로사와 아키라는 1923년 관동대지진 한인 학살 당시의 경험담을 남겼으며 자경단의 만행, 유언비어의 내용을 묘사하여 1923년 관동대지진 한인 학살의 실체를 고발했다.

당시 학살 정황을 주도한 것은 일본 정부였다. 일제강점기 조선총독부는 통제와 사찰을 지속적으로 수행했다. 1923년 관동대지진 한인 학살이 일어났다는 소식이 조선에 전해졌을 때도 마찬가지였다. 1923년 관동대지진의 발생과 함께 지진 소식이 전해졌고, 조선총독부는 다음 날인 9월 2일부터 동향을 파악하기 시작했다. 정부와 개인 차원에서 사찰은 지속적으로 이루어졌다.

1923년 관동대지진 한인 학살에 대해 일본 정부는 조사를 공식화하거나 객관화하는 일을 시도한 적이 없다. 한국 정부 역시 적극성을 보이지 않았다. 그러나 1923년 관동대지진 한인 학살은 식민지 통치 속에서 한인이 차별을 받았다는 것을 분명히 드러내는 사건이므로 한인 학살 사건의 진상은 반드시 밝혀져야만 한다.

제6장
일본거주 한인의 통제조직 협화회의
본질과 한계

1. 협화회 창설과 통제

1) 협화회 전사

조선총독부는 제도 마련과 기구 개설 및 운영을 통해 조직적으로 식민지 지배를 전개했다. 또한 식민지 본국인 일본의 필요에 따라 다양한 도항정책을 시행하여 한인의 일본 유입을 조절했다.

실제로 1910년 일본이 조선을 병합할 때까지 일본에 체류한 한인은 1,000명을 넘지 않았던 것으로 파악된다. 병합 이듬해인 1911년에도 2,527명에 지나지 않았다. 그러나 1923년 관동대지진 한인 학살이 일어났던 그해 9월 말에는 체류 재일 한인이 92,035명에 이르렀으며, 1924년 6월에는 10만 명이 넘었다고 기록되어 있다. 당시 일본에 거주하는 한인, 즉 재일 한인이 급증한 이유는 일제의 통치 구조의 변화에 따른 결과이다. 대표적인 원인을 정리하면 다음과 같다. 첫째, 일본의 식민지 지배와 수탈의 강화다. 조선 내에서 토지 수탈이 강화되자 농촌의 조선 농민은 이농할 수밖에 없었다. 토지를 소유할 수 없게 된 조선 농민은 일자리를 찾아 일본으로 도항했고 결과적으로 그 수가 증가했다. 둘째, 일본 국내의 요인으로 저임금 노동자의 수요가 증가했다. 일본 산업은 제1차 세계대전을 거치며 호황을 맞이했으며, 저임금 노동자에 대한 수요가 증가했다. 특히 방적, 석탄, 철도공사 등의 분야에서 한인 노동자의 도입이 시도되었다. 이러한 경제적 요인에 따라 조선총독부는 한인의 도항을 적극적으로 허가했다. 1917년 1월부터 6월까지 조선총독부가 도일을 허가한 노동자는 16,090명에 달했으며 실제로 도일한 한인은

3,365명이나 되었다.[1]

일본 내 한인의 증가에 따라 한인을 통치하기 위해 다양한 제도가 기획, 운영되었다. 이때 만들어진 제도는 기본적으로 식민 통치의 구조 속에서 마련되었다. 1921년 내무관료이면서 조선총독부에서 조선 지배의 실무를 담당했던 마루야마 쓰루기치, 아카이케 아쓰시 등이 동화를 이유로 제도적 기구를 마련하였으며, 이들의 지시로 박춘금 등 재일 한인에 의해 상애회가 결성되었다. 『상애회 사업 경개』(1925년 4월)에 상애회의 설립 유래를 확인할 수 있는 내용이 있다.

> 본회의 연혁, 본회는 초기에 상구회(相救會)라고 명명하고 조선인의 구제를 목적으로 설립되었다. 즉 한일합방 이래 내지에 도래하는 조선인 노동자의 수가 증가한다. 당시는 내선인(內鮮人) 상호 간의 이해가 결핍되고 직장을 구하는데, 어려움이 많았다. 따라서 생활의 안정이 결여되었다. 또한 언어가 통하지 않아서 오해를 초래하는 일이 많이 발생하여 각지에 떠돌아 다녀서 점차로 사상이 악화되고 드디어 자포자기에 빠져서 국가를 저주하고 사람을 원망하는 죄를 범하고 있는데, 이것은 기가 막힐 일이다. 여기에서 한일합방의 정신에 의거하여 이들 여러 가지 폐해를 미연에 방지하여 내선융화(內鮮融和)의 실적으로 일시동인(一視同仁)의 성지에 따라서 상호 복리를 도모하는 것이라는 희망을 갖고 이기동, 박춘금 등이 약간의 사재를 투자하여 본 사업을 창설하게 되었다. 이 상애회가 사회사업단체로 정식으로

---

[1] 히구치 유이치(樋口雄一) 지음, 정혜경·동선희·김인덕 옮김, 2012, 『일제하 재일 한인 통제조직 협화회』, 선인, 15쪽.

조직을 보게 된 것은 1921년 연말로 도쿄부 미나미센쥬마치(東京府下南千住町)에 작은 사무소를 열고, 그 목적을 달성해야 할 우선 사업으로 실업자에게 직업을 소개하고, 衣食(의식)의 기회를 부여하며, 동시에 공동숙박소를 설치하여 노동자에게 주거의 장소를 제공하거나 혹은 간이진료소를 열어 환자를 구하는 데 미력하지만 사업에 노력한다. 점차로 발전하여 1923년 여름에는 그 회원이 10만에 이르렀다. 그러나 1923년 9월 1일 대진재에 의해 이들 사업은 전멸하게 되고, 또한 조선인폭동의 와전으로 불상사가 발발하여 사태가 쉽게 수습되지 않을 것으로 생각되는데, 본회는 이 질서 회복을 계획하는데 먼저 와전을 제거함이 우선이라 하여 닌교초(人形町) 일선회관에 조선인 이재자 1천 수백명을 모아서 이들을 지휘하여 불탄 거리를 정리하는 데 종사케 하고, 한편으로는 일본 정부, 관헌, 각 신문사 등과 협력하여 와전의 일소에 노력하여 상호 민심의 완화에 노력한다. 다행히도 효과를 거두어 수초(趨町) 1번지에 목조 2층 건물로 기숙사를 축조하고, 여기에 고학생 80여 명을 수용하여 면학에 협조를 다해왔다. 그러나 불행히도 화재 때문에 일부를 본부 사무소로 수용했다. 그런데 다이헤이초(太平町)의 사업소는 부흥정리와 함께 소학교 부지로 지정되었기 때문에 부득이 이전하게 되었는데, … 땅을 구해서 여기에 견실한 영구적인 신관을 건축하기로 결정하고 1929년 4월 20일 준공을 보게 되었다.

본회는 단순한 사회사업단체와 그 취지를 달리하고 앞날의 국가적 대사명을 갖고, 지금, 전국적으로 확장을 보게 되었는데 … 지방 본부를 두고 그 아래에 지부, 출장소까지 두는 것으로 발전을 계속하였다. 장래에는 보다 발전을 도모하기 위해 1927년 1월 조직을 재단법인으로 개정하기로 결의하고 1928년 효과를 거둔 것은 일반의 기억 속에 존재하게 된다.

본회가 진재 당시에 봉사한 행동은 당국과 일반 민중에게도 크게 알려져서 조선총독부에서는 육군성과 교섭하여 … 육군 양식창 구내 공지 약 2천 평을 불하받고, 여기에 1천여 평의 급조한 가건물을 건설한 것을 제공받아서, 1924년 1월 여기에 사무소를 이전하고 사무를 개시하고 다수의 조선인을 공동으로 숙박하게 했는데 이것이 지도, 보호의 임무에 해당된다.

해야 할 사업은 구제사업 이외에 교화사업까지도 포함하는데, 구제사업으로는 노동자의 공동 숙박, 간이진료소, 직업소개, 인사상담, 쟁의조정이고 교화사업은 노동야학교, 일요학교 등을 설립하여 일상에서 필요한 교과와 사상의 선도에 노력했다. 또한 조선고학생의 보호를 위해 진재 당시 설립된 진재선후회(震災善後會) 및 도쿄부에서의 보조금을 기초로 하고 조선은행에서 자금을 얻어 4월 17일자로 재단법인의 허가를 받았다.

인용한 자료와 같이, 상애회는 일제 통치의 말단 조직으로 개설된 조직이라고 할 수 있다. 문제는 상애회가 조선 출신의 한인을 위해 운영된 기구라고 볼 수 없다는 것이다. 상애회는 최초 상구회라는 이름으로 개설된 조직이었다. 1921년에 조직명을 상애회로 변경하였으며, 1923년에는 회원이 10만 명 가까이 늘어났다. 1923년 관동대지진 한인 학살이 일어났을 때, 앞 장에서 서술한 바와 같이 일본 정부와 결탁하여 조직의 틀이 확대 재정비되었다.[2] 상애회는 1932년 이후 내선융화 단체의 증가에 따라 재일 한인 내부에 반상애회 의식이 증가하면서 영향력을 잃는다. 일제의 신뢰 상실, 박춘금의 의회 진출 등이 원인이 되기도 했다.³ 결국 상애회 도쿄 총본부는 1941년 3월 해산되었다.⁴

이러한 흐름 속에서 탄생한 것이 협화회이다. 선행 연구에 따르면, 협화회가 정식으로 출범한 것은 1936년이다. 협화회는 식민 통치와 제국의 구조에 따라 발생하는 통솔 기구의 필요성에 따라 창설되었다. 이와 같은 역할을 수행하는 단체로 상애회가 있었으나, 상애회는 민간조직이었으므로 일제의 활용에 한계가 있었을 것으로 추측된다. 따라서 일제는 '일선융화'를 강력하게 추진할 수 있는 정부 주도의 단체가 필요했다. 특히 일본이 지나사변(支那事變, 중일전쟁)을 계획하고 이와 관련하여 일본 내에서 반전분자를 탄압할 필요가 생겼기 때문이기도 하다.『협화사업연감』은 이와 관련하여 다음과 같이 쓰고 있다.⁵

> 내지 재주 외지 동포에 대한 내지 당국의 태도는 그 근본 태도가 「일시동인(一視同仁)」의 성지(聖旨)에 의거하고 있음은 말할 것도 없는데 이것은 어느 시대에도 시종일관한 것으로 진정으로 명료하다. 이 성지를 실현할 구체적 시설에 대해서 보면 시대에 따라서 약간의 변천은 발견할 수 있다. 즉, 1910~1923년 제1기/1923~1934년 제2기/1934년 제3기로 구분할 수 있을 것이다고 하는데 첫 번째 제1기인 1910년에서 1923년 말까지는 일본에 살고 있는 조선인의 수

---

2 김인덕, 2002,「상애회연구」,『한국민족운동사연구』33 참조.
3 M. リングホーファー, 1981.12,「相愛會-朝鮮人同化團體の步-」,『在日朝鮮人史硏究』(9), 53쪽.
4 M. リングホーファー, 1981, 위의 글, 53쪽.
5 金斗鎔, 1947,『日本における反朝鮮民族運動史』, 鄕土書房, 20-21쪽.

도 1922년에 가서야 겨우 5만 9천 명이 되었다. 거의 매년 증가의 경향을 보였는데 '거의 거주자의 수가 극히 적었고 따라서 일본인과의 접촉면도 소범위였기 때문에 일본인과 조선인 사이에 서로의 차이점이 표면화되는 문제로 일어나지 않고, 세간의 주목을 끌 만한 일도 거의 없었다'고 한다. 제2기인 중기, 즉 1923년 이후가 되면 거주자 수도 격증하고 1923년 말에는 거의 10만에 가깝게 된다. 특히 1923년 9월 1일 관동대진재가 일어나서 조선인 사건(그들은 일부러 유언비어를 날조하여 조선인을 학살시켰는데, 이 사건을 우연히 일어난 것으로 말하고 있다)이 발생했다고 하는 것은 조선인 문제가 사회적으로 중요시되고, 조야(朝野)에서 조선인 문제에 관한 방책을 고려하게 되었다고 하는 것이다. 그래서 그 결과 일선융화에 관한 사업 실시에 관해서 급하다고 외치게 되었으며 계속해서 앞서 민간의 독지가들에 의해서 이 사업이 착수되었다. 그리고 각 방면에서 민간의 일선융화 단체가 계속 설립되었다.

이러한 흐름에 따르면, 협화회체제는 조선에 대한 식민 통치의 연장선에 있다고 정의할 수 있다.

2) 내선협화회의 조직

전술했듯이 1923년 9월 1일 관동대지진 이후 유언비어의 유포와 일본 정부의 개입에 의해 한인 학살이 발생했다. 학살이 벌어지자 일본 정부와 조선총독부는 국제적 비난을 경계하여 은폐를 시도했다. 물론 조선 내부의 여론 때문이기도 하였다. 일본 정부는 3·1 운동을 통해 한인의 저항 의지가 강력하다는 것을 실감하였고, 한인 학살 소식이 더 큰 저항 운동을 일으켜 지배 기반을 무너뜨릴 것을 염려하였다. 때문에 당시 조선총독 사이토 마코토는 적극적으로 대응을 시도하였다.[6]

사이토 마코토는 1923년 관동대지진 한인 학살 직후 도쿄에서 열린 대책협의회에 참가한 뒤 조선으로 돌아가면서, 당시 한인들이 가장 많이 거주하고 있던 오사카부를 방문하여 구체적인 시책을 지시했다. 사이토 마코토의 지시에 따라 한인 대책과 관련한 조직이 만들어졌다. 야나기하라 기치베는 그때를 아래와 같이 회상했다.

> 1923년 9월 하순이라고 하면 저 무서운 관동지진이 일어난 직후로서 전 국민이 한창 초토(焦土)의 여진(餘震)과 싸우던 시기였습니다. 당시 조선총독 사이토 각하가 귀임하는 도중에 오사카에 들리셔서 나에게 "오사카호텔로 오라"라는 전보를 보내셨습니다. 나는 그때 오사카부 지사(知事) 도키(土岐嘉平)와 함께 황급히 호텔로 달려갔는데, 이야기 내용은 내선(內鮮)문제였습니다. 특히 '선인(鮮人)의 보호문제'에 대해서는 그 장래성에 대해 심심(甚深)한 고려(考慮)의 말씀을 하셨습니다. … 거기에서 유지(有志)는 부 당국과 기탄없는 논의를 거듭한 결과, 그들의 보호구제사업을 실시하는 방도가 되었습니다. … 개인적인 미력(微力)으로는 할 수 없는 일이기도 하므로 식견이 높은 유식자와 논의하여 부 당국의 보조금으로 내선협화회라는, 지금도 여전히 이 방면에서는 유력한 관민합동의 사회사업단체가 창립된 것입니다.[7]

---

6 히구치 유이치, 2012, 앞의 책, 15쪽.
7 柳原吉兵衛, 1935, 「朝鮮人の保護問題」, 『社會事業硏究』, 1935年 10月號.

1924년 5월 5일, 관민 합동으로 재일 한인의 보호 구제를 실현한다는 목적으로 오사카부 내선협화회(內鮮協和會)가 설립되었다. 한반도가 일본의 식민지로 병합된 이후, 일본 각지에 재일 한인이 증가하여 집주촌이 형성되었고, 다양한 문제가 발생하자 이에 대처할 각종 단체들이 설립되었다. 자강회(自彊會) 역시 이러한 단체들 중의 하나였는데, 자강회는 내선융화 단체로 한인 상호부조와 구제조직으로 활동하였다. 즉, 자강회와 같은 조직이 한인 학살 이전부터 존재하였으며, 내선협회(內鮮協會) 설립의 바탕이 되었다고 정리할 수 있겠다.[8]

물론 자강회 이외에도 내선협회 설립의 전신이 되는 기구들이 있었다. 1920년 10월 결성되었던 조선동우회(朝鮮同友會), 1921년 9월에 결성된 오사카 범애부식회(汎愛扶植會)가 대표적이다. 그 외에도 다양한 노동소개소·숙박소가 설치되었고, 김박춘, 김공해 부부에 의해 자선 단체가 설치되기도 했다. 한인협회가 있어 상이한 언어로 빚어지는 오해를 해소한다거나, 한인의 품성을 향상시킨다거나, 내선인의 융화를 이룬다는 목적으로 활동했다. 오자키 노부다카(尾崎演隆)와 기모토 젠지로(紀本善次郞)가 기독교 교회의 도움을 받아 가며 구원 활동을 하기도 했다.

오사카부 사회과는 1923년도에 한인 아동에 대한 보통교육을 실시, 10여 개소에 공동숙박소를 설치하였으며, 직업소개소에 한인과를 설치했다. 이러한 활동이 내선협화회 설립협의회의 근간이 되었다고 할 수 있다. 1923년 12월 조선총독부 정무총감과 오사카부 내무부장의 합의가 이루어져, 지사의 관저에서 내선협화회 설립협의회가 개최되었다. 이

---

8 塚崎昌之, 2007, 「1920年代大阪における'內鮮融和'時代の開始と內容の再檢討-朝鮮人'救濟'と內鮮協和会·方面委員」, 『在日朝鮮人史硏究』第37号.

에 따라 오사카에 1923년경부터 일본 당국이 관여한 한인 융화단체가 설립되었다.

오사카부에 이어 가나가와현과 효고현에서 내선협회가 설립되었다. 가나가와현 내선협회는 1926년 2월에 설치되었다. 해당 단체는 1923년 관동대지진 한인 학살 사건 이후 가나가와현에서 한인 단결의 필요성과 일본인 측 내선융화에 의한 감시·통제의 필요에 의해 기획되었다.[9] 초기에는 가나가와현에서 7,500엔을 지급하여 현청 사회과 내에 사무소를 설치했고, 이후 9월에 재단법인으로 만들었다. 회장에는 현 지사가 취임했으며, 부회장에는 학무부장, 고문에 현 경찰부장이 취임하였다. 가나가와현 내선협회는 '사회공존의 이상'에 반하는 현상을 개선하여 '복리증진'을 꾀함으로써 '내선융화'를 실현한다는 의도로 설립이 되었다. 하지만 이 조직은 한인 노동자의 실업, 곤궁에는 대응하지 못하였다. 가나가와현 내선협회는 보호·구제도 실현하지 못하였으며, 내선융화사업에 대한 한인 측의 저항, 숙박소 건설 반대운동 등으로 결국 좌절되었다. 조직 초기부터 일본 당국의 지나친 의도가 작동한 것이 근본적인 문제라고 할 수 있다.

효고현 내선협회는 1925년 11월에 설립되었다.[10] 이 단체는 단순한 친목 단체, 민족적 상호부조 단체와는 달리 단체 설립의 목적 중 하나로 '융화'를 주장했다. 김영달이 중심적인 역할을 했다고 알려져 있으며, 1923년 1월에 설립한 일선융화회가 기원으로 보인다. 설립부터 운영에

---

9 宗田千絵, 1990·1992,「神奈川県における協和事業と在日朝鮮人生活史(その一, 二)」,『海峡』15-16.

10 堀内稔, 1995,「兵庫県朝鮮人融和団体の系譜」,『在日朝鮮人史研究』第25号.

이르기까지 효고현 사회과가 관여하였으며, 현사회과·토목과 원조에 의한 한인 노동자 보호 지도기관 '선노조(鮮勞組)' 설치, 무료 직업소개, '효고현 선인청년회' 설치 등이 사업의 주요 목적이었다. 통제보다도 복지나 구제에 중점을 두었다고 할 수 있겠으나, 실제로는 그 효과가 미미했다.

상기한 내선협화회 조직은 1923년 관동대지진 한인 학살의 은폐에 관여했다. '폭도로 몰린 한인을 자신의 생명을 걸고 구조했다'는 미담집을 발간하고 학살 사실을 은폐하는 역할을 담당했다. 지역에서는 민간 유력자와 협력했다.

재일 한인의 생활 환경은 열악했다. 앞에서 다룬 바와 같이, 도일한 한인들은 주거지를 확보하는 데 있어 다양한 차별을 겪었다. 주거문제를 둘러싸고 일본인 집주인과 분쟁이 빈번하게 일어나기도 했다.[11] 아울러 임금이나 노동조건과 관련한 재일 한인 노동자의 투쟁도 적지 않았다. 일본 당국은 이를 사회문제로 인식했다. 대표적으로 가나가와현의 경우를 들 수 있다. 가나가와현에서는 1923년 관동대지진 한인 학살 사건으로 지진의 복구공사, 도쿄와 요코하마(橫浜)공업지대 조성 작업을 진행하기 위해 고용된 한인이 거주하게 되면서 주택문제가 발생했다.

내선협화회는 사회적 문제의 해결을 위해 민간 유력자와 협의하는 방법을 마련했다. 그리고 이 단체는 기업가와 관련된 재일 한인 문제를 해결하고자 하는 방향으로 조직을 운영해 나갔다. 협화회 활동 가운데 가장 중요한 역할을 담당한 오사카부 내선협화회의 경우에 설립 취지와

---

11   재일 한인의 심각한 주택 부족 사태에 대해서는 다음을 참조: 大阪市, 1930, 「本市における朝鮮人住宅問題」, 大阪市社會部報告 120號.

규약에서 그 의도를 확인할 수 있다.

> 내선협화회 설립의 취지: 요사이 우리 오사카부에 조선인의 거주가 나날이 격증하여 그 수가 5만 명이 넘는 상황이다. 근자에 우리 동포의 생활 실정을 보니 언어·풍속·관습·교육 등이 내지와 현저히 달라 동포의 다수는 용이하게 내지 사정에 적응하기 어렵고 구직 및 거주와 같은 어려움과 불편을 느끼고 있다. 그리고 우리 동포는 물질적으로나 정신적으로 생활상의 행복을 누릴 능력이 없는 비참한 경우에 처해 있다. 이 현상에 즈음하여 우리는 이곳 각 방면위원의 찬동을 얻어 내선협화회를 창립하고 그 사업으로서 우선 가장 시급히 필요하다고 생각되는 조선인의 공동숙박소, 직업소개소, 야학교, 진료소 등의 기관을 세워 친애하는 동포의 복리를 증진하고 이를 통해 내선융화의 결실을 얻고자 한다.[12]

오사카부 내선협화회의 활동 취지는 '동포의 복리 증진을 통한 내선융화'였다. 단순한 재일 한인의 복리 증진이 아니었다. 이러한 내용은 규약에서도 반복된다. 규약 제1조에 '본회는 내선협화회라 칭하고 오사카부에 거주하는 한인을 부액선도(扶掖善導)하여 생활의 안정과 품성의 향상을 도모하며 내선융화의 열매를 거두는 것을 목적으로 한다', 제2조에 '직업소개, 인사상담, 실비 숙박설비, 구료(救療)의 길을 열고, 교육시설을 두며, 위안 오락과 간담회 등을 개최할 것' 등을 목적으로 규정했다.

『오사카부내선협화회개요』에 따르면, 내선협화회의 구체적인 활동

12　히구치 유이치, 2012, 앞의 책, 18쪽 재인용.

내용을 살펴볼 수 있다.

첫째, 목적에서 거론한 직업소개소가 설립되었고, 숙박소가 진료소와 병설된 형태로 지역에 설립되었다. 이즈오(泉尾)에는 숙박소만 설치되었다. 이들 시설에는 18명의 직원이 근무했으며, 그중 8명은 한인이었다. 조선어를 모르는 일본인만으로는 직업소개소 업무를 수행하기 어려웠기 때문으로 보인다. 내선협화회 본부의 직원은 모두 일본인으로 주사 이하는 7명이었다. 진료소가 설치되면서 의사와 간호부도 파견되었다. 해당 내용을 볼 때 내선협화회 조직의 중심은 일본인이었던 것으로 보인다.

둘째, 구체적인 보호 구제와 달리 선도와 교화지도를 위한 협화회 사업 활동의 일종으로 야학교가 5개소[13]에 설치되었다. 이러한 시설들은 '내선협화회 ○○야학교'라는 방식으로 불리었다. '한인에게 소학교 정도의 교육을 실시한다'는 것, '수업연한은 3년으로 한다', '학령초과 한인'을 대상으로 한다는 것, 학생 정원은 150명으로 한다 등이 교칙으로 개설되었다. 야학교 교원은 19명으로, 이 가운데 한인 교원은 7명이었다. 그중 전임은 4명이었고, 나머지 3명은 직업소개소 직원이 겸임했다. 야학교에는 수신, 국어, 산술, 이과, 지리, 역사 등의 과목이 있었으며, 재일 한인 교원은 주로 조선어의 교육을 담당했다. 문제는 당시 국어인 일본어의 수업이 매주 7시간이었던 반면, 조선어 학습은 각 학년 매주 1회 정도였다는 사실이다. 또한 야학교에서는 일본어 교육이 중점적으로 시행되었으며, 역사와 수신 등 교화과목과 산술과 이과 등의 실용적인 과목 중심으로 교육 내용이 편성되어 있었다. 이를 통해 야학교가

---

13 이마미야(今宮), 쓰루마치(鶴町), 도요사키(豊崎), 나카모토(中本), 쓰루하시(鶴橋)이다.

한인의 일본 정착을 위한 기본교육 시설로 마련되었음을 알 수 있다. 일본어 교육에 집중하여 노동 현장에 바로 투입시킬 수 있도록 한인을 교육하기 위한 시설이었다.

실제 사업개요를 살펴보면, 협화회가 관민 합동을 진행한 이유를 알 수 있다. 협화회의 주요 사업이었던 직업소개, 숙박소 설치, 일본어 학습 등의 교육은 모두 도일한 한인이 일본에서 노동할 수 있는 요건을 갖추게 한 것에 지나지 않았다.[14] 즉, 한인 보호 구제라는 명목으로 실행된 사업들은 일본의 경제적 상황에 따라 필요한 노동자를 공급하기 위해 진행된 것이었다.

3) 지방협화회의 설립과 통제

1934년 4월 일본 정부는 오사카부에서 내선융화사업조사회를 만들어 구체적인 진행안을 만들기 시작했다. 이를 전국적으로 실시하기 시작한 것은 1936년부터인데, 여기에 대해서 김두용은 다음과 같이 기술하고 있다.

> 이렇게 1935년 점차로 각지에서 준비가 되었는데, 정부는 1936년도 예산에서 협화사업비라는 과목(科目) 아래에 5만 엔의 예산을 상정하고, 내무성(內務省) 사회국이 사무수행의 임무를 담당하게 했다. 사회국에서는 사회부 복리과가 협화사업을 주관하고, 촉탁 1명을 늘려 배치하여 전담 직원으로 하고 또한 지방부현에 사무비 약간을 보조

---

14 히구치 유이치, 2012, 앞의 책, 19-20쪽.

하는 한편 협화회 시설에 필요한 경비를 보조하며 지방협화회의 설립을 장려했다. 그 결과 주요 부현에는 부현 협화회가 설치되고 다른 도(道), 부(府), 현(縣)에는 사회사업협회 안에 협화부가 설치되어서 협화사업은 착착 진척되어 갔던 것이다. 그 후 5만 엔의 예산도 8만 엔으로 증액되고, 또한 후생성(厚生省)의 시설과 사무소는 같은 성(省)의 사회국 생활과로 이전되었다. 계속해서 1939년 이래 다수의 청년노동자를 이입하여 탄광과 기타 산업에 종사시키게 되었고 이와 관련하여 협화사업이 전국적으로 정비·확충되게 되었는데 제2예비금에서 새롭게 22만여 엔이 결정되었다. 또한 관청의 외곽 단체로 중앙에 중앙협화회(中央協和會)가 창설되었고 지방에는 도, 부, 현에 협화회가 설치되었다. 한편 회원에게는 회원증이 교부되는 등 일반 시설이 되어 협화사업은 획기적인 약진의 기초를 구축하기에 이르렀다.[15]

이를 통해 볼 때, 일본 정부는 동화를 위해 1936년부터 지방을 대상으로 본격적인 협화 조직 강화를 도모했다. 오사카부에서는 내선융화사업조사회와 오사카 경찰을 거점으로 강화가 진행되었다. 교풍회(矯風會)에서 시행한 재일 한인 대응을 통해 일반적인 대응 방침을 정리할 수 있다. 순서대로 기술하자면 다음과 같다. 첫째 조치는 한인 대책비의 예산 인상이다. 해당 예산은 1936년도에 5만 엔이 계상되었다. 이것은 재일 한인을 대상으로 한 부분에서 획기적인 일이었으며, 예산 인상을 통해 대책이 구체화될 수 있는 기반을 마련했다고 볼 수 있다. 둘째 조치는

---

15 金斗鎔, 1947, 앞의 책, 22-23쪽.

각종 회의체의 지시 강화이다. 예산 확보 조치와 동시에 1936년 6월부터 11월까지 개최된 각종 일본 정부의 회의, 구체적으로 6월 6일의 전국 경찰부장 사무협의회의, 7월 3일의 전국 학무부장 사무협의회의 회의에서 재일 한인 문제에 대한 지시가 있었다.[16] 일본 정부는 8월 31일에 하달한 통첩을 통해 기본방침을 명시했다. 내무성이 지방장관에게 통첩 지시한 것은 '협화사업 실시 요지'인데, 이에 기초해서 지방청이 협화사업을 실시하게 되었다. 이 통첩의 요지는 다음과 같다. "내지 거주 반도인에 관한 문제가 점차 빈번해지는 정세와 그 원인이 되는 바에 비추어 동화를 기조로 하는 사회시설의 철저한 강화를 도모하고, 이로써 국민생활의 협조 해화(諧和)에 힘써 공존공영의 열매를 거두고자 함을 기하는 데 있다." 이와 같이 일본 정부는 재일 한인 전체를 동화한다는 방침을 명시하면서, 동화정책을 구체적으로 실시하기 위해 다음과 같은 6개 항목의 협화사업 실시요목을 만들었다.[17]

1. 내지 거주 반도인의 생활 상황에 관해 조사할 것.
2. 교육, 교화 시설의 확충을 도모하고 특히 국민정신 함양에 노력할 것.
3. 풍속과 주거 등 생활 전반에 걸쳐 개선 향상을 촉진할 것.
4. 경제보호, 의료구호, 일반구호 등에 관해 여러 사회시설에 의한 보호 구제에 노력할 것.
5. 귀국자 보호, 범죄 방지, 위생시설의 이행 등 경찰 보호의 철저를 도모할 것.

16　武田行雄, 1938, 『內地在住半島人問題と協和事業』, 國策研究會 참조.
17　히구치 유이치, 2012, 앞의 책, 75쪽.

6. 널리 협화 취지의 보급 철저에 노력하고 국민융화의 촉진을 도모할 것.

위와 같이 협화사업 실시요목은 일상적 문제와 교육, 풍속, 위생, 융화의 구체적인 시행 방향을 정리하고 있다. 이후 각 부현에 이러한 내용이 그대로 하달되었으며, 지역에서 협화회가 설립될 때 대부분 내용이 반영되고 사업계획이 수립되었다. 또한 실시요목에서 구체성이 더해진 협화회의 활동 세목까지 지시로 하달되었다.[18] 이후 지시 세목은 지방협화회의 구체적인 활동 지침이 되었다. 실시요목에서는 주택문제나 구제조치 등의 사업은 간과되었고, 동화, 내지화 정책만이 우선되었다고 볼 수 있다. 다른 측면에서는 조직의 확충에 역점을 두었다고 보이기도 한다. 일본 정부는 이러한 명확한 동화방침 아래 '전국의 동일한 취지'에 따라 재일 한인 대책을 주도했다. 이를 위해 내무성 사회국에서는 협화사업의 주지, 실시 방법을 지시 감독했다. 1937년 5월에 제1회 협화사업강습회가 개최되었으며, 이 회의를 위해 전국의 사회과 직원과 특고경찰과 직원 108명이 협화사업의 '선진적인 지역인 오사카'에 모였다.[19]

---

[18] 1. 내지 거주 반도인에 관한 각 제반 조사 연구/2. 취학 장려 및 간이교육시설/3. 일본어, 일본 작법 등 교수/4. 국민적 행사 풍습의 장려/5. 인보사업의 실시(종합적 사회사업시설 경영)/6. 교풍사업의 실시(교풍회의 창설 확충)/7. 공동청소의 장려 및 위생사상의 보급/8. 주택의 개선 및 관리경영, 밀집거주 방지/9. 저축 장려, 공동 조합의 설치/10. 모르핀중독환자의 치료보호, 종두와 티푸스 예방주사 등 의료 철저/11. 귀향자 보호/12. 소요분쟁의 조정/13. 취직 알선, 인사상담/14. 지도자, 중견인물의 양성, 우량자의 표창과 우량단체의 조성/15. 주민등록 기타 수속 이행/16. 각종 사회사업시설과 연락/17. 기타 협화 촉진상 적절 유효하다고 인정되는 시설(武田行雄, 1938, 앞의 책 참조).

[19] 히구치 유이치, 2012, 앞의 책, 77쪽.

이 회의에서 일본 정부는 사업의 추진을 협의했으며, 이후 일본 정부의 강력한 방침 아래 거주 재일 한인이 많은 부현에서 협화회 설립이 추진되었다.

지역의 지방협화회 설립의 조직방침은 상부 중심이었다. 협화회를 부현 기구의 하부 기관으로서 설립한다는 것을 기본으로 정했다는 면에서 그 사실이 드러난다. 이는 일본 정부의 의도가 원활히 반영될 수 있도록 조직을 구상했다는 것을 증명한다. 국가 의지를 명확히 반영한 상태로 재일 한인을 직접 관리하고자 하는 목적으로 각 지방의 협화회가 설치되었다는 것이다. 지방협화회 조직에는 "세포기관으로서 기존의 융화단체를 무조건 수용하거나 그 연합회를 결성하는 것과 같이 해야 한다"는 원칙이 있었다. 이는 기존 조직을 흡수하여 조직 강화 속도를 높이기 위함이었다. 동시에 재일 한인 친일단체인 상애회나 한인 융화단체와는 별도로 관 주도의 조직을 설치하기 위함이기도 했다. 따라서 모든 임원을 재일 한인이 맡지 않았으며, 지역에서는 지사를 회장으로, 그리고 사회과장과 특고과장을 중심으로 하는 지방협화회가 결성되었다. 조직방침의 확정과 동시에 지방협화회의 조직화를 촉진한 것은 일본 정부의 지도였다. 조직 활동의 촉진을 위해 일본 정부는 상기한 바와 같이 예산을 투입했으며, 증진된 예산의 다수는 지방협화회 설립을 위해 사용되었다. 이 시기에 협화회 조직이 성립된 오사카부, 효고현, 가나가와현의 경우는 사업의 재편 의미가 강했으며, 도쿄부, 교토부, 아이치현, 야마구치현, 후쿠오카현 등에서는 새롭게 협화회를 설립했다. 이러한 과정을 거쳐, 1936년 말 당시 재일 한인이 가장 많았던 오사카, 그 다음인 효고현, 그리고 아이치현, 도쿄부, 교토부, 야마구치현, 히로시마현의 순서로 현 전체에 협화회가 조직되었다. 설립 시기도 기존 조직을 제외하면,

1936년 10월부터 11월에 걸쳐 일제히 결성되었다.

아울러 주요 부현 이외에도 히로시마현 사회사업협회 협화부가 독립 부현 기관으로 설립되었다. 마침내 합계 9개 부현이 협화사업단체로서 확립되었다.[20] 1936년 시기에는 23개 부현에서 협화사업이 조직·운영 되었다고 정리할 수 있다.[21]

4) 교토부협화회의 경우

교토부협화회가 설립 준비 작업에 들어간 것은 1936년 9월부터였으며, 같은 해 11월 6일에 창립되었다. 발회식은 1937년 1월 27일에 있었다.[22] 발회식에는 지사를 비롯해 20여 명이 출석했는데, 출석자는 사회과장을 비롯한 교토부의 지방 관료와 현의회 관계자 그리고 일부의 민간 유력자였다. 참가자 중 한인은 한 사람도 포함되어 있지 않았다. 회의에서는 상임이사인 부사회과장이 회칙과 임원을 발표하였으며, 1936년도 예산사업계획 설명에 대해 승인하고, 저녁 식사를 하는 것으로 회의는 끝났다. 회의를 모두 끝내는 데 두 시간이 소요되었을 정도로 형식적인 지방조직의 설립이었다고 볼 수 있다. 임원의 구성을 보면, 회장에 지사, 부회장에 교토시장과 학무부장, 상임이사에 사회과장, 상임

---

20 또한 협화사업 관계단체로서 협화회 결성의 전제가 되는 기관으로는 나가사키현 내선협화회, 사가(佐賀)현 사회사업협회를 비롯하여, 홋카이도(北海道), 나라(奈良)현, 미에(三重)현, 시즈오카(靜岡)현, 시가(滋賀)현, 기후(岐阜)현, 이시카와(石川)현, 시마네(島根)현, 오카야마(岡山)현, 와카야마(和歌山)현, 오이타(大分)현, 미야자키(宮崎)현 등 14개 사회사업 단체가 확인된다.
21 히구치 유이치, 2012, 앞의 책, 78-80쪽.
22 京都府社會事業協會, 1938, 『社會時報』, 1938年 4月號.

간사에 부사회사업주사, 부사회과원, 부특고경부, 교토시사회과원 등이 담당했다. 간사는 부 소속 경찰관서의 서장과 교토 시내 구장으로 구성되어 있었다. 즉, 임원 중에 한인이 한 명도 없었다. 이렇게 조직된 교토부협화회는, 경찰서장이 조직을 운영하는 간사 역할을 담당했을 정도로, 실질적으로 경찰조직과 다르지 않았던 것으로 보인다. 1936년도 교토부협화회는 설립된 이후 1937년도까지 거의 활동이 없었다. 설립 당시 교토부협화회 예산은 2,860엔이었으나, 이듬해에는 이월금이 1,500엔 정도였다.[23]

사업의 구체적인 상황을 예산 집행 내역을 통해 확인해 보자. 교토부협화회는 1937년도 이월금을 합한 6,878엔을 기본 예산으로 책정했다. 그중 사무비를 제외하고 4,918엔이 집행되었다. 교육교화비, 보호비, 생활 개선 사업비, 한인 조사비의 순으로 많은 비용이 지출되었다.[24] 그러나 이 시기에는 아직 각 경찰서에 협화회 지부가 설치되지 않았으므로, 기존의 재일 한인 단체나 각 경찰서가 부 주최의 행사에 재일 한인을 동원하고, 참가시키는 방법을 취했다.

교토부협화회의 사업은 조직강화가 주목적이었던 것으로 보인다. 먼저 착수한 일은 조직의 요체인 특고과원과 협력하는 일본인 지역 유력자를 '지도원'으로 위촉하는 일이었다. 구체적으로 교토 시내에서는 1937년도에 32명을 위촉하고, 한인 지도와 관련하여 협력을 구했다. 지도원이 구체적 활동에 참가하는 것은 대부분 명목상의 일이었으며, 실질적으로는 각 경찰서의 특고과원이 지도를 담당했다. 재일 한인들과 섞여

---

23 히구치 유이치, 2012, 앞의 책, 82-83쪽.
24 京都府社會事業協會, 1937, 『社會時報』, 1937年 4月號 참조.

동원 할당 작업에 참가한 것은 '보도원'이었다. 이들은 재일 한인 가운데 선발된 사람들이었으며, 한인이 다수 거주하는 지역에 살던 사람들이 뽑혔다. 대체적으로 일본 당국의 입장에서 사상적으로 문제가 없으며, 하숙집을 영업하는 등 한인들 가운데 유력자였던 사람들이 선출되었다. 교토부협화회는 재일 한인들로부터 협력자를 뽑아 양성하기 위해 1938년 2월에 2일 동안 '중견 청년 수양강습회'를 열었다. 이 모임에는 경찰서에서 선발된 46명이 참가하여 개회식에서 황국신민의 서사를 제창하고 사회과장의 훈시와 강연을 들었다.[25] 이와 함께 구성된 것이 현 협화회의 하부 조직인 지부 조직이다. 1938년도에는 각 경찰서마다 지부를 만들 방침을 세웠으며, 교토 시내에 11개, 군에 15개 지부가 설치되었다. 교토 시내에는 일찍부터 지부를 만들어 아야베(綾部)지부, 후쿠치야마(福知山)지부 등 대다수의 지역에 지부가 조직되었다. 물론 지부장은 한인이 아니라 경찰서장이었다.

아울러 교토부협화회 사업으로는 국방헌금 모으기, 교육교화 사업 시행, 생활 개선 사업 시행 등이 있었다.[26]

동원된 사람들에게 부과된 협화사업의 하나는 전시협력 활동이었다. 중일전쟁이 본격화되면서 출정 병사의 환송, 위문대 작성, 국방헌금 등의 전쟁 협력 활동이 요구되었다. 헌금의 경우, 1937년 10월 22일 현재 집계로 5,300엔이 모였는데, 이 금액은 일본거주 재일 한인 헌금 총액의 6분의 1에 달하여 '애국의 지극한 정성'을 보이는 행동의 예시가 되었다. 이 헌금은 내선자치회(內鮮自治會), 불교보국회(佛敎保國會)라는 한

---

25 京都府社會事業協會, 1937, 『社會時報』, 1937年 4月號 참조.
26 히구치 유이치, 2012, 앞의 책, 84-86쪽.

인이 결성한 단체의 기부를 협화회가 모으는 방식으로 마련이 되었는데, 이는 경찰이 직접 재일 한인을 하부 통제조직으로 조직하지 못했기 때문으로 보인다. 또한 헌금 행위는 예산조치를 수반한 것은 아니었지만 미담으로서 신문에 보도되어 사실상 협화사업의 중심 과제처럼 취급이 되었다. 이 외에도 중요하게 추진된 것은 다양한 형태의 강연을 비롯한 교육으로 재일 한인을 교화하는 사업이었다. "풍속과 습관을 달리하거나 도덕관념이 다른 것은 국민 간에 하나의 간극(間隙)을 만드는 결과"[27]라는 인식 아래 재일 한인 자녀의 교육문제가 중요하게 부각된 것이다. 그 결과 아동교육과 강연회 등 교화방책이 기획되었다. 교육은 일본 학교 입학을 장려하는 형태로 이루어졌다. 입학률을 높이고, '일본인과 동일'한 수업을 받게 하여 황민화를 추진하려 했다. 가정 형편이 어려운 재일 한인을 대상으로 부협화사업 예산에서 1인당 2엔씩의 장학금을 100명에게 지급할 것을 결정하기도 했다. 아동에 대한 황민화와 동시에 시국 인식을 높이기 위해 재일 한인 거주 지역에서 군인에 의한 전황 관련 강연이 열렸다. 강연회장은 동원된 사람들로 채워졌고, 밤에는 강습회로 사람들을 조직화했다. 이외에도 일본어 단기강습회가 열리는 경우도 있었다.

실제적이고 구체적인 교화사업의 하나로 거론할 수 있는 것이 풍속과 습관의 차이에 대한 시정 사업, 즉 '교정' 지도이다. 교토부협화회의 경우, 다양한 생활 개선 사업 형태가 확인된다. 일본에서도 재일 한인은 일반적으로 조선에서의 생활 방식을 고수했다. 그중 대표적인 것이 한복

27　京都府社会事業協会, 1937, 「鈴木敬一知事挨拶 京都府協和会設立に際して」, 『社会時報』1937年 1月号.

착용이었다. 그 결과 치마 저고리 착용의 '교정'이라는 이름의 통제가 가해졌으며, 재일 한인 부인을 대상으로 교토 시내의 절이나 소학교에서 일본 옷 입기와 만들기 강습회가 열렸다. 참석자는 1개소마다 30명 정도로, 총 420명 정도의 사람들이 수강자로 동원되었다. 매년 이러한 복장착용강습회가 열렸고, 강습회는 전면적인 한복 착용 금지에 이르기까지 압제적, 조직적으로 지속되었다. 이처럼 재일 한인의 생활습관을 통제하고 변화시키려는 사업을 생활 개선 사업이라고 칭했다. 한인을 대상으로 한 국방 헌금, 교육교화, 생활 개선 사업 등은 재일 한인 전체를 대상으로 면밀히 시행되지는 못했다. 당시에 이러한 사업이 실시된 것은 일부 지역이었으며, 이 점을 보충하기 위해 협화회 조직의 강화가 도모되었던 것이다.

5) 효고현협화회의 경우

상술한 것처럼, 오사카 지역의 교풍회 활동은 협화회 지부 결성에 참고가 되었다. 다른 지역에 비해 재일 한인 거주자가 많았고, 이들과 관련하여 발생하는 문제에 대응해 온 효고현에서도 오사카와 비슷한 과정을 거쳐 협화회가 설립되었다.

효고현에서 이전부터 이미 활동하고 있던 효고현 내선협회는, 이미 조직의 협화회화를 추진하기 위해 1937년 10월 7일 현 당국과 협화사업 간담회를 개최했다. 이 회합에는 현 관내 5개 시의 사회과원, 고베 시내와 군 관내 경찰서에서 37명이 참가했으며, 현사회과장, 특고과장도 동석했다. 회의의 주안점은 오사카부 사회과, 부 경찰 간부를 초빙해 오사카 지역 협화사업의 실정을 듣는 것에 있었다. 회의 이후에는 오사카

협화회가 작성한 협화사업 실시 상황에 관한 영화를 감상했다.[28] 결국 1938년 3월 협화회가 결성되었다. 사전 준비를 지속하면서 오사카 지역을 시찰한 이후 효고현협화회는 고베 시내에서 최초로 경찰 통제 아래 관내를 단위로 하는 협화회 지부로 설립되었다.[29] 이후 효고현 내 협화회 지부가 1937년에 1개소, 1938년에 3개소, 1939년에 17개소 등으로 증가했으며, 거주 재일 한인이 가장 많은 지역에 지부가 먼저 설립되었다. 농촌과 같이 거주자가 적었던 지역은 1939년 중앙협화회 설립을 전후해서 결성되었다.[30]

효고협협화회 지부가 조직된 과정을 살펴보면, 협화회 설립에 일본 정부가 개입했다는 것이 보다 명확해진다. 설립 총회가 진행되는 중에 회원의 의견 제시나 발언이 없었다는 면에서, 효고협화회의 임원은 설립 총회 이전에 이미 결정되어 있던 것으로 보인다.[31] 이는 설립 자체가 특고과 직원의 명령에 따라 이루어진 것이라는 사실을 보여 준다. 1938년 3월에 결성된 린다(林田)협화회의 경우도 비슷하다. 해당 협화회의 설립 총회는 관내 300여 재일 한인이 참가한 가운데 린다경찰서 관내에서 거행되었다. '황거요배, 국가합창, 명예의 전사자 및 영령에 대한 묵념, 결성 경과보고, 임원 발표, 지도원 사령장 교부, 협화회장인 경찰서장의 인사, 효고현 내선협회장 훈시, 내빈축사, 지도원 인사말, 애국행진곡 합창, 만세삼창, 폐회' 등의 순서였다. 내빈은 현의 특고과장, 구장, 시현회의원, 소학교 교장 등이었다. 그들은 천황을 중심으로 한 내선일체의 논리

28　『兵庫縣社會事業』, 1937年 10月號.
29　『兵庫縣社會事業』, 1938年 4月號.
30　『兵庫縣社會事業』, 1939年 6月號.
31　히구치 유이치, 2012, 앞의 책, 86-89쪽.

와 교화, 재일 한인의 전시 협력 요구를 중점적으로 강조하는 연설을 했다. 이 결성식은 린다서 관내의 사업구 1개소를 대상으로 한 것이었으며, 약 1만 명에 달하는 관내 거주 재일 한인에 대한 조직화를 개시한 최초의 회합이기도 했다. 일본 당국의 협화회 지부 창설 사업은 조직적으로 전국에서 실시되었다. 도쿄부협화회의 경우도 1936년 거주 재일 한인이 일정 수 이상인 지역[오기바시(扇橋), 스나마치(砂町), 미카와시마, 메구로(目黑), 아즈마(吾妻)]의 경찰서 관내 10여 개소에 교풍회를 설치하기로 결정되었다. 오사카부에서도 새로이 10여 개소의 경찰서 관내에 설립할 예정이었다. 매년 전국적으로 재일 한인이 거주하는 곳에는 반드시 지부가 결성되었다. 이후 중앙협화회가 창립된 1939년에는 교풍회나 내선협회라는 명칭으로 불리던 지부도 협화회라는 이름으로 통일되었다.

2. 중앙협화회의 설립과 활동

1) 중앙협화회의 설립

일제강점기 협화체제 속 동화조직의 강화는 일본 정부의 중요 과제가 되었다. 앞에서 보았듯이 각지에서 설립된 지방협화회는 오사카의 교풍회를 모방하여 만들어졌다. 그러나 사업 실시 주체인 지방의 부현 조직이 모든 사업을 통일된 형태로 시행하지는 못하였다. 그 결과 전국 각지에서 다양하게 진행되는 사업을 총괄할 중앙조직이 필요해졌다. 김두용은 최초로 중앙협화회와 지방 지부에 대해 정리했다. 그는 협화회의

행정기관으로서의 역할을 분명하게 했다.[32]

중앙에는 후생성 생활국이 협화사업의 주관기관으로 전담 직원을 두고 사업수행을 담당하였고, 내무성, 문부성, 척무성(拓務省), 조선총독부 등이 주로 관계 관청으로 협력하고 있다. 특히 내무성 경보국은 협화사업이 치안과 관계가 깊기 때문에 각별한 연락 관계를 갖고 있다.

그리고 김두용은 지방기관을 다음과 같이 구성했다고 정리한다.[33]

한 개의 지방에서는 도, 부, 현청이 중심이 되어 전담 직원을 두고, 학무부 사회과 및 경찰부 특고과와 긴밀한 협력 아래에 경찰서와 시(市), 정(町), 촌(村)을 지휘하여 사업의 수행을 담당하고 있다.

그런데 사회사업 협회가 '사업'을 수행하고, 부지사를 중심으로 협화회체제가 정비되었을 때도 실질적인 지부 조직과 활동은 지연된 것으로 보인다. 도쿄부가 대표적인 경우였다. 사업 내용도 오사카부의 교풍회 사업에 준해서 활동하던 협화회가 주류였다. 그러나 사회사업적인 성격을 강하게 갖던 후쿠오카현과 같은 경우도 있었다. 야마구치현의 협화회의 경우는 중심 조직이 지속적으로 변동했다. 1936년 11월에 정부 지시로 야마구치현협화회가 설립되었는데, 1년이 지난 이듬해 11월에 협화

---

32   金斗鎔, 1947, 앞의 책, 23쪽.
33   金斗鎔, 1947, 위의 책, 23쪽.

회가 해소되어 야마구치현 사회사업협회에 협화부를 설치했지만 침체 상태였다. 그 결과 야마구치현협화회는 일본 정부로부터 지시를 받아 협화회를 다시 설치했다.[34] 한편 협화회가 결성되지 않은 부현이나 시정촌 역시 다수 존재했기 때문에, 당시의 재일 한인은 조직적인 통제에서 벗어날 수 있었다. 협화회, 교풍회 사업이 실시되지 않은 행정구역에 이주하면, 황민화와 동화의 강제에서 벗어날 수 있었던 것이다.[35]

1937년에서 1938년 사이에는 협화회가 설치되지 못한 현이 있거나, 협화회가 있더라도 방침이 철저하지 않았던 곳도 있었다. 일본 정부는 이러한 상황을 타개하기 위해 '동일 정신 아래에 동일하게 보조를 맞추어 각지에서 일제히 사업을 전개할 필요가 있다'는 이유로 중앙협화회를 설립했다.[36]

1945년까지 협화사업의 지도를 담당했던 다케다 유키오(武田行雄)[37]는 중앙협화회 설립 이유로, 강력하고 영속성 있는 기관이 필요하다는 것, 내지인을 계발해서 서로 사랑과 정의를 촉진하여 외지 동포의 동화를 용이하게 해야 한다는 것, 그리고 재일 한인이 증가하고 있다는 점을 들었다. 이 가운데 재일 한인의 증가는 확실히 양적인 측면에서 중요했다.[38] 재일 한인의 증가는, 협화사업이 전개되는 데 재일 한인이 일본 국가 권

34　武田行雄, 1940.7, 「協和讀本第二回」, 『協和事業』.

35　다케시마 가즈요시(武島一義)도 그 내용을 알고 있다. 그는 협화회 결성 당시 담당관, 후생성 사회국 생활과장, 중앙협화회 참사, 돗토리(鳥取)현지사를 역임했다.

36　武田行雄, 1940, 앞의 글 참조.

37　협화사업의 편집자이고 발행인이다. 후생성 협화관, 중앙협화회에 관여했다. 자세한 내용은 후술한다.

38　1935년부터 1938년에 걸쳐 재일 한인이 증가하여 1938년 말에는 799,878명, 즉 80만 명에 달했다. 특별하게 오사카부에서는 24만 명의 한인이 거주하고 있었다.

력의 의지에 맞지 않는 부분이 존재했다는 면에서 문제가 되었다. 아울러 실업대책 측면에서 문제였다는 설명도 있다.[39] 실업은 1930년대 전반부터 나타난 현상이다. 그러나 실업 문제는 협화사업의 과제가 아니라 실업대책사업의 확대로도 해결이 가능하다. 실제로 1935년 말에는 일본 내 노동력이 부족했는데, 이때 재일 한인 노동자가 중요한 역할을 담당했다. 즉, 실업 측면에서는 재일 한인의 증가가 큰 문제로 여겨지지 않았으며, 오히려 일본 노동시장에 필요한 존재였기 때문에 양적인 증대가 가속화된 바 있다.

재일 한인은 일본의 전쟁정책 수행에 장애가 되는 집단이었다. 이것이 전쟁 수행을 위한 비용에서 일부를 지불하더라도 협화사업을 수행해야 하는 이유였다고 보는 편이 타당할 것이다. 더구나 80만 명에 이르는 재일 한인은 일본 정부가 추진하던 전시협력체제나 운동과는 전혀 관계가 없었다. 재일 한인은 일본 당국의 관심사인 '전쟁'과 무관한, 오히려 반일적인 존재였다. 이들은 반제국주의동맹에 참가하는 등 반전주의적이고 비협력적인 태도로 일관하였다. 그뿐만 아니라 임금차별이나 생활차별에 대해서 적극 저항하기도 하였다. 동시에 재일 한인은 일본 내에서 차별을 겪으면서도 직업소개, 생활의 상호부조 등의 협동생활을 하면서 동지적 연계를 강화했다. 이러한 경향을 가진 재일 한인은 일본 정부의 입장에서 전쟁정책을 수행하는 데 방해가 되는 집단으로 여겨졌다. 그 결과 일본 정부나 협화회는 이들과 횡적으로 연계하는 모든 조직을 인정하지 않았으며, 재일 한인 집단을 해산시키는 방침을 취했던 것이다.

---

39   武田行雄, 1940, 앞의 글 참조.

일본 정부, 현 그리고 그 하부 조직에게 협화사업은 반드시 진행해야만 하는 과업이었다.[40] 앞에서 언급한 것처럼 재일 한인 집단은 전쟁에 무관심하거나 비협력적이었으며, 반전의 태도를 취하기도 하였다. 임금 문제를 둘러싸고 노동자 파업을 진행하기도 하는 등, 재일 한인 문제는 치안대책상의 과제로 취급되었다. 이러한 필요에 의해 협화회가 탄생한 것이다. 협화회 조직의 중추가 경찰조직과 특고과로 구성되었다는 것도 이와 연관이 있다. 또한 직접 경찰기구가 전면에 나서지 않고 중앙협화회를 설립한 이유 역시, 협화회가 '특무기관적 목적'으로 가치를 부여받았기 때문인 것으로 보인다.[41]

2) 협화회의 논리

중앙협화회는 일본 내 전국적인 통제조직이었다. 이 조직은 재일 한인의 치안대책 강구와 전국적인 재일 한인의 통제망 확립을 목적으로 결성이 되었다. 중앙협화회는 재일 한인이나 일본인들에게 조직의 이론적 근거와 정당성을 명확히 밝혔다. 담당 참사였던 다케시마 가즈요시(武島一義)는 다음과 같이 설명하고 있다.[42]

반도인이 내지에 거주하는 이상 내지의 습속에 따라 스스로 차별의 싹을 키우고자 하는 것은 점차 중단하도록 해야 합니다. 이야기를 바

---

40   武田行雄, 1940, 위의 글 참조.
41   히구치 유이치, 2012, 앞의 책, 89-92쪽.
42   武田行雄, 1940, 앞의 글 참조.

꾸어 보면, 일시동인의 성지에 따라 신부(新附)의 민이 되어 널리 황은의 혜택에 빠진 것입니다. 소위 황국신민화입니다. 이를 또한 동화정책이라고도 합니다. … 구미인에게 동화정책이라는 용어는, 식민정책의 방법에서 혼혈을 의미합니다. 그러나 일본에서 천황의 일시동인의 성지에 따른 동화정책이라는 것은 형이하학적인 것이 아니라 매우 정신적인 심오한 동화의 근본방침이라고 생각합니다. … 천황의 은택이나 성지라는 것이 태양의 빛과 같은 것이고, 일시동인입니다. 중외 고금을 통해 거짓이 없는 것이 있으니 태양이 만물을 기리는 것과 같이 여러 사람에게 그 처한 바를 할 수 있도록 하는 것이 천황 원리의 근본정신이므로 우리나라 천황의 성지를 받들어 모시고 동화정책을 널리 퍼트리는 것은 서양 인류의 물질적인 사고방식으로서의 동화정책과는 정신적 유물적으로 차이가 있다고 생각합니다. 우리나라에서 동화정책은 어떻게 이야기할 수 있는가 하면, 태양과 같은 황택을 신부의 민에게 베푸사, 황택의 따뜻함에 빠지게 하고 미처 깨닫지 못하는 사이에 황국신민으로서 훈화되어 버린다는 점이 최후의 이상일 것이라고 생각합니다.

여기에서 다케시마 가즈요시가 이야기하고자 하는 골자는 황국신민화와 동화라고 할 수 있다. 즉, 협화사업의 목적은 단순히 재일 한인의 일본인화가 아니라 천황의 뜻에 따른 적극적인 황국신민화였던 것이다. 천황이 일시동인의 성지를 가진 신이기 때문에, 재일 한인을 당연히 황민화 해야 한다는 논리이다. 따라서 협화회를 통해 수행하는 협화사업 역시 일본에 사는 재일 한인을 교육하여 황군의 신민이 되도록 지도하는 구체적인 실천이었다고 할 수 있다.

재일 한인의 황민화를 위해 일본 당국은 통일된 정책을 필요로 했다. 다케다 유키오가 『협화독본』 중에서 근거로 들고 있는 '팔굉일우(八紘一宇)의 정신'으로 재일 한인에 대응하고, 천황의 '적자'로서 재일 한인에 접한다는 것이 중앙협화회의 주된 목적이었다.[43] 재일 한인은 새롭게 일본인이 된 존재이고 이를 교화하여 진정한 일본인으로 만드는 일이 중앙협화회의 과제라는 것이다. 중앙협화회는 고구려와 신라, 백제에서 일본 영토로 건너온 사람들이 '일본인'이 되었다는 점이나, 다이묘(大名)에게 끌려온 도공들이 일본인으로 잘 생활하고 있다는 것을 황민화가 필요한 논거로 삼았다. 이는 중앙협화회 설립의 동기에 역사적, 정치적 의도가 있다는 것을 보여 준다.[44]

1937년에 시작된 중일전쟁이 본격화되면서, 일본 정부는 일본과 조선에서의 치안 정책과 교화 정책이 절실했다. 특히 일본 정부는 조선 내에서 3·1독립운동과 같은 대규모 반일운동이 일어나거나, 일본 내에서 1923년 관동대지진 한인 학살 같은 사건이 발생한다면 전쟁 수행에 부정적 영향이 존재할 것이라고 판단했다. 조선에서 조선총독 미나미 지로가 내선일체론을 전개하자, 그 연결선상에서 일본 내의 협화사업의 강화를 제기한 것이다. 조선에서는 내선일체를 구체화하기 위해 여러 방안이 실시되고 있었는데, 그 가운데에서도 황국신민의 서사가 대표적인 정책이라고 할 수 있다. '1. 우리는 황국신민으로서 충성으로 군국(軍國)에 보답한다. 2. 우리 황국신민은 서로 신애 협력하여 단결을 굳건히 한다. 3. 우리 황국신민은 인고 단견력을 배양하여 황도를 선양한다' 등 3개의 항으

---

43 武田行雄, 1940, 위의 글 참조.
44 히구치 유이치, 2012, 앞의 책, 93-96쪽.

로 이루어진 황국신민의 서사는 조선과 일본에서 한인에게 복창하도록 강요가 되었다. 일본 정부는 전쟁체제에 만전을 기하기 위해 식민지 경영을 안정적으로 추진할 필요가 있었고, 그 결과 내선일체와 황민화를 추진하여 재일 한인을 통제할 필요가 있었다. 중앙협화회는 이러한 정책상 요건이 전제가 되어 설립되었다.

3) 중앙협화회 설립의 경과

중앙협화회 창립 발기인회가 개최된 것은 1938년 11월 9일이었다.[45] 발기인회를 바탕으로 협화회 설립 준비를 추진한 것은 후생성의 사회국 생활과였으며, 다케시마 가즈요시가 과장을, 다케다 유키오가 담당을 맡았다.

중앙협화회 설립총회는 발기인회가 개최되고 반년 뒤인 1939년 6월 28일에 열렸다. 총회에는 후생대신, 내무대신, 척무대신이 출석하여 축사를 했다. 이어서 상무이사가 개회를 선언하면서 시작되었다. 다케시마 가즈요시 중앙협화회 참사가 경과와 1939년도 사업계획을 보고했다. 천황폐하 만세삼창으로 창립총회는 종료가 되었다. 종료까지 걸린 시간은 약 1시간으로, 참가자 90명이 모여 행사를 치렀다. 총회 이후 창립 축하 연회가 열려 300여 명이 출석했다. 중앙협화회는 설립 과정에서 알 수 있듯이 내무관료의 주도로 추진이 되었으며, 중앙협화회의 설립취지서는 다음과 같다.

---

45 발기인 명단에는 일본 정부의 주요 인물이 포함되어 있었다.

설립취지서: 내지에 거주하는 재외 동포는 1915년 말에 3천 명에 불과했으나, 23년이 흐른 1937년 6월 말에는 약 70만 명에 달하며, 해마다 더욱더 증가하고 있다. 그리고 그 언어, 풍속, 습관 등이 달라서 각 방면에서 많은 복잡한 어려운 문제를 일으키는 것은 국민생활의 협화상 진실로 우려되는 바이다. 정부로서는 이러한 사정에 비추어 1936년 이후 내지 동화를 기조(基調)로 생활의 개선, 교육교화의 보급 철저 등 제반 긴요한 사업의 실시에 착수하고 주요한 부현에서는 정부의 지시에 따라 구체적인 사업을 시행함과 동시에 해당 부현을 단위로 하는 협화사업단체를 조직하여 사업의 보급 철저에 노력하였다. 그러나 이들 단체의 기능을 충분히 발휘하고 소기의 목적을 달성시키기 위해서는 이들의 연락 조정과 유기적 활동이 매우 중요하다. 아울러 내지의 여러 학교에서 수학하는 다수의 학생 생도의 현상에 비추어 그 지도 유입은 본 사업의 수행상은 물론이고, 현하 시국에서 보더라도 긴요한 업무라고 할 수 있다. 이러한 사정을 성찰한 바, 이에 본회를 창립하여 지방협화단체의 연락 조정과 그 조장을 담당함과 동시에 학생 생도를 지도 유입하여 국민생활의 협화 촉진에 일조하도록 하는 데 있다.[46]

이 설립취지서에서는 일본 정부가 바라보는 재일 한인은 '국민생활의 협화상 심히 우려할 만한' 존재라고 악평했다. 이러한 재일 한인 인식을 보이면서도 중앙협화회는 지방협화단체와 연락 조정을 강조할 뿐, 사업의 실질적 담당자가 경찰이라거나 특고과가 사업을 주관한다는 내용

---

46 『協和事業彙報』, 1939년 9월.

을 언급하지 않았다. 이는 중앙협화회가 정부의 특무기관적인 면모가 있다는 점을 은폐하려는 시도였다고 보인다. 또한 재일 한인 유학생에 대해 언급하고 있는데, 1938년 말 전국의 중등학교 이상의 학생은 12,497명이었으며, 이 가운데 대학과 고등학교 등에는 재일 한인 학생 조직이 활발히 활동하고 있었다. 이에 대해 특별한 언급이 없는 것은, 이미 특고과가 그들을 감시, 관리하고 있었기 때문에 중앙협화회가 독자적으로 개입하지 않고 언급하는 데 그친 것으로 파악할 수 있다. 또한, 일본 정부는 자신들이 주체적으로 한인을 통제하려는 의도로 중앙협화회를 개설했다는 사실을 은폐하고자 한 것으로 보인다.[47]

4) 중앙협화회의 임원

앞에서 보았듯이, 중앙협화회의 임원은 일본인을 중심으로 이루어졌다. 중앙협화회는 이사장 1명, 고문 4명, 이사 19명(상무이사 1명 포함), 감사 2명, 평의원 62명, 참여 11명, 지방위원 93명, 참사 5명, 주사 1명, 촉탁 6명, 서기 3명으로 구성되어 있었다. 이사장은 세키야 데이자부로(關屋貞三郎)이고 고문 4명은 조선총독 미나미 지로와 후생, 내무, 척무 관계 대신이다. 이사로 취임한 사람은 조선총독부에서 조선 지배를 경험한 유력 관료인 이마이다 기요노리(今井田淸德) 귀족원 의원(전 조선총독부 정무총감), 이쿠다 기요사부로(生田淸三郎, 전 조선총독부 내무국장), 아리가 미쓰토요(有賀光豊, 전 조선총독부 세무관료) 등을 비롯해 현역 각 성 차관, 각 성 담당 국장 등이었다. 평의원은 조선의 유력회사 사장, 조선농

---

47   히구치 유이치, 2012, 앞의 책, 98쪽.

회회장, 동양척식주식회사 총재, 한인 유력자, 역시 조선총독부에 근무했고 재일 한인과 관계가 있던 마루야마 쓰루키치, 아카이케 아쓰시 등을 비롯해 당시까지 결성된 협화회 회장(각 부현 지사) 등이다.[48]

그리고 지방위원은 각 부현에서 재일 한인 통제의 직접 감독자라고 할 수 있는 사회과장과 특고과장에 의해 구성이 되었다. 참사는 중앙협화회의 직접 담당자라고 할 수 있는 내무성 보안과장, 후생성 생활과장인 다케시마 가즈요시 등을 중심으로 구성이 되었다. 실무적으로는 중앙협화회 주사, 촉탁, 서기에 의해 협화사업이 추진되었다. 촉탁 10명 가운데 각 성에서 파견된 4명을 제외하면 후생성의 촉탁에 의해 사무가 집행되었다. 실질적인 사무장 역할을 담당하고 협화회의 지도적인 역할을 담당한 인물이 전술한 다케다 유키오이다. 다케다 유키오 이외에는 후생성 촉탁이라고 해도 겸직이거나 후생성 직원록에서도 다른 업무를 담당하던 사람이 기재되어 있다. 1939년 협화회 창립 당시의 명부는 이와 달랐다. 다케다 유키오 이외에 전임은 야마모토 아키(山本秋)이고, 그 아래에 3명의 서기가 있었다. 실질적으로 5명의 체제로 출발했다. 협화회 사무담당 부문은 점차 강화가 되어, 1940년 12월 말에는 촉탁 13명, 주사 다케다 유키오 이외에 9명으로 증원되었다. 1941년 3월에는 전임이 18명으로 늘었다. 이후 해마다 협화회 사무국은 강화되어 1945년 8월 패전 시에는 30명이 넘는 인원이 일하는 조직으로 성장했다.[49] 중앙협화회 설립 준비에서 그 종식에 이르기까지 다케다 유키오는 중심 인물이

48　"1938년 11월 9일 후생성 회의실에서 중앙협화회 창립 발기인회가 개최되어, … 중앙협화회가 탄생하게 되었다."(金斗鎔, 1947, 앞의 책, 25쪽.)
49　히구치 유이치, 2012, 앞의 책, 98-99쪽.

었다.[50]

중앙협화회는 사회주사 또는 사회주사보로 불리는 지도원을 각 부현에 1인 내지 2인씩 전국적으로 배치했다. 사회주사는 6부와 현[51]에 1인씩 6명이 그리고 다른 부현에는 주사보가 두어졌다. 1941년 기준으로 전국 69개소에 75명이 배치되었는데, 이는 어디까지나 상부 전문임원이었으며, 그 아래로 학무부 사회과, 경찰부 특고과가 긴밀하게 협력하고 산하에 한인 가운데 경찰이 지정한 지도원들이 협력하기도 하여 실제적인 규모는 더 컸다.[52]

〈중앙협화회 조직과 확대〉

중앙협화회는 분회와, 지부, 각 부현 협화회의 정점에 존재했다. 그 지휘, 지도 계통은 두 가지였다. 하나는 중앙협화회 → 부현 협화회라는 선이다. 다른 하나는 내무성 경보국 → 각 현 경찰부 → 각 경찰서라는 계통이다. 실제로 회원과 접촉하고 통제하는 것은 각 경찰서의 내선계였다. 당연히 후자의 경찰조직계통에 의해 협화회의 일상적인 활동이 수행되었다고 보인다. 실질적으로는 각 경찰서가 협화회라는 이름을 내걸고 수행한 행정적 통제행위였다고 규정할 수 있다. 다케다 유키오는 중앙협화회와 경찰기구와의 관련성을 다음과 같이 설명하고 있다.[53]

---

50 세키야 데이자부로가 협화회 이사장이나 다케시마 가즈요시는 퇴임하거나 전근하여 그 직무를 계속 수행하지 않았다. 그리고 대부분의 협화회 임원은 교대되었다. 단, 세키야 데이자부로만은 협화회 해체까지 근무했다(히구치 유이치, 2012, 앞의 책, 99-100쪽).

51 도쿄, 오사카, 효고, 야마구치, 후쿠오카, 홋카이도이나.

52 金斗鎔, 1947, 앞의 책, 24쪽.

53 武田行雄, 1940, 앞의 글 참조.

협화사업은 어떠한 기구에 의해 어떠한 기관에 의해 실시되어야 하는가를 말씀드리면 크게 두 가지로 나눌 수 있습니다. 하나는 행정기관에 의한 것이고 다른 하나는 민간 단체에 의한 것입니다.

첫째, 먼저 행정기관에 대해 말씀드리면, 중앙에서는 후생성 사회국이 협화사업의 주관 관청으로 내무성, 문부성, 척부성, 조선총독부 등 주요한 관계 관청이 있습니다. 특히 내무성 경보국은 협화사업이 치안과 불가분의 관계에 있으므로 각별한 연계성을 가지고 있습니다. 지방에서는 도부현청이 중심이 되어 학무부 사회과와 경찰부 특고과가 강력한 협력 아래 시정촌과 경찰서를 지휘하여 사업수행을 담당하고 있습니다.

둘째, 민간 단체로서는 사업의 특수성에 비추어 지휘계통이 확실하고 전국적으로 긴밀하고도 강력히 사업수행을 할 필요가 있으므로 민간 유력가와 관계 관청의 협화사업 관리와 합작에 의해 특수한 민간 단체로서 협화회가 전국적으로 설립되어 있습니다.

이처럼 다케다 유키오는 협화사업의 조직을 행정기관과 민간기관으로 나누어 설명하면서도, 민간기관이 어떤 단체인지에 대해서는 언급하지 않았다. 민간 유력자라고 하더라도 앞에서 언급한 바와 같이 구 내무관료가 민간인의 중심이고, 조직을 움직이는 중추는 경보국, 즉 경찰기구였다. 단지 경찰이 직접, 재일 한인을 조직·통제하는 것은 '일본 국민인 조선인'에 대한 행정기관의 차별이고 일본 사회에서도 특이한 존재로 의식될 것이므로 민간 단체인 협화회라는 간판이 필요했던 것이다. '특무기관적 업무'를 위해 협화회를 만들었던 것이라고 할 수 있다. 또한 사업을 추진하는 예산에서도, 다른 협화사업 비용은 기부를 받거나 국가 예산과 부현 예산에서 마련하고 있었는데, 협화관 다케다 유키오의 월급 역시 일본 정부에서 지급되고 있었다. 즉, 협화회는 실질적으로 중앙 기관의 통제를 받는 조직이었다.

중앙협화회는 조직 확대를 출범과 함께 도모했다. 1939년 6월에 창립된 이후 10월 10일 후생성 사회국장, 내무성 경보국장 연명으로, '협화사업의 확충에 관한 건'이라는 문건이 하달되었다. 이 통첩의 동기는 노무동원계획의 책정이었다. 한인 강제동원[54]의 개시에 수반한 조치였다고 보인다. 이 시기가 되자 노동력 부족이 심각해졌고, 1938년 4월 1일에는 국가총동원법이 공포되었다. 이듬해인 1939년 7월 8일에는 국민징용령이 공포되어 한인 노동자의 강제동원이 결정되었다. 1939년도에는 한반도 노동력 도입이 85,000명으로 결정되었다. 이들은 광산, 탄광, 토목건축 현장 등에 할당되어 모집이라는 이름 아래 강제동원되었다. 이 노동자들의 다수는 농민 출신이었고, 대부분 일본어를 할 수 없었다. 또한 일본인과 생활습관이 달랐기 때문에, 한인 노동자를 받아들인 회사나 기업에서는 노무대책이 중요한 과제가 되었다. 이에 부응해 협화회의 내선일체, 일본인화 정책은 노무대책이 핵심이 되었다. 이러한 새로운 사태에 대해 정부는 협화사업의 '획기적'이라고 할 수 있는 확충을 추진했다. 첫째, 정부예비금에서 23만 엔을 협화사업의 확충자금으로 지출할 것을 결정했다. 중앙협화회가 성립한 1939년 당시 정부 보조금은 13만 엔에 불과했고, 다른 기부금을 합한다 해도 192,500엔에 지나지 않았는데, 이에 다시 23만 엔이 추가되었다. 전과 비교하여 두 배의 자금이 정부 예산에서 추가로 제공된 것이다. 당시 중앙협화회 지출 예

---

54 '강제연행'이라는 용어와 혼용한다. 자세한 내용은 후술한다.

산의 대부분을 점하던 부현 협화회에 대한 11만 2천 엔가량의 보조비 확충의 구체적인 내용은 '협화사업응급시설요강'에 상세히 기록되어 있다.[55] 그 내용을 통해 실제를 확인해 보자.

협화사업응급시설요강
1. 협화사업지도직원의 설치

협화사업의 정비확충을 도모하기 위해 주요 도부현에 대해 지도직원으로 사회사업주사 또는 사회사업주사보 약간 명을 배치하고, 이를 위한 경비 2/3액을 국고에서 보조 교부하도록 할 것(야마구치현에 대해서는 별도의 통역 및 고용원 약간 명을 배치).

2. 지방협화사업단체의 조직 충실

협화사업의 수행은 그 성질상 단체로서 실시함이 적절 편의하고, 특히 이번에 노동자 이주의 취지에 비추어 볼 때 노동자를 보호 지도하기 위한 원칙을 가지고 이들을 단체에 가입 소속시키며 회원장(會員章)을 교부하도록 하는 등 이를 유지관리하기 위해 전면적으로 단체에 조직을 충실히 할 필요가 있으므로 별첨「협화사업단체설치요강」및 「회칙례」등을 참조하고, 이미 단체가 설치된 곳에 대해서는 한층 충실히 하며 미설치 부현에서는 빠른 시기에 이러한 단체를 조직하도록 한다. 위 조직의 충실 및 창설에 필요한 경비에 대해서는 부현을 통해 협화사업단체사업비로 국고 보조를 교부함이 예상되는데, 해당 지방청에서도 가급적 증액조성방침을 취하도록 할 것.

---

55 히구치 유이치, 2012, 앞의 책, 108쪽.

3. 노동자의 보호지도

조선인노동자를 [일본이] 필요로 하는 산업 부문에 정착시켜 국책에 협력하도록 하기 위해서는 보호지도가 요망되므로 내지거주자는 모두 지방협화사업단체의 회원으로 소속하도록 하여 회원자격을 증명하는 회원장(수첩)을 교부하고 이를 소지하도록 하는데, 여기에 필요한 경비는 회원병무작성에 요하는 경비와 함께 중앙협화회를 통해 지방협화사업단체에 조성 교부하도록 할 것. 회원장 교부에 관해서는 '협화회회원장교부요강'을 참조할 것. 도부현에서는 특히 회원장 교부관리 지도에 만전을 기할 것.

4. 노동자이입고용주로서 갖추어야 할 시설

조선인노동자이입 조건으로 고용주가 갖추어야 할 시설은 지방실정에 따라 대체적으로 다음과 같은 내용으로 지도할 것.

(1) 주택은 특히 위생시설에 유의할 것.
(2) 집단지역에서 필요하다고 인정되는 장소에 대해서는 인보시설로서 '협화관'을 설치하도록 할 것.
(3) 내지 동화를 기조로 교풍교화 지도를 할 것.
(4) 실상에 따라 복리시설을 강구할 것.
(5) 노동자의 훈련시설을 갖출 것. 훈련시설에 대해서는 별첨「노동자훈련시설요강」을 참조할 것.

5. 이입 및 귀향 보호에 관한 연락

도항자 보호를 위해 시모노세키(下關)에 도항자 보호 알선기관을 설치할 예정이므로 이 지역을 경유한 이입자 및 귀향자의 보호 등에 관해서는 연락을 도모할 것.(1939년 10월 10일 자 후생성 사회국장과 내무성 경보국장 명의의「협화사업의 확충에 관한 건」)

'협화사업응급시설요강'은 5개 항으로 구성되어 있다. 제1항은 협화사업의 전임 직원을 각 현마다 60여 명씩 배치할 것, 제2항과 제3항은 강제동원 노동자와 일반 거주 재일 한인 노동자 모두에게 회원증을 지급할 것을 결정하고 있다. 이 회원증을 강제동원 노동자는 늘 소지하고 있어야 했다. 그렇지 않으면 강제동원 노동자는 강제동원 노동 현장으로부터 도주한 도망자로 간주되었다. 그런데 강제동원 노동자의 회원증은 실제로는 회사 측에서 보관하였다. 제4항은 노동자 관리에 대한 규정이다. 제5항은 시모노세키에서 한인 관리에 대해 지시하는 내용이다. 또한 이 확충정책은 시간이 지나면서 중요한 요강 몇 가지가 추가되었다. 이 요강은 이후 협화회의 기본적인 지침이 되었다. '지방 협화사업단체 설치요강'에서는 도·부·현 협화회는 외곽단체로서 조직되고 독립기관으로서 기능하도록 한다는 점, 명칭을 통일한다는 점, 재일 한인 회원의 규정, 지회는 경찰관구로 하고 정촌과 직장 밀집지구를 분회와 지도구로 한다는 점 등이 규정되었다. 특히 강제동원 노동자를 대상으로 한 협화사업 '노동자훈련시설요강'에서는 3개월 동안 수신과 국어교육 등의 훈련을 실시할 것을 규정하고 있다. '협화사업실시요목'에서는 "일시동인의 성지를 받들어 … 황국신민"을 목적으로 구체적인 실시요목을 결정하고 있다. 황민정신의 함양(국체관념, 경신, 충효, 근로정신 등), 교풍교화(악습 교정, 복장, 국어 습득, 국기 게양)의 구체적인 사항을 거론하고 이것의 실시를 지시하고 있다. 그밖에 각 도부현 협화회의 회칙, 지회 회칙의 예시가 보인다. 실제로 이 예시에 따라 협화회의 원칙이 정비되었다. 중앙협화회가 출범했을 당시 협화회는 사이타마현의 경우는 ○○협화회라는 명칭으로, 지바와 도쿄에서는 ○○교풍회라고 불렸다. 후쿠이(福井)와 이시카와(石川)현에서는 ○○동인회(同仁會)로 불렸으며, 교토부에서는 지회를 경찰 관내 이름으로 ○○지부로 불리는 실정이었다. 이처럼 사업 내용과 함께 각 지역 협화회의 명칭을 통일해서 호칭하는 것이 결정되었다. 이상과 같은 요목과 회칙은 협화사업의 확충에 따라 강화되었다. 이후 전국에서 통일적으로, 그리고 식민지 지배 속에서 협화사업이 점진적으로 실시되었다.[56]

전국적 규모로 확대되는 협화 조직의 내용은 다음과 같이 확인된다.[57] 김두용은 1938년에서 1940년 재단 설립 때까지를 정리하고 있다.

> (일본) 정부는 1936년도부터 협화사업에 착수하고 경비 약간을 미리 계산하여 이것을 주요 부, 현에 배부함과 동시에 동일 방침 아래에 동일 보조로 사업의 수행을 도모하도록 상세하게 지도하고, 동시에 관계 부현에 협화사업단체를 조직시켜서 인심에 관한 미묘한 문제의 처리, 기타 구체적 사업의 시행을 담당했던 결과, 1938년 말에 도도부현에 31개 단체의 결성을 보게 이른다.
> 이들 지방단체의 연락 조정을 담당함과 동시에 정부사업을 지원하고 이것을 보충해야 할 중앙 기관의 설립이 요망되고, 하라다적선회(原田積善會)와 미쓰이보은회(三井報恩會)로부터의 사업원조 신청이 있어 1938년 11월 9일 후생성 회의실에서 중앙협화회 창립 발기인회가 개최되어서, 관계자가 모여서 협의한 결과 이의 없이 창립을 가결하고 내무성 경보국장 … 중앙협화회가 탄생하게 되었다. 1939년도부터 후생성 아울러 조선총독부에서 보조하여 여기에 본회의 확충이

---

56 히구치 유이치, 2012, 위의 책, 110-113쪽.
57 金斗鎔, 1947, 앞의 책, 24-25쪽.

도모되고 내용이 정비되어 금후 활동을 도모할 수 있게 되었다. 1940년 6월 17일 자로 재단법인 설립이 허가되어서 협화사업 전반의 유기적인 발전을 목표로 하는 연락 조정을 유감없이 도모하게 되었다.

일본 정부는 중앙협화회를 통해 동화조직의 전국화를 도모했다. 또한 국가 예산과 관료, 특히 경찰조직을 통해 재일 한인에 대한 통제를 추진했다. 동화를 위한 통제조직이었던 협화회의 취지서를 살펴보자.[58]

취지서: 내지에 있는 외지 동포는 1915년 말에 3천여 명에 지나지 않았지만 23년 후인 1938년 6월 말에는 약 77만 명에 이르렀는데 거의 매년 증가해 왔다. 그런데 그 언어, 풍속, 습관 등이 다르기 때문에 각 방면에서 많은 복잡하고 곤란한 문제를 야기하고 있어 국민생활의 협화에 실로 심각한 우려의 소지가 있다.
정부에는 이러한 사정을 보고 1936년 이후 내지 동화를 기조로 하여 생활의 개선, 교육 교화의 보급 철저 등의 일반적으로 긴급한 사업의 실시에 진행함과 동시에 각각 부현을 단위로 하는 협화사업단체를 조직하여 사업의 보급 철저에 노력하고 있다.
그러나 동시에 이들 단체의 기능을 충분히 발휘하고 소기의 목적을 달성시키기 위해 서로 연락 조정을 도모하며 유기적 활동을 해야 한다.
또한 내지 여러 학교에서 수학하는 다수의 학생 생도의 상태를 보면,

---

58 金斗鎔, 1947, 위의 책, 25-26쪽. '설립취지서'와 유사하나 비교를 위해 인용한다.

그 지도 철저는 본 사업의 수행에 있어서는 물론 현재 시국에서도 긴급을 요하는 임무라고 할 수 있다.

이러한 사정을 성찰하여 여기에서 본회를 창립하여 지방협화단체의 연락 조정과 조장을 담당함과 동시에 학생 생도의 지도를 철저히 하여 국민생활의 협화 촉진에 일조하게 할 것이다.

취지서는 재일 한인이 겪는 일상생활의 어려움과 생활의 개선, 단체의 기능 발휘, 학생 지도 개선 등을 목표로 하고 있다고 밝히고 있으나, 앞서 살펴본 바와 같이 실질적으로는 재일 한인의 황민화가 목적이었다.

3. 한인 동화를 위한 협화사업

1) 협화사업과 재일 한인

일제강점기 일본 정부에서 추진한 재일 한인 관련 정책이 없었던 것은 아니다. 그러나 당시 진행된 대부분의 정책은 일본의 시장이 우선이었다. 그러다 1923년 관동대지진 한인 학살을 계기로 부분적인 변화가 있었다. 한인 학살 사건을 계기로 '내선융화사업'라는 이름으로 일본 당국이 재일 한인을 대상으로 사회사업을 실시했다. 또한 내선융화를 내세운 민간 단체에 대한 원조도 일정하게 진행했다. 그러나 실제 지원은 일부 지역에 그쳤으며, 사업의 규모도 크지 않았다. 사회사업에 반해 협화사업은 지역과 직장 단위에서 모든 재일 한인을 협화회 틀 안에 편입시키고자 했다. 재일 한인의 일상생활 차원까지 관리하고 나아가 제국 일본에 필요한 방향으로 이들의 일상을 강제하고자 했다.

기존의 연구에 따르면, 1937년 7월 이후 일본이 적으로 싸우고 있었던 중국 진영에 한인 민족주의자가 가세하고 있었던 것으로 알려져 있다. 일본의 침략전쟁에 대해 한인이 반대하거나 비협력적인 움직임을 보일 가능성이 있었던 것이다.[59] 동시에 이러한 동향에 일본인이 반감을 가지고 있었던 것은 명확했다. 이러한 이유 때문에 일본 사회에서는 재일 한인을 대상으로 '내선 이간'을 획책하기도 하였다.[60] 실제로 임금 구조가 다르거나 노동 강도의 차이가 존재하는 등 노동 현장에서 일본인과 한인의 경계가 존재했다.

이러한 상황에서 재일 한인을 침략전쟁에 협력시키고 동원하려는 목적으로 협화사업이 진행되었다. 지금까지 이루어진 선행 연구를 검토해 보았을 때, 협화회의 조직과 협화사업의 실태는 아직 전부 밝혀지지 않았다. 그러나 부분적으로 밝혀졌다고 하더라도, 협화사업의 목적이 동화와 교화였던 것은 분명하게 드러났다. 일본어의 보급, 풍속과 생활습관의 동화, 천황제 이데올로기의 주입과 일본이 전쟁을 수행하는 의의 선전 등이 협화사업의 목적이었기 때문이다. 협화회의 조직 정비가 1930년

---

[59] 일본 행정 당국은 그 점에 대해 크게 염려하여서 재일 한인 인구 비율이 높은 오사카시 다이쇼구(大正區)의 학교에 재학한 한인 아동을 대상으로 설문조사를 했다.

[60] 1937년 9월에는 재일 한인 집주지가 있었던 오사카부 사카이시(堺市)에서는 일본인 공장주가 '비상시에 지나사변이 천연하여 많은 장년 남자가 출정하는 경우에 한인의 불온 행동에 대해 미리 대책을 수립해 둘 필요가 있다'고 하여, '자경단 조직', '죽창 1000자루를 준비해 둘 것', '자경단복을 조제할 것' 등을 결의했다. 이 사실을 안 관할 경찰서는 '중대한 경고를 하여 … 장래를 엄계할 상황'이 있었다고 했다.

대 중반부터, 한인이 많은 부현에서부터 시작되었다는 것도 그 사실을 입증하는 증거이다. 1939년 오키나와를 제외한 각 도부현에 협화회의 설치가 완료되고, 상부 단체인 중앙협화회도 발족하였다. 결과적으로 중앙협화회를 정점으로 각 도부현 협화회가 설립되고, 경찰 관할구마다 지회가 설치되고, 직장과 지역 단위의 분회 조직이 전국적으로 정비되었다. 분회는 지역에서 10~20세대, 노동자 10명으로 구성되는 보도반 등을 구성하여 사업을 실시하였다. 임원에는 민간 유력자도 있었는데, 이들이 후생성, 내무성, 척무성, 조선총독부 등과 연락하며 사업의 입안이 이루어졌다.

협화체제 아래의 재일 한인에게, 경찰서와 경찰관은 가장 관계가 깊은 기관이었다. 부산에서 일본으로 도항할 당시, 경찰은 그들을 감시하였고, 일본 내라면 어디에서든 경찰관들이 이들의 이름과 주소, 직업, 사상 경향, 소속된 단체, 가족, 본적지에 이르는 신상정보를 조사했다. 실제로 협화회가 설립할 즈음에는 조사 내용도 정비되어 경찰관들이 주요한 한인 관련 업무의 지시를 받았다. 그 내용은 각 현마다 거의 공통적이었다. '나가노(長野)현 특별고등경찰 집무심득'[61]을 기준으로 검토해 보면 다음과 같다.[62]

> 집무주의 사항의 제4절은 '조선인 및 대만인'인데, 식민지노동자에 대한 단속을 내용으로 하고 있다. 18개 조항에 걸쳐 집무 내용과 방

---

61 1939년 1월 자 내무성자료, 미군접수문서 마이크로 필름(히구치 유이치, 2012, 앞의 책, 112쪽 재인용).
62 히구치 유이치, 2012, 위의 책, 113-114쪽.

법, 서식 등이 정해져 있다.

제77조에는 '새로이 관내에 전입한 조선인(대만인)에 대해서는 조선인 명부(68호 양식) 정부 2통을 작성하여 정본은 경찰서에, 부본은 해당 구 순사주재소에 비치할 것'이라는 조항이 있다. 이른바 주민등록이다. 이들은 이동이 있을 때에는 반드시 보고해야 한다. 78조에서는 거주조선인(대만인)이 전출하거나 전입할 경우의 조치를 언급하고 있다. 이하에서 주요한 항목을 살펴보자.

제79조 조선인(대만인)에 의한 분쟁(쟁의를 포함), 범죄가 발생할 경우에는 보고할 것.

제80조 조선인(대만인) 밀집지구와 직장에서는 '쉼 없이 기밀시찰을 수행'할 것.

제81조 해외와 다른 현에서 전입한 조선인(대만인)에 대해서 폭발물, 권총 등 소지에 대해서는 '엄중한 검색'을 시행하고 위험물 발견의 경우 그에 대한 대응을 규정.

제82조 부정도항자를 발견하였을 경우에는 도항목적, 방법, 소지금, 일본어 정도, 행선지를 조사하고 '불령한 인물 여부'를 엄중히 취조할 것.

제83조 해외에서 도항자 가운데 불령인물에 대한 단속방법.

제84조 해외조선인주의자와 일본 국내 동지와의 연락에 대해서는 '늘 치밀한 주의를 기울'이며 통신이나 서신에 대해서도 엄중한 시찰을 할 것.

제85조 관내 기업가가 조선 내에서 노동자를 모집할 때 주의사항.

제86조 조선인(대만인)이 각급 의원에 입후보할 때에는 그 언동을 보고하고 의원이 되고 난 이후의 동정도 보고할 것(실제로 재일조

선인이 당선된 지역도 있다).

제87조 중등학교 이상의 학생명부를 작성할 것.

제88조 학생, 종교가의 동정은 보고할 것.

제89조 '내선융화'를 저해하는 듯한 단체는 성립할 수 없도록 하고 그 움직임을 보고할 것.

제90조 일본인이 조직하는 단체에 조선인(대만인)이 가맹하고 있을 경우에는 그 역할, 단체의 조선관 등에 대해 조사 보고할 것.

제91조 조선인이 일시 조선으로 귀국할 경우, 증명을 받을 시에는 조사를 실시할 것, 사진과 목적 등.

제92조 일시 조선에 돌아가고 다시 도항할 경우에 증명서를 반납하도록 하고 반납하지 않는 경우는 보고할 것.

제93조 '귀선'증명을 발행할 경우는 보고할 것.

제94조 조선인(대만인)이 도항할 때 조회에 대해서 회답하는 방법 등.

이처럼 재일 한인의 행동은 경찰의 감시 아래에 놓여 있었다. 경찰이 사소한 의문을 가져도 재일 한인은 조사를 받았다. 일본 정부는 재일 한인에게 일본인과 다른 감시체제를 적용시켰으며, 이를 경찰의 일상적인 업무로 배정했다.[63] 협화회는 형식적으로 경찰서와 다른 형태로 단속업무를 실시했다. 조직적으로는 협화회 지부와 분회는 별도의 조직이었고, 전국 공통으로 정해진 도부현 협화회 설치규정, 규칙, 지회 규칙에 의해 조직이 되었다.

협화회 지부와 분회의 실제 활동은 경찰기구와 밀접히 연결되어 진

---

63   히구치 유이치, 2012, 위의 책, 115쪽.

행이 되었다. 재일 한인과 임원 사이에 위치하는 지도원, 보도원은 '간부'로서 협화사업의 추진에 임했다. 지도원과 보도원은 지명되는 방식으로 구성이 되었는데, 이때 지목된 재일 한인은 임명을 거부할 수 없었다. 협화회를 조직할 때 기본양식으로 제시된 지회 회칙에서는 '제8조 본회는 회원의 지도·보호에 종사하기 위해 지도원과 보도원을 둔다'고 명시했다.[64] 이를 통해 알 수 있듯, 회칙에서는 명확하게 지도원과 보도원을 구별하지 않고 있다. 즉, 한인인지 일본인인지 밝히지 않았다. 따라서 지도원이라 하더라도 구성 기준은 각 현에서 독자적으로 대응하는 형식이었다. 예를 들면, 교토부의 경우에 지도원은 일본인 유력자, 한인 사용 기업주, 방면위원 등으로, 한인은 보도원이라는 이름으로 불렸다. 산발적인 조직의 틀을 가지고 한인을 전쟁에 협력하게 만드는 것은 곤란했다. 그 결과 전국적으로 통일된 형태에서 재일 한인 가운데 '지도원'을 두고자 했다. 통첩 '협화회지회지도원설치장려에 관한 건'이 그것이다.[65] 이 통첩에 있는 '협화회 지회 지도원 설치 장려 요강'에 의하면 '전임 지도원'을 두도록 정하고 '지도원은 원칙적으로 한인으로 충당할 것'이라고 규정했다. 이때 지도원은 유급이었다. 이 유급 지도원은 1943년도부터 실시되어 일본이 패전할 때까지 계속되었다. 지도원에게 요구되는 자질이나 자세도 전시체제의 진행에 따라 변화했다. 그 기조는 한인의 양적 증대 때문이 아니라 '교화지도의 철저를 기하는 데 간절한' 입장에서 지도원 제도를 강력히 전개할 필요가 인정되었기 때문이라고 보아야 할 것이다.

효고현협화회에서 지도원은 처음부터 한인 유력자들에 의해 구성이

---

64 『協和事業彙報』, 1939年 10月.
65 히구치 유이치, 2012, 앞의 책, 121-122쪽.

되었다.⁶⁶ 당시에는 조선촌이 형성되어 규모가 큰 경우만 20여 개소에 달했다. 조선촌에서는 '조선 재래의 특이한 풍속·습관을 보유'⁶⁷하는 사람들이 생활하고 있었다. 또한 효고현 관내에는 협화사업의 또 하나의 주요한 대상인 강제동원 노동자도 다수 있었다. 중앙협화회가 1942년에 조사한 내용에 따르면, 21개소의 사업장이 언급되어 있다. 이러한 상황에서 효고현에서 한인 노동자를 대상으로 협화회의 간사·지도원을 중심으로 협화사업이 추진되었다. 실제로 다수의 지도원은 대부분 협화회 임원, 즉 경찰 내선계원에 의해 지명된 밥집(한바)의 책임자, 한인 하숙집 주인과 같은 사람들이었다. 이들은 일본어를 잘하는 사람들이었기 때문에 대부분 강제 지명되었다. 효고현의 경우 실제 협화사업은 한인 지도원을 통해 실시되었다. 사업 내용을 협의하고 실행하는 기관은 지도원회였으며, 지도원회는 대부분 매월 경찰서의 회의실에서 개최되었다. 회의는 황거 요배, 감사 묵도, 국가 제창 등의 순으로 진행되었으며, 지회장인 경찰서장이 출석한 경우에는 경찰서장의 훈시를 들었다. 그 뒤 여러 가지 사항을 협의했는데, 이때 협의는 사실상 명령에 가까운 지시사항을 전달하는 일이었다.⁶⁸

지시사항은 각 지부에서 실행되었다. 창씨개명의 시기에는 접수 수속의 문제, 징병제 실시의 경우에는 실시 방법, 일상적인 교화 과제인 신사 참배와 헌금, 강습회 등에 대해 명령을 내렸다. 현 관내 지부에서는 명령을 매월 정리하여 상부에 보고하였다. 그 내용 중 1942년 9월의 지

---

66 히구치 유이치, 2012, 위의 책, 122-123쪽.
67 효고현(兵庫縣) 협화사업 대책위원회에서 행한 현 사회과장의 발언이다(『兵庫縣社會事業』, 1939年 8月).
68 히구치 유이치, 2012, 앞의 책, 123-124쪽.

시, 협의사항을 분류하여 정리해 보았다. 각 항목들은 내용에 따라 유사한 것끼리 묶을 수 있는 기준을 마련하여 분류하였다. 분류 기준은 총 7개이며, 분류 결과는 〈표 6-1〉과 같다.

〈표 6-1〉 지도원회 지시 · 협의사항(1942년 9월)

번호	사항	항목 수	주요 내용
1	훈련에 관한 건	5	지도자 · 청년 훈련 · 운동회 등
2	회무관계	5	회원장 교부 · 호구조사 등
3	생활 개선 등	13	일본 옷 착용 장려 · 위생 · 범죄방지 · 풍속 개선 등
4	교화 · 교육정책	10	일본정신 발양 · 청년 · 부인 · 협화야학교 · 강연 · 영화 · 신사 참배
5	전시협력관계	3	채권구입 · 금속공출 · 국방헌금
6	노동관계	4	근로봉사 · 직장이동방지 · 시국관련 노무에 관한 건
7	도항관계	2	일시귀선증명 · 부정 도항 발견

여기에서 보면, 협화회 활동 가운데 최대의 중점이 재일 한인의 교화와 동화정책이었음을 재차 확인할 수 있다. 물론 회무, 동원 관계 사항이 경시되었던 것은 아니다. 회원장 교부, 호구조사, 귀선시 증명 발행은 재일 한인 통제라는 면에서 빠질 수 없는 중요한 과제였다고 보인다.[69]

본래 재일 한인에게 신사를 참배하는 풍습은 없었다. 그러나 협화회가 생활 개선을 이유로 재일 한인에게 신사 참배를 강요하였다. 효고현의 경우 10만여 명의 재일 한인이 신사 참배에 참가했다. 강제적인 신사 참배를 비롯하여 창씨개명, 일본어 사용 강요 등의 동화정책은, 일본이 패전한 1945년 전후에도 재일 한인들에게 깊은 상처를 남겼다.[70] 혼인

---

69 히구치 유이치, 2012, 위의 책, 126-127쪽.
70 히구치 유이치, 2012, 위의 책, 128-130쪽.

과 관련한 협화회의 조직적 움직임도 마찬가지다.[71] 이러한 예시들은 동화정책을 구체적으로 확인하게 만드는 사업이라는 면에서 중요하다.

첫째, 창씨개명에 대해 살펴보자.[72] 창씨개명은 한인에게 일본식 이름을 사용하도록 강제한 것을 말한다. 이름을 교체하라는 것은 쉽게 수용할 수 없는 명령이었다.[73] 한인의 경우는 『효고현사회사업』에 보고된 이타미(伊丹)지회의 1940년 상황을 통해 그 내용을 볼 수 있다. 1940년 3월 조선총독부가 발행한 팜플렛을 기초로 한 발간물인 조선민사령 해설 문건이 지도원들에게 전달되었다. 같은 해 4월에는 이타미경찰서 관내 각 마을에서 창씨개명간담회가 열렸으며, 관내 9개 지역에서 실시되었다. 이와 함께 개명 수속도 시작되었다. 사무소인 경찰서가 접수 사무를 수행했다. 당시 한인이 접수를 위해 방문하면 협화회 간사인 경찰관이 대서해서 접수했다. 그 결과 4월부터 8월까지 40건 전후, 100명에서 200명이 개명 수속을 마쳤다. 1940년 8월 말에는 총 467건, 1,538명이 개명했다. 당시 지도원회에서는 '창씨개명의 취지보급 및 철저에 관한 건'이라는 지시를 내렸다. 지도원들에게는 각각 담당 지역의 창씨개명이 과제로 부여되었다. 결국 재일 한인 역시 창씨개명의 대상이 되어 일본식 이름을 강요받았다. 일상생활에서 일본 이름은 큰 영향력을 발휘했다. 특히 행정기관이나 각종 공문을 처리할 때, 조선 이름은 불이익의

---

71 이정선, 2017, 『동화와 배제』, 역사비평사.

72 기본적인 내용은 다음의 책을 참조. 미즈노 나오키 지음, 정선태 옮김, 2008, 『창씨개명』, 산처럼.

73 이하의 내용은 전술한 히구치 유이치의 연구에 기초한다. 히구치 유이치, 2012, 앞의 책 참조. 이하의 일본어 강요와 신사 참배 강요에 대한 내용도 본 연구에 기초한다.

대상이 되었다. 1945년 8월 15일 일제가 패망하면서 창씨개명 역시 사라졌지만, 일본에 사는 한인들은 일본식 이름을 사용해야 했다.

둘째, 일본어 강요와 관련한 사항을 보자. 협화회는 일본어를 강요하면서 야학교를 설치했다. 협화회는 동화의 첫걸음은 일본어 사용이라고 강조하며 『협화국어독본』 등을 제작해 재일 한인에게 배포한 바 있다. 이를 가르치고 교육하던 공간이 각지에 설립한 야학교였다.[74] 야학교에서는 부인에 대해 예의범절 등도 아울러 가르쳤는데, 주요한 과제의 하나가 일본어 학습이었다.

효고현협화회는 일본어 사용을 조직화했다. 해당 협화회의 1941년도 각 지회 사업계획에 의하면, 현 관내 54개 지회 가운데 22개의 지회가 야학교, 성인교육, 국어강습회 등을 사업계획에 포함했다. 실제로 단순한 강습회 형태의 계획을 제출하고 있는 지회 역시 많았기 때문에, 국어강습회가 포함된 지회를 포함하면 더 많은 지회가 일본어 사용 조직화에 협조했던 것이다. 1941년도 나카무라(中村)지회[75]의 경우와 협화어머니학교 아보시(網干)지회[76]의 경우가 확인된다. 경찰이 가르치는 가운데 격일로 수업을 했으며, 또한 여성을 대상으로 하는 일본어 교실을 필요에 따라 개설하였다.

셋째, 신사 참배 강요에 대해 알아보자. '신사 참배 운동'은 매년, 매월 반복된 협화회 활동이었다. 특히 1941년 1월 1일에는 대부분의 지부

---

[74] 효고현을 비롯해 전국적 현상이었다. 미에현(三重縣)협화회 야학교의 활동 사례는 『協和事業彙報』 1-12號에 「야학숙(夜學塾) 아동·부형좌담회」라는 제목으로 기재되어 있다.

[75] 『兵庫縣社會事業』, 1942年 4月.

[76] 『兵庫縣社會事業』, 1942年 7月.

에서 지도원이 전 회원을 참가시킨 가운데 신사 참배가 강제되었다. 1월 1일 조직적으로 한인 회원을 모아 각 지도구별로 지회장, 지도원이 인솔하여 강제 참배를 진행했다. 신사 앞에서 황국신민의 서사를 낭독하며 충성을 맹세했고, 지회장 훈시와 황국신민의 서사 낭독을 마치고 기념촬영을 했다. 재일 한인은 조선에서 도일한 사람들이었으므로, 신사에 참배를 하는 풍습을 갖고 있지 않았다. 그러나 협화회가 조직된 후 한인에게 황국신민화를 강요하기 위한 수단으로 신사 참배가 강요되었다.

2) 지도원과 보도원

협화회를 조직할 때 지회의 회칙에서는 지도와 보호에 종사하기 위한 지도원과 보도원을 두었다.[77] 지도원이 실질적으로 재일 한인과 만나는 통로였다. 효고현협화회는 지도원을 모아 놓고 그들에게 협화사업의 추진에 대해 의견을 물었다. 대체적으로 일본 당국의 의도에 부합하는 내용들이 기록되어 있지만, 그에 해당하지 않는 내용들 역시 소수 기록되어 있다.[78] 예를 들면, "일억 국민을 지도해 나가야 하는 때에 무슨 이유로 조선인만을 모아 협화회를 만들어 지도해야만 하는가"라는 의견 등이 그것이다. 그 내용을 정리해 보자.[79]

첫째, 한인에 대한 일본인의 태도를 문제로 한 사항이다. "내지인도 조선인에 대한 인식을 새롭게 하기를 바란다"는 발언은 1940년 11월에

---

77 『協和事業彙報』, 1939年 10月.
78 히구치 유이치, 2012, 앞의 책, 131쪽.
79 이하의 내용은 히구치 유이치의 선행 연구이다. 히구치 유이치, 2012, 위의 책 참조.

개최된 '효고현협화사업지도자양성강습회' 지도원의 주요 의견으로 정리된 내용에서 찾을 수 있다. 이 강습회는 현 관내 16개 회의장에서 2일간에 걸쳐 열렸다. 내용에는 "집주인이 아직도 협화회의 인식을 갖고 있지 않으므로 이들에 대해서도 계몽했으면 좋겠다"는 서술도 있다. 여기에서 나타난 지도원의 발언은 협화회가 내건 내선일체라는 논리를 역설적으로 받아들인 일본인의 한인에 대한 인식을 보여 준다.

둘째, 회원의 생활 요구를 대변하는 지도원이 있다. 이 시기 재일 한인은 '일시동인' 아래에 황민이 되었으면서도 조선으로의 왕복은 엄격히 규제되었다. 재일 한인은 일본의 '관공서'에서 발행하는 '귀선증명'인 도항증명이 필요했는데, 규제가 엄했기 때문에 강습회에서도 각지에서 "귀선증명발급의 완화를 희망한다"는 요망이 제출되었다.

셋째, 협화회 지도방법의 문제이다. 전시하 재일 한인은 협화회로 조직이 되었다. 한편으로는 정내회(町內會)에도 조직되어 있었으므로 양쪽에서 동원되는 경우가 있었다. "협화회와 정내회는 서로 연락을 해 주었으면 한다. 예를 들면 협화회의 강연회가 있는 날인데 같은 날 동네에서 방공연습이 있을 때, 협화회는 반드시 강연에 나오라고 하고, 정내회도 '일본이라는 나라와 강연회 가운데 어느 쪽이 더 중요한 일인가'라고 화를 낸다"는 내용이 대표적이다. 또, "인보와 협화 양쪽에서 채권이나 헌금을 하라고 오므로 불평하는 회원들이 있다. 사업 추진상 곤란하므로 선처를 바란다"와 같은 내용도 있다. 회원 사이에는 헌금이나 채권, 동원에 대한 불만이 있음을 알 수 있는 부분이다. 지도원의 다음과 같은 발언도 있다. "경찰에게 갈 경우에 야단을 맞고 오는 경우가 있습니다. 좀 더 온정 있게 대해 주면 좋겠습니다" 이것은 당시 협화회에서 지도원이 처한 입장을 나타내며, 상의하달로 이루어진 협화회 조직 상태를 반영하는 것으로 보인다.

넷째, 지도원의 '자각'에 관한 발언이다. 협화회의 중추적·지도적 입장이었던 지도원 자신의 협화회 활동에 대한 의식이 어떠한 수준이었는가 하는 발언도 확인할 수 있다. "지도원의 가정에서 일본 옷 상용에 관한 건: 위에 관해서는 일반회원을 지도해야 하는 지도원 가정이 조선 옷을 착용하고 있으면서 남들에게 일본 옷 착용을 장려한다면 아무런 효과가 없다. 지도원은 솔선수범해야 한다는 방침에서 1943년 3월 31일까지 각자 가정에서 노인이나 부인도 모두 일본 옷을 착용하게 할 것." 그리고 회합 출석에 대해서도 다음과 같은 의견이 제출되었다. "지도원의 연성회는 하루 종일 걸린다. 일단 열리면, 아침 일찍 시작되어 밤늦게까지 계속되므로 하루 종일 걸린다. 우리는 공장에서 일하므로 이틀이나 결근하는 것은 곤란하다"는 내용이다. 발언한 지도원은 결과적으로 협화사업의 회의로 인해 공장을 결근하는 것을 걱정하고 있는 것이다.

이상과 같은 지도원들의 발언이 눈에 띈다. 다수의 강습회, 연성회 등에 참가하고 신사 참배를 하고 있음에도 지도원 자신의 가정에서는 실천이 만족스럽지 못하다고 했다. 또한 협화회의 각종 집회에서는 일본 옷을 입고 신사 참배 등을 실천했지만, 협화사업의 장을 벗어났을 때는 그렇지 않았다는 사실 역시 알 수 있다. 즉, 지도원 대부분이 자발적으로 협화회의 과제들을 실천하지 않았다는 이중적인 구조를 알 수 있다. 따라서 이러한 이중구조 아래에서 협화사업의 내실은 여전히 불안정한 것이었다.[80]

협화회는 재일 한인을 직접 통제하지 않았다. 민족의 독자적인 결합

---

80 히구치 유이치, 2012, 위의 책, 134-135쪽.

과 자주적 활동이 부정되고, 행정 당국의 최말단인 일본인 경관이 재일 한인을 관리하고 지도하는 것이 지향되었다. 그러나 한민족의 독자적인 사회적 결합을 기초로 형성된 것이 재일 한인 사회였다. 이러한 조직이 존재하는 이상 재일 한인들을 일본 정부의 의도대로 통제하기는 쉽지 않았을 것이다. 협화회의 조직 내에는 지역의 공동체 차원에서 활동 단위가 되는 분회가 있었고, 그 안에 일본인을 보좌하는 한인 임원인 보도원이 존재했다. 일부의 부현 협화회에서 지도원이라고도 불린 이들은, 한인 중에 '사상이 온건'하고 비교적 내지화된 사람을 상부 조직의 임원이 지명하여 선정했다. 또한 협화사업에 협력하는 한인이 지회 차원에서 임원으로 설치된 찬조원이라는 것도 존재했다. 실제로 협화회의 분회에서 각종 행사를 할 때 보도원과 찬조원이 소집되었다. 이들은 일본인 임원의 설명을 듣거나, 행사와 관련하여 구체적인 협의를 진행하고 명령을 수령했다. 동시에 역량 강화를 위해 보도원만을 대상으로 한 강습회도 가끔 열렸다. 특히 일본 당국의 시국 인식을 수용하기 위해 각종 훈련에 적극적으로 참가했다. 이처럼 보도원과 찬조원은 말단에서 협화사업을 직접 수행하는 존재였다. 보도원은 지역과 직장에서 가장 일상적으로 한인과 접촉하는 사람이었으며, 협화회가 시행하려는 사업과 이념을 전달하는 매개였다.

협화회에서 보도원과 찬조원을 맡았던 재일 한인은 노동자 계층이 아니라, 주로 자영업자이거나 다른 사람을 고용하는 위치에 있었던 것으로 보인다. 중요한 것은 이들이 재일 한인 사회의 중심적인 역할을 하던 사람이라는 사실이다. 그들은 재일 한인의 대다수가 위치하고 있었던 하층사회와 분리되어 있지 않으면서도, 오랜 시간 공장과 탄광의 노동자로서 일하여 경영자가 된 사람들이었다. 이들 재일 한인은 경영자가 되기 전까지 일반적인 재일 한인과 같은 직장에서 일본인 고용주에게 고용되었다. 이후 경영자가 된 뒤에 그들은 자갈 채취, 토건청부업, 고물상, 염색, 셀룰로이드 가공 등의 공장을 경영하며 재일 한인을 고용하였다. 이 가운데 일부는 상인으로 성장한 경우도 있었다. 조선요리점, 고추 등의 식품 판매, 약국 경영자 등도 당연히 그 지역의 한인과 접촉이 많은 입장이었다.[81]

이들 가운데는 상대적으로 다른 재일 한인보다 더 많은 교육을 받은 사람도 있었다. 오사카에는 도항 전 서당의 교원으로 일하다가 지역 학교의 선생님이 된 경우도 있었으며, 일본에서 유학을 하다가 조선으로 돌아가지 않고 그대로 정착한 경우도 적지 않았다.[82] 재일 한인이 다수 거주하는 조선촌에는 종교단체와 노동조합 등이 존재했으며, '융화', '친화', '부조' 등의 용어를 사용하는 단체도 존재했다. 현재 기록을 통해 파악할 수 있는 상당수의 단체는 친목과 상호부조를 목적으로 하는 단체였던 것으로 보인다. 그중 동광일심회(東光一心會)의 경우가 눈에 띈다. 해당 단체의 사업은 무료 숙박소 경영, 노동자의 야학(일본어 교육), 촉탁의(囑託醫)에 의한 무료진료, 노동쟁의의 조정, 관혼상제의 주선과 부조, 위안 오락 등 일상적인 영역에서 이루어졌다.[83] 신정회(愼正會)라는 단체 역시 비슷했다. 야학 강습소와 무료 숙박소의 설치를 계획하고, 조직 안

---

81 김인덕, 2016, 「1930년대 중반 오사카 재일조선인의 삶과 상호부조-『민중시보』의 기사를 중심으로-」, 하용삼 외, 『자율과 연대의 로컬리티』, 소명출판사.

82 김인덕, 2014, 「재일코리안의 민속·생활의 변용: 高權三과 『大阪と半島人』을 통한 猪飼野의 일상-」, 청암대학교 재일코리안연구소, 『재일코리안의 생활 문화와 변용』, 선인출판사.

83 朴尙僖, 1927, 「東京朝鮮人諸団体歴訪記」, 『朝鮮思想通信』, 1927.11.24~1927.11.26.

에 지육부, 덕육부, 교풍부, 상담부가 설치되어 있었으며, 계몽운동과 상호부조를 중심으로 운영되었다. 또한 교토한인친목회(京都朝鮮人親睦會)가 모은 모금으로 1936년에 교토향상관(京都向上館)이 건설되기도 하였다.

위와 같이 협화회 조직의 말단을 맡은 한인 임원은 많은 경우 계몽과 공제, 보건, 아동교육 문제 등 지역사회의 일상적 차원에서 활동을 하면서 다른 재일 한인을 통솔하는 위치에 있었던 것으로 보인다.

협화회 조직 말단에 위치한 재일 한인 임원의 정치적 의식과 입장은 다양했다. 일부의 연구는 그들이 부일적(附日的) 관점을 갖고 있었다고 보지만, 그들의 실제 상황을 검토해 볼 필요가 있다. 그들은 식민지 통치의 본국인 일본에서 살았기 때문에 조선에 살던 사람들과는 다른 상황에 있었다. 물론 협화회 임원이 되기 전부터 일본 정부의 시책에 협력적인 입장을 취하고 있었다고 추측되는 인물도 있으며, 실제로 상애회나 동인회를 비롯한 각종 융화 친일단체에 소속되었던 경험이 있던 인물도 있다. 반면 반일 전선에 섰던 사람도 있었다. 홍승명(洪承明)이 관계하고 있던 교토한인친목회의 위원장은 『민중시보』 동인에서 활동했는데, 『민중시보』는 1930년대 중기 반일운동을 전개한 김문준(金文準)이 주로 활동했던 지면이다. 이 친목회와 교토향상관의 동향은 『민중시보』 신문에서 여러 차례 보도되고 있었다.[84]

재일 한인 사회에서 협화회와 협화회의 지역 임원을 연구할 때는 다채로운 관점이 요구된다. 처음부터 일본 정부의 시책에 협력하고 있었던

---

84 外村大, 1991.3, 「1930年代中期の在日朝鮮人運動-『民衆時報』・京阪神地域を中心として-」, 『朝鮮史研究会論文集』 第28集.

한인만이 임원이 된 것은 아니었다. 재일 한인의 입장에서 행정 당국을 비판하고, 한인의 생활을 지키는 활동에 가담했던 사람도 협화회에 들어갔다. 일본에 저항하던 그들이 협화회에 들어간 이유는 생존 때문이었을 것으로 추측된다. 이홍선의 경우 친일적 행보를 보이기도 했지만 재일 한인 개인의 일상을 보장하려는 활동 역시 했다. 이처럼 협화회의 지역 임원을 판단할 때는 다양한 관점의 접근이 필요하다.

협화회의 역할은 재론할 여지가 없다. 일제의 말단 통제조직인 협화회는 일상의 문제, 특히 생활문제에 주목했다. 재일 한인이 협화회의 임원이 되는 것은, 위에서 살펴본 것처럼 강요되는 경우도 있었으나 협화회 임원이 되는 것을 스스로 선택한 경우도 있었다. 고권삼과 같이 이데올로기적인 부분에서 일본이라는 국가를 지지하고 있었던 사람도 있었다. 그러나 다수는 일상의 자기의 이익과 편의를 위해서 협화회 임원이 되었다.

협화회가 개설되던 시기, 재일 한인은 일본에서 지내는 시간이 길어지면서 집단 거주지인 조선촌을 형성했다. 그리고 행정 당국의 통제가 상거래와 생산, 배급 등의 일상생활 곳곳에 영향을 미친다는 사실을 확인했다. 그 결과 재일 한인은 협화회와 경찰 당국의 손을 잡으면 일상생활에서 유리한 위치에 설 수 있다고 판단했다.[85] 그 결과 자신의 이익을 위해 보도원이 되는 경우가 발생했다.

그러나 위와 같이 강제로 선발되거나 사익을 위해 협화회 임원이 되었던 한인만 있던 것은 아니다. 협화회 사업에는 관혼상제의 간이화와 화장 장려, 도박과 백의와 더러운 옷의 착용 금지, 미신 타파, 음력에 의

---

85 曺寧柱, 1942.3,「京都に於ける內鮮協和運動の手記」,『東亞連盟』.

한 생활 폐지, 주택과 집주지의 위생 개선, 위생 관념 함양 등 근대적 가치 기준을 지향하는 생활 개선이 주장되고 있었다. 이러한 관점에서 재일 한인의 생활을 개선하는 활동을 하기 위해 협화회의 임원이 되어야 한다고 판단했던 사람도 존재했다. 아래와 같은 김종재의 회상이 대표적이다.[86]

> 이때부터 초후(調布) 주재소장인 오카다(岡田勝) 순사부장이 끊임없이 나한테 와서 도쿄협화회 후추(府中)지부의 보도원을 해 달라고 설득했다. … 나는 "그럴 만한 그릇이 못되고, 인권옹호의 입장에서 운동을 하고 있는 나로서는 경찰서에 출입하는 것은 취지에 맞지 않는다"며 계속 고사했다. 그런데 어느 날 다마가와(多摩川) 강변에 살고 있는 동포들이 5~6명 함께 왔다. 들어보니 "우리도 모두 보도원이 되기로 승낙했다. 김 씨도 꼭 승낙해서 보도원이 되어 달라"는 담판을 지으러 온 것이다. … "우리는 일본 경찰에게 협력하는 것이 아니다. 이 조직을 이용해서 어떻게든 조선인 노무자들을 돌보아 주겠다는 것이 아닌가? 모든 민족운동이 무너져버린 지금에 와서는 민족을 지키기 위해서 이러한 방법밖에 없지 않은가?" 하며 저마다 다 그쳤다. 나도 결국에 그들의 열의에 눌려서 마지못해 보도원을 받아들이기로 했다.

또한 협화회하에서 보도원이 된 재일 한인들이 한인 사회에서 이탈한 것도 아니다. 그들은 이전에 관련하고 있던 사업을 계속했다. 한인의

86　金鍾在述, 玉城素 編, 1978, 『渡日韓国人一代』, 図書出版社, 103쪽.

생활옹호 활동을 전개했던 교토향상관도 협화회의 조직 정비 후에도 존속했다. 물론 그 활동은 전시체제에 편입되면서 바뀌었다. 그러나 이전과 마찬가지로 이 조직은 한인들의 생활을 외형상으로 원조했다.[87]

4. 협화회에 의한 일제의 통제

1) 협화회 통제의 본질과 한계

앞에서 살펴본 것처럼 1938년 일본 정부는 중앙협화회를 설립했다. 내무성 경보국장, 척무성 관리국장, 조선총독부 정무총감, 문부성 전문학무국장, 후생성 사회국장, 귀족원 의원 2명, 후생차관 등이 창립발기인으로 참여했다. 발기인회는 내무관료 출신으로 조선총독부와 대만총독부 고위직을 역임한 귀족원 의원 세키야 데이자부로를 이사장으로 선출했다. 설립 주무 부처는 후생성 사회국 생활과였다. 그러나 초대 협화관을 지낸 다케다에 따르면, 중앙협화회의 실질적 사업 담당자는 경찰이었으며 업무는 특고과가 주관했다. 이를 통해 알 수 있듯이, 협화회는 실질적으로 일본 정부의 기관에 가까웠다. 그러나 협화사업을 주관했던 단체는 행정기관과 민간 단체 두 집단이었다. 행정기관이 주가 되어 사업을 진행할 때는, 후생성 사회국이 협화사업을 주관했다. 이외에도 내무성, 문부성, 척무성, 조선총독부 등이 관계되어 있는 경우도 많았으며, 지방에서

---

87 「반도소년 교화에 挺身활약하는 京都向上館을 엿보다」, 『東亞新聞』, 1941.9.30.

는 도부현청이 사업을 주관했다. 학무부의 사회과와 경찰부의 특고과가 협화회 사업에 긴밀히 협조하기도 하였다. 민간 단체가 사업에 참여할 때는, 주로 민간 유력자와 협화회 관리의 협의에 따라 사업이 이루어졌다.

따라서 협화회는 행정기구와 민간기구로 구분해 설명할 수 있겠으나, 협화회의 임원은 경찰기구를 담당하던 내무관료 출신자가 대부분이었으므로, 민간기구라고 취급하기 어려운 면이 있다. 이처럼 경찰기구와 밀접한 연관 관계를 맺고 있다는 점을 근거로, 협화회는 '특무기관적' 집단이라고 규정할 수 있다. 협화회의 사업 예산이 일부 기부금을 제외하고는 모두 일본 정부와 부현의 예산으로 충당되었다는 것도 협화회가 민간기구보다는 정부의 특무기관에 가까웠다는 근거가 된다. 중앙협화회가 재단법인의 형식을 취하고 있었지만, 분회와 지도구가 관할 구역 내 경찰 분서나 주재소에 설치되어 있다는 것도 협화회와 일본 정부의 연관성을 드러낸다.

발기인회 개최 이후 반년이 지난 1939년 6월 29일 중앙협화회 설립총회가 열렸고, 이 시기를 기점으로 협화회체제가 본격적으로 시행되었다. 총회에서 채택한 설립취지서에서는 재일 한인을 국민 생활의 협화상 심히 우려할 만한 존재라고 정의했다. 한인을 통제의 대상으로 규정하고, 교화하기 위해 설치된 것이 협화회였다. 조직 확대, 연락과 조정, 내선일체 이데올로기의 보급 등 협화회에서 진행한 실무는 각 경찰서가 진행하였다.

또한 협화회체제가 확립된 이후 전국적인 규모로 재일 한인 관변 단체가 재구성되었다. 기존의 재일 한인 '융화친목단체'[88]는 재편되는 형태

---

88 내무성 경보국은 재일 한인 단체를 구분했다. 공산주의계(극좌파, 좌익파), 사회민주

로 협화회에 통합이 되었다.[89] 협화회는 당시 '여권'과 같은 기능을 했던 '협화회 수첩'을 통해 재일 한인의 취업과 이동을 통제하기도 했다.[90] 1944년 11월 중앙협회회가 중앙흥생회(中央興生會)로 바뀌었으나 재일 한인의 통제기구라는 점에서는 변함이 없었고, 오히려 통제체제가 더욱 강화되었다.

협화회의 가장 하부 조직은 분회의 지도를 받는 보도반이었다. 일본 당국은 보도반을 구성하는 보도원을 재일 한인으로 임명해 일본인 임원을 보좌하도록 했다. 찬조원이라는 이름으로 재일 한인을 선임하기도 했다. 그러나 재일 한인 보도원은 일본 당국이 원하는 만큼 정부에 협조적이지는 않았다. 시즈오카현 시다군(志太郡) 후지에다정(藤枝町)에서 나고 자란 진금선의 부친이 대표적이다.[91] 진금선의 아버지는 지방에서 풍족한 생활을 하고 있었다. 진금선과 그의 언니는 현립 여학교를 다니던 유일한 한인 아동이었다. 경찰은 한인의 동향을 염탐하기 위해 진금선의 아버지를 보도원으로 선택하였다. 진금선의 아버지는 경찰이 찾아오면 술을 대접하는 등 적극적으로 그들을 응대했다. 이 때문에 그는 재일 한인 사회에서 비난을 받았으나, 진금선은 자신의 아버지가 불가피하게 협

주의계, 국가주의 내지 국가사회주의계, 무정부주의계, 민족주의계(주로 유학생, 종교단체), 융화친목계 및 기타 등 총 6개로 구분해 매년 현황을 보고했다. 융화친목단체는 관변단체와는 성격이 다르다. 당국은 일본 사회와 거리를 두고 재일 한인의 권리를 일상적으로 지키고자 한 단체와 일본 사회와 융화하려는 단체를 모두 포괄해서 융화친목단체로 분류했다.

89 히구치 유이치, 2009, 「재일 한인의 융화문제와 융화단체」, 『한일공동심포지엄 '식민지기 재일 한인사회의 형성과 단체활동의 전개'자료집』(2009.6.5), 48-49쪽.
90 樋口雄一, 1986, 『協和會-戰時下朝鮮人統制組織の硏究』, 社會評論社, 91-98쪽.
91 가와타 후미코 지음, 안해룡·김해경 옮김, 2016, 『몇 번을 지더라도 나는 녹슬지 않아』, 바다출판사, 81-82쪽.

화회 보도원 직무를 수행한 것이라고 주장했다. 일본 행정 당국이 직접 지명하여 명령을 하달했기 때문에 그것을 거절할 수 없었다는 것이다. 이처럼 재일 한인 사회 내부에서도 협화회 보도원 활동을 평가하는 시각에 차이가 있다.

〈흥생회 −외형만 바꾼 통제체제−〉

1944년의 전황은 일제에게 불리한 방향으로 흘러갔다. 일본 당국은 전시체제를 유지하기 위해 새로운 대책을 강구했으며, 이때부터 한인에 대한 징병제가 실시되고, 징용제 또한 강화되었다. 그 결과 일본 내부에서 정책에 비동조한다거나, 도망을 치거나, 노동쟁의를 일으키는 등 한인의 저항 역시 심각해졌다.[92] 또한 1943년 11월 카이로선언을 통해 조선의 독립이 확인되었고, 한인들 사이에도 이 소식이 전파되었다. 이 역시 한인에 대한 시책의 변경이 필요했던 요인 중 하나였다. 1944년 7월 도조 내각이 붕괴되고, 조선총독이었던 고이소 구니아키(小磯國昭)가 수상이 되었다. 그리고 제85회 제국의회에서는 조선과 대만 출신자의 처우 개선을 강구하라고 언명했다. 그리고 제국의회는 같은 해 11월 4일에 '조선 및 대만 재주민의 처우 개선에 관한 건'을 각의에서 결정했다. 그 결과 한인에게도 정치 참여의 기회가 부여되었다. 귀족원 의원, 중의원 의원의 선임 방식을 확정하는 조사회 설치를 결정하기도 했다.[93]

1944년 12월 22일 재일 한인과 관련해서 '조선 및 대만 동포에 대한 처우 개선에 관한 건'이 각의 결정되었다. 처우 개선 요령은 다음과 같다.[94]

---

92 변은진, 2018, 『일제말 항일비밀결사운동 연구 독립과 해방』, 선인출판사.
93 히구치 유이치, 2012, 앞의 책, 191쪽.

1. 일반 내지인의 계발: 조선 동포를 포섭해서 완전한 황국민으로서, 동화융합하며 진정으로 한뜻 한마음 국민적 단결을 꾀하여 조선 통치의 궁극 목적 이유를 국민 각 계층에게 철저히 인식시켜서 이를 내지인의 조선 동포에 대한 일상 처우에 반영시킬 것.
2. 내지 도항 제한제도 폐지: 조선 동포의 내지 도항 제한제도는 폐지할 것. 또한 이에 관해서 노무의 계획적 배치의 확보 등을 위해 필요한 조치를 강구할 것.
3. 경찰상의 처우 개선: 경찰상의 처우에 대해서는 전반적으로 최대 개선 방법을 강구하여, 되도록 차별감이 생기지 않도록 배려함과 동시에 다른 보호 지도기관과 협력해서 조선 동포 보호에 만전을 기할 것.
4. 근로 관리의 개선: 내지에 내왕하는 조선인 노무자를 맡아 그 지역에 안주하고 생활에 만족하며 노동에서 최고의 능률을 발휘하도록 노동관리에 쇄신 개선을 가할 것.
5. 흥생사업의 쇄신: 내지 재주 조선 동포의 황민화를 촉진함과 동시에, 일반 내지인의 계발에 힘쓰기 위해서 흥생사업의 쇄신을 도모할 것.
6. 진학의 지도: 내지 정주 조선 동포의 자제 교육에 대해서는 내지인 자제와 같이 대하는 취지를 한층 철저하게 함과 동시에, 조선 재주자 자제의 내지 전문학교 이상으로의 진학 및 조선 동포의 육영에 대해서도 적절한 조치를 강구할 것.
7. 취직의 알선: 조선 동포의 유지층에 대해서 그 인물 재간에 따라

94　森田芳夫, 1954, 『在日朝鮮人の処遇の現状』, 法務研修所 참조.

취직상향의 기회를 주도록 각 관청에서 학교 졸업자의 채용방침을 더욱 적극적으로 함과 동시에 민간 사회 등에서도 능력, 학력 등에 따라 취직 및 승진의 길을 넓히도록 지도 알선할 것.
8. 이적의 길을 넓힐 것: 내지에 정주하는 조선 동포에 대해서 그 희망에 따라 일정의 조건을 들어서 내지로 이적하는 길을 넓히도록 할 것. … 조선 및 대만 내에서는 조선 및 대만 동포의 황민화를 한층 철저하게 해야 하는 모든 방침을 강화함과 동시에, 내선(內鮮), 내만(內灣)의 일체화를 더욱 촉진하도록 모든 제도의 개선, 그 외 본건 결정의 취지에 따라 적절한 조치를 강구할 것.

상기한 인용문을 통해 당시 재일 한인이 받았던 차별이 무엇이었는지 파악할 수 있다. 경찰상의 처우 개선 부분을 보면, 전반적으로 개선 방법을 강구할 필요가 있을 정도로 재일 한인이 차별을 받아 왔다는 사실을 알 수 있다. 취직의 알선 부분에서는 한인들이 자신의 능력이나 학력에 맞는 직장을 구할 수 없었다는 것도 드러난다. 이러한 사회구조적인 차별은 일본이 패전하고 난 뒤, 현재까지도 일본 사회에 남아 있다. 이는 한인을 통제의 대상으로 보는 시각이 철폐되어야만 해결 가능한 문제일 것이다.

일본 당국은 필요에 따라 재일 한인에 대한 구체적인 처치를 도모했는데, 대표적인 예시가 바로 6항이다.[95] 선행 연구에 따르면, 그 내용과 특징을 다음과 같이 정리할 수 있다.[96] 제1항은 '내지인의 계발'이다. 제

---

95 『每日新聞』, 1944.12.25.
96 히구치 유이치, 2012, 앞의 책, 193쪽.

1항은 일본인에게 '황민화의 실상'을 알리고 '친애해야 하는' 것이 필요하고, '조선인 아동과 일본인 아동의 융화일체'를 꾀해야 한다는 내용이다. 재일 한인과 그들의 아동을 황민화의 대상으로 삼아 친애해야 한다는 것은, 전시체제하에서 재일 한인들을 인적 자원으로 동원하기 위한 목적 때문이었다. 한인들을 대상으로 한 명백한 차별이다.

제2항은 도항 제한의 폐지이다. 도항 제한은 취로 목적으로 도일을 하는 경우 징용을 원칙으로 하며 신분증명을 시행할 것, 불순분자의 침입이나 책동의 방지에 힘쓸 것을 지시하는 내용이었다. 이는 재일 한인들이 매우 불쾌하게 느끼는 점이었기 때문에 폐지를 결정한 것이다. 그러나 이는 표면적인 결정일 뿐, 일제는 경제적 필요에 따라 한인의 도항을 조절했다.

제3항은 경찰관의 직무에 관한 규정이다. 경찰관은 재일 한인을 대상으로 하는 일상의 직무집행에 '애정'과 '이해'를 가지고, 재일 한인 지식인의 자존심을 상하게 해서는 안 된다는 것이었다. 특히 공습 등의 비상시에는 한인을 보호하도록 규정하고 있다. 이러한 조치가 취해진 것은 당시 경찰관 중 한인에게 부당한 대우와 처벌을 하는 인원이 적지 않았기 때문이다.

제4항은 근로 관리의 개선에 대한 내용이다. 일본 당국은 강제동원 노동자에 대해 담당관의 증원과 애정 어린 관리를 지시했다. 동시에 재일 한인이 송금을 하거나 편지를 보내는 행동에 대해 동일 직장에서 근무하는 일본인이 이해를 제고하고, 차별적 감정을 유발하지 않도록 처치할 것을 지시하고 있다. 그러나 실제 강제동원 현장에서는 한인에게 많은 동세가 가해섰나.

제5항은 중앙협화회를 개조, 확충하는 가운데 재일 한인 유력자에

주목해야 한다는 내용이다. 중앙협화회는 그 명칭을 흥생회, 흥생사업이라고 개조하였으나, 여전히 경찰정치의 일환으로 작동하고 있었다. 시정촌과 공공 단체, 부인 단체 등이 연합하여 사업을 진행했고, 재일 한인 유력자를 중역으로 등용했다. 하지만 한인이 중역으로 등용되었다고 해서 일제강점기 동안 이어진 차별의식이 철폐되었다고 볼 수는 없을 것이다.

제6항은 아동 생도의 진학을 통제하고 재일 한인의 취직을 확대하여 관청, 대회사에서도 채용하도록 결정, 지시하고 있다. 이는 앞서 살펴본 요령의 내용과 크게 다르지 않다.

위의 내용에서 알 수 있듯이, 재일 한인은 당시 차별 대우에 대해 강한 불만을 갖고 있었다. 재일 한인은 일본 정부에 개선을 요구했다. 그 결과 일본 정부는 재일 한인 정책을 다시 세워야만 했다. 효고현에서 개최된 협화사업 지도자 양성강습회에서 나온 주요 의견 중에는, '조선인의 인식이 새롭게 되기를 원한다'거나 '협화사업의 취지를 내지인에게도 인식시키고 싶다', '내지인은 내선일체라고 하는 의미를 이해하고 있지 않다', '일시귀선증명서의 발급 완화를 바라고 싶다' 등의 요구가 나왔다.[97] 또한 재일 한인은 경찰관의 임무 수행에 대해서도, '경찰에게 가는 경우 뭔가 야단이라도 맞기 위해서 가는 것 같습니다'라거나 '1억의 국민을 지도해 가지 않으면 안 될 때에 한인만을 보고 협화회를 만들어 왜 별도로 지도를 시키지 않으면 안 되는지'와 같은 반응을 했다. 이 이야기는 지도원에게서 나왔다.[98] 당시 지도원을 맡았던 재일 한인들은 일

---

97 『兵庫縣社會事業』, 1941年 1月.
98 『兵庫縣社會事業』, 1942年 12月.

본 정부가 재일 한인을 통제의 대상으로 취급한다는 사실을 알고 있었다. 재일 한인은 노무관리적인 측면에서는 '규석채굴부에 대한 군수의 배급을 받고 싶다', '전등이 없는 숙소에 석유를 배급받고 싶다', '늘어난 쌀을 받고 싶다'[99]는 의견을 갖고 있었다.

이는 모두 효고현의 강습회에서 나온 의견을 인용한 것이지만, 전국적으로도 공통된 요구들이 나타났다. 그 결과 협화회 사업의 쇄신이 필요하게 되었다. 이는 중앙협화회가 1944년 11월 20일 중앙흥생회로 개조된 계기가 되었다.[100] 흥생은 함께 살아간다는 의미로, '내지 재주 외지 동포의 황국신민으로서의 물심양면에 걸쳐 생활을 진흥하고 이들을 한층 완전히 황민화 하는 데 있다'는 뜻을 내포하고 있다. 이는 개조 이전 협화회에서 제시했던 사업 목표와 특별히 다른 점이 없다.[101]

이러한 명칭 개편은 조직적 강화, 억압체제의 정비를 목표로 시행되었다.

흥생회의 구체적인 출범 과정은 다음과 같다. 1944년 1월 내각참사관 무라야마 미치오(村山道雄)의 보고와 같은 해 7월 오사카협화협력회 나가시마 게이조(永島慶三)의 의견서, 그리고 같은 해 10월 이후 흥생회 지도과장이 되는 곤도 요시로(權藤嘉郞)[102]의 오사카·야마구치·후쿠오카 시찰보고서를 근거로 협화체제를 재편했다. 황민화의 모순점이라고 지적받았던 '협화'라는 표현을 정정하고, 일본인의 혐오 감정을 배제하며, 일본 정부의 일방적인 지도가 아니라 재일 한인이 적극 참여하는 방

---

99 『兵庫縣社會事業』, 1942年 8月.
100 森田芳夫, 1955, 『在日朝鮮人処遇の推移と現狀』, 法務研修所 참소.
101 히구치 유이치, 2012, 앞의 책, 196쪽.
102 권일(權逸)[창씨명 곤도 요시로(近藤義郞)]이다.

식으로 황민화 사업을 개편하고, 경찰서 위주가 아닌 행정 단위 중심으로 조직을 개편하는 방식으로 흥생회가 출범했다.[103]

흥생사업의 과제는, 첫째, 중앙, 지방의 흥생사업의 추진 기관으로서 후생성 내에 민생과, 부현에도 민생과를 두어 전관 사업을 시키는 것. 둘째, 재일 한인 가운데 중앙, 지방 협화회의 임직원이 될 인물을 선택 임명하는 것. 셋째, 언어, 풍속을 내지화할 수 있는 시책을 세우는 것. 넷째, 일상생활에 필요한 생활상담소와 같은 것을 신설하는 것. 다섯째, 재일 한인에 대한 훈련을 강화하는 것으로 설정이 되었다.[104] 흥생회는 후생성에 전문과가 있다는 것, 재일 한인 가운데 임원 또는 지도적인 역할을 할 수 있는 사람을 선발했다는 점에서 중앙협화회와 차이가 있다. 다만 중앙흥생회의 임원은 중앙협화회와 비교해서 달라진 것이 없었다.[105]

위와 같이 협화회가 흥생회로 개조되면서, 상부 지도층에 재일 한인이 포섭되기 시작했으며, 재일 한인의 처우 개선을 위해 도항증명제도가 폐지되거나 경찰관의 직무에 관한 개정이 이루어지기도 하였다. 그러나 이러한 변화가 재일 한인의 차별을 없앤 것은 아니었다. 패전의 위기에 직면한 일본이, 재일 한인들을 전장에 동원하기 위한 황국신민화 정책의 일환으로 처우 개선을 실행했기 때문이다.

그러나 재일 한인사회의 각종 대우 개선 요구는 감소하지 않고 지속되었다. 이는 일본 내의 식량 생산력 감퇴 등으로 일상생활의 영역에서

103　塚崎昌之, 2010,「アジア太平洋戦争下の大阪府協和会・協和協力会・興生会の活動と朝鮮人」,『East Asian studies』(54), 大阪経済法科大学アジア研究所, 32-37쪽.
104　『朝日新聞』, 1944.12.24.
105　전 조선군사령관인 나카무라 고타로(中村孝太郎)를 비롯하여, 경찰 관료 곤도 슌스케(近藤駿助)가 이사장이었다.

불안감이 커진 탓도 있으나, 미군의 공습에 의해 일본 내에 거주하던 재일 한인들이 희생되었기 때문이기도 하다. 당시 도일한 다수의 한인은 대도시 인근에 거주하고 있었다. 강제동원 노동자 역시 탄광, 광산, 댐 공사장 등을 제외하고는 대부분 중요 국책산업에 종사했다. 미군의 공습은 주로 도시에 집중되어 있었기 때문에, 한인들의 희생 역시 클 수밖에 없었다. 패전 직후 시점에서 재일 한인 중 전상자는 239,320명에 달했다.[106] 도쿄에 거주하던 한인 중 전상자 비율은 43%에 달하는 수준이었다. 이러한 상황에서 협화회의 협화 활동은 재일 한인들을 황민화 하는 데 실패했다. 1945년 8월 15일 이전부터 3, 4개월간 조선으로 귀국하는 인원이 급증하여, 150만가량의 재일 한인이 귀국을 선택하였다.[107]

재일 한인의 경우 협화회에서 통장을 관리하고, 자유롭게 저금을 환불받지 못하도록 조처한 곳이 많았는데, 일본의 패전과 함께 저축 환불 요구가 증가하기도 했다. 대다수의 재일 한인이 토지와 가옥 등 부동산을 소유하지 못하였으며, 공습이 있을 때 소개할 장소가 없어, 현금이 있어야만 불안을 해소하고 생활이 가능했기 때문이다.[108] 또한 공습으로 인해 도시 공장의 노동 상황이 변했다. 미군의 공습은 주요 공장을 목표

---

106 朴慶植,, 1979, 「在日朝鮮人戰災者二三万九三二〇人」, 『在日朝鮮人史研究』 4 참조.
107 최영호, 1995, 『재일한국인과 조국광복』, 글모인.
108 당시 재일 한인의 현금 소지 모습은 특징적이다. 오사카부의 경우 보통 최저 5, 6천 엔을 소지했다. 또한 재해를 계기로 예금을 환불하는 자가 많았다. 오사카부 재해 재일 한인 밀집 지역의 우체국의 경우 예금 계좌 수는 40개인데 비해, 환불 계좌 수는 2,040개였다. 금액으로 보면 환불금이 예금액의 64배였다. 또한 돗토리(鳥取)현에서는 농업조합의 저축 환불제도를 불안하게 여긴 재일 한인이 현금으로 바꾸려 했다고 한다. (도노무라 마사루 지음, 신유원·김인덕 옮김, 2010, 『재일 한인 사회의 역사학적 연구』, 논형 참조.)

로 삼았기 때문에, 한인 공장노동자는 목숨의 위험을 느껴 출근을 거부하고 노동 의욕을 잃었다.[109]

패전이 임박하자 강제동원된 한인 노동자가 도주하는 경우가 증가하여, 1945년 1월부터 3월까지 3개월 동안 2만 3천여 명이 이탈했다. 학생 중에서도 노동할 곳에 출근하지 않는 자, 학적을 그대로 두고 소재 불명인 자가 늘었다. 일부 한인 유력자들은 패전 이후의 활로를 고민하는 모습을 보이기도 했다. 이는 곧 전쟁 말기에 이르러 협화체제가 흔들리고 있었다는 것을 의미한다. 개조된 흥생회 역시 적극적인 대응이 불가능했으며, 일본 정부가 계획한 협화체제의 지속은 한계를 맞이했다. 협화체제의 전면적 붕괴는 1945년 8월 15일 일본이 패전되면서 이루어졌다.[110] 물론 실질적인 폐지까지는 조금 더 시간이 걸렸다.

---

[109] 공습과 관련한 두 가지 사례가 흥미롭다. 첫째, 출근 문제이다. 1945년 7월 10일 오사카부의 대규모 공습 시의 일례로 중요 4개 공장에서 한인 공원의 출근율 대 내지인 공원의 출근율은 63% 대 49%이다. 이들 결근자의 대다수는 소재 불명자 또는 장기결근자로 되어 있다. 출근자 중에서도 부하 군부 등의 안전지역의 공장으로 전출을 희망하고 있는바 노무관리상 특히 주목할 만한 점이라고 말했다. 둘째, 노동 상황의 문제이다. 일반적으로 재해를 당해 근로 의욕이 극히 저하된 공원 등의 일부는 그야말로 허둥지둥 낭패를 보았다. 중요 노무자, 징용 공원 등에 있어서도 귀선이나 안전지대로 도피하려는 경향이 뚜렷했다. 공습 후의 출근율은 내지인 공원보다 저조하며 도시에서의 근로 생활을 혐오하고 중요 노무자다운 신념을 상실하고 자기의 안전만을 꾀하고 있었다. (도노무라 마사루, 2010, 위의 책 참조.)

[110] 히구치 유이치, 2012, 앞의 책, 201쪽.

5. 협화체제의 다양한 모습과 해체

1) 협화체제와 방면위원회

1918년 일본의 '쌀소동'은 사회복지 관련 제도의 발생에 직접적인 계기를 제공했다.[111] 미곡의 염가판매를 요구하는 일본 민중의 분노를 경험한 일본 정부는 군대를 동원해 혼란을 수습하고 회유책을 내놓았다. 특히 관서 지방 하층민과 피차별 부락민의 동향에 주목하여 대비책을 세웠다.[112]

일제강점기 관청이 주도한 방면위원제도와 그것을 시행하는 행정 조직인 방면위원회는 일본에서 먼저 시행되었다. 방면위원회는 1918년 10월 소학교 통학구역을 담당하기 위해 창설되어, 구역 내의 주민의 생활 상태를 조사하고, 그에 기초하여 요수호자(要援護者)를 구제하기 위한 제도라고 할 수 있다.[113] 오사카부의 경우 1918년 10월 7일 '오사카부 방면위원 규정'을 공포하면서 창설되었다. 이것이 방면위원제도의 시작이다.

당시 조선은 경성에서 1927년, 이어서 부산에서 1933년부터 방면위

---

[111] 이하의 내용은 별도의 주가 없으면 다음을 참조: 김인덕, 2021, 「역사 속 복지를 넘어 살아야 한 재일조선인의 삶-1920년대 전반 오사카 방면위원회를 통해-」(미간행 초고, 2021.2.18).

[112] 허광무, 2011, 『일본제국주의 구빈정책사 연구-조선인 보호·구제를 중심으로』, 선인, 43쪽.

[113] 北場勉, 2009, 「大正期における方面委員制度誕生の社會的背景と意味に関する一考察」, 『日本社會事業大學研究紀要』 55, 4쪽.

원제도가 실시되었다. 조선총독부는 방면위원회가 빈민의 생활 개선 및 향상을 위한 빈민 조사기관이라고 선전했다.[114]

오사카부 방면위원제도는 하야시 이치조(林市蔵)가 오사카부 지사로 취임한 이후 자신의 경험을 기초로 구상하여 탄생한 것이다. 직접적인 계기는 앞에서 언급한 '쌀소동' 당시 미곡을 염가판매하던 매장에 몰려든 빈곤자들을 본 것이라고 한다. 방면위원제도는 엘버펠트 시스템을 모델로 하여 만들어졌다.[115] 당시 한 개 방면의 범위는 소학교의 통학구역을 단위로 하였으며, 한 방면당 방면위원 수는 10~15명이었다. 방면위원의 직무는 다음과 같았다.

1. 관계구역의 일반적인 생활 상태를 조사하고 이를 개선 향상시키는 방법을 연구할 것.
2. 요구호자의 각각의 상황을 조사하여 이에 대한 구제방법의 적부를 연구하고 그에 철저를 기할 것.
3. 현존하는 구제기관의 적부를 조사하여 그 직역에 신설이 필요한 구제기관을 연구할 것.
4. 일용품의 수급 상태를 조사하여 생활안정의 방법을 연구할 것.
5. 기타 특별히 조사실행을 위촉한 사항.[116]

---

114 부산역사문화대전(http://busan.grandculture.net) 참조.
115 독일 엘버펠트(Elberfeld)시에서 시행된 사회사업이었다. 하야시 이치조의 사회문제에 대한 관심과 오가와 시게지로(小河滋次郎), 야마구치 타다시(山口正), 시가 시나토(志賀志那人) 등의 역할이 있었다. (허광무, 2011, 앞의 책, 81-91쪽.)
116 허광무, 2011, 위의 책, 283-284쪽.

방면위원회에서는 방면위원의 역할이 중요했다.[117] 방면위원은 형식상 명예직으로 취급되었으며, 지역에서 경제적 여유가 있는 상인들이 주로 맡아 빈민층을 파악하는 일을 했다. 내부에서는 재일 한인 명망가를 쓰자는 의견도 있었으나, 실제로 방면위원이 된 재일 한인은 없었다.[118]

방면위원의 가장 중요한 업무는 빈곤자를 조사하는 일이었다. 빈곤자를 구제하기 위해 먼저 담당 방면의 빈곤자들이 처한 상황을 파악할 필요가 있었기 때문이다. 방면위원들은 부부싸움 중재, 호적 정리, 양자 알선, 장례, 임대차 분쟁, 지도 상담 등 일상적인 영역의 다양한 일에 개입하여 활동했다.

당시 재일 한인에 대한 일본 정부의 대처에는 이중 기준[119]에 의한 구조적 모순이 존재했다. 여기에는 일제 통치의 식민주의적 한계와 사회복지적 한계가 동시에 작용했다.

오사카부방면위원제도에서 한인 문제가 의제가 되기 시작한 것은 1923년 5월 정례회였다. 그 내용을 정리하면 다음과 같다.

> 5월 정례회에서는 조선인 문제를 주택, 직업, 교육, 위생 등 다방면에 걸쳐 논의하면서 궁극적으로는 조선인에 대한 일반 세간의 차별로 귀결하였다. 의장 역을 담당한 사회과장 나카무라 타다미쓰(中村忠

---

[117] 岩本華子, 2009, 「大正期における大阪府方面委員の醫療問題への對應:援助關係および處遇理念に着目して」, 『社會問題研究』 58, 122쪽.

[118] 허광무 인터뷰, 2020.9.7, 오전 10:00.

[119] 허광무는 자신의 연구에서 신일본인을 지향하는 일제의 통치정책을 비판하고 재일 조선인 보호와 구제의 실태를 논의했다. 특히 1923, 1924년의 경우를 구체적으로 제시하는데 기모토 센지로의 사례에 주목한다(허광무, 2011, 앞의 책, 177-185쪽). 이중 기준은 민족적 차별 장치만은 아니라는 것이다.

充)는 내지인을 우선하고 조선인을 나중으로 돌리는 세간의 차별적인 편견을 언급하면서, 그러나 당분간은 조선인이 사람들의 양해를 구하며 이를 잘 대처해 가는 방안(융화)을 강조하였다. 아울러 조선인 문제를 의제로 제기한 기모토 젠지로의 의견과 마찬가지로 어떡하든 조선인을 보호, 구제해야 한다는 의견을 피력하면서 방면위원 제도에서도 조선이라 할지라도 이를 평등하게 처리하도록 유념해 줄 것을 당부하였다.[120]

2개월 뒤인 1923년 7월 연합회 석상에서 오사카부 내무부장 히라가 슈(平賀周)는 재일 한인의 보호, 구제의 필요성을 역설했는데, 한인들이 일본 정부에 반항할 것을 예상하고 있었다.

오늘날까지 간혹 독립운동이 발발하였고 매우 흉악한 각종 운동도 있어 와서 통치상 적잖게 고심되는 일이 있었습니다. 그러나 대개 현재는 극히 평온한 상태를 가져오고 있습니다. 그렇지만 오늘날의 조선 평온이라고 해도 전적으로 일본 경찰이나 병력의 대비에 의한 것으로, 힘으로 제압하고 있습니다. 일단 병력을 줄인다든가 경찰력을 완화시킨다든가 하면 언제 어떤 형태로 독립운동이라든지 일본에 대한 반항운동이 일어날지 모릅니다.[121]

이러한 판단의 근거에는 3·1 운동을 겪었던 경험이 있었고, 그 결과

---

120 허광무, 2011, 위의 책, 178-179쪽.
121 大阪府 社會課, 1923, 「速記錄」 7月, 『大阪府方面委員事業年報』, 287쪽.

일본 정부는 재일 한인 유학생과 노동자를 통제의 대상으로 인식했다.

> 조선 통치는 … 곤란한 문제입니다. … 내지에 와 본 유학생 등이 조선에 돌아가서 과격한 반항적 독립운동 같은 것을 왕성하게 선전하고 해서 그것이 중심이 되어 문제가 생기는 경향도 있습니다. … 이런 것들은 학생들에 대한 것입니다만 오늘날 내지에 들어오는 많은 노동자에 대해서도 또한 장래 그런 일이 생기지는 않을까.[122]

1923년 9월에 관동대지진 한인 학살이 일어나자 오사카에서는 한인의 보호, 구제하는 성격을 갖는 오사카부 내선협화회를 일본 최초로 11월에 설립하였다.[123] 이와 별도로 존재했던 오사카부방면위원회 소속의 하야시 이치조는, 7월 8일 쓰루하시(鶴橋) 제1방면 '월번회'에서 "조선인을 돌보는 일은 방면위원 업무 외의 업무"[124]라고 발언하였는데, 이에 대해 오카모토 야조(岡本彌藏), 이와이 이와요시(岩井岩吉), 기모토 젠지로가 보인 반응은 다음과 같다.

> 오카모토 야조(쓰루하시 제1방면 상무): 방면위원은 절대로 조선인을 대상으로 해서는 안 된다는 의미는 아니라고 저는 생각하고 있습니다. 다시 말해 방면위원은 조선이라 할지라도 카드계급에 속한 사람은 내지인과 동일하게 취급해도 상관없다고 저는 믿고 있습니다.[125]

---

122 大阪府 社會課, 1923, 「速記錄」 7月, 『大阪府方面委員事業年報』, 287-290쪽.
123 재단법인 허가는 1924년 5월 5일이었다.
124 大阪府 社會課, 1923, 「速記錄」 7月, 『大阪府方面委員事業年報』, 290쪽.

이와이 이와요시(예비 상무): 즉 방면위원 이외의 조선인 문제라든지 방면위원이 당연히 해야 하는 업무 이외의 업무를 한다고 하면, 부지불식간에 본연의 업무를 망각해 버리고 만다는 의미에서 말씀하신 것으로 저는 생각하고 있습니다. … 결코 조선인과 내지인을 차별 대우하지 않습니다. 조선인이라 하더라도 내지인과 동등하게 취급한다는 것이 제 지론입니다.[126]

기모토 젠지로(쓰루하시 제1방면 상무): 하야시 고문은 제가 조선인 문제를 논급하던 당초부터 반대였다는 것을 분명히 들었습니다. 그 점에서 조선인 문제에 반대의견이 있었던 것으로 생각합니다.[127]

그리고 사회과장 야마자키 이와오(産崎嚴)는 다음과 같이 말했다.

이 조선인 문제에 대한 사회과의 의견 내지는 방침을 말씀드립니다. … 지금 문제가 되고 있는 조선인 구제문제입니다만 제 생각으로는 조선인 문제는 각 방면에 관한 것으로 그 방면의 거주자로 많이 어려운 사람이 있으면 혹시 일시적인 거주자라도 이를 구제하는 것이 하등 방명위원 사업에 저촉되지 않는다고 생각합니다. … 사회과는 조선인 문제가 절대 방면위원 사업과 저촉되지 않는다고 생각합니다.[128]

---

125 大阪府 社會課, 1924, 『大阪府方面委員事業年報』, 293쪽.
126 大阪府 社會課, 1924, 『大阪府方面委員事業年報』, 293-294쪽.
127 大阪府 社會課, 1924, 『大阪府方面委員事業年報』, 294쪽.
128 大阪府 社會課, 1924, 「速記錄」 7월, 『大阪府方面委員事業年報』, 295쪽.

하야시의 발언은 개인의 소극적인 의견의 개진으로도 볼 수 있으나[129] 분명 재일 한인을 향한 소외 발언이었다. 이처럼 협화체제 속에서 한인은 전면적 배제의 대상으로 취급되지는 않았을 수 있지만, 사회복지의 대상으로 여겨지지는 않았다.[130]

2) 협화체제와 강제동원

일본 정부가 본격적으로 강제동원을 진행하던 시기, '노무동원'의 실시나 징병제 적용 등 재일 한인을 대상으로 하는 정책은 크게 변했다.[131] 이런 상황에서 협화회의 조직이나 활동이 변모한 과정을 규정하기 위해서는 많은 검증이 필요하다. 여기에서는 제한적으로 협화체제 속 강제동원과 관련한 내용을 살펴보자.

일본 내에 강제동원된 노동자는 협화체제의 교화 대상이었다. 이들은 현장에서 노동을 하는 것 외에도 일본어 학습과 교련, 신사 참배, 정신훈화 등 협화 교육을 받았다. 특히 작업 훈화가 가장 빈번했으며, 노동자의 일본어 이해 정도에 따라 급여에 차이가 발생하기도 하였다. 또한 노동자들이 지향해야 하는 모범적인 모습을 강조하고, 노동자 중 일부를 지도적 입장에 세우는 등 다양한 방법을 이용하여 황민화가 진행되었다. 전국의 노동 현장이 곧 협화교육의 공간이었던 셈이다.

도항 초기에는 작업 실시 훈련에 중점을 둔 채로 황민화가 진행되

---

129 허광무, 2011, 앞의 책, 184쪽.
130 岩本華子, 2009, 앞의 글, 123쪽 재인용.
131 김인덕, 2021, 「협화체제와 강제동원」(미간행 초고, 2021.2.15) 참조.

었다. 현장은 조장이 담당토록 하였으며, 조선어는 조선에서 온 사람이, 일본어는 일본인 훈도 출신이 교육을 담당했던 것으로 보인다. 일반 규율, 근검 저축, 상호부조의 정신 등 생활과 관련한 정신 교육 역시 강제되었다. 일반 상식을 위해 조선 신문과 월간 잡지가 공급되거나, 순회 영화를 초빙하여 노동자들의 위안과 자질 향상을 촉진하는 구조로 황민화가 이루어졌다.

일본 당국이 적극적으로 동화를 시행하던 1940년, 중앙협화회에서는 45만 부의 회원증이 발행되어 부현 협화회, 지부를 통해 재일 한인에게 배포가 되었다. 회원증은 정회원(세대주)과 준회원(세대주에 준해 일하고 있는 사람)에게 배포되었다. 부인, 자녀, 세대주가 아닌 무직자는 대상에서 제외되었다. 회원증에는 사진과 함께 본적, 현주소, 이름 등이 기재되어, 본인 확인의 중요한 수단이 되었다. 회원증에는 기미가요, 황국신민의 서사 등도 게재되어 있었다. 각 지부에는 회원증 교부 대장이 비치되었다. 1941년 3월 국민노무수첩법이 공포되어, 협화회 회원증과 별개로 조선인에게도 노무수첩이 교부되었다. 본래 협화회 회원증은 노동자의 이동 방지와 임금통제에 사용하기 위한 것이었다. 이로 인해 재일 한인은 두 개의 수첩을 갖고 다녀야만 했다. 조선인이 협화회 회원증과 노무수첩을 갖고 있지 않을 때에는 도망을 친 강제동원 노동자로 취급되어 단속의 대상이 되었으며, 회원증을 소유하지 않은 경우는 고용될 수 없었다. 한편, 노동자가 아닌 조선인 학생, 의사, 교사, 회사원에게는 회원증 소지가 의무적으로 부과되지 않았다. 민족 내부에서도 차별이 존재했던 것이다.

3) 통제체제의 해체

　1945년 8월 15일 일본이 패전하면서 조선은 독립을 맞았고, 일본 내의 재일 한인 사회에서도 독자적인 조직 만들기가 시작되었다. 이러한 경향은 8월 15일 이후, 9월부터 전국적으로 전개되었다. 1945년 10월 15일 재일본조선인연맹(在日本朝鮮人連盟)이 결성되어 일본 전역에서 운동을 전개해 나갔다.[132] 재일 한인 단체의 결성과 활동은, 한인들이 협화체제에서 벗어나기 시작했다는 것을 의미한다. 협화체제하에서 재일 한인들은 강제적으로 신사에 참배해야 했고, 조선어를 쓸 수 없었으며, 한복을 입을 수도 없었고 결혼도 일본인의 적극 권유를 받아야 가능했다. 이러한 차별적 정책에서 재일 한인들이 해방된 것이다.[133]
　홍생회는 협화체제가 붕괴하고 일본이 패전하는 순간에도 남아 있었다.
　홍생회를 담당하고 있던 후생성 건민국, 내무성 경보국은 종전과 함께 재일 한인과 대만인의 처우에 관해 통첩을 발령했고, 1945년 9월 28일에 각 지방 장관 앞으로 해당 내용을 통지했다. "조선인 및 대만인과 내지인과의 사이에 가장 긴밀한 관계를 확보, 유지하는 것으로 도의를 중시하여 점점 상호의 신뢰를 얻어 영원히 나아가 공영화친의 의무를 다하기에 힘쓴다. 새로운 사태에 대처하고 응급조치에 만유감(万遺憾)을 기하고, 만약 양자 간에 충돌로 생긴 화근이 장래에 위태로울 것 같을 때 특별한 배려와 서로의 고민을 구한다"[134]는 것이었다.

132　김인덕, 2007, 『재일본한인연맹 전체대회 연구』, 경인문화사 참조.
133　히구치 유이치, 2012, 앞의 책, 202쪽.

인용한 부분에서 언급된 응급조치란 3항으로 나뉘어 있었다. 제1항은 '인심의 불안 동요를 제거하고, 경거망동을 방지한다'는 것이었고, 제2항은 '귀선 보호'로 재주를 희망하는 자에게 종전의 처우를 취하도록 규정했다. '귀선' 희망자에 대한 보호로써 생활비의 '특별 배려'와 '유비의 부담'에 관한 내용도 적혀 있다. 제3항에서는 흥생사업에 대해 다음과 같이 거론하고 있다.[135]

> 흥생사업은 이미 아래 방침에 의해 실시된 것이다.
> 가. 시국의 급변에 즉시 응하고 흥생사업은 인심의 안정, 귀선귀태자의 보호 알선 및 실업자 구제, 직업지도, 생활상담 이외 내지 재주자의 보호에 중점을 두는 것으로 한다.
> 나. 흥생사업 중 종전과 동시에, 불필요하거나 실시 불가능하게 된 별지 사업은 그것을 정지하고 그 이외의 계획사업은 계속 실시하게 한다.
> 다. 중앙 및 지방흥생회, 흥생위원 등 여전히 그대로 두게 한다.
> … 시국의 급변과 함께 정지해야 할 흥생사업의 개목
> 제1. 지방청에 대한 흥생사업 국고 보조 중 정지해야 할 사항
>   1. 교육시설의 실시에 관한 사항
>   (1) 흥생교육 강습회비 국고 보조
>   (2) 황민교육 시설비 국고 보조
>   2. 보건시설의 실시에 관한 사항

---

134 히구치 유이치, 2012, 위의 책, 220-221쪽.
135 히구치 유이치, 2012, 위의 책, 240-244쪽 재인용.

(1) 위생사상 보급비 국고 보조

(2) 보건지도비 국고 보조

제2. 흥생회에 실시하게 해야 하는 국고 보조 사업 중 중지해야 할 사항

1. 장정 단련

2. 병사 사상 보급

3. 흥생 근로훈련소 설치

4. 이입노무자 정착지도(지도반 파견, 근로자대표 향토파견, 가족대표 내지 초청)

5. 회원장·국어독본 등 작성 교부

6. 근로보국대 훈련

7. 복장 개선 지도

8. 지도자 수련회 및 보도원강습회 개최(단, 별도 신규사업으로 해서 시국대응협의간담회를 개최하는 것으로 한다)

인용한 내용을 통해 협화회의 연장으로 흥생회가 존재했다는 것을 알 수 있다. 그러나 조선과 대만 귀국자의 보호 알선, 시국의 급변과 함께 정지해야 할 흥생사업 항목 등을 거론한 것은 당시의 사회적 분위기를 잘 보여 준다고 할 수 있겠다. 하지만 이러한 조치는 제대로 시행되지 않았다.

통첩이 나온 직후인 1945년 10월 4일, 「정치적, 공민적 및 종교적 자유의 제한의 제거」에 관한 총사령부 각서에 의해 특고경찰이 해체되면서, 특고경찰 체제에 속해 있던 협화체제 역시 동시에 해체되었다.

일제강점기 재일 한인은 일본에서 조선촌을 형성하는 등 독자적인 생활권을 만들었다. 일본 정부는 그들을 황민화 하기 위해 협화체제를

고안하여 시행하였으나, 재일 한인들은 한인으로서의 주체성을 잃지 않았다. 물론 협화회의 영향이 아예 없었던 것은 아니다. 창씨개명의 영향력은 지대했고, 어떤 한인들은 일본인이 되는 것을 택하거나, 일본 사회 속 유력가로 성장하거나 일본인 지식인이나 자본가로 존재하는 길을 택하기도 했다. 그러나 재일 한인들은 일본 사회 속에서도 자신들의 정체성을 지키고 있었으며, 일본 패전 후에 시행한 한글 교육은 지금까지도 이어지고 있다.

1945년 일본의 패전으로 해방된 재일 한인이 일본에서 겪었던 생활은 역사 인식의 원형이 되었다. 일제강점기 조선에서 성장하고 조선의 생활습관과 언어를 간직한 채 일본에 정착한 재일 한인 1세대들은 스스로를 '조선인'이라고 인식하고 있었다. 그러한 재일 한인에게 협화회는 잊을 수 없는 증오의 대상으로 기억되고 있다.[136]

6. 일본 경찰의 통제와 한계

1) 일본 경찰 통제의 본질

일본 정부는 1910년대 초부터 재일 한인에 대해 체계적이고 일관적인 통제정책을 수립한 것은 아니었지만, 한일 합방과 함께 재일 한인의 규모가 증가할 것은 예상하고 있었다. 일본 정부는 경찰조직을 담당하던

---

136 朴慶植, 1974, 「日帝時期における「協和会」について」, 『季刊現代史』 5 참조.

일본 내무성을 중심으로 재일 한인에 관한 대응시책을 마련하여 실시했다. 대표 사례는 1910년 한국병합과 관련한 「한인 인구 직업별 인구표의 건」이나 「한인명부 조제(調製)의 건」, 「요시찰 한인 시찰 내규」 등 한인을 대상으로 하는 관리체제이다.[137]

1910년대 중반 이후 재일 한인의 수가 늘어나자 일본 정부는 도항정책과 거주 한인의 통제정책이라는 두 방향으로 큰 틀을 잡았다. 단기 유학생과 정주 노동자 구분 없이, 경찰기관을 중심으로 재일 한인의 감시와 통제가 이루어졌다. 당시 일본의 경찰은 기능에 따라 일반경찰과 보통경찰, 고등경찰과 특별고등경찰로 나누어졌다. 일반경찰과 보통경찰이 '형사, 보안, 교통, 소방, 위생 등'의 업무를 담당한다면 고등경찰과 특별고등경찰은 국가와 사회 전체의 안녕질서에 관한 사항을 담당했다. 따라서 후자의 경찰들이 주로 공산주의와 무정부주의 사상이나 독립운동을 단속하는 업무를 담당했으며, 일반경찰과 보통경찰은 관할 지역 한인의 동태를 파악하고 감시하는 업무를 담당했다.[138] 사료로 확인 가능한

---

137 일본국립공문서관 소장 자료의 하나인 『경찰청공문서』 가운데 내무성 생산 문서인 '내지재주조선인관계자료'에는 1911년 한인 관련 조사 자료(明治44年中內地ニ留朝鮮人ニ關スル件)가 포함되어 있다. 간단한 통계표인데 결재 종류에 따라 '내무대신결재서류'와 '경보국장결재서류' 등 두 가지로 구분했다. 통계표는 여러 형식으로 이루어져 있는데, 하나는 「내지재주조선인직업별조(內地在住朝鮮人職業別調)」라는 제목으로 거주 한인의 직업을 19개 항목으로 분류하고 홋카이도에서 오키나와까지 44개 도도부현별 거주 상황을 조사한 자료다. 또 다른 양식의 통계표는 「내지재주조선인청부현별호수급인원조(內地在住朝鮮人廳府縣別戶數及人員調)」라는 제목의 자료다. 호를 구성해 거주하는 한인의 거주 인원수를 파악한 자료다. (히구치 유이치, 2012, 앞의 책 참조.)

138 萩野富士夫, 2012, 『特高警察』, 岩波新書, 34쪽; 허광무, 2018, 「일제말기 경찰기록으로 본 일본지역 강제 동원 한인 노무자의 관리와 단속-'도주'노무자 수배가 갖는 역사적 의미를 중심으로」, 『한일민족문제연구』 35, 73쪽. 고등경찰과 특별고등경찰

지역의 일본 경찰의 통제의 사례를 보자.

가나가와현은 일본의 대표적인 재일 한인 운동가 김천해의 활동 지역이다. 이곳은 한인 노동운동이나 일본 사회운동단체의 활동이 활발한 지역이었다. 거주 재일 한인 규모는 1930년 9,794명, 1931년 9,483명, 1932년 10,525명, 1933년 12,976명이었다.[139] 인근 지역인 도쿄에 비하면, 20%에 불과한 인구 규모였으나 도쿄 인근 지역이라는 점과 김천해의 활동 지역이라는 측면에서 경찰이 가졌을 긴장감과 감시 강도를 짐작할 수 있다. 일본 경찰은 7종류의 양식에 호수와 인원 상황, 분포 상황, 직업 상황, 이동 상황, 범죄 상황, 집단취업장소 상황 등을 상세히 기재했다.[140] 중요한 것은 지역 한인 거주민을 취업지 관할 경찰서 단위로 집계했다는 것이다.[141]

이 남긴 대표적인 자료는 『특고월보』이다. 그에 비해 일반경찰과 보통경찰의 기록은 많이 알려지지 않았다. 그 가운데 하나는 후쿠이 유즈루(福井讓)가 발굴한 1933년과 1934년 한인 조사 관련 자료다. 이 자료는 1911년 조사표 작성 이후 20여 년이 지난 이후에도 여전히 경찰이 한인 신원조사보고서를 작성했음을 보여 준다(히구치 유이치, 2012, 위의 책 참조).

139 田村紀之, 1981, 「内務省警報局調査による朝鮮人人口(1)」, 『經濟と經濟學』 46, 78-81쪽.

140 1933년 가나가와현 거주 한인에 관한 조사 자료는 국사편찬위원회가 소장하고 있는 검찰 관계 자료(일제검찰편철문서)의 수록 자료이다. 일본의 행정기관이 조선 내 각 사법기관을 비롯한 조선총독부의 관계 부처와 경찰서에 보낸 각종 문서이다. 약 240개 항목에 달하는 통첩과 연락사항 등 문서와 치안유지법위반사건에 관한 조서, 훈시와 보고 등 다양하다. 이 문서철 가운데 「가나가와현하 재주 조선인 조사표 송부의 건(神奈川縣下在住ノ朝鮮人調査表送付ノ件)(1933년 6월 26일)」과 「선특비발 제562호-조선인 조사표(鮮特秘發第562號-朝鮮人調査表)(1933년 5월 말 현재)」는 가나가와현 거주 한인을 대상으로 한 조사보고서이다. 경찰이 작성한 후 요코하마지방재판소검사국을 통해 경성지방법원검사국으로 송달한 자료이다.

141 福井讓, 2004, 「資料紹介-朝鮮人調査表(神奈川縣, 1933年 6月 15日)」, 『在日朝鮮人史研究』 34, 167-168쪽.

돗토리현의 경우도 경찰 자료를 통해 재일 한인에 대한 상황 파악이 가능하다.[142] 일본 현지 경찰서는 거주 한인 출신지역 경찰서(조선)와 긴밀하고 빈번한 정보교환을 통해 관할 거주 한인을 관리해 왔음을 보여준다.[143] 1930년대 돗토리현 거주 조선인은 1930년 836명, 1931년 1,022명, 1932년 1,078명, 1933년 1,209명으로 소수였다.[144]

사할린과 관련해서도 경찰 자료를 통해 재일 한인의 모습을 확인하는 것이 가능하다.[145] 당시 경찰은 관할 지역을 이탈한 조선인을 대상으로 일본 본토와 남사할린, 조선 등지에 수배 요청을 내리는 등 조선인 관리에 철저했다. 정혜경의 연구에 따르면, 고승호는 오사카시 니시나리구(西成區)에 거주하면서 직공으로 일하고 있었다. 자료에서 '소재 불명 요시찰 조선인' 고승호의 기록은 1934년 1월 27일과 1935년 6월, 1935년 7월 17일 등 세 차례에 걸쳐 찾을 수 있다. 이 가운데 두 번째 기록인

---

142 1934년 돗토리현 한인 조사 자료는 이와이(岩井)경찰서가 작성한 조선인신원조회 조사문서(昭和9年 朝鮮人關係綴)이다. 지역 말단의 경찰기구에서 조선인 대상 조사 작업이 중심 업무였음을 알 수 있는 자료이다(히구치 유이치, 2012, 앞의 책 참조).

143 福井讓, 2010, 「在住朝鮮人の'身元調査'-岩井警察署'朝鮮人關係綴'をもとに」, 『在日朝鮮人史研究』 40, 129-143쪽.

144 田村紀之, 1981, 앞의 글, 78-81쪽.

145 한국 정부 산하 위원회가 2014년에 한러 정부 합의에 따라 남사할린에서 발굴한 화태청(樺太廳) 소장 경찰서 기록물에 의하면, 일반경찰과 보통경찰이 작성한 자료는 「요시찰 조선인 행동 시찰보고」 또는 「조선인 행동시찰보고」와 「조선인월보」 등 두 종류다. 모두 거주 한인 관할 경찰서가 월별로 동향을 조사해 보고한 자료다. 이 가운데 「요시찰 조선인 행동 시찰보고」 또는 「조선인 행동시찰보고」는 3개 항목(이름, 직업, 시찰개요)으로, 「조선인월보」는 5개 항목(거주지명, 전 월말 현재 전입 수, 전출 수, 월말 현재)로 구성되어 있다. 이 내용을 통해 관할 지역 한인 유출과 유입, 동향을 월 단위로 파악하고 그중에 특별히 관찰이 필요한 대상에 대해서는 주요 활동을 조사하여 관리하고 있었음을 알 수 있다(허광무, 2018, 앞의 글, 76-78쪽; 히구치 유이치, 2012, 앞의 책 참조).

1935년 6월 기록은 고승호를 발견했다는 보고 문서이고, 세 번째 기록은 색인목록의 기록이다. 경찰이 오사카시 거주 고승호를 사할린에까지 수배한 이유는, 1933년 10월 23일부터 그의 행방이 묘연했기 때문이다. 고승호는 특정 단체에서 활동 경력도 없는 직공에 불과했으나 관할 지역을 이탈했으므로 수배 공문에 이름이 올랐다. 수배 공문에는 키와 얼굴 모습의 특징, 두발 모습 등이 상세히 적혀 있다. 경찰은 고승호의 소재가 불명해진 지 3개월 만에 수배령을 내렸고, 1년 5개월 만에 소재를 확인했다.

또한 일한 사람에 대해 소재가 파악될 때까지 여러 차례 수배령을 내린 기록도 적지 않다. 그 가운데 하나의 사례인 충남 연기군 출신의 강도야지(姜刀也之, 1908년생)의 수배 기록은 2건(1934년 4월 10일, 5월 30일)이다. 강도야지는 '공산운동 요시찰' 대상이다. 그는 도쿄 후카가와구에 거주하면서 토건 노동자로 일하고 있었는데, 1932년 7월 17일 이후 소재 확인이 되지 않았다. 당국은 강도야지가 '전협(全協) 토건에 가입한 공산주의 신봉자인데, 잠행 활동 중'이라 판단했다. 경찰이 밝힌 인상 특징에 의하면 강도야지는 키가 5척 2촌(약 158센티미터)이고 비만한 체격에 얼굴이 둥글며 눈이 작고 얼굴색은 검은 편이라고 한다. 당국은 두 번에 걸친 수배령에도 강도야지의 소재를 확인하지 못했다. 강도야지와 같이 1인을 대상으로 여러 차례 수배를 내린 경우는 총 3,817명(4,040건) 중 377명(972건)으로 9.9%에 달한다.

일제는 아시아태평양전쟁 발발 이후 이러한 경찰의 통제 시스템을 더욱 강화했고, 내선경찰의 활동도 활발해졌다. 경보국 보안과 소속 이사관 내선경찰 다네무라 가즈오(種村一男)가 작성한 『(극비) 국민동원계획에 따른 이입 조선인 노동자 및 재주 조선인의 요주의 동향[(極祕)國民

動員計劃に伴ふ移入朝鮮人勞務者並在住朝鮮人の要注意動向](1944年 10月)』에서 일본 경찰의 입장을 볼 수 있다.[146]

2) 강제동원과 일본 경찰 통제

조선인 노무자의 강제동원에 의해 일본 '내지' 한인 인구가 급격히 증가했다.[147] 일본 경찰은 조선인 노무자의 필요성을 인정하면서도, 조선인의 유입이 유발할 민생 치안의 불안을 경계하였다. 총후(銃後) 치안은 물론 내선협화 내지 조선인의 황민화를 위해서도, 조선인에 대한 적절한 지도 시책과 단속을 시행할 관계기구를 정비할 필요가 발생한 것이다. 이러한 시각은 일본 경찰이 동원된 조선인 노무자를 잠재적인 범죄자로 여겼다는 것을 의미한다.[148] 일본 경찰은 동원된 조선인 노동자들이 여러 가지 경찰 사고를 빈번하게 야기한다고 판단하였으며, 노무자로 위장한 독립운동 세력이나 사회주의자 세력이 있을 것이라고 예측하기도 했다. 당시 한인 운동 세력은 홋카이도 유바리(夕張)탄갱에서 이입 한인 노무자를 선동하여 이들을 운동의 모체로 삼기에 유망하다고 생각

---

146 『種村氏內鮮警察參考資料』 제107집(국립공문서관 소장, 아시아역사자료센터에서 온라인으로 공개). 이 자료에 대한 분석은 정혜경, 「아시아태평양전쟁에 동원된 조선인 관련 통계 자료」, 『한일민족문제연구』 29, 2015를 참조. 이 자료에 의하면, 다네무라는 "조선인의 사상동향은 1931년 만주사변 후 점차 호전을 보여 이번 사변을 계기로 더욱 그런 경향이 현저해지고 있으나 (중략) 이를 두고 조선인 문제를 이미 해결되어 내선일체의 영역에 들어왔다거나 혹은 적어도 조선인이라는 이유로 특별히 경계 단속할 필요는 없다고 하는 것은 아직 조급한 판단"이라며 경계심을 늦추지 않았다.

147 허광무, 2011, 앞의 책, 82쪽.
148 허광무, 2011, 위의 책, 83쪽.

했다.[149]

경찰은 대규모의 조선인 노무자를 경계하기 위해 해마다 내선계 경찰의 증원과 작업장별 일반경찰관의 증원을 제국의회에 요청했다. 동시에 규모별로 작업장을 구분하여 경찰관 배치인력을 책정했다. 1937년도의 증원계획을 보면, 500명~1,000명의 작업장당 1명, 1,000명~1,500명의 작업장당 2명, 1,500명 이상 작업장당 3명꼴로 증원을 하여 72개 작업장에 총 98명의 증원을 책정했다. 중일전쟁이 아시아태평양전쟁으로 확대되면서 병사로 소집되는 경찰관이 증가했기 때문에, 경찰은 인력을 유지하는 것만으로 버거운 상태였다. 경찰 인력은 1936년 66,528명, 1937년 59,654명, 1938년 61,429명, 1939년 65,790명, 1940년 72,695명, 1941년 66,688명, 1942년 68,138명, 1943년 66,586명, 1944년 64,704명이었다[150] 부족한 경찰인력을 충원하기 위해 1944년 4월 13일 '순사채용규칙'에 특례를 적용, 순사채용연령을 만 20세 이상에서 만 18세 이상으로 조정하는 사태까지 벌어졌다. 선행 연구에 의하면 경부 이하 경관은 1939년 357명, 1940년 230명, 1941년 240명 등이 각각 증원되었다고 한다.[151]

앞서 살펴본 것처럼, 강제동원된 한인에 대한 일본 경찰의 대응을 주제로 삼은 연구는 거의 없다.[152] 기업과 경찰 사이에는 다음과 같은 이유로 협력관계가 성립된 것으로 보인다. 첫째, 기업의 입장에서는 전대금(轉貸金)을 투입하여 동원한 한인이 '도주'를 감행할 경우 전대금 비용을

149　허광무, 2011, 앞의 책, 84쪽.
150　허광무, 2011, 위의 책, 86쪽.
151　히구치 유이치, 2012, 앞의 책, 120쪽.
152　허광무, 2011, 위의 책, 96쪽.

회수할 수 없을 뿐만 아니라, 생산량 확보에 즉시 영향을 미치기 때문에 도주의 방지와 단속이 절실하였다는 것. 둘째, 경찰의 입장에서는 '내지'로 도항하는 한인은 민생 치안을 어지럽힐 수 있는 경계 대상인데, 위험 요소가 집단적으로 유입되는 까닭에 경계의 필요성이 더욱 높아졌다는 것. 양자의 이해가 합치된 결과 조선에서 '집단적으로' 동원된 한인이 해당 작업장으로부터 '도주'하면 기업은 단속을 위해 경찰에 신고하고, 경찰은 '불온한' 움직임을 경계하여 전국에 수배를 하게 된 것이다.

그러나 700여만 명에 육박하는 한인 노무자를 모두 관리하는 것은 불가능했기 때문에, 기업의 감시망을 뚫고 '도주'하는 한인이 집중적으로 단속된 것으로 보인다. '도주자' 색출은 생산 저해를 막고 후방 교란을 차단하기 위해 취해진 조치로 일종의 체제불응의 한인을 솎아내는 작업이었다고 할 수 있다.

경찰의 대응에 대해 강제동원된 한인 노무자들은 '도주'라고 하는 형태로 저항했다. 한인 노무자의 도주율의 경우 1941년에 최고 수치를 보이고 있다.

한편 '도주'가 있었다는 신고가 접수되면, 경찰은 즉시 전국에 '수배'

〈표 6-2〉 강제동원 한인 노무자의 '도주' 상황 (단위: 명)

연도	동원자 수	'도주'자 수	도주율
1939	19,135	429	2.2%
1940	61,984	17,053	27.5%
1941	44,974	24,549	54.6%
1942	122,429	46,809	38.2%
1943	117,943	40,550	34.4%
1944	138,852	27,426	19.8%
총계	505,317	156,816	31.0%

출처: 허광무, 2011, 『일본제국주의 구빈정책사 연구-조선인 보호·구제를 중심으로』, 선인, 88쪽.

령을 내렸다. 대개 '수배'령은 '모집조선인노무자 도주 수배의 건', '집단 이주 조선인노동자 도주 수배에 관한 건', '이주조선인노동자 도주 수배에 관한 건', '도주 노무자 수배에 관한 건' 등의 제목으로 하달되었다. 주목할 점은 당초에 이 모든 '수배'가 특별고등경찰 외사과에 의해 발령되고 있었다는 점이다.[153] '도주자'는 발견되면 즉시 '사상관계를 규명'한 다음, 사상문제가 아닌 노무자는 '훈계하여 종전 사업장으로 복귀'시켰다.

7. 소결

협화회가 정식으로 출범한 것은 1936년이다. 협화회는 식민 통치와 제국의 구조 속에서 재일 한인을 통제할 필요에 의해 설치되었다. 1924년 5월 5일, 재일 한인의 보호 구제를 목적으로 오사카부 내선협화회가 설립되었다. 지역의 지방협화회는 상부를 중심으로 하고, 협화회를 부현 기구의 하부 기관으로 설립한다는 것을 기본으로 했다. 교토부협화회, 효고현협화회가 이에 해당한다.

재일 한인의 치안대책 조직이나 전국적으로 한인의 통제망 확립을 목적으로, 후생성 생활국을 주관기관으로 하여 중앙협화회가 설립되었다. 중앙협화회는 분회, 지부, 각 부현 협화회를 통솔하는 위치에 있었다. 취지서에서는 재일 한인의 생활 개선, 단체의 기능 발휘, 철저한

---

153 허광무, 2011, 앞의 책, 90쪽.

학생 지도를 위해 중앙협화회가 조직되었다고 밝히고 있다. 중앙협화회의 임원은 일본인 중심으로 구성이 되었다.

협화사업은 재일 한인 관리정책의 일환이었다. 따라서 지역과 직장 단위에서 모든 재일 한인을 협화회로 편입시키고자 했다. 한인들의 일상을 관리하고, 일제에 필요한 형태로 통제하려 했다. 한인의 행동은 경찰의 감시 아래에 있었고, 일본 정부는 재일 한인을 황민화 하고 내선일체 정책을 펴며 통제했다. 협화회는 지도원과 보도원을 두어 한인을 통제하고자 했다. 보도원이 된 한인은 일상적인 측면에서 혜택을 받았다.

협화회체제가 확립된 이후 전국적인 규모로 재일 한인 관련의 관변단체가 재구성되었고, 재일 한인 '융화친목단체'가 재편되었다. 이와 함께 협화회는 명칭을 중앙흥생회로 바뀌었다. 재일 한인의 통제기구라는 측면에서 기능적으로 변화된 바는 없었다.

일제강점기 관청이 주도하는 방면위원제도와 그 행정 조직인 방면위원회는 일본에서 먼저 시행되었다. 협화체제 속에서 재일 한인은 사회복지의 대상으로 취급되지 않았다. 이는 방면위원회에서도 마찬가지였다.

재일 한인의 통제를 위해 일제는 경찰조직을 담당하던 일본 내무성을 중심으로 대응 시책을 마련하여 실시했다. 아시아태평양전쟁이 일어나자 일제는 경찰의 통제 시스템을 더욱 강화했고, 이에 따라 내선경찰의 활동이 활발해졌다. 강제동원과 관련하여 경찰은 '불온한' 움직임에 주목, 전국적인 수배망을 구축했다. 결과적으로 기업과 경찰의 협력을 기반으로 한 통제 체제가 구축되었다. 1945년 8월 15일 일본의 패전이 확정되자 협화회로 대표되는 재일 한인에 대한 통제체제는 해체가 되었다.

참고문헌

1. 자료

慶尙南道 警察部, 1928, 『国内出稼ぎ朝鮮人労働者状態調査』.
南滿洲鐵道株式會社, 1933, 『朝鮮人勞働者一般事情』.
内務省 警保局, 『社会運動の状況』 1925년판~1940년판.
大阪府 社會課, 1923, 「速記錄」 7月, 『大阪府方面委員事業年報』.
_____, 1924, 『大阪府方面委員事業年報』.
_____, 1934, 『大阪居, 1936住朝鮮人の生活状態』.
大阪市, 1930, 「本市における朝鮮人住宅問題」, 大阪市社會部報告 120號.
大阪市 社會部, 1924, 「朝鮮人勞働者問題」.
_____, 1927, 「バラック居住朝鮮人の労働と生活」.
_____, 1929, 「本市における朝鮮人の生活概況」.
_____, 1933, 『大阪市失業者生活状態調査』.
東京府 社會課, 1929, 「在京朝鮮人労働者の現状」.
_____, 1929, 『東京居住朝鮮人労働者の現状』.
_____, 1936, 『東京居住朝鮮人労働者の現状』.
東畑精一・大川一司, 1935, 『朝鮮米穀經濟論』, 岩波書店.
名古屋市, 1935, 『名古屋市統計書』.
名古屋市 社會部, 1929, 「名古屋市社会事業概要」.
_____, 1933, 『失業者生活状態調査概要』.
名古屋地方 職業紹介所事務局, 1928, 「朝鮮人労働者に関する調査」.
『兵庫縣社會事業』, 1937年 10月號.
『兵庫縣社會事業』, 1938年 4月號.
『兵庫縣社會事業』, 1941年 1月護.

『兵庫縣社會事業』, 1942年 12月護.

『兵庫縣社會事業』, 1942年 4月號.

『兵庫縣社會事業』, 1942年 7月號.

『兵庫縣社會事業』, 1942年 8月護.

福岡地方 職業紹介所事務局, 1929,「管內在住朝鮮人勞働事情」.

山口縣 警察部, 1927,『来往朝鮮人特別調査狀況』.

『神奈川縣社會事業』67號, 1931.

神戶市 社会課, 1927,『神戶居住半島民族の現狀』.

愛知縣 社会課, 1925,「鮮人問題」.

_____, 1927,『極貧者調査』.

朝鮮農會, 1930·1931·1932,『農家經濟調査』.

朝鮮總督府, 1918,『金融と經濟』 제6호.

_____, 1924,『朝鮮における支那人』.

_____, 1925,『朝鮮の小作習慣』.

_____, 1930,「農村窮民の事情と農村救済対策案參考資料」.

_____, 1938,『時局對策調査會諮問案參考書』(勞務調整に関する件).

朝鮮土木建築協會, 1929,『朝鮮工事用各種勞動者實狀調』.

『現代史資料』 11, みすず書房, 1965.

『協和事業彙報』, 1939年 9月號.

『국민보』,『동아일보』,『매일신보』,『삼천리』,『시대일보』,『조선일보』,『新愛知』.

2. 단행본

강덕상 외, 2013,『관동대지진과 조선인 학살』, 동북아역사재단.

강덕상 지음, 김동수·박수철 옮김, 2005,『학살의 기억, 관동대지진』, 역사비평사.

김광열, 2010,『한인의 일본이주사 연구-1910~1940년대』, 논형.

김규환, 1979,『일제의 대한언론선전정책』, 이우출판사.

김인덕, 2002,『강제연행사연구』, 경인문화사.

_____, 2007,『재일본조선인연맹 전체대회 연구』, 경인문화사.

도노무라 마사루 지음, 신유원·김인덕 옮김, 2010, 『재일조선인 사회의 역사학적 연구』, 논형.
변은진, 2018, 『일제말 항일비밀결사운동 연구 독립과 해방』, 선인.
수요역사연구회 편, 2002, 『식민지 조선과 매일신보, 1910년대』, 신서원.
야마다 쇼지 지음, 이진희 옮김, 2008, 『관동대지진 조선인 학살에 대한 일본 국가와 민중의 책임』, 논형.
와타 후미코 지음, 안해룡·김해경 옮김, 2016, 『몇 번을 지더라도 나는 녹슬지 않아』, 바다출판사.
임종국, 1982, 『일제침략(日帝侵略)과 친일파(親日派)』, 청사.
정혜경, 2021, 『항일과 친일의 재일코리안운동』, 선인.
최영호, 1995, 『재일한국인과 조국광복』, 글모인.
한일민족문제학회 강제연행연구분과, 2005, 『강제연행, 강제동원 연구 길라잡이』, 선인.
허광무, 2011, 『일본제국주의 구빈정책사 연구-조선인 보호·구제를 중심으로』, 선인.
히구치 유이치 지음, 정혜경·동선희·김인덕 옮김, 2012, 『일제하 재일조선인 통제조직 협화회』, 선인.

加藤康男, 2014, 『關東大震災「朝鮮人虐殺」はなかった!』, WAC.
加藤直樹, 2014, 『九月, 東京の路上で-1923年關東大震災 ジェノサイドの殘響』, ころから.
姜德相, 1975, 『関東大震災』(中公新書), 中央公論社.
_____, 2003, 『關東大震災·虐殺の記憶』, 靑丘文化社.
姜德相·琴秉洞 編, 1963, 『現代史資料6: 關東大震災と朝鮮人』, みすず書房.
姜在彦, 1957, 『在日朝鮮人渡航史』, 朝鮮研究所.
姜在彦·金東勳, 1992, 『在日韓國·朝鮮人歷史と展望』, 勞働經濟社.
京都府社會事業協會, 1937, 『社會時報』, 1937年 4月號.
_____, 1938, 『社會時報』, 1938年 4月號.
高橋信雄ほか 編, 1961, 『悲しみと怒りと悔やみを明日乃ために-殉難朝鮮人の靈に捧ぐ 大正12年朝鮮人虐殺事件調査記錄』, 日朝協會群馬縣連合會.
高承濟, 1973, 『韓国移民史研究』, 章文閣.
工藤美代子, 2009, 『關東大震災「朝鮮人虐殺」の眞實』, 産經新聞出版.

關東大震災50周年朝鮮人犧牲者調査·追悼事業實行委員會, 1974·1987,『かくされていた歷史-關東大震災と埼玉の朝鮮人虐殺事件』, 關東大震災60周年朝鮮人犧.牲者追悼事業實行委員會により增補保存版を發行.

關東大震災50周年朝鮮人犧牲者追悼行事實行委員會·調査委員會 編, 1975,『關東大震災と朝鮮人虐殺-歷史の眞實』, 現代史出版會.

關東大震災70周年記念行事實行委員會 編, 1994,『この歷史永遠に忘れず-關東大震災70周年記念集會の記錄』, 日本經濟評論社.

關東大震災80周年記念行事實行委員會 編, 2004,『世界史としての關東大震災: アジア·國家·民衆』, 日本經濟評論社.

關東大震災時に虐殺された朝鮮人の遺骨を發掘し追悼する會 編, 1992,『風よ鳳仙花の歌をはこべ-關東大震災·朝鮮人虐殺から70年』, 敎育史料出版會.

金斗鎔, 1947,『日本における反朝鮮民族運動史』, 鄕土書房.

今井淸一·仁木ふみ子 編, 2008,『關東大震災下の中國人虐殺事件-史料集』, 明石書店.

金鍾在述, 玉城素編, 1978,『渡日韓國人一代』, 図書出版社.

金秉稷, 1947,『關東大震災白色テロルの眞相』, 朝鮮民主文化團體總連盟.

金相賢, 1969,『在日韓國人』, 檀谷學術硏究院.

金英達編, 1996,『數字が語る在日韓國·朝鮮人の歷史』, 明石書店.

大友昌子, 2007,『帝國日本の植民地社会事業政策硏究-台湾·朝鮮-』, ミネルヴァ書房.

大原社会問題硏究所, 1926,『日本勞働年鑑』.

李光奎, 1983,『在日韓國人』, 一潮閣.

笠原十九司, 2007,『南京事件論爭史-日本人は史實をどう認識してきたか』, 平凡社新書.

武村雅之, 2003,『關東大震災: 大東京圈の搖れを知る』, 鹿島出版會.

朴慶植, 1973,『日本帝國主義の朝鮮支配』上, 靑木書店.

_____, 1979,『在日朝鮮人運動史-8·15解放前』, 三一書房.

朴慶植 편, 1976,『在日朝鮮人關係資料集成』, 제1~5권, 三一書房.

朴在一, 1957,『在日朝鮮人に関する総合調査硏究』, 新紀元社.

法務硏修所, 1989,『在日朝鮮人處遇の推移と現狀』(復刻板), 龍溪書舍.

福田德三, 1930,『厚生經濟硏究』, 상권, 刀江書院.

北原絲子, 2011,『關東大震災の社會史』, 朝日選書.

司法省 刑事局, 1935.1, 『思想月報』 제7호.

山本有造 編, 1993, 『滿洲國の研究』, 京都大學 人文科學研究所.

山田昭次, 2003, 『關東大震災時の朝鮮人虐殺-その國家責任と民衆責任』, 創史社.

_____, 2004, 『朝鮮人虐殺關聯新聞報道史料』 全5卷, 綠蔭書房.

_____, 2011, 『關東大震災時の朝鮮人虐殺とその後-虐殺の國家責任と民衆責任』, 創史社.

_____, 2014, 『關東大震災時の朝鮮人迫害-全國各地での流言と朝鮮人虐待』, 創史社.

_____, 2014, 『關東大震災朝鮮人虐殺裁判資料1 (埼玉縣關係)』, 綠蔭書房.

_____, 2014, 『關東大震災朝鮮人虐殺裁判資料2 (群馬縣關係)』, 綠蔭書房.

山脇啓造, 1993, 『近代日本の外國人勞働者問題』, 明治學院國際平和研究所.

杉原薰・玉井金五 編, 1986, 『大正・大阪・スラム』, 新評論.

森田芳夫, 1954, 『在日朝鮮人の處遇の現狀』.

西崎雅夫, 2011, 『關東大震災時 朝鮮人虐殺事件 東京下町フィールドワーク資料』, 私家版.

_____, 2012, 『關東大震災時 朝鮮人虐殺事件 東京フィールドワーク資料(下町以外編)』, 私家版.

_____, 2012, 『關東大震災時・朝鮮人關連「流言蜚語」・東京證言集』, 私家版.

西成田豊, 1997, 『在日朝鮮人の「世界」と「帝國」日本』, 東京大學出版會.

石井寬治, 1991, 『日本經濟史』 第2版, 東京大學出版會.

成田龍一, 2003, 『近代都市空間の文化經驗』, 岩波書店.

水野直樹編, 1998, 『戰前期植民地統治資料』 第1卷, 柏書房.

愼英弘, 1984, 『近代朝鮮社會事業史研究-京城における方面委員制度の歷史的展開-』, 綠蔭書房.

實行委員會 在日韓人歷史資料館 編, 2010, 『在日韓人歷史資料館 第7回企畫展「關東大震災時の朝鮮人虐殺と國家・民衆」資料と解說』.

辻野彌生, 2013, 『福田村事件-關東大震災知られざる悲劇』, 崙書房出版.

外村大, 2004, 『在日朝鮮人社會の歷史學的研究-形成・構造・變容-』, 綠陰書房.

尹晟郁, 1996, 『植民地朝鮮における社會事業政策研究』, 大阪經濟法科大學出版部.

仁木ふみ子, 1993, 『震災下の中國人虐殺-中國人勞働者と王希天はなぜ殺されたか』, 青木書店.

日朝協會朝鮮人犧牲者問題特別委員會, 1963, 『本庄・船橋調査報告』, 日朝協會朝鮮人犧

牲者問題特別委員會.

日朝協會豊島支部 編, 1973, 『民族の棘-關東大震災と朝鮮人虐殺の記錄』, 日朝協會豊島支部.

猪上輝雄, 1995, 『關東大震災(1923年)藤岡での朝鮮人虐殺事件』, 私家版.

荻上チキ, 2011, 『檢證 東日本大震災の流言・デマ』, 光文社新書.

荻野富士夫, 1984, 『特高警察体制史』, せきた書房.

田原洋, 1982, 『關東大震災と王希天事件: もうひとつの虐殺秘史』, 三一書房.

田中正敬・專修大學關東大震災史研究會編, 2012, 『地域に學ふ關東大震災-千葉縣における朝鮮人虐殺 その解明・追悼はいかになされたか』, 日本經濟評論社.

朝鮮大學校, 1963, 『關東大震災における朝鮮人虐殺の眞相と實態 朝鮮に関する研究資料』 第9集.

川島眞, 2004, 『中國近代外交の形成』, 名古屋大學出版會.

千葉福田村事件眞相調査會, 2002, 『福田村事件の眞相』 第2集.

_____, 2003, 『福田村事件の眞相』 第3集.

千葉縣における關東大震災と朝鮮人犧牲者追悼・調査實行委員會, 1983, 『いわれなく殺された人びと-關東大震災と朝鮮人』, 靑木書店.

_____, 2009, 『關東大震災85周年 資料集: 增補・改訂版』, 千葉縣における關東大震災と朝鮮人犧牲者追悼・調査實行委員會.

千葉縣福田村事件眞相調査會編 發行, 2001, 『福田村事件の眞相』 第1集.

清宮四郞, 1994, 『外地法序説』, 有斐閣.

樋口雄一, 1986, 『協和会』, 社会評論社.

河明生, 1997, 『韓人日本移民社會經濟史-戰前編-』, 明石書店.

玄圭煥, 1976, 『韓国流移民史』, 語文閣.

3. 논문

깅덕샹, 1998, 「1923년 괸동대지진(關東大地震) 대학살 긴샹」, 『역사비평』 45.

_____, 1999, 「관동대지진 조선인 학살을 보는 새로운 시각-일본측의 '3대 테러사건' 사관의 오류-」, 『역사비평』 47.

강효숙, 2013, 「관동대진재 당시 피학살 조선인과 가해자에 대한 일고찰」, 『관동대지진과 조선인 학살』, 동북아역사재단.

김광열, 1999, 「1920~30년대 조선에서 실시된 일본의 '궁민구제' 토목사업」, 『근현대 한일관계와 재일동포』, 서울대학교출판부.

_____, 2016.12, 「관동대지진 이후 일본의 제도(帝都)부흥사업과 한인 노동자」, 『한일민족문제연구』 제31호.

김민영, 1993, 「일제하 조선인 '강제연행' 문제의 연구쟁점과 전망(1)-전후처리·보상문제를 중심으로-」, 『춘계박광순박사화갑기념논문집』.

김인덕, 1993.9, 「재일운동사 속의 1923년 조선인 학살」, 『순국』 32.

_____, 1996, 「일본에서의 강제연행에 대한 시기별 연구 동향」, 『해외 희생자 유해현황 조사사업 보고서』, 한국정신문화연구원.

_____, 2002, 「상애회연구」, 『한국민족운동사연구』 33.

_____, 2013, 「한국 역사교육 속의 재일조선인과 관동대지진 조선인 학살사건」, 『관동대지진과 조선인 학살』, 동북아역사재단.

_____, 2014, 「재일코리안의 민속·생활의 변용: 高權三과 『大阪と半島人』을 통한 猪飼野의 일상-」, 청암대학교 재일코리안연구소, 『재일코리안의 생활 문화와 변용』, 선인.

_____, 2016, 「1930년대 중반 오사카 재일조선인의 삶과 상호부조-『민중시보』의 기사를 중심으로-」, 하용삼 외, 『자율과 연대의 로컬리티』, 소명출판사.

김종수, 2013, 「간토대지진 조선인 학살사건을 규명하는 한국에서의 시민운동」, 『관동대지진과 조선인 학살』, 동북아역사재단.

김지연, 2011, 「다케히사 유메지와 관동대지진 그리고 조선-회화와 사상성」, 『아시아문화연구』 21집.

김진두, 1995, 「1910년대 매일신보의 성격에 관한 연구」, 중앙대학교 대학원 박사학위논문.

김흥식, 2009, 「관동대지진과 한국문학」, 『한국현대문학연구』 29호.

노주은, 2007, 「관동대지진과 일본의 재일조선인 정책: 일본 정부와 조선총독부의 '진재처리' 과정을 중심으로」, 연세대학교 대학원 석사학위논문.

_____, 2007, 「關東大地震과 朝鮮總督府의 在日朝鮮人 政策-總督府의 '震災處理'過程을 中心으로」, 『韓日民族問題研究』 12.

_____, 2013, 「동아시아 근대사의 '공백'-관동대지진 시기 조선인 학살 연구」, 『역사비평』 104.

다나카 마사타카, 2013, 「전후 일본의 역사교육과 관동대지진 조선인 학살사건」, 『관동대지진과 조선인 학살』, 동북아역사재단.

도미야마 이치로(富山一郎), 2012, 「계엄령에 대하여-관동대지진을 상기한다는 것」, 『일본비평』 7호.

모리카와 후미토, 2013, 「1923~2013년 관동대지진 90년, 우리들은 국가민족을 극복했는가?」, 『관동대지진과 조선인 학살』, 동북아역사재단.

박경하, 2009, 「1930년대 한 조선청년의 구직 및 일상생활에 대한 일고찰-'晉判鈺日記'(1918~1947)를 중심으로」, 『역사민속학』 31호.

서종진, 2013, 「일본 교과서의 관동대지진과 학살사건 기술 내용 분석」, 『관동대지진과 조선인 학살』, 동북아역사재단.

성주현, 2014, 「1923년 관동대지진과 국내의 구제활동」, 『한국민족운동사연구』 81.

_____, 2015, 「식민지 조선에서 관동대지진의 기억과 전승」, 『동북아역사논총』 48.

성해준, 2007, 「日帝期 한국 신문을 통해 본 大杉榮」, 『일본문화연구』 24집.

신규섭, 2004, 「'만주국'의 협화회와 재만 조선인」, 『만주연구』 1.

申載洪, 1984, 「관동대지진과 한국인 대학살」, 『史學硏究』 38호.

야마다 쇼지, 2013, 「일본 민중은 관동대지진 당시 조선학살사건의 역사적 의미를 어떻게 받아들이고, 오늘날 일본의 정치적사상적 상황에 어떻게 대처할 것인가」, 『관동대지진과 조선인 학살』, 동북아역사재단.

윤휘탁, 2000, 「'만주국'의 '민족협화'운동과 조선인」, 『한국민족운동사연구』 26.

이연, 1992, 「관동대지진과 언론통제-조선인 학살사건과 보도통제를 중심으로」, 『언론학보』 27.

이지형, 2004, 「마사무네 하쿠초(正宗白鳥) '살인을 저질렀지만'(人を殺したが)의 풍경-살인의 추억 그리고 관동대지진」, 『일본문화연구』 10집.

_____, 2005, 「관동대지진과 시마자키 도손(島崎藤村)-'아들에게 보내는 편지'(子に送る手紙)를 중심으로」, 『일본문화연구』 13집.

이진희, 2008, 「관동대지진을 추도함: 일본제국의 '불령선인'과 추도의 정치학」, 『아세아연구』 131호.

이형식, 2010, 「중간내각 시대(1922.6-1924.7)의 조선총독부」, 『東洋史學硏究』 113집.
임성모, 1998, 「만주국 협화회의 총력전 체제 구상 연구」, 연세대학교 대학원 박사학위 논문.
장세윤, 2013.8, 「관동대지진 때 한인 학살에 대한 『독립신문』의 보도와 그 영향」, 『사림』 46.
_____, 2013, 「관동대지진시 한인 학살에 대한 [독립신문]의 보도와 최근 연구동향」, 『관동대지진과 조선인 학살』, 동북아역사재단.
田中隆一, 2002, 「'만주국' 협화회의 '재만 조선인'정책과 징병제」, 『일본문학연구』 제33호, 帝塚山學院大學.
정혜경, 2006, 「조선인 강제연행, 강제동원 연구, 미래를 위한 제언」, 『조선인 강제연행 강제노동I 일본편』, 선인.
조경숙, 2008, 「아쿠타카와 류노스케와 관동대지진」, 『한국일본학연합회 제6회 학술대회 발표문집』.
허광무, 2006, 「전후 일본공적부조체제의 재편과 재일조선인: 「'생활보호법'-민생위원」체제의 성립을 중심으로」, 『패전 전후 일본의 마이너리티와 냉전』, 제이앤씨.
_____, 2018, 「일제말기 경찰기록으로 본 일본지역 강제동원 조선인노무자의 관리와 단속-'도주'노무자 수배가 갖는 역사적 의미를 중심으로」, 『한일민족문제연구』 35.
홍선표, 2014, 「관동대지진 때 한인 학살에 대한 歐美 한인세력의 대응」, 『동북아역사논총』 43.
황호덕, 2012, 「재난과 이웃, 관동대지진에서 후쿠시마까지-식민지와 수용소, 김동환의 서사시 '국경의 밤'과 '승천하는 청춘'을 단서로」, 『일본비평』 7호.
히구치 유이치, 2009, 「재일조선인의 융화문제와 융화단체」, 『한일공동심포지엄 '식민지기 재일조선인사회의 형성과 단체활동의 전개'자료집』, 2009년 6월 5일.

「6大都市における失業救済事業」, 『社会政策時報』 제108호, 1930.
M. リングホーファー, 1981.12, 「相愛會-朝鮮人同化團體の步-」, 『在日朝鮮人史硏究』 9.
加瀬和俊, 1991, 「戰前日本における失業救済事業の展開過程」, 東京大學社會科學研究所, 『社会科学研究』 43권 3호.
姜德相, 1994, 「三大テロ史觀について」, 關東大震災70周年記念行事實行委員會編, 『この歷

史永遠に忘れず-關東大震災70周年記念集會の記錄』, 日本經濟評論社.

岡本真希子, 1997.9, 「アジア・太平洋戰爭末期の在日朝鮮人政策」, 『在日朝鮮人史研究』第27号.

高野宏康, 2010, 「「震災の記憶」の變遷と展示-復興記念館および東京都慰靈堂收藏・關東大震災關係資料を中心に」, 『年報 非文字資料研究』6.

_____, 2014, 「關東大震災の公的な記念施設と復興期の社會意識」, 『關東大震災記憶の繼承-歷史・地域・運動から現在を問う』, 日本經濟評論社.

久住榮一, 1930.7, 「名古屋市の失業救濟事業」, 『社会政策時報』.

国策研究会, 1938, 「内地在住半島人問題と協和事業」, 『研究資料』第8号.

堀内稔, 1995.9, 「兵庫縣朝鮮人融和団体の系譜」, 『在日朝鮮人史研究』第25号.

堀和生, 1986, 「日本帝國主義の植民地支配史試論-朝鮮に於ける本源的蓄積の一側面-」, 『日本史研究』第281号.

宮嶋博史, 1993, 「朝鮮における植民地地主制の展開」, 『近代日本と植民地』3, 岩波書店.

今井清一, 1976, 「大島町事件・王希天事件と日本政府の對應」, 『論集 現代史』, 筑摩書房.

金廣烈, 2004, 「韓國における在日朝鮮人と朝鮮人虐殺事件の研究狀況」, 『世界史としての關東大震災: アジア・國家・民衆』, 日本經濟評論社.

藤野裕子, 2012, 「關東大震災時の朝鮮人虐殺と向きあう」, 『震災・核災害の時代と歷史學』, 青木書店.

李明花, 2014, 「關東大震災と韓國獨立運動」, 『コリア研究』5.

武島一義, 1940, 「協和事業指導精神」, 『協和事業』, 1940年 5月號.

武田行雄, 1940, 「協和讀本第二回」, 『協和事業』, 1940年 5月號.

米倉勉, 2014, 「2003年「日弁連勸告」の意義と現狀-差別的・排外的傾向が強まる中で」, 『關東大震災 記憶の繼承-歷史・地域・運動から現在を問う』, 日本經濟評論社.

朴慶植, 1974.12, 「日帝時期における「協和会」について」, 『季刊現代史』.

_____, 1991.8, 「朝鮮人強制連行についての調査研究」, 『アジア問題研究所報』6.

_____, 1993, 「朝鮮人強制連行」, 梁泰昊 編, 『朝鮮人強制連行論文集成』, 明石書店.

朴尙僖, 1927, 「東京朝鮮人諸団休歷訪記」, 『朝鮮思想通信』, 1927年 11月 24-26日.

裵姶美, 2010, 「1922年, 中津川朝鮮人勞働者虐殺事件」, 『在日朝鮮人史研究』40.

_____, 2014, 「關東大震災時の朝鮮人留學生の動向」, 『關東大震災 記憶の繼承-歷史・地

域・運動から現在を問う』, 日本經濟評論社.

北原絲子, 2012, 「關東大震災の被災者の動向」, 『日本史研究』 598.

_____, 2012, 「理系災害學と文系災害史研究」, 『人民の歷史學』 192.

_____, 2014, 「關東大震災における下賜金について」, 『關東大震災 記憶の繼承歷史・地域・運動から現在を問う』, 日本經濟評論社.

砂上昌一, 2009.10, 「戰前・戰時下における石川県の在日朝鮮人の諸相-人口移動・内鮮融和団体・朝鮮飴売り」, 『在日朝鮮人史研究』 第39号.

_____, 2010.10, 「戰前・戰時期における福井県の在日朝鮮人の諸相-人絹織物・失業者・労働爭議・内鮮融和団体」, 『在日朝鮮人史研究』 第40号.

山本すみ子, 2014, 「橫浜における關東大震災時朝鮮人虐殺」, 『大原社會問題研究所雜誌』 668.

山田昭次, 1993, 「朝鮮人強制連行研究史覚書」, 梁泰昊 編, 『朝鮮人強制連行論文集成』, 明石書店.

_____, 1994, 「朝鮮人強制連行研究をめぐる若干の問題」, 『日本植民地研究』 6.

三ツ井崇, 2008, 「日中戰爭期以降の福井県における朝鮮人融和・統合団体の教育・教化事業-『福井新聞』記事の分析を中心に-」, 「日韓相互認識」研究会編, 『日韓相互認識』 第1号.

西崎雅夫, 2014, 「八廣に追悼碑ができるまで-東京の朝鮮人虐殺の實態」, 『關東大震災 記憶の繼承-歷史・地域・運動から現在を問う』, 日本經濟評論社.

石井雍大, 1994, 「千葉縣福田・田中村事件研究の歩み」, 『この歷史永遠に忘れず-關東大震災70周年記念集會の記錄』, 日本經濟評論社.

成田龍一, 1996, 「關東大震災のメタヒストリ-のために-報道・哀話・美談」, 『思想』 866.

小笠原强, 2014, 「千葉縣での朝鮮人虐殺の解明と記憶の繼承について-『地域に學ぶ關東大震災』刊行を通して」, 『關東大震災 記憶の繼承-歷史・地域・運動から現在を問う』, 日本經濟評論社.

小松裕, 1996, 「1920年代の熊本と朝鮮人-内鮮親和会を中心に-」, 熊本近代史研究会, 『大正デモクラシー期の体制変動と対抗』, 熊本出版文化会館.

小薗崇明, 2012, 「關東大震災下に虐殺されたろう者-近代日本における音聲言語のポリティクス」, 『東京社會福祉史研究』 6.

_____, 2014,「關東大震災下に「誤殺」されたろう者について」,『關東大震災 記憶の繼承-歷史·地域·運動から現在を問う』, 日本經濟評論社.

_____, 2014,「吳充功監督と朝鮮人虐殺ドキュメンタリー映畫」,『關東大震災 記憶の繼承-歷史·地域·運動から現在を問う』, 日本經濟評論社.

松尾尊兌, 1964,「關東大震災下の朝鮮人暴動流言に關する二·三の問題」,『朝鮮研究』33, 日本朝鮮研究所.

松村高夫, 1967.3,「日本帝國主義下における植民地勞働者-在日朝鮮人·中國人勞働者を中心に-」,『經濟學年報』제10호.

水野直樹, 1992.9,「朝鮮總督府の内地渡航管理政策-1910年代の労働者募集取締-」,『在日朝鮮人史研究』第22号.

_____, 1999,「朝鮮人の国外移住と日本帝国」,『世界歷史』19, 岩波書店.

新井勝紘, 1997,「少年が見た朝鮮人追跡-「描かれた朝鮮人虐殺」序論」,『歷史科學と敎育』16號.

_____, 2002,「「描かれた朝鮮人虐殺」論-1枚のスケッチからみえるもの」,『隣人』16號.

岩本華子, 2009,「大正期における大阪府方面委員の醫療問題への對應:援助關係および處遇理念に着目して」,『社會問題研究』58.

永岡正巳, 1999,「植民地社会事業史研究の意義と課題」, 近代資料刊行会編,『植民地社会事業関係資料集: 朝鮮編別冊-解説』, 近現代資料刊行会.

京都府社會事業協会, 1937,「鈴木敬一知事挨拶 京都府協和会設立に際して」,『社會時報』1937年 1月号.

吳充功, 2014,「映畫完成から30年-曺仁承あばぢと共に」,『關東大震災 記憶の繼承-歷史·地域·運動から現在を問う』, 日本經濟評論社.

外村大, 1991.3,「1930年代中期の在日朝鮮人運動-『民衆時報』·京阪神地域を中心として-」,『朝鮮史研究会論文集』第28集.

遠藤興, 1989~1994,「植民地支配期の朝鮮社会事業」(1)~(5),『明治学院論叢(社会学·社会福祉学研究)』82, 89, 93, 94, 95.

尹素英, 2014,「關東大震災の朝鮮人虐殺に對する認識と對應-秋田雨雀とクロポトキーストを中心に」,『コリア研究』5.

田中正敬, 2003,「関東大震災はいかに伝えられたか」,『歷史地理敎育』657.

_____, 2005, 「關東大震災と朝鮮人の反應-その意識を考察する手がかりとして」, 『人文科學年報〈專修大學人文科學研究所〉』 35.

_____, 2009, 「千葉縣における關東大震災と朝鮮人犧牲者追悼・調査實行委員會の活動-『いわれなく殺された人びと-關東大震災と朝鮮人』刊行まで」, 『專修史學』 46.

_____, 2010, 「關東大震災と習志野・船橋-朝鮮人虐殺事件の解明・追悼はいかになされたか(4) 船橋における關東大震災朝鮮人虐殺と在日朝鮮人による追悼運動について-船橋における追悼碑建立と追悼式についての聞き取り」, 『專修史學』 48.

_____, 2011, 「關東大震災時の朝鮮人虐殺とその犧牲者をめぐって」, 『移動と定住の文化誌-人はなぜ移動するのか』, 彩流社.

_____, 2014, 「關東大震災と千葉における朝鮮人虐殺の推移」, 『コリア研究』 5.

田村紀之, 1981~1982, 「內務省警保局調査による朝鮮人人口」 I~V, 東京都立大學經濟學部, 『經濟と經濟學』 46호~50호, 1981년 2월~1982년 7월 수록.

鄭榮桓, 2011, 「在日朝鮮人の形成と「關東大虐殺」」, 『植民地朝鮮-その現實と解放への道』, 東京堂出版.

_____, 2014, 「解放直後の在日朝鮮人運動と「關東大虐殺」問題-震災追悼行事の檢討を中心に」, 『關東大震災 記憶の繼承-歷史・地域・運動から現在を問う』, 日本經濟評論社.

齊藤秀夫, 1958, 「關東大震災と朝鮮人さわぎ-35周年によせて」, 『歷史評論』 99.

齊藤豊治, 2002, 「阪神大震災と犯罪問題」, 『刑法雜誌』 42-1.

朝鮮總督府 財務局, 1944, 「第86回帝國議會說明資料」, 友邦協會 『太平洋戰爭下の朝鮮(5)』.

曹寧柱, 1942.3, 「京都に於ける內鮮協和運動の手記」, 『東亜連盟』.

佐々木信彰, 1996, 「1920年代における在阪朝鮮人の勞動・生活過程-東成・集住地區を中心に-」, 『大正・大阪・スラム』 증보판, 新評論社.

川島眞, 1999, 「關東大震災と中國外交-北京政府外交部の對應を中心に」, 『現代中國研究』 4.

淺田朋子, 1997.9, 「京都府協和会小史」, 『在日朝鮮人史研究』 第27号.

_____, 2001.10, 「京都向上館について」, 『在日朝鮮人史研究』 第31号.

塚崎昌之, 2007.10, 「1920年代大阪における內鮮融和時代の開始と內容の再檢討-朝鮮人'救濟'と內鮮協和会・方面委員」, 『在日朝鮮人史研究』 第37号.

_____, 2008, 「1934年, 「協和時代」の開始と朝鮮人」, 『在日朝鮮人史研究』 第38号.

_____, 2010, 「アジア太平洋戰爭下の大阪府協和会・協和協力会・興生会の活動と朝鮮

人-戦時動員体制への親日派朝鮮人の対応を中心として-」, 『東アジア研究』 第54号.

_____, 2012.10, 「1920~1945年, 大阪東成地域における朝鮮人の生活と鶴橋署」, 『在日朝鮮人史研究』 第42号.

_____, 2014.10, 「1930年代以降の在阪朝鮮人教育-内鮮「融和」教育から「皇臣化」教育へ-」, 『在日朝鮮人史研究』 第44号.

樋口雄一, 1975.7, 「協和会前史」, 『海峡』 2.

_____, 1978.3, 「大阪における矯風会活動-在日朝鮮人抑圧組織の原形」, 『海峡』 7.

_____, 1981.5, 「戦時下の在日朝鮮人統制」, 『海峡』 10.

_____, 2009.7, 「協和会から興生会体制への転換と敗戦後への移行」, 『海峡』 23.

坂本悠一, 1998.11, 「福岡県における朝鮮人移民社会-戦間期の北九州工業地帯を中心として-」, 『青丘学術論集』 第13集.

布引敏雄, 2000, 「昭和館と山口県協和事業」, 『隣保事業の思想と実践-姫井伊助と労働者』, 解放出版社.

許光茂, 2000.10, 「戦前日本における朝鮮人対策の転換と朝鮮人保護救済の形骸化-協和事業における朝鮮人保護救済問題を中心に-」, 『在日朝鮮人史研究』 第30号.

洪善杓, 2014, 「關東大震災に對する歐米在住韓人의 對應」, 『코리아硏究』 5.

橫田豊, 1989, 「關東大震災に對する中國의 對應」, 『史潮』 新26.

_____, 1993, 「大島町事件再考-關東大震災下の中國人・朝鮮人虐殺事件의 眞因을めざして」, 『青山史學』 16.

4. 기타

부산역사문화대전(http://busan.grandculture.net).

허광무 박사 인터뷰(2020.9.7, 오전 10:00).

찾아보기

ㄱ

각종 인부 124~126, 132

간도 14, 66, 232

간토대지진 245

간토 지방 70, 139

강재언 17

경제사 17

계엄령 24, 69, 187, 188, 192, 205, 219, 222, 231, 232, 236

고려환 86

고토 후미오 69, 186, 187, 192

공동숙박소 143, 151, 254, 259, 262

공업 34, 36, 122, 126, 130~133, 136, 137, 139, 161, 162

관동대지진 17, 22~30, 45, 69, 70, 72, 73, 126, 150~152, 184~189, 191, 193, 195, 197, 199, 200, 202~204, 206~221, 223~231, 233~235, 237, 240~249, 252, 255, 257, 258, 260, 261, 281, 294, 328

광업 131, 132, 136, 137, 161, 162

교토부협화회 269~272, 343

교풍회 265, 267, 273, 275~277, 291

구 식민지 출신 16

구인 48, 49, 133, 154

구직 43, 46~50, 61, 66, 73, 75, 83, 86, 90, 92, 123, 142, 143, 146~148, 167~169, 179, 180, 181, 262

구직 가능성 46

국세조사 21

국적 14~16

군수사업장 115

궁민구제 토목사업 49

귀국자 수 22

귀환자 32~34, 37, 82, 84, 86, 87, 175~180

극빈자 157, 161~163, 169, 174, 175

기획원 105, 107, 108

김광열 18

김태엽 200, 201

ㄴ

내무성 경보국 19, 21, 22, 32, 67, 68, 70, 73, 80, 82, 83, 88, 89, 92, 93, 102, 103, 106, 110, 116~118, 132, 146, 161, 168, 276, 286, 287, 312,

313, 332, 339
내무성 사회국 74, 92, 150, 155, 172, 267
내선협화회 151, 257~259, 261~263, 269, 328, 343
노동수첩 제도 167, 168, 171
노동자 숙박소 149, 150
노무동원계획 103, 104, 137, 288

ㄷ

다무라 노리유키 21
대공황 36, 85, 86, 117, 164, 176
대학살 17, 22, 26, 28, 30, 70, 150, 191, 192, 195, 245
더부살이 149, 156, 181
덕수환 86
도노무라 마사루 18, 322, 323
도일자 수 22, 34, 35, 37, 73, 75, 86, 98, 104, 117, 176
도일 저지 75, 78, 79, 91, 92
도일 제한 69~72, 79, 100, 101
도주 115, 291, 323, 341~343
도쿄지방이재조선인구제회 204, 205
동(東)일본 124

ㅁ

마루야마 쓰루키치 285
만연 도항 107

모리타 요시오 32, 33
무업자 120, 122~124, 126, 127, 132~134, 136~140
미곡 공급기지 38
미즈노 렌타로 69, 186, 187, 192
민간 자경단 70, 191

ㅂ

박경식 17
박열 200~202
박재일 21
박춘금 207, 208, 253, 256
밥집 143, 146~149, 157, 181, 300
방면위원회 29, 324~326, 328, 344
부정 도항 112, 115, 116
비숙련직 54, 129
비정규 도일 112
비정착 귀환자 175

ㅅ

산미증식계획 14
상애회 26, 150, 151, 154, 200, 207, 208, 253, 255, 256, 268, 309
상업 44, 53, 61, 121, 125, 127~131, 133, 134, 136, 137, 139, 140, 161, 162, 177
생활비 155~159, 162, 174, 179, 182, 333

세대주 종속자 134, 135, 138, 140
셋방 143, 152, 181
셋집 152, 157, 181
소학교 아동 129, 130, 134, 135, 138, 140
시국산업 105
시모노세키항 82, 129, 177
시민대회 71
식량 부족 42, 69
식민지 지배 14, 16, 61, 168, 182, 233, 252, 292
식민지 출신자 14~16, 19, 109, 110, 153
실시요목 267, 291
실업구제 토목사업 74, 129, 133, 164, 165, 168~175
실업자 45, 46, 50, 73, 74, 79, 83, 85, 117, 123, 126, 134, 136~138, 154, 158, 164~168, 170~172, 174, 175, 254, 333
'15엔 55전' 191, 246

ㅇ

아카이케 아쓰시 69, 186, 187, 192, 207, 253
알제리인 15, 16
여행증명서 64~67
영구 귀환자 177~179

영농 수지 40, 41
영일동맹 34
영주 외국인 15, 16
「예규 통첩」 96
「외국인 도래에 관한 건」 55
운동사 17
월간 취로일 155, 157, 172, 173, 175
유언비어 24, 25, 28, 30, 35, 69, 184~189, 191, 192, 194, 196, 221, 224, 225, 228, 232, 234, 238, 241, 242, 246, 248, 257
유업자 44, 53, 120, 122, 124, 127, 131~134, 136, 137, 139, 140
6개 대도시(일본) 164, 165
윤봉길 88, 112
이민사 17
이봉창 87, 88, 112
이입 노무자 108
이주 14~16, 18, 19, 36, 50, 62, 66, 94, 106, 137, 209, 235, 277, 289
인부방 146~148, 152, 181
일반 도일자 101, 107
일본도항 17, 30, 32, 34~36, 38, 47, 58, 62, 65~68, 70, 71, 80, 86, 92, 97, 104, 107, 110, 115, 117, 118, 155, 164, 181, 182
일본 도항자 32, 86
일시귀선증명서 80~84, 102, 103, 113,

114, 118
일시 귀환자 82, 177, 178
일자리 62, 90, 126, 142, 143, 146~148, 153, 154, 157, 165, 168, 169, 172, 175, 176, 179, 181
임대 분쟁 145, 146
임차 거절 143

ㅈ

재일 한인 14~18, 24, 26, 29, 36, 144, 161, 200, 203, 247, 252, 253, 255, 259, 261~263, 265~268, 270~275, 277~285, 287, 291, 293~296, 298~311, 313~315, 317~322, 326~328, 330~338, 343, 344
제1차 세계대전 20, 34, 35, 64, 66, 122, 126, 144, 149, 252
조선거주 중국인 53, 55, 56, 60
조선 마을 144
조선인 노무자 이주 105
「조선인 이주대책 요목」 93, 95, 113
조선인협회 71, 72
조선청년총동맹 71
조선총독부 14, 20, 32, 35, 39, 40, 42, 43, 45~50, 52, 53, 55, 59, 62, 64~68, 70, 73, 76, 77, 79, 80, 89, 92~96, 101~104, 107, 108, 110, 113, 116, 117, 150, 178, 198, 199, 207, 208, 213, 216, 218, 223, 224, 233~239, 248, 252, 253, 255, 257, 259, 276, 284, 285, 287, 292, 296, 302, 312, 325
조선총독부 경무국 32, 59, 67, 68, 70, 73, 79, 89, 96, 102, 104, 107, 108, 110, 113, 116, 117, 178, 238
조선총독부 내무국 76, 284
조선토공노동조합 58
조청상민수륙무역장정 50
종업원 숙소 149
주거 30, 83, 142, 146, 148, 156, 157, 181, 254, 261, 266
중간층 몰락 39
중국인 노동자 50, 54~62
지역별·직업별 인구 22, 120, 161
지정 인부 173, 174
직업소개 기관 45
직종별 구성비 43
집중 거주지 120, 144
징용 108, 109, 318, 323

ㅊ

처우 개선 109, 110, 315, 321
천황 즉위식 79
총동원체제 98, 115, 116, 118, 138
취업 환경 44, 62, 79, 153
치안 당국 19, 20, 67, 70, 74, 90, 93,

100, 110, 111, 115, 242

ㅌ

토건 인부 122, 131, 132

토목건축 54, 131~133, 136, 137, 161, 288

토목건축업 131~133, 136, 137, 139, 161

통제정책 20, 105

특별 대연습 89, 97

특별영주 14~16

ㅍ

푸쉬(push) 요인 18, 19, 38, 61

풀(pull) 요인 18

프랑스 15, 16

피부양 가족 97, 98, 126, 135

ㅎ

하숙집 143, 147, 148, 152, 157, 202, 271, 300

한국통감부 51

한인 대학살 17, 22, 30, 70, 150, 191, 192

한인 학살 11, 22~29, 184~186, 188, 189, 191, 192, 195~202, 204, 206~213, 215~221, 223~231, 233~235, 237, 238, 241~245, 247~249, 252, 255, 257~259, 261, 281, 294, 328

한인 학살 사건 11, 22, 23, 25, 152, 184, 191, 193, 201, 203, 206, 207, 220, 225, 229, 233, 260, 261, 294

「한청통상조약」 511

합동회의 93

해고 35, 85, 177, 178, 180

협화회 17, 28~30, 151, 252, 256, 261, 263~265, 267~280, 282, 285~289, 291~293, 295, 296, 298~301~307, 309~315, 319~322, 330, 331, 334, 335, 343, 344

협화회 체제 29, 257, 276, 313, 344

호적등본 67, 78, 115

효고현협화회 273, 274, 343

후세 다쓰지 201, 206, 229~231, 248

흥생회 29, 314, 315, 319~321, 323, 332~334, 344

히로히토 69

동북아역사재단 일제침탈사 연구총서 30

해방 전 일본도항 및 일본거주 한인에 대한 일제의 통제

초판 1쇄 인쇄 2022년 12월 10일
초판 1쇄 발행 2022년 12월 20일

지은이 김광열 · 김인덕
펴낸이 이영호
펴낸곳 동북아역사재단

등 록 제312-2004-050호(2004년 10월 18일)
주 소 서울시 서대문구 통일로 81 NH농협생명빌딩
전 화 02-2012-6065
팩 스 02-2012-6186
홈페이지 www.nahf.or.kr
제작·인쇄 (주)동국문화

ISBN 978-89-6187-758-9 94910
978-89-6187-669-8 (세트)

- 이 책은 저작권법에 의해 보호를 받는 저작물이므로 어떤 형태나 어떤 방법으로도 무단전재와 무단복제를 금합니다.
- 책값은 뒤표지에 있습니다. 잘못된 책은 바꾸어 드립니다.